软件开发人才培养系列丛书

李津 钟频◎主编　王周知 宋泉◎副主编

Python程序设计基础

微课版

人民邮电出版社

北京

图书在版编目（CIP）数据

Python 程序设计基础 ： 微课版 / 李津，钟频主编.
北京 ： 人民邮电出版社，2025. -- （软件开发人才培养系列丛书）. -- ISBN 978-7-115-67746-4

Ⅰ. TP312.8

中国国家版本馆 CIP 数据核字第 2025ZP2100 号

内 容 提 要

本书共 12 章，内容涵盖 Python 概述、数据类型与常用内置对象、数据输入输出、程序控制结构、字符串、组合数据类型与中文分词、函数与图形绘制、文件读写与数据处理、面向对象程序设计、程序异常处理、GUI 程序设计、数据库程序设计。

本书从基本概念讲起，逐步深入介绍复杂编程技巧和实际应用，对不同学习阶段的学生具有指导意义和参考价值。基础理论帮助初学者建立对知识体系的初步理解，进阶内容和实践案例提升进阶学习者的编程技能与解决问题的能力。此外，本书配有实验教程，可辅助学生理解理论知识，加深对 Python 编程技能的掌握。

本书可作为高等学校计算机类相关专业的教程，也可作为程序开发人员的参考书。

◆ 主　　编　李　津　钟　频
　副 主 编　王周知　宋　泉
　责任编辑　李　召
　责任印制　胡　南

◆ 人民邮电出版社出版发行　　北京市丰台区成寿寺路 11 号
　邮编　100164　　电子邮件　315@ptpress.com.cn
　网址　https://www.ptpress.com.cn
　三河市君旺印务有限公司印刷

◆ 开本：787×1092　1/16
　印张：19.25　　　　2025 年 8 月第 1 版
　字数：529 千字　　　2025 年 8 月河北第 1 次印刷

定价：69.80 元

读者服务热线：(010)81055256　印装质量热线：(010)81055316
反盗版热线：(010)81055315

前言

在信息化浪潮的推动下，计算机编程已不仅仅是技术人员的专属技能，它正逐渐渗透到社会生活的方方面面。Python 作为一种广泛应用的编程语言，以其简洁易学的语法、丰富的第三方库和广泛的应用领域，成为了连接现实世界与数字的桥梁。为了顺应这一趋势，培养更多具备扎实编程基础和创新能力的计算机专业人才，编者总结多年教学经验精心编写了这本书。

本书特色如下。

系统性：本书内容结构严谨，从 Python 语言基础讲起，逐步深入介绍高级编程技巧和应用，形成了一个完整的知识体系。

实践性：每章均配有丰富的实例和习题，强调理论与实践相结合，帮助读者通过实践加深对知识点的理解。

前沿性：本书紧跟技术发展趋势，介绍了 Python 在数据分析、人工智能、Web 开发等领域的最新应用，有利于拓宽读者的视野和思路。

启发性：通过案例分析等方式，激发读者的创新思维和探索精神，培养读者独立思考和解决问题的能力

本书共 3 部分，共 12 章，每一章节都力求深入浅出，既注重理论知识的讲解，又兼顾实践技能的培养，逐步引导读者掌握 Python 编程的精髓。

第 1～4 章为 Python 语言基础部分。这部分主要介绍 Python 的基础语法，为后续的进阶学习奠定坚实基础。其中，第 1 章介绍 Python 语言的基本特征和程序开发环境的配置方法；第 2 章介绍 Python 中的数据类型与常用内置对象，帮助读者理解编程中的基本概念；第 3 章介绍 Python 中的数据输入输出机制，包括 input 函数和 print 函数的使用方法，以及格式化输出的技巧；第 4 章介绍 Python 的程序控制结构，包括选择结构和循环结构，为读者掌握编程逻辑提供有力支持。

第 5～8 章为 Python 进阶应用部分。这部分主要介绍 Python 中对文字、文件和图形处理方法的应用。其中，第 5 章介绍字符串，帮助读者掌握字符串处理的高级技巧；第 6 章介绍组合数据类型，包括列表、元组、字典和集合等数据结构的应用，以及中文 jieba 分词的基本概念和方法；第 7 章介绍函数与图形绘制，引导读者理解函数定义与调用的机制，并学习使用 Turtle 库进行基本的图形绘制；第 8 章介绍文件读写与数据处理，包括文件打开、读写操作以及使用 Pandas 库进行数据处理的方法。

第 9～12 章为 Python 高级编程部分。这部分主要介绍 Python 中面向对象的编程思想和 GUI 开发、数据库开发等高级编程应用。其中，第 9 章介绍面向对象程序设计的基本概念，包括类与对象、继承与多态等特性，为读者深入理解 Python 的编程范式提供帮助；第 10 章介绍程序异常处理机制，帮助读者掌握异常捕获与处理的技巧，提高程序的健壮性和稳定性；第 11 章介绍 GUI 程序设计，包括 Tkinter 等 GUI 库的使用方法，引导读者开发具有图形用户界面的应用程序；第 12 章介绍数据库程序设计，涵盖 SQLite 和 MySQL 等数据库的基本操作，以及 Python 在数据库编程中的应用。

本书主要面向高等学校计算机类相关专业的学生，同时也适合对 Python 编程感兴趣的自学者和

从业人员参考使用。读者在使用本书时，可以按照章节顺序逐步学习，注重理论与实践相结合，积极参与实验和项目实践，以巩固所学知识并提高编程技能。此外，本书还提供了丰富的配套资源，供读者进一步拓展学习内容。我们深知，编程之路既充满挑战也富有乐趣。希望本书能够成为广大读者学习 Python 编程的良师益友，陪伴大家在编程的旅途中不断成长与进步。

在编写本书的过程中，我们得到了许多专家、学者和同行的帮助与支持，在此表示衷心的感谢。

由于编者水平所限，书中难免存在不足之处，敬请读者批评指正。

编　者

2025 年 3 月

目录

第 1 章 Python 概述

第 2 章 数据类型与常用内置对象

第 3 章 数据输入输出

第 4 章 程序控制结构

第 5 章 字符串

第 6 章 组合数据类型与中文分词

第 7 章 函数与图形绘制

第 8 章 文件读写与数据处理

第 9 章 面向对象程序设计

第 10 章 程序异常处理

第 11 章 GUI 程序设计

第 12 章 数据库程序设计

第 1 章 Python 概述

本章主要介绍 Python 的特点、Python 开发环境的配置方法等内容。通过学习本章内容，读者可以了解 Python 的优点和缺点，并掌握开发环境的配置方法。

1.1 Python 语言的基本特征

Python 是一种解释型、面向对象、动态数据类型的高级程序设计语言。Python 语言由荷兰计算机科学家 Guido van Rossum（吉多・范罗苏姆）在 1989 年开发。

1.1.1 Python 语言的优点

1. 基本特征

Python 是一种开源（开放源代码）程序设计语言，它遵循 PSFL（Python Software foundation License，Python 软件基金会协议），Python 应用程序大都使用源代码的形式进行发布。Python 程序是跨平台的，程序可以在 Windows、Linux、Android、UNIX 等操作系统中使用。Python 是一种胶水语言，它可以实现 Python 与 C/C++、Java、.NET 等开发平台的混合编程。Python 语言最大的特点是语法的简洁性和资源的丰富性。大部分的 Linux 发行版内置了 Python 解释器。

2. 简单易学

对初学者来说，简单是最重要的。Python 是一种代表简单主义思想的编程语言，为了让代码具备高度的可读性，Python 拒绝花哨的语法，而是选择没有歧义的语法。Python 没有指针等复杂的数据类型，而且简化了面向对象的实现方法。有人估计，在功能相同的情况下，Python 程序的代码行只有 Java 代码行的五分之一左右。Python 程序简单易懂，初学者不但入门容易，而且可以深入下去，编写出功能强大的程序。

3. 可扩展性好

Python 本身被设计为可扩充的，并非所有特性和功能都集成在语言核心。Python 提供了丰富的 API（Application Program Interface，应用程序接口）和工具，以便程序员能够轻松地使用 C/C++、Java 来编写扩充模块。如果一段关键代码需要运行得更快（如 3D 游戏中的图形渲染模块）或是企业希望不公开某些算法（如加密算法），则这部分程序可使用 C/C++进行编写，再封装为 Python 可以调用的模块，然后在 Python 程序中调用它们。Python 具有把其他语言制作的模块连接在一起的功能，因此人们将 Python 称为“胶水语言”。例如，谷歌地图使用 C++编写性能要求极高的部分，然后使用 Python 或 Java 调用相应的模块。

4．函数库功能强大

使用某种编程语言开发应用程序时，程序员除编写程序代码外，还需要借助大量的已有基础程序，这些程序可以帮助程序员加快开发进度。例如，编写一个电子邮件客户端程序时，如果从最底层开始编写网络协议的相关代码，那么估计程序一年半载也开发不出来。高级程序设计语言通常都会提供一个比较完善的基础代码模块，让程序员直接调用这些功能，如 Python 中有专门针对电子邮件协议的 SMTP（Simple Mail Transfer Protocol，简单邮件传送协议）包，专门针对图形桌面环境的 GUI（Graphical User Interface，图形用户界面）包，在这些代码模块的基础上开发程序，一个电子邮件客户端很快就能被开发出来。

Python 为程序员提供了功能丰富的标准函数库，标准库无须另外安装，可以在程序中直接调用。这些基础代码模块覆盖了操作系统接口（os、sys）、数学计算（math）、图形用户界面（Tkinter）、图像处理（imghdr）、网络编程（urllib、socket）、数据压缩（zlib）、加密解密（hashlib、base64）、数据库操作（dbapi2、sqlite3、dbm）、时间处理（time）、文件处理（fileinput、StringIO）、文本处理（xmllib、htmllib）、文本正则处理（re）、黑客编程（hack）、程序测试（unittest、errno）等大量标准函数模块。使用 Python 开发程序时，许多功能不必从零开始编写，直接调用现有的函数库即可。

Python 还有大量非常实用和高质量的第三方扩展库，它们是其他组织和个人开发的程序代码，开源免费供程序员直接使用。Python 第三方扩展库需要另行安装，在程序中的调用方法与标准库基本相同。非常优秀的第三方扩展库有：科学计算（NumPy、SciPy、Pandas 等）、可视化计算（matplotlib、VTK）、图形用户界面设计（PyQt、wxPython、PySide、Kivy）、数字图像处理（PIL、ITK）、视觉识别（OpenCV）、Web 网站开发（Django、Pyramid、Tornado、Flask、web2py）、软件开发（Buildbot、Trac、Roundup）、加密解密（Pycrypto）、网络爬虫（bs4）、游戏程序设计（Pygame、cocos2d、Panda3D）、Excel 读写（xlrd）、中文分词（jieba）、系统管理（Ansible、Salt、OpenStack）、综合软件包（Anaconda 扩展库包含 1000 多个软件模块）等。这些开源软件库都提供了 Python 的调用接口，非常适合工程技术、科研人员处理实验数据、制作图表，开发应用程序。

1.1.2 Python 语言的缺点

不同的程序语言各有特色，如 C 语言可以用来编写操作系统和贴近硬件的程序，C 语言适合那些追求运行速度、充分发挥硬件性能的程序（如硬件设备的驱动程序）；而 Python 语言的语法简洁，函数模块丰富，适合初学者快速入门和编写应用程序。任何编程语言都有缺点，Python 也不例外，它存在以下问题。

1．运行速度慢

Python 程序与 C 程序相比非常慢，因为 Python 是解释型语言，运行时使用解释器（虚拟机）。将源程序解释为字节码（字节码是 Python 虚拟机执行的基本指令）。虚拟机的缺点是运行速度较慢，原因如下。

（1）虚拟机需要部署一个解释+运行模块，这需要消耗硬件和软件资源。

（2）程序语句每次运行都需要经过 Python 虚拟机的解释，运行效率较低。

（3）Python 解释器是一种基于堆栈的虚拟机，指令采用递归方式运行，而递归涉及指令和状态的保存与恢复。这种栈操作消耗的资源较多，运行效率较低。

（4）在 Python 虚拟机中，每个线程执行时都需要先获取 GIL（Global Interpreter Lock，全局解释器锁），保证 CPU（Central Processing Unit，中央处理器）一次只有一个线程执行代码（注意，允许运行多个进程），这限制了程序性能的提升。

2. 强制语句缩进

Python 强制使用空格符作为程序块进行缩进，Space 键和 Tab 键的混用容易导致解释错误。Python 语言这种强制语句缩进的规定曾经引起过广泛争议。C 语言诞生后，一直使用一对{ }（花括号）来规定程序块的边界，这种语法含义与字符排列方式分离的方法，曾被认为是程序设计语言的进步，因而有人抨击 Python 在走回头路。

3. 代码不能加密

用户发布 Python 程序，实际上是发布源代码，而 C 语言不用发布源代码，只需要把编译后的机器码（如.exe 文件）发布出去即可。从机器码反推出 C 代码非常困难（反汇编）。

4. 其他问题

Python 语言目前主要有 2.x 和 3.x 两个版本，这两个版本互不兼容，这给初学者带来很多困惑。Python 也有部分概念不太容易理解，如元类、描述符、生成器、装饰器、协程等。Python 中还有一些习惯用法（如 self、__init__等），这些习惯用法或许是为了让程序代码看起来更优雅，或者是前人的编程经验。

1.1.3 Python 指南和帮助

1. Python 使用说明文件

打开 Python 使用说明文件的方法有以下 3 种。

（1）Python 安装好后，同时安装了“python380.chm”文件（版本不同时文件名会有差异），它是英文版的 *Python Manuals*。这个文件存放在“x:\Python38\Doc\python380.chm 目录下（注：x 为 Python 安装盘），双击这个文件就可以运行并打开这个文件（见图 1-1）。

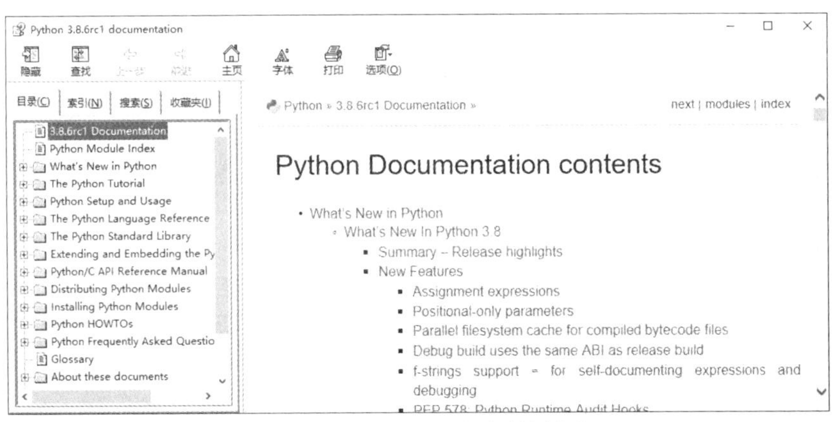

图 1-1 Python 使用说明文件（英文版）

（2）也可以在启动 Python 的 IDLE（Python 自带的集成开发环境）后，按【F1】键或选择“Help→Python Docs”选项，即可打开 Python 使用说明文件。

（3）查看网络在线文档。Python 官方提供了在线帮助文档，它是最具权威性质的说明和解释，利用搜索功能可以快速获取相关信息，有兴趣的读者可以在官方网站上找到在线帮助文档链接。

2. Python 绘图程序演示

Python 安装好后，同时安装了很多样板程序，这些样板程序对于设计 Python 程序有很大的帮助。查看样板程序（Turtle Demo）和运行样板程序的方法如下。

步骤 1：启动 Python 的 IDLE。

步骤 2：选择“Help→Turtle Demo”（海龟绘图演示）选项，打开演示界面。

步骤 3：选择“Examples”选项，可以看到有 19 个绘图演示程序，然后选择“clock”选项，就会调出“动态时钟”的源程序和程序执行效果，如图 1-2 所示。

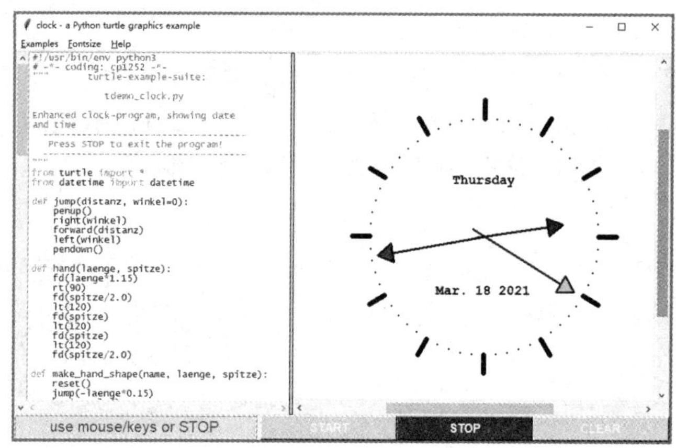

图 1-2　Python 样板程序运行界面

步骤 4：在运行界面中，左侧是源程序，右侧是程序运行结果。下面有 3 个操作按钮，分别是“START”（启动）、“STOP”（停止）、“CLEAR”（清除）。

3．查看函数的详细使用说明

Python 自带大量模块资源，可以提供丰富的功能。我们可以在 Python 的 IDLE 环境下，查找所需模块和函数的使用方法。help( )函数可以用来查看这些对象的使用方法。

help( )函数的语法格式 1

```
help(函数名或变量名或类名)
```

help( )函数的语法格式 2

```
help("函数名"或"变量名"或"类名")
```

对于已定义或导入的对象，使用 help([object])查询时，不使用单引号和双引号；对于没有导入的模块和对象，需要使用单引号或双引号。

【例 1-1】帮助函数 help( )使用示例。

```
>>>help(print)                  #查看输出函数 print()的使用方法
>>>help(input)                  #查看输入函数 input()的使用方法
>>>help([object])               #查看对象信息
>>>help("keywords")             #查看所有关键字
>>>help("modules")              #查看所有模块
>>>help("topics")               #查看常见题目
>>>help("sys")                  #查看系统模块的使用方法
>>>help("list")                 #查看列表的数据类型
>>>help("copy")                 #查看复制模块的使用方法
>>>help("list.append")          #查看列表复制数据类型的成员方法
```

4．查看对象的属性和方法

dir( )函数多用于查看对象的属性和方法，其输出是列表。

【例 1-2】查看函数 dir( )使用示例。

```
>>>dir([object])                #查看所有对象和方法
>>>dir(dict)                    #查看字典 dict 数据类型的所有属性
>>>dir(__builtins__)            #查看所有内置函数
>>>dir(math)                    #查看数学模块的所有函数和方法
```

注意：使用 help( )和 dir( )之前，需要确定查询的对象已被创建或引入，否则会报错："NameError: name is not defined"。

微课视频

1.2 Python 程序开发环境

1.2.1 Python 下载和安装

1．选择 Python 版本

Python 官方网站发行的 Python 版本繁多，按操作系统平台划分，有源代码版（Source Releases）、Windows 版、Mac OS X 版（苹果机用）、Linux/UNIX 版；按 Python 解释器划分，有 CPython、IronPython、Jython、PYPY 等解释器；按兼容性划分，有 Python 2.x 和 Python 3.x 两个互不兼容的版本；按操作系统和 CPU 位宽划分，有 32 位版和 64 位版。用户需要根据自己的应用环境选择相应的版本。由于 32 位版本的 Python 与第三方库的兼容性比较好，所以下面说明 Python 3.12 在 Windows 系统上的安装过程。

2．下载 Python 软件

步骤 1：打开浏览器，在地址栏中输入 Python 官方网址，然后按【Enter】键。

步骤 2：在官方网站首页选择"Downloads→Windows"选项。

步骤 3：打开如图 1-3 所示的页面，页面中有多种 Python 版本可供下载，其中"Windows x86"为 32 位版本，"Windows x86-64"为 64 位版本。假设我们要安装 32 位版本，则单击"Download Windows installer (32-bit)"链接，系统自动开始下载该软件。

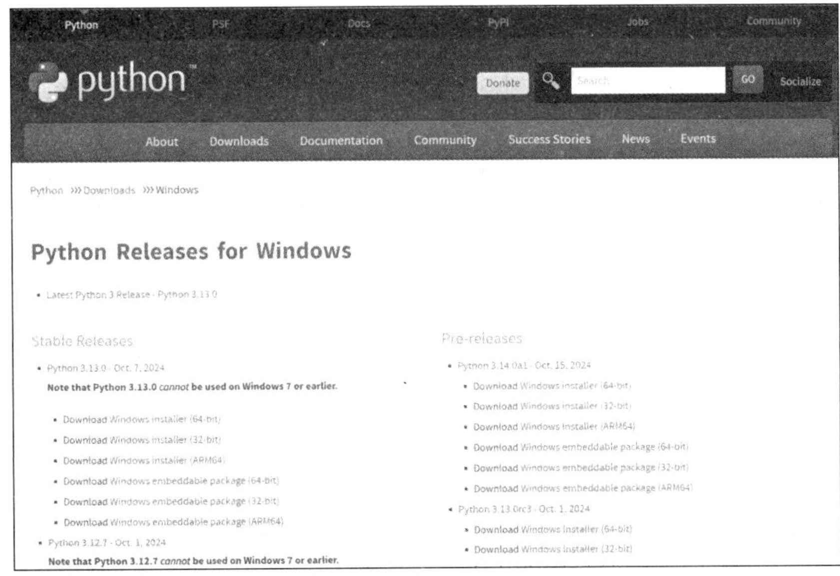

图 1-3 Python 官方网站的下载页面

3．Python 安装过程

步骤 1：在下载目录中找到下载好的 Python 安装文件 Python 3.12.6.exe。值得注意的是，每个用户自定义的下载目录有所不同，如果没有找到下载文件，则可以在 Windows 资源管理器的搜索栏中查找下载文件。找到 Python 3.12.6.exe 文件后，双击该文件，打开 Python 程序安装向导窗口，如图 1-4 所示。

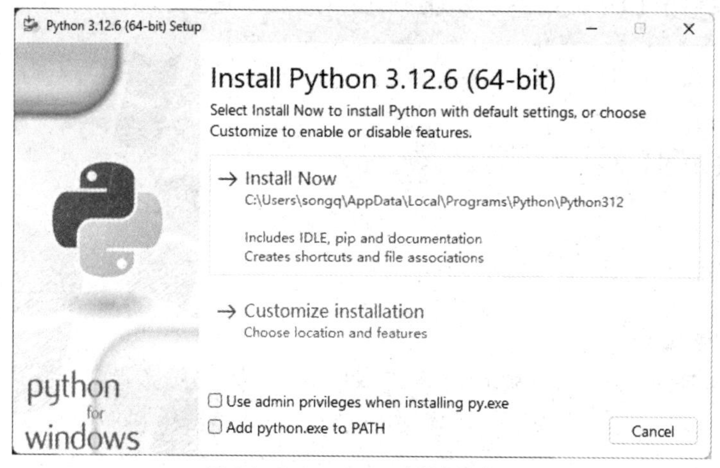

图 1-4　Python 3.12.6 安装向导窗口

步骤 2：选中“Add python.exe to PATH”复选框（很重要），添加路径的环境变量。

步骤 3：单击“Customize installation”（个人定制安装），打开安装选项窗口，默认为选择所有项目（很重要）；然后单击“Next”按钮。

步骤 4：打开如图 1-5 所示的界面，注意选中“Install Python 3.12 for all users”复选框；然后在“Customize install location”（自定义安装位置）文本框中，将安装路径修改为 D:\Python312（或其他目录名称）；最后单击“Install”按钮进入正式安装过程。

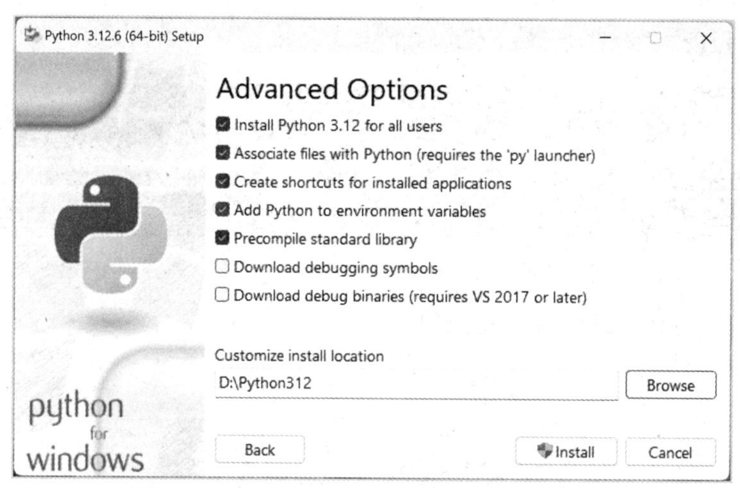

图 1-5　修改 Python 3.12 的安装目录

步骤 5：如果没有意外，将会打开 Python 安装完毕窗口，关闭窗口即可。

4．Python 的启动

（1）Python 图形界面启动。安装好 Python 后，在“开始”菜单中找到“IDLE（Python 3.12 64bit）”

图标，单击该图标即可启动 Python Shell 解释器，如图 1-6 所示。

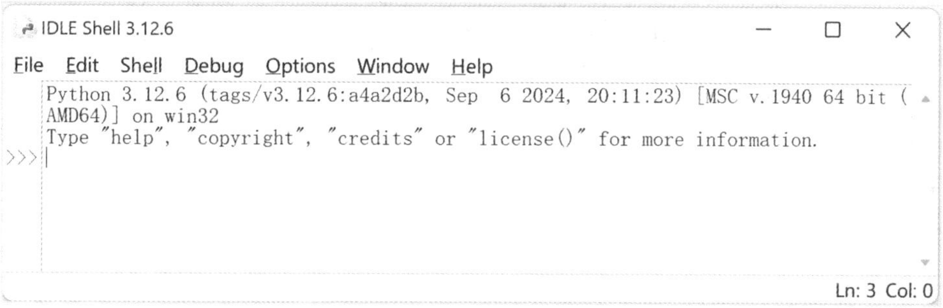

```
IDLE Shell 3.12.6
File  Edit  Shell  Debug  Options  Window  Help
Python 3.12.6 (tags/v3.12.6:a4a2d2b, Sep  6 2024, 20:11:23) [MSC v.1940 64 bit (
AMD64)] on win32
Type "help", "copyright", "credits" or "license()" for more information.
>>>|
                                                                    Ln: 3 Col: 0
```

图 1-6　Python Shell 用户界面

（2）Python 命令行界面（见图 1-7）启动。在“开始”菜单中选择“命令提示符”选项，即可打开 DOS 窗口，在窗口中输入“python”，然后按【Enter】键，即可启动 Python 解释器。

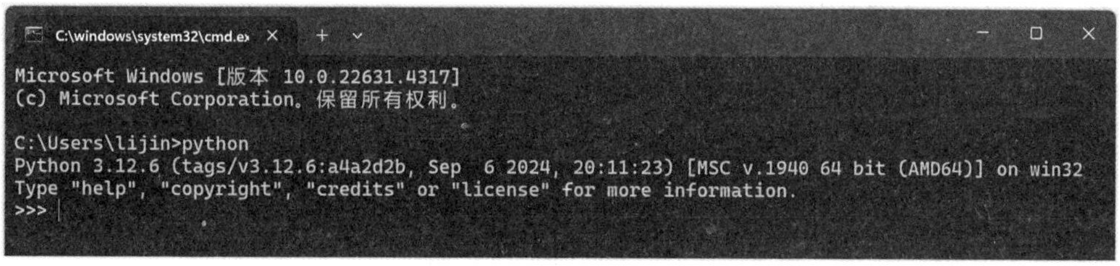

```
C:\windows\system32\cmd.e×
Microsoft Windows [版本 10.0.22631.4317]
(c) Microsoft Corporation。保留所有权利。

C:\Users\lijin>python
Python 3.12.6 (tags/v3.12.6:a4a2d2b, Sep  6 2024, 20:11:23) [MSC v.1940 64 bit (AMD64)] on win32
Type "help", "copyright", "credits" or "license" for more information.
>>>
```

图 1-7　Python 命令行界面

在 IDLE 和命令行启动界面中，都以“>>>”符号作为 Python 提示符。可以在提示符后输入 Python 命令或语句。注意：本书所有示例中，“>>>”提示符不需要输入。

5．测试程序

【例 1-3】在 Python 命令行测试“Hello World”命令。

注意：在 Python 提示符“>>>”后输入命令或语句时，命令或语句前面不能有空格。

```
>>>print('Hello World!你好，世界! ')         #输入 Python 命令，按【Enter】键执行
Hello World!你好，世界!                      #命令运行结果
>>>(1+2)*(8-4)                               #输入 Python 命令，按【Enter】键执行
12                                           #命令运行结果
```

【例 1-4】在图形界面测试 hello.py 程序。程序内容如下。

```
import sys                                   #导入 sys 系统标准模块
import tkinter                               #导入 tkinter 图形标准模块
root = tkinter.Tk()                          #定义主窗口
root.title('HelloWorld')                     #窗口标签名称
root.minsize(200, 100)                       #设置窗口大小（长×高）
tkinter.Label(root, text='Hello World! 你好，世界').pack()  #定义标签内容
tkinter.Button(root, text='退出', command=sys.exit).pack()  #定义按钮，并把命令绑定到退出
root.mainloop()                              #启动主循环，显示窗口
>>>                                          #程序运行结果如图 1-8 所示
```

说明：Python 的 IDLE 操作为，启动 Python→File→New File→编辑程序→Run→Run Module。

图 1-8 程序运行结果

1.2.2 第三方包安装工具 pip

1. pip 命令简介

pip 是 Python 包管理工具，提供了对 Python 第三方依赖包的查找、下载、安装、卸载等功能。pip 最大的优点是它不仅能下载第三方库，而且会把相关的依赖包也一起下载下来。在 Python 3.4 及后续版本中，Python 已经安装了 pip、pip3、pip3.x 版本。

【例 1-5】pip 命令的操作方法。

如果读者已经安装好了 Python，则可以在 Windows 环境下，在“开始”菜单中单击鼠标右键“命令提示符”→D:（转到 D 盘）→cd Python312（在 DOS 窗口下，进入 D:\Python312 目录）。以下进行 pip 命令的操作。

```
>pip -h                                    #pop 帮助命令（或：pip -h）
Usage:                                     #命令输出
 pip <command> [options]                   #pip 命令语法格式
Commands:                                  #命令
  install          Install packages.       #install 表示安装包
  download        Download packages.       #download 表示下载包
  uninstall        Uninstall packages.     #uninstall 表示卸载包
    ...（输出省略）
>python -m pip install --upgrade pip       #自带的 pip 版本较旧，需手动升级，如图 1-9 所示
```

图 1-9 升级 pip 版本（将版本从 23.3.1 升级到 25.2）

2. 使用 pip 命令安装 Python 第三方库

（1）在默认的 PyPI 网站下载和安装

安装命令格式为“pip install 包名”。

【例 1-6】安装 pygame（Python 第三方游戏包）时，在命令行中进行以下操作。

```
>pip install pygame                                                  #安装 pygame 第三方包
Requirement already satisfied: pygame in d:\python38\lib\site-packages (1.9.4)
                                                                     #提示游戏包的安装目录
```

执行该命令后，pip 会首先下载 pygame 包，然后安装 pygame 包，最后下载和安装 pygame 相关的依赖包，如图 1-10 所示。

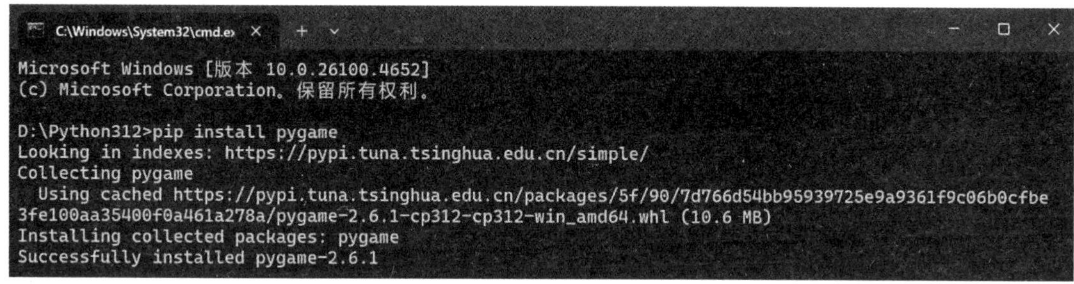

图 1-10　pygame 包安装成功

（2）在国内镜像源下载和安装

【例 1-7】使用国内镜像源下载安装第三方库时，需要在命令行中添加参数（-i）。

```
>pip install -i http://pypi.douban.com/simple pymysql  #在豆瓣下载安装pymysql 第三方包
```

（3）安装中的问题

安装成功后，一般会显示“Successfully install xxxxx”信息。

当安装中出现“ImportError: No module named requests”提示信息时，说明安装没有成功。我们需要检查安装过程中出现了什么问题，然后根据问题进行修复。最常见的问题一是包版本不匹配；二是用户没有以管理员身份登录 Windows 操作系统；三是操作目录错误。

3. 使用 pip 命令卸载 Python 包

卸载命令格式为“pip uninstall 包名或模块名”。

【例 1-8】如果想卸载 pygame 包，则在命令行中进行以下操作。

```
>pip uninstall pygame                               #卸载pygame 第三方包
```

4. pip 常用命令参数

pip 常用命令参数及其说明如表 1-1 所示。

表 1-1　pip 常用命令参数及其说明

命令格式	说明
>pip --help	查看 pip 帮助信息
>pip install 库名	在网络下载并安装第三方库或包
>pip install -U 库名	对某个第三方库或模块进行升级
>pip uninstall 库名	卸载本机上指定的第三方库或包
>pip show 库名	查看指定安装库或包的详细信息
>pip list	查看安装的库或包
>pip freeze	查看当前已安装的库和版本号
>pip list --outdated	检查哪些库或包需要更新
>pip -V	查看 pip 版本和安装目录
>python -m pip install -u pip	升级 pip 版本
>python -m pip uninstall pip	卸载 pip，也可以直接删除 pip 文件夹

【例 1-9】使用 list 命令，在 DOS 提示符下查看本机安装的第三方库。

```
>pip list                                        #查看安装的第三方库
Package            Version
---------------    ---------
beautifulsoup4      4.8.0
certifi            2019.9.11
…（输出省略）
```

5．离线安装文件

一般情况下，我们使用“pip install”命令在线安装 Python 第三方包，但是有些包在安装时可能会遇到困难，这时就需要离线安装.whl 或.tar.gz 文件。操作步骤如下。

步骤 1：下载所需第三方包的.whl 或.tar.gz 文件。可以通过 PyPI、GitHub 等网站查找所需第三方包对应的.whl 或.tar.gz 文件。需要注意的是，每个文件名中的 cp**必须与你所用的 Python 版本对应，如 cp38 表示对应 Python 3.8 版本的文件。

步骤 2：安装文件。在命令行窗口中使用 DOS 命令跳转到.whl 或.tar.gz 文件下载目录，然后使用以下命令进行安装。

```
>pip install 包名                    #用 pip 命令在 DOS 提示符窗口中离线安装第三方包
```

离线安装存在以下弊端：当安装的第三方包有一个或多个依赖包时，会导致安装失败；如果依赖包非常多，甚至依赖还需要其他依赖，则安装过程就会让人烦不胜烦。所以最好选择在线安装方式，这种方式会自动把所有的依赖包都安装好。

6．第三方包安装

（1）程序中的依赖

在 Python 程序开发中，经常会发现程序在某些机器上可运行，换一台机器却不能运行。出现这种情况的主要原因是机器中缺少程序运行所需的必要包或包版本不一致，这些对于程序运行至关重要的模块或函数库被称为程序的“依赖”。例如，Windows 下的应用程序可能会出现缺少.DLL 依赖包，Python 程序可能会出现缺少第三方依赖包等。可以通过工具软件来分析程序所需的依赖包或依赖库，然后安装配置相应的依赖库或依赖软件包。

（2）第三方扩展包的功能

Python 有两个最核心的功能，一个是 Python 解释器，另一个是包集合。包集合中包含了自带的标准包和第三方扩展包，第三方包一般通过 pip 命令自动下载和安装。如果一个 Python 程序中引用了第三方包，而 Python 环境没有这个第三方包，那么这个程序就不能在该 Python 环境中运行。例如，一个爬虫程序使用了第三方包 requests，但计算机中没有安装这个第三方包，那么这个爬虫程序就无法在这台计算机中运行。

安装第三方包时，一定要注意下载与 Python 版本相对应的第三方包，否则安装时会出现问题。例如，当本机为 Python 3.8 和 32 位版时，第三方包必须支持 Python 3.8 和 32 位版。

（3）第三方扩展包的安装方式

① 可以用 Python 自带的 pip 程序进行安装。在命令提示符窗口输入“pip install 文件名”，即可通过网络进行自动安装。

② 下载.zip 或.tar 安装文件，将扩展名修改为.zip 后解压缩，然后将解压缩的文件复制到 Python 的 site-packages 文件夹中（如 D:\Python38\Lib\site-packages）。

③ 下载.exe 或.msi 格式的安装文件，然后在 Windows 下双击文件进行安装。

（4）NumPy 第三方扩展包的安装

NumPy 是基于 Python 的科学计算第三方扩展包，它提供了矩阵、线性代数、傅里叶变换等解决方案，NumPy 在大数据处理和人工智能中的应用非常广泛。

【例 1-10】NumPy 软件包的下载和安装。

```
在 DOS 命令行窗口操作                              #进入 DOS 命令行窗口
>D:                                                #进入 D 盘
>cd Python312                                      #进入 Python312 安装目录
>pip install NumPy                                 #使用 pip 命令下载并安装 NumPy 软件包
…（下载和安装过程省略）
Installing collected packages: NunPy
Successfully installed NumPy-1.15.1                #安装成功信息
```

在安装过程中，pip 会自动登录 Python 官方网站，然后自动选择与 Python 版本匹配的文件进行下载，下载完成后自动进行安装。

【例 1-11】启动 IDLE，输入以下命令，测试 NumPy 包。

```
>>>from NumPy import *                                            #导入扩展包 NumPy
>>>random.rand(4, 4)                                              #生成 4 行 4 列的随机数
array([[7.82291101e-01, 1.23722387e-01, 4.08732360e-01, 4.55149463e-02],      #命令输出
      [7.86022448e-01, 4.36452252e-01, 6.12403439e-01, 5.17179473e-01],
      [5.27853566e-01, 5.69942134e-01, 9.02198134e-01, 9.97528785e-01],
      [7.78507172e-01, 2.83381200e-01, 6.47857924e-01, 5.71945164e-04]])
```

（5）PyQt5 第三方扩展包的安装

Qt 是一个优秀的 C++代码包，它的基本模块包含图形用户界面、基本图元（如 OpenGL）、多媒体、网络、数据库等。PyQt 是用于 Python 的 Qt 开发包，由一系列模块组成，包含 300 多个类和超过 5750 个函数和方法。

（1）安装文件下载。在 PyQt 官方网站上下载安装文件 PyQt5-5.4-gpl-Py3.4-Qt5.4.0-x32.exe。下载时注意以下问题：①PyQt 选择的版本号要与 Python 版本号对应，且与操作系统的位数对应；②PyQt 最好下载.exe 格式的版本，不要下.whl 格式的版本。

（2）安装 PyQt5。双击安装文件 PyQt5-5.4-gpl-Py3.4-Qt5.4.0-x32.exe，其安装比较简单，一直单击“Next”按钮即可。PyQt5 会自动被安装到 D:\python38 目录中。

1.2.3 集成开发环境的安装

1．集成开发环境

集成开发环境（Integrated Development Environment，IDE）的设计思想是将程序编辑、调试、编译等功能集成在一个图形用户界面中，减少程序员学习编程的时间，提高程序开发效率。例如，程序员在 IDE 下编写程序时，IDE 就在做跟踪检查，一旦发现代码有语法错误就立即回应，这大大方便了程序员。但是，IDE 是一个较复杂的工具软件，对于初学者来说，使用 IDE 编程需要一定的时间进行学习。

最常见的 IDE 是 Microsoft Visual Studio（简称 VS），它是一个完整的程序开发工具集，包括了程序开发中需要的大部分工具，如代码编辑、项目管理、编译器、UML（Unified Modeling Language，统一建模语言）工具、代码管控工具等。但是 VS 是一个商业软件，用户需要付费购买。

Eclipse 也是著名的跨平台开源 IDE，最初主要用来进行 Java 语言开发，目前也有人通过插件使它作为 C++、Python、PHP 等其他语言的开发工具。Eclipse 本身只是一个框架平台，但是众多插件的支

持，使其拥有较佳的灵活性。

Python 中最常用的 IDE 有 Python 自带的 IDLE，以及其他第三方集成开发环境（如 PyCharm、Sublime Text、Eric6 等）。

2．PyCharm IDE

PyCharm 是 Python 编程环境在国内最强大的 IDE，它带有一整套 Python 语言开发工具，如程序调试、语法高亮、项目管理、代码跳转、智能提示、自动完成、单元测试、版本控制。此外，PyCharm 提供了一些高级功能，以用于支持 Django 框架下的专业 Web 开发。

PyCharm 分为专业版（收费版）和社区版（开源免费），对于大部分开发者来说，社区版已经足够满足其 Python 开发工作的需要了。

PyCharm 下载界面和运行界面如图 1-11 和图 1-12 所示。

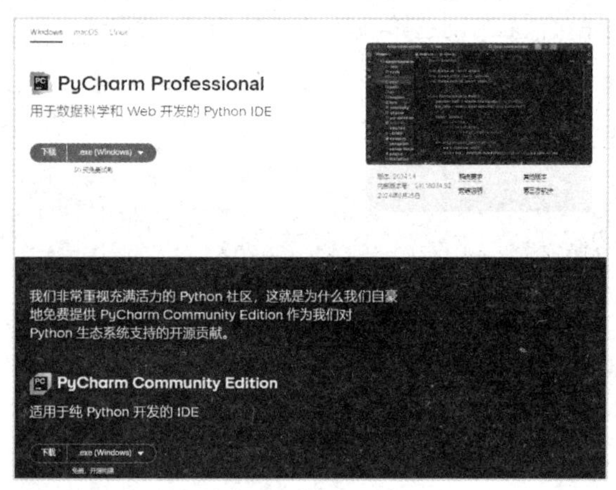

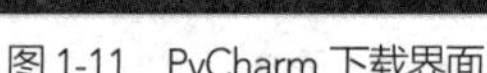
图 1-11　PyCharm 下载界面

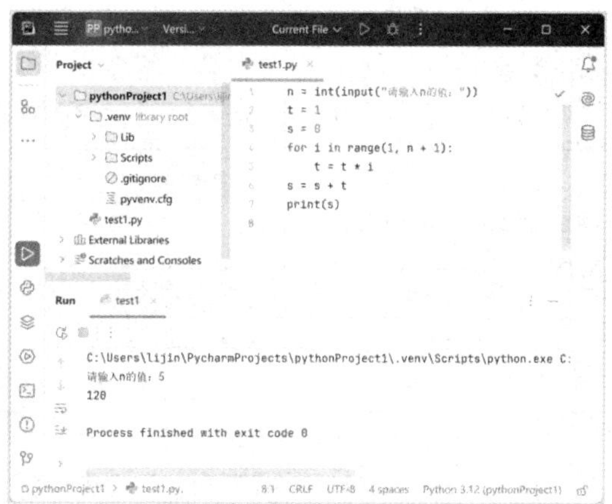

图 1-12　PyCharm 运行界面

3．Anaconda IDE

Anaconda 是一个开源的 Python 发行版本，它包括了 Conda（环境管理器）、Python 及一些安装好的工具包，如 NumPy（科学计算包）、Pandas（数据分析包）等。Conda 用于在同一台机器上安装不同版本的软件包和依赖软件包，并能够在不同的环境之间进行切换。

Anaconda 下载界面如图 1-13 所示。

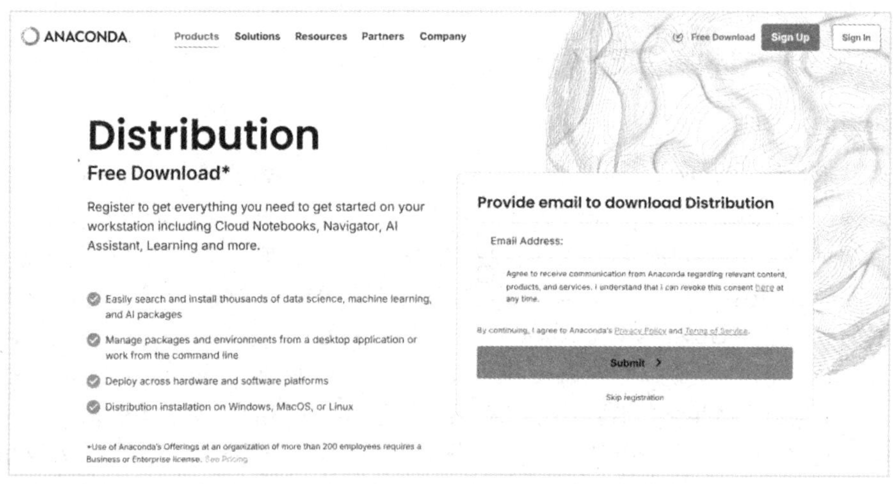

图 1-13　Anaconda 下载界面

1.2.4 程序路径

1．当前工作目录

每个运行程序都有一个“当前工作目录”，简单地说，当前工作目录就是程序运行所在的目录。在技术文献中，经常会提到“文件夹”与“目录”，它们常用来表示同一个概念，不过“文件夹”是一种通俗说法，“目录”是一个标准术语。例如，可以说“当前工作目录”，但是没有“当前工作文件夹”这种说法。

【例 1-12】查看程序的当前工作目录。

```
>>>import os                          #导入标准模块——系统功能
>>>os.getcwd()                        #查看当前工作目录
'D:\\Python312'
>>>os.chdir('D:\\test')               #修改当前工作目录
>>>os.getcwd()                        #查看当前工作目录
'D:\\test'
```

注意：如果使用 os.chdir( )修改的工作目录不存在，则 Python 会报错。

2．绝对路径

路径是文件存放位置的说明。绝对路径指从根目录（盘符）开始到文件所在位置的完整说明，Windows 操作系统中以盘符（如 C:\、D:\等）作为根目录。绝对路径的优点是可以精确指定文件的存放位置；缺点是当将程序移植到其他计算机时，容易出现路径错误。

【例 1-13】按绝对路径打开 D:\test\01\春.txt 文件，并读出文件。

```
>>>f = open(r'D:\test\01\春.txt', 'r').read()          #按绝对路径打开指定文件
```

3．相对路径

相对路径就是相对于当前文件的路径。相对路径以当前工作目录为基准，目录逐级指向被引用的文件。它的优点是程序移植性较好；缺点是使用麻烦，容易出现路径错误。

【例 1-14】相对路径与当前工作目录密切相关，如当文件存放于'D:\test\01\春.txt'时，不同当前工作目录，打开和读出文件的路径会各不相同。

```
>>>f = open(r'./test/01/春.txt', 'r').read()  #当前工作目录为 D:\时，文件的相对路径
>>>f = open(r'./01/春.txt', 'r').read()       #当前工作目录为 D:\test 时，文件的相对路径
>>>f = open('春.txt', 'r').read()             #当前工作目录为 D:\test\01 时，文件的相对路径
```

注意：读者的操作系统、源程序存放目录、资源存放目录等，都可能与本书不同，读者应当根据应用环境，对本书中的程序案例路径进行适当的调整。

4．路径分隔符

路径分隔符包括“/”（正斜杠）和“\”（反斜杠）。在 Windows 操作系统中，用反斜杠（\）表示路径；在 Linux 和 UNIX 操作系统中，用正斜杠（/）表示路径。Python 支持使用两种不同的路径分隔符，但这两种路径分隔符的使用有时会带来一些混淆。

【例 1-15】路径分隔符的不同表达方式（当前工作目录为 D:\test\）。

```
>>>book1 = open('D:\\test\\01\\白鹿原.txt', 'r')    #绝对路径打开文件，\\中的第 1 个\为转义符
>>>book2 = open(r'D:\test\01\白鹿原.txt', 'r')      #绝对路径打开文件，r 表示' '内为源字符串
>>>book3 = open(R'D:/test/01/白鹿原.txt', 'r')      #绝对路径打开文件，第 1 个 R 大写也可以
```

```
>>>book4 = open('D://test//01//白鹿原.txt', 'r')        #绝对路径打开文件
>>>book5 = open('C://Users/Administrator/\              #注意，行尾的\为长语句续行符号
Desktop/我的世界观.txt', 'r')                           #绝对路径打开文件（文件在桌面）
>>>book6 = open('./01/春.txt', 'r')                 #相对路径打开文件，文件在D:\test\01\目录
>>>book7 = open('.\\01\\春.txt', 'r')               #相对路径打开文件，文件在D:\test\01\目录
>>>book8 = open('虎口脱险.txt', 'r')                #相对路径打开文件，文件在D:\test\目录
```

注意 1：在程序的第 6 行，路径不要写为“open('.\01\春.txt', 'r')”，这是错误的路径。

注意 2：在以上路径测试仅仅是针对纯 Python 语句而言。在一些第三方软件包中，并不一定都支持以上路径形式。

注意 3：在第三方软件包 Pandas 中，路径不能使用“r'D:\test\10\test.txt'”或“'D:\test\10\test.txt'”的形式，只能使用“'D:\\test\\10\\test.txt'”形式的路径。

注意 4：在第三方软件包 OpenCV 中，“img=cv2.imread('D:\\test\\10\\蓝天.jpg')”语句中的中文文件名将会出错，只能使用“img=cv2.imread('D:\\test\\10\\blue.jpg')”形式的英文路径。

1.2.5 程序打包

程序打包目的是让开发的 Python 程序能够实现共享，以提供给他人使用。Python 有两种打包方式：一种是将 Python 程序打包成一个可执行程序（.exe 文件），这样就可以在没有安装 Python 的系统中运行程序；另一种是将 Python 程序打包成.whl 压缩文件，然后上传到 Python 官方网站，提供给其他用户下载安装（称为分发包）。

1．将 Python 程序打包成可执行文件

Python 标准模块没有提供程序打包成可执行文件的功能，但是可以使用第三方软件进行程序打包。第三方打包软件主要有 pyinstaller、py2exe、cxfreeeze 等。

目前，多使用 pyinstaller 进行程序打包。pyinstaller 生成的.exe 文件集成了程序需要的所有资源（所以.exe 文件相对较大），它可以直接复制到其他计算机中使用。

使用 pyinstaller 时，需要先安装软件包，然后进行程序打包，操作步骤如下。

步骤 1：在 Windows 的“开始”菜单中，打开命令提示符窗口。

步骤 2：在命令提示符窗口进行 pyinstaller 软件包的安装。

```
C:\Users\Administrator>D:                           #进入D盘
D:\>cd Python312                                    #进入Python 312子目录
D:\Python312>pip install pyinstaller -i https://pypi.tuna.tsinghua.edu.cn/simple
    #从清华大学镜像网站安装pyinstaller软件包
Looking in indexes: https://pypi.tuna.tsinghua.edu.cn/simple
Collecting pyinstaller
  Downloading
https://pypi.tuna.tsinghua.edu.cn/packages/b4/83/9f6ff034650abe9778c9a4f86bcead63
f89
a62acf02b1b47fc2bfc6bf8dd/pyinstaller-4.2.tar.gz (3.6 MB)
    |████████████████████████████████| 3.6 MB 1.1 MB/s
  Installing build dependencies ... done
...（输出省略）
D:\Python312>cd..                              #退出Python 312子目录
```

步骤 3：在 D 盘根目录下创建一个“test”子目录，并且将待打包的 Python 程序（如 test.py）复制

到这个目录中。

步骤 4：在命令提示符窗口中，进行程序打包操作。

```
>cd test                          #进入待打包程序的子目录
>pyinstaller -F test.py           #对 test.py 程序进行打包
```

步骤 5：进入 D:\test 目录，目录下新增加了__pycache__、build、dist 这 3 个子目录。进入 dist 子目录，即可看到打包的 test.exe 文件。双击 test.exe 文件，就会执行这个程序。

2．pyinstaller 打包模块命令和参数

pyinstaller 命令的语法格式为“pyinstaller 参数 程序名.py”。

pyinstaller 命令参数及其说明如表 1-2 所示。

表 1-2 pyinstaller 命令参数及其说明

参数	说明
-F	打包成单个可执行文件。程序是一个.py 文件时，在 dist 目录下生成单个可执行文件（包含所有依赖）。不添加-F 参数时，默认会在 dist 目录中生成依赖文件和可执行文件。如果程序为多个.py 文件，则建议不使用-F 参数
-D	打包成多个文件。适合以框架形式编写的程序代码，这种方式较易于维护
-w	打包成执行文件后，程序启动时不打开命令行窗口。如果程序是有界面的，则可以不写这个参数。但是测试情况下建议先加上这个参数，这样当运行报错时，信息会在控制台输出

-c	在控制台子系统中执行程序（默认），例如：
	`pyinstaller -c xxxx.py`
	`pyinstaller xxxx.py --console`

-i	为可执行文件指定图标（文件 file.ico），后面跟图标的路径，例如： `pyinstaller -i ico 路径 xxxxx.py`
-p	设置模块导入路径（与 Python PATH 效果相似）。可以用路径指定多个目录；也可以用多个-p 参数设置多个导入路径，然后让 pyinstaller 去查找程序需要的资源。例如： `-p aaa.py -p bbb.py -p ccc.py`

3．将 Python 程序打包成分发包

在 Python 程序设计中，经常会用到第三方软件包。把程序封装成分发包的目的是使技术与业务分离，以及使程序能在其他项目中使用。

（1）分发包的文件格式

Python 程序有 Wheel（扩展名为.whl）和 Egg（扩展名为.egg）两种打包文件格式。.whl 实际上是一种压缩文件，如果将.whl 的扩展名修改为.zip，就可以看到压缩包中的文件。

（2）创建分发包文件和目录

创建一个目录（如 D:\test），将需要打包的 Python 程序存放在这个目录中。需要打包的文件包括 README.md（说明文档）、LICENSE（许可证，非必须）、setup.py（安装包脚本程序，很重要）、__init__.py（内容可以为空）等。

【例 1-16】打包程序的目录结构如下。

```
D:\test\                          #打包文件的目录
├── LICENSE                       #许可证文件
├── README.md                     #使用说明文件（文本文件）
├── demo                          #包目录
│    ├── __init__.py              #包说明文件（内容为空）
│    ├── print_test.py            #Python 模块 1
```

```
│    ├── sum_test.py                    #Python 模块 2
│    └── main.py                        #Python 模块 3
└── setup.py                            #安装包脚本程序
```

【例 1-17】需要封装的程序 print_test.py 内容如下。

```
def test():
    print('这是一个测试文件。')
```

README.md 为文本文件，它用于对文件的使用信息进行描述。

（3）创建安装包脚本文件 setup.py

setup.py 文件中包含了软件包中相应的信息，以及软件包包含的文件和数据。

【例 1-18】创建 setup.py 文件。

```
from setuptools import setup                          #导入标准模块
setup(
    name='print_test',                                #软件包的名称
    py_modules=['print_test'],                        #打包的.py 文件
    version='1.0.0',                                  #包版本
    description='A print test for PyPI',              #包详细说明
    author='ttf',                                     #作者信息
    author_email='ttf@163.com',                       #作者邮箱
    url='https://www.python.org/',                    #包主页，Python 或 GitHub 网站
    license='MIT',                                    #支持的开源许可证协议
    keywords='pip test',                              #包关键字列表
    project_urls='https://github.com/aaa/bbb'         #项目网址
    packages=find_packages(),                         #打包的目录
    install_requires=[                                #依赖包的版本要求
        'numpy>=1.14',
        'tensorflow>=1.7'
        ],
    python_requires='>=3'                             #Python 依赖版本
    package_data = {                                  #将.txt 和.rst 文件也打包进去
        '': ['*.txt', '*.rst'],
    },
    data_files=['etc/xkd.conf',],                     #数据文件
)
```

（4）创建分发包

setuptools 是 Python 的分发包打包工具模块。它可以让程序员更方便地创建和发布 Python 软件包。

步骤 1：打开命令提示符窗口。

步骤 2：升级最新版的 pip、setuptools、wheel 软件包（可选操作）。

```
>pip install -U pip setuptools wheel
```

步骤 3：创建分发包。

```
>python setup.py sdist bdist_wheel
```

说明 1：打包命令为固定形式。

说明 2：确保 setup.py 文件存在于当前路径下。

说明 3：打包后会生成 build、dist、xkdpackage.egg-info 目录。命令运行结束后，会在 dist 目录下存放相应的.whl 文件和.tar.gz 文件。其中，.tar.gz 文件是 Python 包的源文件；而.whl 文件是软件分发包。pip 命令首先尝试安装软件分发包；如果安装失败，则会尝试采用源文件包进行安装。

（5）应用创建的分发包

步骤 1：打开命令提示符窗口。

```
>python setup.py install
```

步骤 2：把模块安装到本地。

步骤 3：在程序中使用 import 语句导入这个模块。

（6）上传分发包到 PyPI 网站

步骤 1：在 Python 官网注册一个 PyPI 账号。

步骤 2：安装上传模块 twine。

```
>pip install twine                          #安装 twine 包
```

步骤 3：上传项目分发包。

```
>twine upload dist/*                        #上传分发包
>                                           #输入注册的 PyPI 账号和密码
```

说明：如果 twine 上传失败，则可能是模块命名出现了重复。

习题

一、简答题

1. 简要说明 Python 语言的特点和优势。
2. Python 的应用领域有哪些？

二、编程题

1. 在 Python 命令行输出“你好，Python”。
2. 编写程序，在图形界面的窗口中输出“学习 Python”字符串。
3. 写出 Python 第三方游戏包 pygame 的安装命令。

第 2 章 数据类型与常用内置对象

本章深入探讨 Python 基础数据类型与内置对象，涵盖标识符、关键字、多种数据类型、变量操作、运算符、表达式、类型判断与转换，以及 math、random、time 等内置函数和模块等。通过学习本章内容，读者可打下高效编程的坚实基础。

2.1 标识符与关键字

Python 中的标识符与关键字是编程基础的重要组成部分。标识符用于命名变量、函数、类及其他对象，合理的标识符命名能提高代码的可读性。关键字是 Python 语言中预先定义并保留的特殊单词，具有特定的功能和意义，是编写有效 Python 代码的关键。正确理解和使用标识符与关键字，对于提升代码质量和运行效率至关重要。

1．标识符

标识符是用来标记变量、函数、类、模块和其他对象的有效字符序列。通过标识符可区分不同的对象。在 Python 中，标识符的命名规范如下。

（1）允许使用字母、数字、下画线（_）和汉字等字符，但首字母不能使用数字，中间不能有空格。

（2）不能与关键字同名。

（3）对英文字母的大小写敏感，如 myfun、myFun、MyFUN 是不同的标识符。

（4）允许用汉字作为标识符，但尽量避免使用汉字作为标识符，以免出现平台编码支持、跨平台兼容等问题。例如，cj_1、_score、Fenshu 是合法的标识符；cj-1、5score、and、False 是不合法的标识符。

2．关键字

关键字又称保留字，有特殊的语法含义，Python 3.x 版本中共有 33 个关键字，如表 2-1 所示，各关键字的意义在后续章节中会陆续阐述。关键字不能在程序中用作标识符，否则会产生编译错误。关键字也对大小写敏感，如 False 是关键字，而 false 则不是。

表 2-1　Python 中的关键字

and	as	assert	break	class
continue	def	del	elif	else
except	finally	for	from	global
if	import	in	is	lambda
nonlocal	not	or	pass	raise
return	try	while	with	yield
False	None	True		

2.2 数据类型

计算机程序可以处理数字、文本、图形、音频、视频、网页等各种各样的数据，不同的数据，需要定义不同的数据类型。Python 中常见的数据类型有数值型、布尔型、字符串、列表、元组、字典、集合等。

微课视频

2.2.1 数值型和布尔型

1. 数值型

数值型数据可以分为整型（int）、浮点型（float）、复数型（complex）。

（1）整型

整型是不带小数的数字，包括十进制整数、二进制整数、八进制整数、十六进制整数。

① 十进制整数：默认的整数类型，如 150、0、-72。

② 二进制整数：以 0b 或 0B 开头，只包含数字 0、1 的整数，如 0b1010 或 0B11101。

③ 八进制整数：以 0o 或 0O 开头，包含数字 0～7 的整数，如 0o47 或 0O165。

④ 十六进制整数：以 0x 或 0X 开头，包含数字 0～9、字母 A～F 的整数，如 0x4f95 或 0X9AB6。

（2）浮点型

浮点数就是小数，如 15.8、98.00、-3624.55。

当一个小数很大或很小时，用科学记数法表示更方便，表示形式为“尾数 e|E 指数”。

其中，尾数、指数都不能为空，指数必须为整数，e 与 E 通用，表示以 10 为底，如 1.8e5 表示 1.8×10^5、0.83E-4 表示 0.83×10^{-4}。

（3）复数型

复数型数据由实数部分（real）和虚数部分（imag）组成，写成 a+bj 或 a+bJ 形式。

其中，a 和 b 均为浮点数，b 不能省略，如：5.2+2j、3+7.6J、2.8+1j。

2. 布尔型

布尔型（bool）只有两种值：True（逻辑真）和 False（逻辑假）。布尔型数据可以和数值型数据一起进行算术运算和逻辑运算。在算术运算中，False 相当于 0，True 相当于 1；在逻辑运算中，数值 0 表示 False，数值非 0 表示 True。

2.2.2 字符串、列表和元组

字符串、列表、元组都是有序序列。序列中的每个元素都分配一个位置（或索引）。序列中的元素均可通过索引进行读写操作，索引可以正向递增：从左到右，从 0 开始递增编号，依次为 0、1、2、3 等；或者反向递减：从右到左，从-1 开始递减编号，依次为-1、-2、-3、-4 等。

1. 字符串

字符串（str）是由 0 个或多个字符组成的有序序列。字符串的界定符可以是一对单引号、双引号、三单引号或三双引号。

① 单引号：如'68.9'、' Good Idea!'、'我爱 Python'。

② 双引号：如"38+5"、" q "、 " Python 程序设计"。

③ 三单引号或三双引号：如'''Chinese'''、"""我喜欢 Python 程序设计"""。三引号中的字符串可以换

行输入，即

```
>>>'''我爱
祖国，祖国万岁'''
```

该字符串分成两行输入，相当于字符串'我爱\n 祖国，祖国万岁'。其中，“\n”为转义字符，表示换行符。

转义字符是以反斜杠开头的字符，具有特殊的意义。常用转义字符如表 2-2 所示。

表 2-2　常用转义字符

转义字符	含义	转义字符	含义
\\	反斜杠	\t	水平制表符，即 Tab 键
\'	单引号	\f	换页符
\"	双引号	\b	退格，将光标位置移到前一列
\n	换行，将光标位置移到下一行开头	\ddd	八进制数 ddd 代表的字符
\r	回车，将光标位置移到本行开头	\xhh	十六进制数 hh 代表的字符

字符串中除了普通字符，还可以包含转义字符。

当字符串中包含转义字符时，print 输出时转义字符将显示为它代表的字符，例如：

```
>>>print("map\tof\tthe\tworld")        #\t 表示水平制表符
map     of      the     world
>>>print('\x41')                       #十六进制 41 对应的 Unicode 字符
A
```

当字符串中有单引号时，界定符不能再使用单引号，否则编译器无法判断哪两个单引号构成一个字符串，运行时会报语法错误。例如：

```
>>>s='I'm a boy.'
SyntaxError: invalid syntax
```

这时，只能用双引号界定符，或者使用转义字符。例如：

```
>>>"I'm a boy."
>>>'I\'m a boy.'
```

同理，当字符串中有双引号时，只能使用单引号界定符或转义字符。

2．列表

列表（list）是包含 0 个或多个元素的有序序列。列表的基本形式如下。

```
[元素 1,元素 2,…,元素 n]
```

例如，[1,2,3,4,5,6]、['A', 'B', 'C', 'D', 'E']、[ ]、[1,2,'a','b','列','表']等都是列表。

注意：

① 各元素可以是任意数据类型，如数值型、布尔型、字符串、列表、元组等。

② 多个元素之间使用英文逗号分隔，元素个数无限制。

③ 0 个元素的列表为空列表[ ]。

④ 列表中的元素可以修改。

3．元组

元组（tuple）是不可变的、只读型序列，一旦创建就不能被修改。元组的基本形式如下。

```
(元素 1,元素 2,…,元素 n)
```

例如，(2,4,6,8,10)、('C','h','i','n','a')、(2,4,'x','y','元','组',True)、(4,)、()等都是元组。

注意：

① 各元素可以是任意数据类型，如数值、布尔型、字符串、列表、元组等。

② 多个元素之间使用英文逗号分隔，元素个数无限制。当只有 1 个元素时，后面的逗号不能省略。例如，(4,)是元组数据，而(4)表示整数 4。

③ 0 个元素的元组为空元组( )。

元组可以用作字典的键，也可以作为集合的元素，而列表则不能。元组比列表的访问和处理速度更快，因此在不需要修改元素的操作时，建议使用元组。

2.2.3 字典和集合

字典和集合都是无序序列数据。

1．字典

字典（dict）是由键（key）和值（value）成对组成的序列数据。每个键对应一个值，可以通过键对相应的值进行读写操作。字典的基本形式如下。

```
{键 1: 值 1, 键 2: 值 2,…, 键 n: 值 n,}
```

例如，{'张三': 90, '李四': 80, '王五': 92}、{ }等都是字典。

注意：

① 键必须是不可变的数据，如数值、布尔型、字符串或元组，不能使用列表。值可以是任意数据类型。

② 键必须是唯一的。如果重复，则最后的一个键值对会替换前面的。

③ 0 个键值对的字典为空字典{ }。

2．集合

集合（set）是包含 0 个或多个元素的无序序列。集合中的元素类型只能是不可变数据类型，如数值、布尔型、字符串、元组。

集合的基本形式如下。

```
{元素 1,元素 2,…,元素 n}
```

例如，{1,2,3,4,5}、{'G','o','o','d'}等都是集合。

注意：

① 集合中的元素不可以重复，如果出现重复元素，则集合会自动去掉重复元素，如集合{1,2,1,2}等价于{1,2}。

② { }用来创建空字典，空集合只能使用 set( )函数来创建。

2.3 变量

2.3.1 变量的概念和赋值

变量是一个标识符，用于访问存储某种类型数据的内存单元，其存储的值在程序执行的过程中可以被改变。

Python 作为一种动态语言，允许直接通过赋值来创建变量，而无须显式声明数据类型。变量赋值的基本语法格式如下。

```
变量名=变量值
```

例如：

```
>>>s=123
```

上述语句创建了一个变量 s，它的值是整数 123。

```
>>>xm="张三"
```

上述语句创建了一个变量 xm，它的值是字符串"张三"。

注意：

（1）变量名命名时要遵守标识符命名的规则，使用字母、数字、下画线（_）和汉字等字符，但首字母不能使用数字，中间不能有空格。

（2）=为赋值运算符，用于将右侧的变量值赋给左侧的变量名。

（3）程序中变量的值是可变的，可以重新赋值。

【例 2-1】分析变量 s 的值。在 Python Shell 窗口中依次输入下列语句，观察变量 s 值的变化。

```
>>>s=110
>>>s=120
>>>s="telephone"
>>>print(s)
```

【分析】变量 s 的初值为整数 110，语句“s=120”将变量 s 重新赋值为整数 120，语句“s="telephone"”将变量 s 的值赋为字符串"telephone"。程序中变量的值遵循“后来者居上”的原则，后面的值会覆盖前面的值。最后，语句“print(s)”输出变量 s 的值为 telephone。

2.3.2 变量链式赋值

同时为多个变量赋予相同的值称为变量链式赋值。其基本语法格式如下。

```
变量 1=变量 2=…=变量 n=变量值
```

例如：

```
>>>x1=x2=1
```

变量 x1 和变量 x2 的值均为整数 1。

2.3.3 序列解包赋值

序列解包赋值是指将序列元素同步赋值给对应位置的单变量。其基本语法格式如下。

```
变量 1,变量 2,…变量 n=包含 n 个元素的序列
```

说明：

（1）赋值运算符（=）右侧可以是字符串、列表、元组等序列。

例如：

```
>>>a,b,c=(1,2,3)
```

将元组(1,2,3)解包，分别赋值给变量 a、b、c，该语句等价于以下 3 条赋值语句。

```
>>>a=1
>>>b=2
>>>c=3
>>>a,b,c='123'    #将字符串'123'解包
>>>a
'1'
>>>b
'2'
>>>c
'3'
```

（2）赋值运算符（=）左侧变量的个数必须与右侧序列的元素个数一致，否则会产生错误。例如：

```
>>>a,b,c=[1,2,3,4]
ValueError: too many values to unpack (expected 3)
```

【例 2-2】使用序列解包可实现变量交换。在 Python Shell 窗口中依次输入下列语句，观察变量 a 和 b 的变化。

```
>>>a,b=(5,6)
>>>a,b=b,a
>>>a
6
>>>b
5
```

【分析】给变量 a 和 b 进行序列解包赋值，变量 a 的初值为 5，变量 b 的初值为 6。语句“a,b=b,a”运行后，变量 a 的值为 6，变量 b 的值为 5，利用序列解包赋值语句轻松实现了两个变量的互换。

2.3.4 变量的删除

当不再需要变量时，Python 会自动回收内存空间，也可以使用 del 语句删除变量。del 语句的基本语法格式如下。

```
del 变量 1,变量 2,…,变量 n
```

例如：

```
>>>del a                  #删除变量 a，回收其内存空间
>>>del b,c,d              #同时删除变量 b、c、d，回收其内存空间
```

2.4 运算符与表达式

微课视频

表达式是指由运算符、操作数构成的式子，而操作数由常数、变量和函数等组成。常见的运算符有算术运算符、赋值运算符、复合赋值运算符、关系运算符、逻

辑运算符、成员运算符、标识运算符、位运算符等。

2.4.1 算术运算符与表达式

算术运算符用于实现数学运算。常见的算术运算符如表 2-3 所示，假设表格中的变量 a=5，变量 b=15。

表 2-3 常见的算术运算符

运算符	功能	优先级	算术表达式举例	运算结果
+	加	3	a+b	20
-	减		b-a	10
*	乘	2	a*b	75
/	除		b/a	3.0
%	取模		16% a	1
//	整除		16//a	3
**	幂	1	a**2	25

说明：

（1）加（+）

如果运算符+两侧的操作数为数值型，则进行加法运算。如果两侧的操作数为字符串，则进行字符串连接运算。例如：

```
>>>12+34
46
>>>"12"+"34"
'1234'
```

（2）除（/）

/为浮点型除法，计算结果总是小数，不管是否能除尽，也不管参与运算的是整数还是小数。例如：

```
>>>6/2
3.0
>>>6.4/2
3.2
```

（3）整除（//）

假设 c=a/b，则 a//b 的值为不大于 c 的最大整数。例如：

```
>>>5//2
2
>>>-5//-2
2
>>>-5//2
-3
>>>5//-2
-3
```

（4）取模（%）

假设 c=a//b，r=a%b，则 r=a-c*b。例如：

```
>>>5%2
1
>>>-5%-2
-1
>>>-5%2
1
>>>5%-2
-1
```

（5）算术运算符的优先级

如果一个表达式中包含多个算术运算符，则优先级高的运算符优先计算，优先级相同时从左至右依次运算。算术运算符的优先级如表 2-3 所示。

例如：

```
>>>1+4*5/2**2
```

表达式的计算过程如下。

① **的优先级最高，先计算 2**2，表达式简化为 1+4*5/4。

② 表达式 1+4*5/4，*和/的优先级别相同，从左至右依次运算，计算得 1+20/4。

③ 表达式 1+20/4，/的优先级别高于+，计算得 1+5.0。

④ 表达式 1+5.0，计算结果为 6.0。

可以使用圆括号（ ）改变优先级别，括号内的式子优先计算。例如：

```
>>>(1+4)*5/2**2
```

优先计算 1+4，最后表达式的计算结果为 6.25。

2.4.2 赋值运算符与复合赋值运算符

1. 赋值运算符

赋值运算符（=）的一般语法格式如下。

```
变量=表达式
```

说明：

① 赋值运算符左侧必须是变量，右侧可以是常数、变量、函数、括号及运算符等构成的表达式。先计算右侧的表达式值，再将其赋给左侧的变量。例如：

```
>>>x=3+4*2
```

先计算右侧算术表达式 3+4*2 的值，再将其赋给变量 x，所以变量 x 的值为 11。

② 赋值运算符的优先级低于所有算术运算符。

2. 复合赋值运算符

复合赋值运算符是指将赋值运算符和算术运算符相结合，先进行算术运算，再进行赋值运算。常见的复合赋值运算符如表 2-4 所示。

表 2-4 常见的复合赋值运算符

运算符	含义	举例	等效于
+=	加法赋值	x+=a	x=x+a
-=	减法赋值	x-=a	x=x-a

续表

运算符	含义	举例	等效于
*=	乘法赋值	x*=a	x=x*a
/=	除法赋值	x/=a	x=x/a
//=	整除赋值	x//=a	x=x//a
%=	取模赋值	x%=a	x=x%a
**=	幂运算赋值	x**=a	x=x**a

例如：

```
>>>x=5
>>>x*=6
>>>x            #输出结果为 30
```

2.4.3 关系运算符与表达式

关系运算符用于对两个操作数进行关系比较，关系成立则运算结果为布尔值 True（真），关系不成立则运算结果为布尔值 False（假）。常见的关系运算符如表 2-5 所示。

表 2-5　常见的关系运算符

运算符	功能	表达式	说明
==	等于	a= =b	如果 a 等于 b，则返回值为 True，否则为 False
!=	不等于	a!=b	如果 a 不等于 b，则返回值为 True，否则为 False
>	大于	a>b	如果 a 大于 b，则返回值为 True，否则为 False
>=	大于等于	a>=b	如果 a 大于或等于 b，则返回值为 True，否则为 False
<	小于	a<b	如果 a 小于 b，则返回值为 True，否则为 False
<=	小于等于	a<=b	如果 a 小于或等于 b，则返回值为 True，否则为 False

说明：

（1）如果操作数 a、b 为数值，则直接比较数值的大小。例如：

```
>>>135>=45              #运算结果为 True
>>>34!=34               #运算结果为 False
```

（2）如果操作数 a、b 为字符串，则从左至右逐一比较字符串中对应位置字符的 ASCII 值。例如：

```
>>>'ABC'<'Abc'
```

首先比较左、右字符串中第一个字符的 ASCII 码，因为都是字符'A'，不能比较出结果，继续比较第二个字符的 ASCII 码，'B'的 ASCII 码值小于'b'的 ASCII 码值，关系成立，停止比较，表达式的运算结果为 True。

（3）关系运算符的优先级相同。

2.4.4 逻辑运算符与表达式

逻辑运算符主要用于逻辑判断，运算结果为布尔型。常见的逻辑运算符如表 2-6 所示。

表 2-6　常见的逻辑运算符

运算符	名称	优先级	说明
not	逻辑非	1	取反操作，True 取反结果为 False，False 取反结果为 True
and	逻辑与	2	当左、右两个操作数都为 True 时，运算结果才为 True，否则为 False
or	逻辑或	3	当左、右操作数有一个为 True 时，运算结果为 True，否则为 False

逻辑与、逻辑或是双目运算，逻辑非是单目运算，具体的运算规则如表 2-7 所示。

表 2-7　逻辑与、逻辑或、逻辑非的运算规则

表达式 x 的值	表达式 y 的值	x and y	x or y	not x
True	True	True	True	False
True	False	False	True	False
False	True	False	True	True
False	False	False	False	True

说明：

（1）3 种运算符的优先级从高到低依次为 not>and>or。例如：

```
>>>False or True and not True
```

【分析】先计算 not True，表达式简化为 False or True and False。再计算 and 运算，表达式简化为 False or False。再计算 or 运算，结果为 False。

（2）布尔型、数值型可一起参与逻辑运算和算术运算。在逻辑表达式中，0 相当于 False，非 0 相当于 True。在算术表达式中，False 等于 0，True 等于 1。例如：

```
>>>8 and False
```

整数 8 相当于 True，所以表达式的值为 False。

```
>>>8+False+True
```

False 等于 0，True 等于 1，所以表达式的值为 8+0+1=9。

（3）逻辑运算符常与算术运算符、关系运算符连接成更复杂的表达式。按优先级高低进行计算，它们的优先级从高到低依次为算术运算符>关系运算符>逻辑运算符。例如：

```
>>>x,y,z=3,5,7
>>>x*y>z and y+z<x
```

首先计算“x*y”和“y+z”的值，得 15>7 and 12<3。再计算关系表达式的值，得 True and False。再计算逻辑表达式的值，结果为 False。

（4）逻辑与、逻辑或运算符支持惰性求值，当取得第一个操作数的值并满足条件时，即不再计算第二个表达式的值。例如：

```
>>>False and 8*9>40
```

两操作数均为 True 时 and 运算结果才能为 True，而左侧的逻辑值为 False，所以不需要再计算表达式 8*9>40 的结果，可直接判断整个表达式的运算结果为 False。

```
>>>True or 4*(5+98)<400
```

只要有一个操作数为 True，则 or 运算的结果为 True，因此不需要再计算右侧表达式的值，可直接判断整个表达式的运算结果为 True。

（5）关系运算符可以任意串连。例如：

```
>>>'y'<'x'==False
```

连续两个比较运算符转化为逻辑运算 and，相当于“'y'<'x' and 'x'= =False”。“'y'<'x'”不成立，与运算后的结果为 False。

```
>>>3<4>1
```

上述表达式相当于“3<4 and 4>1”，运算结果为 True。

2.4.5 成员运算符

成员运算符用来测试给定值是否为序列中的成员，返回值为布尔型。成员运算符有 in 和 not in，它们的优先级别相同。成员运算符如表 2-8 所示。

表 2-8 成员运算符

运算符	表达式	说明
in	x in y	如果 x 是序列 y 的成员，则运算结果为 True，否则为 False
not in	x not in y	如果 x 不是序列 y 的成员，则运算结果为 True，否则为 False

【例 2-3】在 Python Shell 窗口中依次输入下列语句，观察表达式的结果。

```
>>>y="Good Morning"
>>>x="o"
>>>x in y              #运算结果为 True
>>>x="GO"
>>>x in y              #运算结果为 False，字符串“GO”不是字符串变量 y 中的成员
```

2.4.6 标识运算符

标识运算符用于比较两个对象的内存地址，如表 2-9 所示。

表 2-9 标识运算符

运算符	表达式	说明
is	x is y	如果变量 x 和变量 y 指向相同的对象，则为 True，否则为 False
is not	x not is y	如果变量 x 和变量 y 指向不同的对象，则为 True，否则为 False

例如：

```
>>>x,y,z=45,60,45
>>>x is z                      #运算结果为 True
>>>x is not y                  #运算结果为 True
>>>y is z                      #运算结果为 False
```

说明：

（1）使用 id()函数可以获得变量的内存地址。例如：

```
>>>x,y=1,1
>>>id(x)
   2578908211504
```

```
>>>id(y)
   2578908211504
>>>x is y
   True
```

在计算机内存中，变量并不直接存储数据，而是存储数据的内存地址。所有的数据如数值、字符串、列表等创建时都会分配内存空间，变量通过引用的方式来使用它们。

变量 x、y 与值 1 的内存关系如图 2-1 所示。

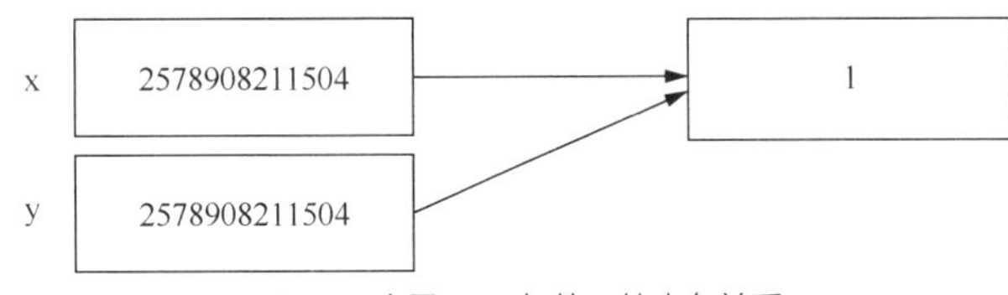

图 2-1 变量 x、y 与值 1 的内存关系

（2）运算符 is 与= =有区别：变量的值相等，变量的 id 不一定相同；变量的 id 相同，变量的值肯定相等。例如：

```
>>>x=3000
>>>y=2000+1000
>>>x is y              #运算结果为 False
>>>x==y                #运算结果为 True
```

（3）运算符 is 和 is not 的优先级相同。

2.4.7 位运算符

位运算符是用来对数据的二进制位进行计算。常见的位运算符如表 2-10 所示。

表 2-10 常见的位运算符

运算符	功能	说明
&	二进制位的与运算	若对应二进制位都为 1，则结果为 1，否则为 0
|	二进制位的或运算	若对应二进制位有一个为 1，则结果为 1，否则为 0
^	二进制位的异或运算	对应二进制位不同则为 1，相同则为 0
~	二进制位的取反运算	二进制位取反，即 1 取反为 0，0 取反为 1
<<	二进制的左移动运算	a<<n，二进制 a 左移 n 位，高位丢弃，低位补 0
>>	二进制的右移动运算	a>>n，二进制 a 右移 n 位，低位丢弃，高位补 0

位运算符的运算规则如下。

（1）与运算规则：0&0=0；0&1=0；1&0=0；1&1=1。

（2）或运算规则：0|0=0；0|1=1；1|0=1；1|1=1。

（3）异或运算规则：0^0=0；0^1=1；1^0=1；1^1=0。

（4）取反运算规则：~0=1；~1=0。

如果参与运算的操作数为二进制，则从低位到高位对齐后直接进行相应位的运算。若位数不够，则高位直接补 0。位运算的结果为十进制。例如：

```
>>>0b100&0b101         #0b100，运算结果为 4
>>>0b100|0b111         #0b111，运算结果为 7
```

```
>>>0b100^0b1        #右侧操作数只有 1 位，在右侧操作数的高位补两个 0，即 0b100^0b001，运算结果为 5
```

如果参与运算的操作数为十进制，则系统会将操作数转换成二进制后再进行相应位运算。假设 a=12，b=24，转换成二进制分别为 00001100 和 00011000。

```
>>>a&b
```

运算结果为 8，运算过程如下。

	12	00001100
&	24	00011000
	8	00001000

```
>>>a|b
```

运算结果为 28，运算过程如下。

	12	00001100
|	24	00011000
	28	00011100

```
>>>a^b
```

运算结果为 20，运算过程如下。

	12	00001100
^	24	00011000
	20	00010100

```
>>>~a
```

运算结果为 13，运算过程如下。

~	12	00001100
补码		11110011
		10001100
+		1
原码	-13	10001101

特别注意，取反运算时，最高符号位也取反，结果为 11110011，这是结果数的补码。将补码取反后加 1 得到原码 10001101，转换成十进制为-13，即运算结果为-13。

```
>>>b=24
>>>b<<2                  #运算结果为 96
```

十进制 24 的二进制为 00011000，左移 2 位，低 2 位补 0，高位溢出丢弃得 01100000，即十进制 96。

```
>>>b>>2                  #运算结果为 6
```

00011000 右移 2 位，低 2 位丢弃，高 2 位补 0，得 00000110，即十进制 6。

2.4.8 运算符的优先级别和表达式的书写规则

当一个表达式出现多种不同的运算符时，按优先级从高到低进行计算，相同的优先级从左至右依次计算，括号优先。各种不同运算符的优先级如下：算术运算符>位运算符>关系运算符>标识运算符>成员运算符>逻辑运算符>赋值运算符。

表达式遵循下列书写规则。

（1）表达式从左到右在同一个基准上书写，如数学公式 a^3+b^4 应写为 a**3+b**4。

（2）乘号不能省略，如，数学公式 ab（表示 a 乘以 b）应写为 a*b。

（3）括号必须成对出现，而且只能使用圆括号，括号可以嵌套使用。

【例 2-4】请写出下列数学表达式的 Python 表达式。

（1）$\frac{a}{4}\times b^5 \div (4+\frac{3}{a-b})$

（2）同时满足以下两个条件的表达式：$(x+y)-2\geqslant b$ 而 $x\times y^2+3\neq a$。

Python 表达式如下。

（1）$\frac{a}{4}\times b^5 \div (4+\frac{3}{a-b})$ 表达式的 Python 表达式为“(a/4*b**5)/(4+3/(a−b))”。

（2）$(x+y)-2\geqslant b$ 而 $x\times y^2+3\neq a$ 表达式的 Python 表达式为“((x+y)−2>=b) and (x*y**2+3!=a)”。

2.5 数据类型判断与转换

2.5.1 数据类型判断

Python 中常见的数据类型有数值型、布尔型、字符串、列表、元组、字典、集合等。利用 type( ) 函数可查看常数、变量、表达式等对象的数据类型。

其基本语法格式如下。

```
type(object)
```

例如：

```
>>>type(9.8)          #返回值为<class 'float'>
>>>type(True)         #返回值为<class 'bool'>
>>>x=[1,2,3]
>>>type(x)            #返回值为<class 'list'>
```

type( )函数的返回值与常见数据类型的对应关系如表 2-11 所示。

表 2-11 type( )函数的返回值与常见数据类型的对应关系

返回值	数据类型	返回值	数据类型
<class 'int'>	整型	<class 'list'>	列表
<class 'float'>	浮点型	<class ' tuple'>	元组
<class 'complex'>	复数型	<class 'dict'>	字典
<class 'bool'>	布尔型	<class 'set'>	集合

2.5.2 数据类型转换

1. 隐式类型转换

不同的数值型数据进行算术运算时，会以“整型→浮点型→复数型”的顺序进行自动类型转换。

若表达式中有复数型，则其他对象自动转换为复数型，运算结果也为复数型。例如：

```
>>>3.0*3
```

表达式中的 3.0 为浮点型，3 为整型，运算结果自动转换为浮点型 9.0。

```
>>>3*(2+1j)
```

表达式中的 3 为整型，(2+1j)为复数型，运算结果为复数型(6+3j)。

```
>>>3.1+(4+6j)
```

表达式中的 3.1 为浮点型，(4+6j)为复数型，运算结果为复数型(7.1+6j)。

2．强制类型转换

数据类型转换函数可实现不同数据类型之间的强制转换。常见的强制类型转换函数有 int( )、float( )等，如表 2-12 所示。

表 2-12　强制类型转换函数

函数	描述
int(x)	将 x 转换为整数
float(x)	将 x 转换为浮点数
complex(real,imag)	生成复数，real 为复数的实部，imag 为复数的虚部
str(x)	将 x 转换为字符串
eval(s)	计算在字符串 s 中的有效 Python 表达式，并返回一个对象
bool(x)	将 x 转换为布尔型
list(iterable)	将可迭代对象 iterable 转换为列表
tuple(iterable)	将可迭代对象 iterable 转换为元组
dict(iterable)	将可迭代对象 iterable 转换为字典
set(iterable)	将可迭代对象 iterable 转换为集合

例如：

```
>>>int(5.6)                #小数取整，返回值为 5
>>>int('5')                #整数字符串转换为整数，返回值为 5
>>>float(9)                #整数转换为小数，返回值为 9.0
>>>float('45.99')          #数值字符串转换成小数，返回值为 45.99
>>>a=complex(4.6,5)        #转换成复数
>>>a                       #返回值为 (4.6+5j)
>>>a.real                  #取复数 a 的实部，返回值为 4.6
>>>a.imag                  #取复数 a 的虚部，返回值为 5.0
>>>str(6.6)                #数值转换成字符串，返回值为'6.6'
>>>str([3,4,5])            #列表转换成字符串，返回值为'[3, 4, 5]'
>>>eval('90*2')            #计算数学表达式 90*2 的值，并转换成数值型，返回值为 180
>>>eval('[1,2,3]')         #去掉字符串界定符，转换成列表[1,2,3]，返回值为[1, 2, 3]
>>>eval(' "abc" ')         #去掉界定符，返回字符串，返回值为'abc'
>>>eval('abc')             #abc 无法计算,程序运算报错,返回值为 NameError: name 'abc' is not defined
>>>bool(5)                 #非 0 表示真，返回值为 True
>>>bool([])                #空列表表示假，返回值为 False
>>>list("python")          #字符串转换成列表，返回值为['p', 'y', 't', 'h', 'o', 'n']
```

```
>>>tuple([1,2,3])                        #列表转换成元组，返回值为(1, 2, 3)
>>>dict([('a',1),('b',2),('c',3)])       #列表转换成字典，返回值为{'a': 1, 'b': 2, 'c': 3}
>>>set("good")                           #字符串转换成集合，同时去重，返回值为{'o', 'd', 'g'}
```

2.6 常用内置函数

Python 中有很多内置函数，不需要我们调用模块就可以直接使用。可以通过 dir( )函数查看所有内置函数。查看内置函数的基本语法格式如下。

```
>>>dir(__builtins__)
```

该函数可以查看所有的内置变量、内置模块和内置函数。Python 提供了每个内置函数的使用说明信息，可以用 help(函数名)进行查看。例如：

```
>>>help(abs)
  Help on built-in function abs in module builtins:
  abs(x, /)
    Return the absolute value of the argument.
```

现从转换函数、数学函数及其他函数 3 个方面来介绍其他常用内置函数。

2.6.1 转换函数

常见的转换函数及其功能如表 2-13 所示。

表 2-13 常见的转换函数及其功能

函数	功能
bin(x)	返回整数 x 的二进制字符串
oct(x)	返回整数 x 的八进制字符串
hex(x)	返回整数 x 的十六进制字符串
ord(c)	返回字符 c（长度为 1）的 Unicode 编码
chr(x)	返回整数 x（Unicode 编码）所对应的字符

例如：

```
>>>bin(10)              #整数 10 转换成二进制，返回值为'0b1010'
>>>bin(0x8f)            #十六进制转换成二进制，返回值为'0b10001111'
>>>oct(0b110110)        #二进制转换成八进制，返回值为'0o66'
>>>hex(15)              #十进制转换成十六进制，返回值为'0xf'
>>>hex(0o65)            #八进制转换成十六进制，返回值为'0x35'
>>>ord('A')             #字符 A 的 Unicode 编码，返回值为 65
>>>chr(65)              #Unicode 编码为 65 时所对应的字符，返回值为'A'
```

2.6.2 数学函数

常见的内置数学函数及其功能如表 2-14 所示。

表 2-14　常见的内置数学函数及其功能

函数	功能
abs(x)	返回 x 的绝对值，如果 x 为复数，则返回复数的模
round(x,n)	返回 x 按照指定的小数位数 n 进行四舍五入运算后的结果
divmod(x,y)	以元组类型返回(x//y, x%y)的值
pow(x,y)	返回 x 的 y 次方值
max(iterable)	返回可迭代对象 iterable 中元素的最大值
min(iterable)	返回可迭代对象 iterable 中元素的最小值
sum(iterable)	返回可迭代对象 iterable 中元素之和

例如：

```
>>>abs(-45.6)                #求绝对值，返回值为 45.6
>>>abs(3+4j)                 #求模，返回值为 5.0
>>>round(12.54)              #取整，返回值为 13
>>>round(12.5567,2)          #保留 2 位小数，返回值为 12.56
>>>divmod(17.5,2)            #返回整数商和余数的元组，返回值为(8.0, 1.5)
>>>pow(2,10)                 #2 的 10 次方，返回值为 1024
>>>pow(9,1/2)                #9 的平方根，返回值为 3.0
>>>max([1,23,9,33])          #求最大值，数值比大小，返回值为 33
>>>min(['ab','de','ADP'])    #求最小值，字符串比 ASCII 码，返回值为'ADP'
>>>sum([1,2,3,4])            #求和，返回值为 10
```

2.6.3 其他常用函数

其他常用函数及其功能如表 2-15 所示。

表 2-15　其他常用函数及其功能

函数	功能
len(obj)	返回序列对象 obj 中元素的个数
all(iterable)	判断 iterable 中元素是否全为 True，如果是，则返回 True，否则返回 False
any(iterable)	判断 iterable 中元素至少有一个为 True，如果是，则返回 True，否则返回 False
sorted(iterable,reverse)	对可迭代对象 iterable 中的元素按大小重新排序，返回一个新的列表
range(start, stop, step)	返回指定范围[start,stop)内按指定步长 step 递增的数字序列

例如：

```
>>>len("abc123 加油")          #计算长度，返回值为 8
>>>all([True,9>3,'ab'])        #返回值为 True
>>>all([True,0,''])            #0、''表示 False，返回值为 False
>>>any([0,'','A'<'a'])         #返回值为 True
>>>sorted("gde")       #参数 reverse 为 False 或省略时，进行升序排列，返回值为['d', 'e', 'g']
>>>sorted("gde",reverse=True)  #reverse 设为 True，则进行降序排列，返回值为['g', 'e', 'd']
>>>range(1,9,2)        #在[1,9)内按步长为 2 递增数字序列，返回值为 1、3、5、7 的可迭代对象
```

注意：range(start,stop,step)函数用于返回指定范围内按指定步长递增的数字序列。①start 为数字序

列的开始值，默认为 0；stop 为数字序列的结束值，不包括 stop；step 为递增步长，默认值为 1。②返回值为 range 类实例，可使用 for 循环遍历输出。③也可以与类型转换函数 list( )、tuple( )、set( )函数结合一起使用，强制转换成其他数据类型。例如：

```
>>>list(range(1,9,2))      #转换成列表，返回值为[1, 3, 5, 7]
>>>tuple(range(9))         #转换成元组，返回值为(0, 1, 2, 3, 4, 5, 6, 7, 8)
>>>list(range(10,1,-2))    #转换成列表，返回值为[10, 8, 6, 4, 2]
```

2.7 常用内置模块

内置模块是 Python 安装时默认自带的模块，模块对应于 Python 源代码文件，文件中定义了相关的函数、变量和方法。在程序中导入某模块，即可调用该模块中的函数、变量、方法。常见的内置模块有 math 模块、random 模块、turtle 模块、time 模块等。

微课视频

2.7.1 import 导入模块

模块导入的方法有以下两种。

（1）“import 模块名”。采用这种方式导入模块后，可以使用模块中的所有函数。在调用该模块的函数时，必须以模块名作为前缀。调用模块中函数的语法格式如下。

```
模块名.函数名
```

例如：

```
>>>import math                        #导入 math 模块
>>>math.fabs(-4.9)                    #调用 fabs 函数，返回值为 4.9
```

如果模块名比较复杂，则可以为其设置一个别名，以方便使用。例如：

```
import 模块名 as 别名

>>>import math as m                   #导入 math 模块，并取别名为 m
>>>m.fabs(-4.9)                       #调用 fabs 函数，返回值为 4.9
```

（2）“from 模块名 import 函数名 1,函数名 2,…”。这种方式只导入模块的指定函数，模块中的其他函数没有被导入也不能被调用，而且调用时不需要加上模块名前缀。例如：

```
>>>from math import fabs, sqrt        #导入 math 模块中的 fabs 和 sqrt 函数
>>>sqrt(9)                            #直接调用 sqrt 函数，返回值为 3.0
```

若函数名较长，则可以为其设置简单易懂的别名。其语法格式如下

```
from 模块名 import 函数名 1 as 别名 1,函数名 2 as 别名 2,…

>>>from math import fabs as f,sqrt as sq
>>>sq(16)                             #采用别名调用函数，返回值为 4.0
```

from 格式也可一次性导入某模块中的所有函数，这时模块中的所有函数都可以直接被调用，而且不需要加模块名前缀。其语法格式如下。

```
from 模块名 import *
```

```
>>>from math import *
>>>fabs(-1)                                    #函数前无须加模块名 math，返回值为 1.0
```

2.7.2 math 模块与常用数学函数

math 模块封装了浮点数的数学运算函数。math 模块中包含 4 个数学常数和 44 个数学函数，常用数学常数和函数如表 2-16 所示。

表 2-16 常用数学常数和函数

常数或函数	含义	示例	结果
pi	圆周率 π	math.pi	3.141592653589793
e	自然常数 e	math.e	2.718281828459045
ceil(x)	返回不小于 x 的最小整数	math.ceil(896.45)	897
floor(x)	返回不大于 x 的最大整数	math.floor(896.45)	896
trunc(x)	返回 x 的整数部分	math.trunc(100.9)	100
modf(x)	返回 x 的小数和整数部分	math.modf(100.9)	(0.9000000000000057,100.0)
pow(x,y)	返回 x 的 y 次方	math.pow(10,3)	1000.0
fabs(x)	返回 x 的绝对值	math.fabs(-45.6)	45.6
fmod(x,y)	返回 x%y	math.fmod(9,2)	1.0
factorial(x)	返回 x 的阶乘	math.factorial(5)	120
log(x,base)	返回以 base 为底 x 的对数，base 默认为 e（即自然对数）	math.log(100) math.log(8,2)	4.605170185988092 3.0
log10(x)	返回以 10 为底 x 的对数	math.log10(100)	2.0
sqrt(x)	返回 x 的平方根	math.sqrt(16)	4.0
exp(x)	返回 e 的 x 次方	math.exp(2)	7.38905609893065
gcd(a,b)	返回 a 与 b 的最大公约数	math.gcd(24,8)	8
hypot(x,y)	返回以 x 和 y 为直角边的斜边长	math.hypot(3,4)	5.0
degrees(x)	将弧度值 x 转换成角度值	math.degrees(3.14156)	179.9981290871189
radians(x)	将角度值 x 转换成弧度值	math.radians(360)	6.283185307179586
sin(x)	返回 x（弧度）的正弦值	math.sin(1.57)	0.9999996829318346
cos(x)	返回 x（弧度）的余弦值	math.cos(1.57)	0.0007963267107332633
tan(x)	返回 x（弧度）的正切值	math.tan(1)	1.5574077246549023
asin(x)	反正弦函数，x∈[−1.0,1.0]	math.asin(0)	0.0
acos(x)	反余弦函数，x∈[−1.0,1.0]	math.acos(−1)	3.141592653589793
atan(x)	反正切函数	math.atan(1.57)	1.0036550779803273

【例 2-5】计算圆面积 $s = \pi r^2$，其中半径 r=8.5。

在 Python Shell 窗口中依次输入下列语句，最后求出圆面积的值。

```
>>>import math                                 #导入 math 模块
>>>r=8.5                                       #半径赋值
```

```
>>>s=math.pi*math.pow(r,2)          #计算圆面积 s 的值
>>>s                                #输出圆面积 s 的值：226.98006922186255
```

【例 2-6】计算表达式值：$e^3 \times n! \times \log_2 x \div \sin\frac{\pi}{2}$，其中 n=4，x=10。

在 Python Shell 窗口中依次输入下列语句，最后计算出表达式的值。

```
>>>from math import *
>>>n,x=(4,10)
>>>y=exp(3)*factorial(n)*log(x,2)/sin(pi/2)
>>>y                #输出表达式的值：1601.3450257448299
```

2.7.3 random 模块与常用随机函数

随机数常用于数学、游戏、网络安全等领域中。random 模块中包含大量的随机数生成函数，如表 2-17 所示。

表 2-17 random 模块中的随机数生成函数

函数	描述
random( )	随机生成一个[0,1)内的浮点数
uniform(x,y)	随机生成一个[x,y]内的浮点数
randint(a,b)	随机生成一个[a,b]内的整数
randrange(start,stop,step)	从指定范围[start,stop)内按指定步长 step 递增的集合中随机获取一个数
choice(seq)	从非空序列 seq 中随机获取一个元素
sample(pop,k)	从 pop 序列中随机获取 k 个元素，并生成新的列表
shuffle(list)	将序列 list 中的元素随机排序
seed(n)	改变随机数生成器的种子

例如：

```
>>>import random
>>>random.random()              #随机生成一个[1,0)内的浮点数，可能的值：0.9219726028347609
>>>random.uniform(1,9)          #随机生成一个[1,9]内的浮点数，可能的值：2.7487691571028092
>>>random.uniform(9,1)          #随机生成一个[1,9]内的浮点数，可能的值：2.117173213868253
>>>random.randint(0,99)         #随机生成一个[0,99]内的整数，可能的值：34
>>>random.randrange(0,101,2) #随机取一个[0,100]内的偶数
>>>random.randrange(-4,-20,-4)     #从(-4,-8,-12,-16)集合中随机获取一个数
>>>random.randrange(1,6)           #从(1,2,3,4,5,6)集合中随机获取一个数
>>>random.randrange(5)             #从(0,1,2,3,4)集合中随机获取一个数
>>>random.choice("Python")         #从字符串"Python"中随机取一个字符，可能的值：'y'
>>>random.choice([1,5,9,88,34])    #从列表中随机取一个元素，可能的值：88
>>>random.sample("abcdef",3)       #从字符串"abcdef"中随机取 3 个字母生成新的列表，
                                   #可能的值：['a', 'd', 'c']
>>>list1=[1,2,3,4]
>>>random.shuffle(list1)           #将列表 list1 的元素随机排序
>>>list1                           #可能的值：[4, 3, 1, 2]
```

```
>>>random.seed(4)                    #设置了随机种子
>>>random.randint(1,100)             #第一次调用随机函数，可能的值：31
>>>random.randint(1,100)             #生成的随机数与上一次不同，可能的值：39
>>>random.seed(4)                    #设置与第一次相同的随机种子
>>>random.randint(1,100)             #生成的随机数与第一次相同，值为：31
```

random 模块使用 Mersenne Twister 算法来计算生成随机数。这是一个确定性算法，但是可以通过 random.seed(n)函数修改初始化种子。如果使用相同的 n 值，则随机数生成函数每次生成的随机数序列都相同；如果不设置这个值，则系统根据时间来自动选择这个值，此时每次生成的随机数序列因时间差异而不同。

2.7.4 time 模块与常用日期时间函数

Python 中有 3 种表示日期和时间的方式。

（1）时间字符串

一个包含日期和时间的字符串。例如，'Tue Feb 9 08:00:00 2021'表示 2021 年 2 月 9 日星期二早上 8 点整。

（2）时间戳

一个浮点数，如 1617331327.9718523，表示格林威治时间（UTC 时区）从 1970 年 1 月 1 日 00:00:00 起到当前时间经过的总秒数，或者北京时间（CST 时区）从 1970 年 1 月 1 日 08:00:00 起到当前时间经过的总秒数。因为 CST 时间比 UTC 时间早 8 个小时。

（3）时间结构元组（time.struct_time）

一个包含日期和时间信息的元组。例如，2021 年 2 月 9 日星期二早上 11 点用时间结构元组表示为

```
time.struct_time(tm_year=2021, tm_mon=2, tm_mday=9, tm_hour=3, tm_min=0, tm_sec=0,
tm_wday=1, tm_yday=40, tm_isdst=0)
```

时间结构元组共有 9 个元素，依次为年（tm_year）、月（tm_mon）、日（tm_mday）、时（tm_hour）、分（tm_min）、秒（tm_sec）、星期（tm_wday，取值为 0~6，0 表示星期一）、一年中的第几天（tm_yday）、是否夏令时（tm_isdst，0 表示普通，1 表示夏令时）。通过元组元素的访问方法可获取相应的元素值。

Python 提供了多个操作日期和时间的标准模块，如 time、datetime、calendar 等。其中，time 模块是最基础的模块，包括时间获取函数、时间形式转换函数、时间格式化函数、程序计时函数等，如表 2-18 所示。

表 2-18　time 模块中的常见函数

函数	功能
time.time( )	返回系统当前时间的时间戳
time.ctime(seconds)	将时间戳 seconds 转换成时间字符串，若 seconds 省略，则转换成当前时间
time.gmtime(seconds)	将时间戳转换成 UTC 时区的时间结构元组，若 seconds 省略，则转换成当前时间
time.localtime(seconds)	将时间戳转换成 CST 时区的时间结构元组，若 seconds 省略，则转换成当前时间
time.strftime(format,tuple)	将时间元组 tuple 按 format 格式转换成字符串，若 tuple 省略，则转换成当前时间
time.strptime(string,format)	将 format 格式所对应的时间字符串 string 转换成时间结构元组
time. perf_counter( )	返回一个 CPU 级别的精确时间计数值，单位为秒
time.sleep(seconds)	程序休眠 seconds 秒

例如：

```
>>>import time
>>>time.time()          #返回系统当前时间的时间戳 1729583384.6346486
>>>time.ctime(10)       #返回：'Thu Jan  1 08:00:10 1970' (北京时间 1970 年 1 月 1 日 08:00:01 星期四)
>>>time.ctime()         #获取系统当前时间的字符串
>>>time.gmtime(10)      #时间戳 10 对应的时间结构元组（UTC 时区）
time.struct_time(tm_year=1970, tm_mon=1, tm_mday=1, tm_hour=0, tm_min=0, tm_sec=10, 
tm_wday=3, tm_yday=1, tm_isdst=0)
>>>t1=time.gmtime()                 #获取系统当前时间的结构元组
>>>time.localtime(10)               #时间戳 10 对应的时间结构元组（CST 时区）
time.struct_time(tm_year=1970, tm_mon=1, tm_mday=1, tm_hour=8, tm_min=0, tm_sec=10, 
tm_wday=3, tm_yday=1, tm_isdst=0)
>>>time.localtime()                 #获取系统当前时间的结构元组
>>>start=time.perf_counter()        #开始计时
>>>end=time.perf_counter()          #结束计时
>>>end-start                        #求 2 个时间差值
27.320893200001592
>>>time.sleep(3.4)             #程序休眠 3.4 秒
```

【例 2-7】时间格式化函数 strftime、strptime 的应用。在 Python Shell 窗口中依次输入下列语句，观察时间格式的变化。

```
>>>import time
>>>t=time.gmtime()                                   #返回当前时间的结构元组
>>>time.strftime("%Y-%m-%d %A %H:%M:%S %p",t)        #转换成要求的时间字符串
'2022-11-23 Wednesday 22:40:58 PM'                   #不同时间的运行输出结果不同
>>>time.strptime("22/11/23","%y/%m/%d")              #返回时间的结构元组
time.struct_time(tm_year=2022, tm_mon=11, tm_mday=23, tm_hour=0, tm_min=0, tm_sec=0, 
tm_wday=2, tm_yday=327, tm_isdst=-1)
```

说明：时间格式化函数 time.strftime(format,tuple)能将时间结构元组 tuple 按照 format 格式转换成时间字符串。参数 format 为包含时间格式控制符的字符串，格式控制符以%开头，后跟一个字母，表示占位符及显示的格式。常见的时间格式控制符及其意义如表 2-19 所示。

表 2-19 常见的时间格式控制符及其意义

格式控制符	意义	格式控制符	意义
%Y	表示 4 位数字的年份	%a	表示星期的缩写（Mon～Sun）
%y	表示 2 位数字的年份	%H	表示小时（24 小时制，00～23）
%m	表示月份（01～12）	%h	表示小时（12 小时制，01～12）
%B	表示月份的全称（January～December）	%M	表示分钟（00～59）
%b	表示月份名称的缩写（Jan～Dec）	%S	表示秒（00～59）
%d	表示一个月中的第几天（01～31）	%p	表示上下午（AM 或 PM）
%A	表示星期的全称（Monday～Sunday）		

时间格式化函数 time.strptime(string,format)能将时间字符串 string 转换成时间结构元组，其中时间字符串 string 必须按照时间格式字符串 format 表达，时间格式字符串 format 中的时间格式控制符的意义如表 2-19 所示。

习题

一、单选题

1. 下列选项中合法的标识符是（　　）。

   A. 8ban　　B. _shejishi1　　C. for　　D. False

2. 下列属于不合法数值型数据的是（　　）。

   A. −98.646　　B. 4.0e2　　C. 1+j　　D. 0x45abc

3. 为了给变量 x、y、z 赋初值，下列赋值语句正确的是（　　）。

   A. x,y,z=10　　B. x=y=z=10　　C. x=10,y=10,z=10　　D. (x,y,z)=10

4. 下列关于变量的说法中，不正确的是（　　）。

   A. 变量名区分大小写　　B. 可同时给多个变量赋初值

   C. 变量赋值创建后，不能修改　　D. 变量不需要声明数据类型

5. 下列（　　）表达式的运算结果与其他项不同。

   A. 5！=5　　B. True and False or True

   C. 8**2>100　　D. not True and False

6. 函数 hex(16)的运算结果为（　　）。

   A. '0xf'　　B. '0x10'C　　'0x1f'　　D. '0b10000'

7. 函数 round(483.359,0)的运算结果为（　　）。

   A. 483　　B. 483.0　　C. 483.4　　D. 483.3

8. 函数 len("NO1 机器人")的运算结果为（　　）。

   A. 5　　B. 6　　C. 9　　D. 12

9. 函数 eval("90//4")的运算结果为（　　）。

   A. 2　　B. 3　　C. 22　　D. 22.5

10. 产生随机数的内置模块是（　　）。

    A. math　　B. turtle　　C. random　　D. time

二、填空题

1. 将数学表达式 $-10\leqslant x\leqslant 10$ 改写成 Python 表达式为（　　　　）。
2. 求 4 的阶乘表达式为（　　　　）。
3. 表达式 13//4+5−2*9/3%2 的运算结果为（　　　　）。
4. 设变量 *a*=5，表达式 *a*//2**3 的运算结果为（　　　　）。
5. 函数 random.randint(10,50)的功能为（　　　　）。
6. 函数 time.sleep(4.5)的功能为（　　　　）。

三、在 Python Shell 窗口完成以下任务并观察结果

1. 随机生成[2,20]内的浮点数。
2. 获取系统当前时间的时间戳、字符串形式、时间结构元组形式（本地时间）。

第3章 数据输入输出

本章深入探讨 Python 的数据输入输出机制，详细讲解 input 函数的数据输入和 print 函数的数据输出，包括无格式输出、%格式化和 format 格式化等技巧。同时，本章还介绍语句注释的书写规则，涵盖正确的语句书写方法和注释语句的使用。通过本章的学习，读者将掌握 Python 数据的交互技巧，并能编写出结构清晰、易于维护的程序。

3.1 数据输入 input 函数

input 函数是 Python 的内置函数，可直接调用，常常与赋值运算符一起使用。

格式：变量= input(prompt)。

功能：等待用户的输入，直到按下【Enter】键结束，输入的内容以字符串类型赋值给左侧的变量。

例如：

```
>>>x=input("请输入一个整数：")  #提示信息后面有光标，等待用户输入，按【Enter】键结束输入
请输入一个整数：290
>>>x
'290'
>>>type(x)              #type 函数用于查看变量 x 的数据类型，返回结果为<class 'str'>
<class 'str'>
```

说明：

（1）参数 prompt：提示信息字符串，可省略，如“x=input( )”。

（2）输入的数据自动转换成字符串类型 str，所以变量 *x* 的值为字符串'290'。可用类型转换函数 eval( )、int( )、float( )等实现类型的转换。例如：

```
>>>x=eval(input('请输入一个整数：'))
请输入一个整数：290
>>>type(x)
<class 'int'>
```

（3）不输入任何其他数据，直接按【Enter】键，则返回一个空字符串''。

（4）input 函数与 eval( )函数配合使用，可实现多个变量同时输入。例如：

```
>>>name, score=eval(input("请输入姓名和成绩，以英文逗号分隔："))
请输入姓名和成绩，以英文逗号分隔："小明",98

>>>name
```

```
'小明'
>>>score
98
```

说明：运行程序，当输入内容结束，右侧表达式变为“eval(' "小明",98')”，而 eval( )函数将去掉字符串的外层引号，即得“"小明",98”，为元组数据。将该元组序列解包分别赋值给变量 name 和 score。特别注意，这时输入的数据个数与左侧变量的个数必须一致，用户输入的数据之间一定要用英文逗号进行分隔。当然也可以直接赋值给一个元组变量，还可以利用字符串分隔方法 split 将数据进行分隔（在第 5 章会详细讲解该方法）。

微课视频

3.2 数据输出 print 函数

3.2.1 无格式输出

格式：print(value1,value2,…,sep=' ',end='\n')。

功能：输出各项参数 value1、value2 等的值。

例如：

```
>>>print("hi")               #输出结果为：hi
>>>print(12,34)              #输出结果为：12 34
>>>print(12+34,"56")         #输出结果为：46 56
```

说明：

（1）参数 value1,value2,…：输出的数据项，可以是常数、变量、函数、表达式等，先计算再输出结果，多项数据使用英文逗号进行分隔。

（2）参数 sep：指定多项数据输出时的分隔符，可省略，默认为空格。

（3）参数 end：指定结束输出数据的结尾符，可省略，默认为换行符（转义字符为'\n'），同时光标定位到新一行的起始位置。

（4）所有参数都省略时，输出一空行。

【例 3-1】分析程序的输出结果。

```
print('abc')
print('a','b','c')                               #分隔符为空格
print('a','b','c',sep="*")                       #分隔符修改为*
print(300)
x=100
print("x=",x)
y=97.34
print("x+y=",x+y)                                #字符串直接输出，表达式先计算再输出
print()                                          #输出空行
print((1,2,3),(4,5,6),sep="/",end="/")           #分隔符、结尾符均为/，不换行
print([7,8,9],end="/")                           #与前面的内容同行，不换行
print()                                          #回车换行，不产生空行
print("The End")                                 #在新行输出字符串
```

新建一个 py 文件，并输入上述代码（注意，前面的数字表示行号，不用输入），保存。然后按【F5】

键运行程序，输出结果如图 3-1 所示。

```
abc
a b c
a*b*c
300
x=100
x+y=197.34

(1, 2, 3)/(4, 5, 6)/[7, 8, 9]/
The End
```

图 3-1　例 3-1 程序的输出结果

特别注意第 10～13 行语句的运行结果，共 4 个 print 函数，输出结果却只占了两行。程序运行到第 10 行语句时，print 函数的分隔符 sep 设为 “/ ”、结尾符 end 设为 “/ ”，输出两个元组数据 “(1,2,3)/(4,5,6)” 后输出结尾符 “/ ”，不换行。运行第 11 行语句，在同一行输出列表 “[7,8,9]”，输出结尾符 “/ ”，不换行。运行第 12 行语句，函数参数为空，回车换行，且光标定位到下一行的第 1 列。运行第 13 行语句，在光标所在位置输出字符串 “The End”。

3.2.2　%格式化的数据输出

1．%格式化输出的一般格式

在字符串输出中，可以使用%加格式化操作符（如%s、%d、%f 等）来插入变量，每种格式化操作符用于特定类型的数据，例如%s 表示字符串，%d 表示整数，%f 表示浮点数。格式化所需的数据应写在字符串之后的%运算符右侧。

其一般格式如下。

```
print("带%格式化操作符的字符串"%(数据项))
```

功能：输出字符串，字符串中带%的格式化操作符既是占位符又是格式化符，对后面的数据项逐一进行格式化后替换原位置的字符，并输出新的字符串。

例如：

```
>>>print("%e"%(0.001895))
1.895000e-03
```

说明：

（1）函数中的"%e"：表示字符串中有一个科学计数法形式的浮点数。

（2）函数中的%(0.001895)：表示需要格式化的数据为 0.001895。

也就是，将浮点数 0.001895 以科学计数法的形式输出，故输出结果为 1.895000e-03。如果只有一个输出项，则可以省略括号。上述语句可改写成：

```
>>>print("%e"%0.001895)                #省略了括号
```

特别注意：

（1）数据项可以是常数、变量、函数、表达式（先计算再格式化输出），多个数据项之间使用英文逗号进行分隔。字符串中的%格式化操作符与后面的数据项个数相等，数据类型相匹配，位置一一对应，格式化后输出。例如：

```
>>>print("%e %e"%(0.00123,8000))       #两个格式化符号对应两个数据项
1.230000e-03 8.000000e+03
```

```
>>>print("%e"%("8000"))
TypeError: must be real number, not str
```

数据项为字符串"8000"，而%e 表示浮点数的占位符，数据类型不匹配，运行时报错。

（2）字符串中除%格式化操作符外，还可以包含普通字符，这些字符会原样输出。例如：

```
>>>str1="book"
>>>print("the length of %s is %d"%(str1,len(str1)))
```

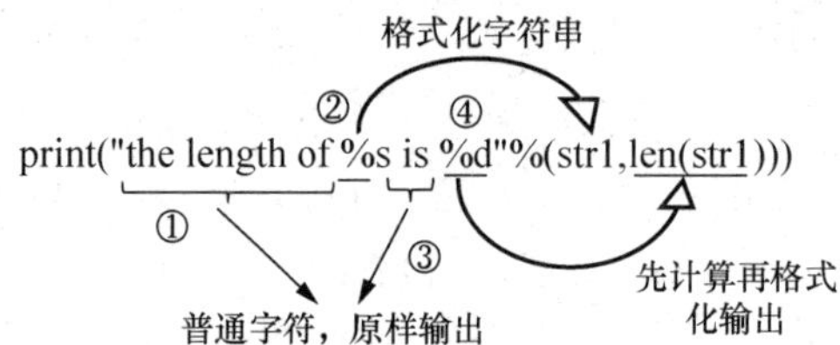

函数中的字符串"the length of %s is %d"由 4 部分组成。其中，①③部分为普通字符，原样输出；②%s 表示字符串①和③之间有一个字符串，即第 1 个数据项 str1 的值"book"；④%d 表示字符串③后面有一个整数，即第 2 个数据项 len(str1)的值“4”；所以最后输出的字符串为“the length of book is 4”。特别要注意：①中间的空格及最后有一个空格，③前后分别有一个空格，空格也是字符，原样输出。

2．数据类型操作符

%后面跟不同的字母，可指定输出不同类型的数据，如字符、字符串、整数、浮点数等。常见的数据类型%格式化操作符如表 3-1 所示。

表 3-1　常见的数据类型%格式化操作符

符号	功能	符号	功能
%c	输出整数所对应的 Unicode 字符	%x	输出小写的十六进制整数
%s	输出字符串	%X	输出大写的十六进制整数
%d	输出十进制整数	%f	输出浮点数
%i	输出十进制整数	%e	输出科学计数法形式的浮点数（小写 e）
%o	输出八进制整数	%E	输出科学计数法形式的浮点数（大写 E）

（1）输出单个字符

%c：将 ASCII 码值转换成 Unicode 字符后输出。

例如：

```
>>>print("%c"%97)                    #97 是字符 a 的 ASCII 码值，所以输出字符 a
a
```

（2）输出字符串

%s：输出字符串。

例如：

```
>>>print("我是一名%s"%("学生"))
我是一名学生
```

```
>>>print("s=%s"%("97"+"45"))         #先计算表达式"97"+"45"的值，再输出
s=9745
```

（3）输出整数

① %d 和%i：输出十进制整数，如果数据项为浮点数，则只输出整数部分。

例如：

```
>>>print("%d"%65)
65
>>>print("%i"%65.8)      #去掉小数部分，只输出整数
65
```

② %o：输出八进制整数。

例如：

```
>>>print("%o"%65)
101
```

③ %x 和%X：输出十六进制整数，小写 x 对应输出小写字母，大写 X 对应输出大写字母。

例如：

```
>>>print("%x,%X"%(165,165))
a5,A5
```

（4）输出浮点数

① %f：输出浮点数，保留 6 位小数。

例如：

```
>>>print("%f"%(100))
100.000000
```

② %e 和%E：用科学计数法输出浮点数，其中尾数保留 6 位小数。

例如：

```
>>>print("%e=%E"%(100,100))
1.000000e+02=1.000000E+02
```

【例 3-2】分析程序的输出结果。

```
x=-4568.5
print("%d"%x)
print("%f"%x)
print("%e"%x)
y=28
print("十进制%d 对应的八进制是%o，对应的十六进制是%X"%(y,y,y))
```

程序运行结果如下：

```
-4568
-4568.500000
-4.568500e+03
十进制 28 对应的八进制是 34，对应的十六进制是 1C
```

注意：同一个数值，在不同的%格式化操作符的影响下输出会显示不同的结果

3．辅助指令符号

在%与数据类型格式操作符之间可适当添加辅助指令，用于对输出格式进行微调，如指定输出数

据的宽度、小数点精度、对齐方式等。

例如，将例 3.2 中的第 3 行语句修改为

```
>>>print("%.2f"%x)
```

上述语句中，在%和 f 之间添加了“.2”，表示保留 2 位小数，则输出结果如下：

```
-4568.50
```

格式化操作符的辅助指令如表 3-2 所示。

表 3-2　格式化操作符的辅助指令

符号	功能
m	指定数据项输出的最小宽度，如果实际长度<m，则左侧不够的位补空格，否则按实际长度输出
.n	对于浮点数，指定小数位数（四舍五入）
	对于字符串，指定从字符串左侧开始截取的子串字符个数
-	输出数据在域内左对齐，默认为右对齐
+	在正数前面显示加号（+）
0	显示的数字前面填充'0'，默认为空格
%	'%%'输出一个单一的'%'
#	在八进制数前面显示'0o'，在十六进制前面显示'0x'或'0X'（取决于用的是'x'还是'X'）

注意：

（1）宽度 m

指定数据项输出的最小宽度，如果实际长度< m，则左侧不够的位补空格，否则按实际长度输出。例如：

```
>>>print("%d,%5d,%5d"%(1,10,123456))
```

上述语句中，整数 10 的长度为 2<5，左侧补 3 个空格。整数 123456 的长度为 6>5，按实际长度输出。输出结果如下：

```
1,   10,123456

>>>print("%s %5s %5s"%("I","am","a teacher!"))
```

上述语句中，字符串"am"的长度为 2<5，左侧补 3 个空格。字符串"a teacher!"的长度为 10>5，按实际长度输出。输出结果如下：

```
I    am a teacher!
```

（2）数字 0

当数值实际长度<宽度 m 时，默认情况是在左侧补空格。如果在宽度 m 前添加了数字 0，则左侧补 0。例如：

```
>>>print("%d,%05d"%(1,10))
```

上述语句中，整数 10 的长度为 2<5，而%与 5 之间有数字 0，则输出时在整数 10 前面补 3 个 0。因此输出结果如下：

```
1,00010
```

又如：

```
>>>print("%d,%011f,%d"%(1,9.9,2))
1,0009.900000,2
```

（3）正数+

在正数前添加符号+。例如：

```
>>>print("%+d%+5d%+05d"%(12,35,35))
+12  +35+0035
```

注意：+宽度为 1，所以 35 前面只需补 2 个空格或 2 个 0（+位于 0 之前）。

（4）精度.n

指定浮点数的小数位为 n，如果实际小数位<n，则补 0，否则四舍五入。例如：

```
>>>print("%.2f,%.2e"%(98.4,98.46))
98.40,9.85e+01
```

精度.n 也可以与字符串类型 s 一起使用，如果字符串实际长度>n，则从字符串左侧截取 n 个字符，否则按实际长度输出。例如：

```
>>>print("%.3s %.3s100"%("Python","Py"))
Pyt Py100
```

（5）#

在%和 o 之间添加#，则输出的八进制数前面显示'0o'；在%和 x 或 X 之间添加#，则输出的十六进制前面显示'0x'或'0X'（取决于用的是'x'还是'X'）。例如：

```
>>>print("%#o,%#x"%(16,16))
0o20,0x10
```

（6）%%

%%表示输出单个字符%。例如：

```
>>>print("%d%%"%(33))
33%
```

（7）-

输出数据在域内左对齐，默认为右对齐。例如：

```
>>>print("%-5i%05i"%(66,66))
66   00066
```

注意：第 1 个整数 66 最小占位宽度为 5，且左对齐，所以在它的后面输出 3 个空格。第 2 个整数 66 最小占位宽度为 5，默认为右对齐，所以在它的前面补 3 个 0。

【例 3-3】分析程序的运行结果。

```
x=48
print("%d"%x)
print("%+d"%x)
print("%5d"%x)
print("%05d"%x)
print("%-5d%05d"%(x,x))
print("%+05d%-+05d"%(x,x),end="*")
```

```
print("%d%%"%x)
```

上述程序的运行结果如图 3-2 所示。

```
48
+48
   48
00048
48    00048
+0048+48    *48%
```

图 3-2　例 3-3 程序的运行结果

【例 3-4】分析程序的运行结果。

```
x=160
y=3456.89
z="computer"
print("%f"%y)
print("%.1f"%y)
print("%+010.1f"%y)
print()
print("十进制%i 对应的八进制是%#o，对应的十六进制是%#x"%(x,x,x))
print()
print("%3s"%z)
print("%10s"%z)
print("%-5.3s%5.3s"%(z,z))
```

上述程序的运行结果如图 3-3 所示。

```
3456.890000
3456.9
+0003456.9

十进制160对应的八进制是0o240，对应的十六进制是0xa0

computer
  computer
com    com
```

图 3-3　例 3-4 程序的运行结果

3.2.3 format 格式化数据输出

format 为格式化字符串方法，它的基本思想是通过{}来替代%在字符串中的占位，且比%格式更灵活。format 方法的参数个数不受限制，参数位置可以不按顺序出现。

format 方法的基本格式如下。

```
"{参数序号 0~n：格式控制标记}".format(参数 0,参数 1,…,参数 n)
```

基本功能：根据大括号{}中的参数序号 0～n 和冒号后面的格式控制标记，格式化 format 方法中相应序号的参数，格式化后的参数替换字符串中的{}后得到一个新的字符串。

例如：

```
>>>"恭喜{}：本次考试取得了{}分！".format("郑同学","100")
'恭喜郑同学：本次考试取得了 100 分！'
```

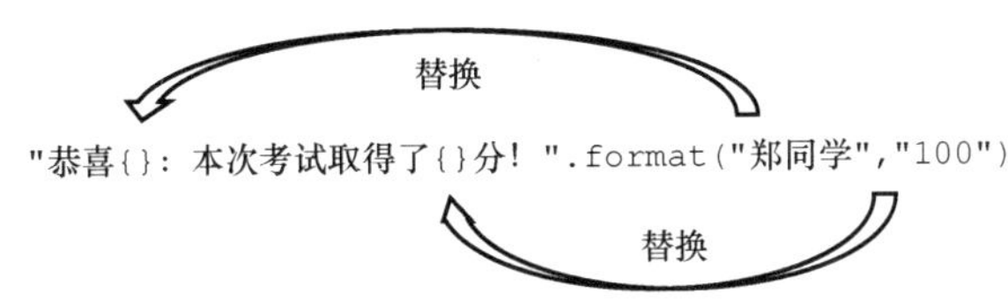
替换
"恭喜{}：本次考试取得了{}分！".format("郑同学","100")
替换

说明：

（1）字符串中除{}外，其他普通字符原样显示。

（2）{}内为空时，采用默认格式和位置替换字符串中的{}，这时{}相当于占位符。

（3）方法中的参数可以是常数、变量、函数、表达式等，先计算再将结果格式化到字符串的{}占位符中。

现详细介绍{}中的参数序号和格式控制标记的含义和样式。

1．参数序号

如果 format 方法中有 n+1 个参数，则字符串{}中的参数序号最大值为 n，最小值为 0。特别要注意事项。

（1）{}中的参数序号可全部省略，若全部省略，则 format 方法中的参数按照出现顺序依次替换字符串中的{}，得到一个新的字符串。这时，{}的个数与参数的个数必须相等，多个参数使用逗号进行分隔。例如，上述示例中，字符串中有两个{}，format 方法中有两个参数，一一对应。

（2）如果大括号{}中有参数序号，则按照序号与对应的方法参数进行替换。format 方法括号中的参数序号从左至右依次递增，即为 0、1、2 等。

例如：

```
>>>"恭喜{2}：语文{0}分，数学{1}分！".format("118","120","郑同学")
```

上述语句中，方法中的参数"118"、"120"、"郑同学"的序号依次为 0、1、2，按照字符串{}中的序号替换参数，得到新的字符串为'恭喜郑同学：语文 118 分，数学 120 分！'。

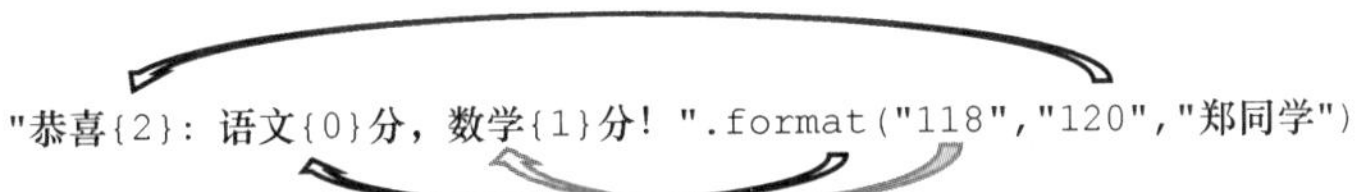
"恭喜{2}：语文{0}分，数学{1}分！".format("118","120","郑同学")

改变{}中的序号，输出内容也将随之改变。例如：

```
>>>"恭喜{2}：语文{1}分，数学{0}分！".format("118","120","郑同学")
'恭喜郑同学：语文 120 分，数学 118 分！'
```

{}中的序号可以相同，允许重复出现，{}与方法括号中参数的个数还可以不相等。例如：

```
>>>"恭喜{1}：语文{0}分，数学{0}分！".format("120","郑同学")
```

上述语句中，字符串{}中的序号 0 出现了两次，第 1 个参数"120"也替换两次，得到的新字符串如下：

```
'恭喜郑同学：语文 120 分，数学 120 分！'
```

（3）还可以使用关键字来代替参数序号，这时 format 方法参数也要添加关键字。

基本语法格式如下。

```
"{key0~n：格式控制标记}".format(key0=参数 0，key1=参数 1,…，keyn=参数 n)
```

例如：

```
>>>"恭喜{xm}：语文{yw}分,数学{sx}分！".format(yw="118",sx="120",xm="郑同学")
```

```
'恭喜郑同学：语文 118 分，数学 120 分！'
>>>"恭喜{xm}：语文{fs}分，数学{fs}分！".format(fs="120",xm="郑同学")
'恭喜郑同学：语文 120 分，数学 120 分！'
```

2．格式控制标记

字符串{}中的格式控制标记可指定参数替换时的空白填充字符、对齐方式、显示宽度、千位分隔符（,）、小数的精度、数据类型等格式。所有标记都是可选的，可单独使用也可组合使用，以冒号（:）开头。

格式控制标记一般语法格式如下。

```
{:<填充字符><对齐方式字符><宽度><,><精度><类型字符>}
```

（1）类型字符

类型字符主要规定整数、浮点数输出的形式。常见的类型字符如表 3-3 所示。

表 3-3　常见的类型字符

类型字符	功能	类型字符	功能
c	输出整数对应的 Unicode 字符	X	输出整数的十六进制（字母大写）
s	输出字符串	e	输出浮点数的指数形式（小写字母 e）
b	输出整数的二进制	E	输出浮点数的指数形式（大写字母 E）
d	输出整数的十进制	f	输出浮点数的标准浮点形式
o	输出整数的八进制	%	输出浮点数的百分形式
x	输出整数的十六进制（字母小写）		

注意：

① 输出单个字符。

c：输出 Unicode 编码对应的 Unicode 字符。

例如：

```
>>>"{:c}".format(65)            #65 是字符 A 的 Unicode 编码
'A'
```

② 输出字符串。

s：输出一个字符串。

例如：

```
>>>print("{:s}".format("dd"))
dd
```

③ 输出整数。

整数标记分为二进制 b、十进制 d、八进制 o、十六进制 x 或 X。例如：

```
>>>"{0:b}B={0:d}D={0:o}O={0:X}H".format(15)
'1111B=15D=17O=FH'
```

④ 输出浮点数。

浮点数标记分为指数形式 e 或 E、标准浮点形式 f、百分形式%。默认情况都是保留 6 位小数。例如：

```
>>>"{}={:f}={:e}={:%}".format(0.09)
'0.09=0.090000=9.000000e-02=9.000000%'
```

【例 3-5】分析程序的运行结果。

```
print("{}年{}月{}日，天气：{}。".format(2021,1,20,"阴"))
print("你的银行进账{:d}元，支出{:f}元".format(189,-500))
print("{:d}年{:d}月{:d}日，天气：{:s}。".format(2021,1,21,"晴"))
print("你的银行进账{:e}元，支出{:E}元".format(1945.76,-400))
```

程序的运行结果如下：

```
2021 年 1 月 20 日，天气：阴。
你的银行进账 189 元，支出-500.000000 元
2021 年 1 月 21 日，天气：晴。
你的银行进账 1.945760e+03 元，支出-4.000000E+02 元
```

【例 3-6】分析程序的运行结果。

```
x=100
print("  十进制：{:d}".format(x))
print("  二进制：{:b}".format(x))
print("  八进制：{:o}".format(x))
print("十六进制：{:x}".format(x))
```

上述程序的运行结果如图 3-4 所示。

```
  十进制：100
  二进制：1100100
  八进制：144
十六进制：64
```

图 3-4　例 3.6 程序的运行结果

（2）其他格式控制标记

其他格式控制标记有：精度、宽度、对齐方式字符、填充字符。常见的其他格式控制标记及其功能见表 3-4。

表 3-4　常见的其他格式控制标记及其功能

控制标记	功能
m	指定数据项输出的最小宽度，如果实际长度<m，则用填充字符填充空白，否则按实际长度输出
<	左对齐，参数在宽度区域内左对齐输出
>	右对齐，参数在宽度区域内右对齐输出（默认对齐方式）
^	居中对齐，参数在宽度区域内居中对齐输出
单个字符	指宽度内除参数外的位置所采用的填充字符，默认值为空格
,	显示数值类型的千位分隔符（必须和类型字符同时使用）
.n	精度：对于浮点数，指定小数位数（四舍五入）
	字符个数：对于字符串，指定从字符串左侧开始截取的子串字符个数
#	与类型控制字符 o 一起使用，表示在八进制数前添加 0o；与 x、X 一起使用，表示在十六进制数前添加 0x 或 0X；与 b 一起使用，表示在二进制数前添加 0b

（1）宽度 m

指定数据项输出的最小宽度，如果实际长度<m，则用填充字符（默认为空格）填充空白，否则按实际长度输出。例如：

```
>>>print("{0},{1:5},{2:5}".format(2,34,567890))
```

上述语句中，序号为 0 的数据项 2 没有规定宽度；序号为 1 的数据项 34 规定宽度为 5，实际长度为 2<5，故左侧填充 3 个空格符；序号为 2 的数据项 567890 规定宽度为 5，实际长度为 6>5，按实际长度输出。故输出结果如下：

```
2,   34,567890
```

（2）对齐方式

数据项在宽度范围内的对齐方式有 3 种：左对齐<、居中对齐^、右对齐>，默认对齐方式为右对齐。例如：

```
>>>print("{0},{1:^6},{2:5}".format(2,34,567890))
```

上述语句中，数据项 34 居中对齐输出，两侧分别填充 2 个空格，输出结果如下：

```
2,  34  ,567890
>>>print("{0},{1:<6},{2:5}".format(2,34,567890))
```

上述语句中，数据项 34 左对齐输出，右侧填充 4 个空格，输出结果如下：

```
2,34    ,567890
>>>print("{0},{1:>6},{2:5}".format(2,34,567890))
```

上述语句中，数据项 34 右对齐输出，左侧填充 4 个空格，输出结果如下：

```
2,    34,567890
```

（3）填充字符

当数据项实际长度小于最小宽度 m 时，则用填充字符（默认为空格）填充空白。例如：

```
>>>print("{0},{1:@^6},{2:5}".format(2,34,567890))
2,@@34@@,567890
```

注意：这时填充字符@必须写在对齐方式字符^的前面。

（4）千位分隔符

给数值的整数部分从右至左每 3 位添加千位分隔符（,），例如：

```
>>>n=3459000
>>>print("{:,}".format(n))
3,459,000
```

（5）精度.n

指定浮点数的小数位为 n，如果实际小数位小于 n，则补 0，否则四舍五入。例如：

```
>>>print("{:.3f}".format(1.2346))          #保留 3 位小数
1.235
```

如果数据项为字符串，则精度是规定字符串输出的最大长度。如果精度 n<字符串的实际长度，则从左侧截取 n 个字符输出；如果精度 n>字符串的实际长度，则按实际长度输出。例如：

```
>>>print("{:.3}".format("abcde"))
abc
>>>print("{:.3}".format("ab"))
ab
```

（6）#

#与类型控制字符 o 一起使用表示在八进制数前添加 0o；与 x、X 一起使用，表示在十六进制数前添加 0x 或 0X；与 b 一起使用，表示在二进制数前添加 0b。

【例 3-7】分析程序的运行结果。

```
n=80
print("{:#o}".format(n))
print("{:#X}".format(n))
print("{:#b}".format(n))
print("{0:4o}{0:4x}{0:8b}".format(n))
```

上述程序的运行结果如图 3-5 所示。

```
0o120
0X50
0b1010000
 120  50 1010000
```

图 3-5 例 3.7 程序的运行结果

【例 3-8】分析程序的运行结果。

```
1 print("您需要的物品和单价：")
2 print("{:<12}{:,d}元".format("打印机",1200))
3 print("{:@^12}{:9,d}元".format("洗衣机",3200))
4 print("{:*>12}{:>9,.1f}元".format("电视机",5200))
5 print("{:3}{}元".format("computer","5 千"))
6 print("{:$>12.5}".format("Thank you!"))
```

上述程序的运行结果如图 3-6 所示。

```
您需要的物品和单价：
打印机          1,200元
@@@@洗衣机@@@@@      3,200元
*********电视机    5,200.0元
computer5千元
$$$$$$$Thank
```

图 3-6 例 3.8 程序的运行结果

注意：多种控制格式标记组合一起使用时，出现的先后顺序不能乱，否则会报错。如果把例 3-8 中的第 3 句对齐标记与填充标记位置对调，修改为

```
print("{:^@12}{:9, d }元".format("洗衣机",3200))
```

则运行时出错：ValueError: Invalid format specifier。同样，其他标记的先后顺序也不能打乱，顺序应为<填充字符><对齐方式字符><宽度><,><精度><类型字符>。

3.3 语句

程序是由一条条语句组成的，语句是用户向计算机发出的操作指令，一条语句经编译后产生若干条机器指令，最终完成一定的操作任务。

Python 语句分为简单语句和复合语句两种。

（1）简单语句包括：表达式语句、赋值语句、import 语句、pass 空语句、return 语句、break 语句、continue 语句等。

（2）复合语句包括：if 语句、while 语句、for 语句、try 语句、with 语句等。

3.3.1 语句的书写规则

Python 语句的书写规则如下。

（1）语句从第 1 列开始书写，前面不能有任何空格。注意，注释语句可以从任何位置开始。

（2）简单语句一般一行一条语句，以回车符作为语句结束标志。

（3）同一行也可以写多个简单语句，语句之间用英文分号（;）进行分隔。例如：

```
a=1;b=2;c=3            #3 条赋值语句写在同一行
```

（4）每行代码的字符数一般不超过 80 个。如果语句太长，则可以跨行，但是必须使用续行符（\）。例如：

```
print("{:*>12}{:>9,.1f}元"\
     .format("电视机",5200))
```

（5）如果语句中包含字符串、元组、列表、字典、函数等，因为它们都有清晰的边界符，所以跨行时可以不用续行符（\）。例如：

```
print("{:*>12}{:>9,.1f}元"
     .format("电视机",5200))
a=[1,2,3,4,
   5,6,7,8]
```

（6）复合语句一般写成多行形式，要求遵守严格的缩进格式。用缩进表达复合语句的层次关系，同一层次的语句缩进要相同。例如：

```
x=4
if x>2:
     print("yes")
     print(x)
```

上述语句中，if 语句分支中有两条简单语句“print("yes")”和“print(x)”，它们应具有相同的左缩进（一般为 1 个 Tab 符或 4 个空格）。

（7）适当书写注释语句，可提高程序的可读性和可维护性。

3.3.2 注释语句

注释语句是对代码进行解释和说明的语句，程序运行时注释会被解释器识别并跳过，不参与程序的执行。优秀的程序员都会为程序代码添加适当的注释，以提高程序的可读性和可维护性。

Python 中常见的注释方式有以下两种。

（1）以符号#开始的内容。

（2）包含在一对三单引号（'''…'''）或三双引号（"""…"""）之间的内容。

【例 3-9】注释语句示例。

```
#例 3-9 注释语句和顺序结构展示
```

```
2   s=input("请输入一个字符：")          #等待用户输入
3   s=ord(s)                            #将输入的字符转换成Unicode编码
4   print("{:d}  {:x}".format(s,s))     #输出s的十进制和十六进制
5   '''print("{:b}  {:o}".format(s,s))
6   print("The end!")'''
```

一次测试运行的过程如下：

```
请输入一个字符：a↙
97  61
```

说明：

（1）以#开头的注释语句可单独占一行，如例3-9中的第1行，一般是对整段程序进行说明，也可以写明作者和版权信息。

（2）以#开头的注释语句也可以放在其他语句的后面，如例3-9中的第2～4行，一般是对本行语句进行功能性说明。

（3）三引号必须成对出现，可直接写在其他语句的前面及后面，如例3-9中的第5和6行；三引号也可单独占一行，位置灵活。

（4）在程序调试的过程，可以通过单行或多行注释临时“去掉”与本次调试无关的语句，辅助程序员找到程序出现问题的可能位置。例如，例3-9中的第5和6行语句被注释，有针对性地检查第4行的输出结果是否正确。

3.4 顺序结构及程序举例

在Python程序中，语句执行的顺序有3种基本控制结构：顺序结构、选择结构、循环结构。本节重点介绍顺序结构，并结合数据的输入和输出进行说明，之后在第4章中对选择结构和循环结构进行详细的介绍。顺序结构是指程序执行时按各语句出现的先后顺序依次执行，如图3-7所示。

简单的顺序结构程序一般由3部分构成：数据的输入、数据的计算和数据的输出，如图3-8所示。数据的输入可利用赋值语句直接赋值，或者利用input函数接收用户从键盘的输入。数据的计算由各种表达式构成。利用print函数可以控制数据以不同的格式输出。

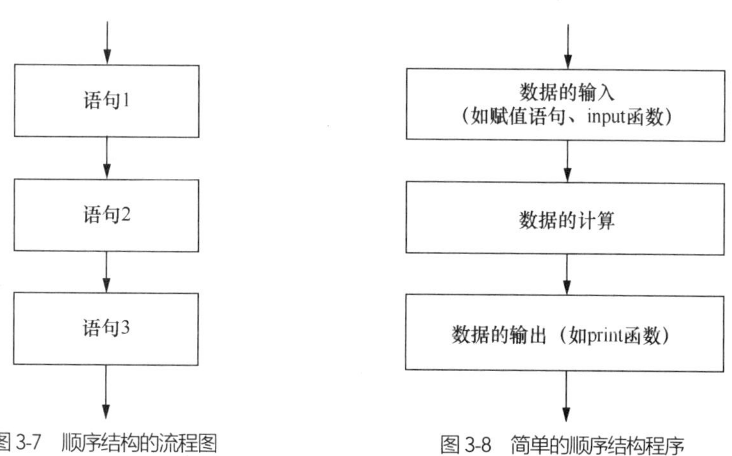

图3-7 顺序结构的流程图　　图3-8 简单的顺序结构程序

【例3-10】求从键盘上输入的两个数整除的商和余数。

【分析】

步骤 1 输入被除数 x 和除数 y。

步骤 2 利用数学运算符/和%计算两个数的商和余数。

步骤 3 使用 print 函数输出结果。

程序代码如下：

```
#例 3-10 求两个数相除的商和余数
x=eval(input("请输入被除数："))
y=eval(input("请输入除数："))
a=x/y
b=x%y
print("{}除以{}的商和余数分别为：{}、{}。".format(x,y,a,b))
```

程序的运行结果如下：

```
请输入被除数：71
请输入除数：2
71 除以 2 的商和余数分别为：35.5、1。
```

注意：程序运行后，输入不同的数值，输出的结果是不同的。该程序可以求任意两个数相除（0 不能作为除数）的商和余数。

【例 3-11】输入一个三位数，要求把这个数的百位数与个位数对调，然后输出对调后的数。

【分析】

步骤 1 输入一个三位数 m。

步骤 2 利用整除和求余运算，求出 m 的个位数、十位数、百位数。

步骤 3 重新组合新的三位数。

步骤 4 输出新的三位数。

程序代码如下：

```
m=int(input("请输入一个三位数："))
a=m//100                    #求百位数
b=(m//10)%10                #求十位数
c=m%10                      #求个位数
n=c*100+b*10+a              #重新组合对调后的数
print("百位和个位对调后的数为：%d"%n)
```

程序的运行结果如下：

```
请输入一个三位数：947↙
百位和个位对调后的数为：749
```

【例 3-12】假设银行一年期定期存款利率 r 为 2.5%，每年到期后“本金”+“利息”自动转为下一个一年期定期存款。如果用户存入 x 元，请计算 n 年后的本利之和 $d=x\times(1+r)^n$（结果保留 2 位小数）。

【分析】

步骤 1 输入本金 x 和年限 n 的值。

步骤 2 根据公式 d=x*(1+r)**n 计算本利之和。

步骤 3 输出 d 的值。

程序代码如下：

```
#计算本利
```

```
x=eval(input("请输入本金(元)："))
n=eval(input("请输入存款年限："))
r=0.025
d=x*(1+r)**n
print("{}元存一年期定期，{}年后本利一共{:.2f}元！".format(x,n,d))
```

程序的运行结果如下：

```
请输入本金(元)：10000↙
请输入存款年限：5↙
10000 元存一年期定期，5 年后本利一共 11314.08 元!
```

【例 3-13】 求解一元二次方程 $x^2+5x+6=0$。

【分析】 已知 $a=1$，$b=5$，$c=6$，可求得 $x=\dfrac{-b\pm\sqrt{b^2-4ac}}{2a}$。

程序代码如下：

```
import math
a=1;b=5;c=6
d=b*b-4*a*c
x1=(-b+math.sqrt(d))/(2*a)
x2=(-b-math.sqrt(d))/(2*a)
print("方程 x*x+5*x+6=0 的解为：",x1,x2)
```

程序的运行结果如下：

```
方程 x*x+5*x+6=0 的解为：-2.0 -3.0
```

【例 3-14】 输入你的姓名和出生年份，然后输出你的姓名和年龄。

【分析】 程序的难点在于如何求年龄。第 2 章学过 time 模块，其中 localtime 函数可获得系统当前时间元组，元组中有 tm_year 元素表示年份（也可以用索引号 0 获取年份）。用当前年份减去出生年份，即可得到当前年龄。

步骤 1 导入 time 模块。

步骤 2 输入姓名 name 和出生年份 year。

步骤 3 获取系统当前年份，并用当前年份减去出生年份，即可得到年龄 age。

步骤 4 输出姓名和年龄。

程序代码如下：

```
import time
name=input("请输入您的姓名：")
year=eval(input("请输入您的出生年份："))
age=time.localtime().tm_year-year
print("{}，您好！今年{}岁啦！".format(name,age))
```

程序的运行结果如下：

```
请输入您的姓名：小明↙
请输入您的出生年份：2002↙
小明，您好！今年 20 岁啦!
```

习题

一、选择题

1. 分析下列语句，按【Enter】键后从键盘输入数字 10，则下列选项中，正确的是（　　）。

```
>>>x=input("请输入一个整数：")
```

A. *x* 为整数 10　　B. *x* 为浮点数 10.0

C. *x* 为字符串"10"　　D. 函数 type(*x*)的返回值为<class 'int'>

2. 下列关于 input( )函数的说法中，不正确的是（　　）。

A. 函数执行后等待用户的输入，直到按【Enter】键结束

B. 直接按【Enter】键，函数的返回值为 0

C. 函数返回值的数据类型为 str

D. 函数的参数不能为空

3. 下列语句的输出结果是（　　）。

```
print(1,2,3,sep="*",end="*")
print(4,5,6,sep("/"))
print(7,8,9)
```

A.
1*2*3
4/5/6
789

B.
1*2*3*
4/5/6
7 8 9

C.
1*2*3*4/5/6
7 8 9

D.
1*2*3 4/5/6/
789

4. 下列语句的输出结果是（　　）。

```
>>>print("%f=%e"%(674.5,674.5))
```

A. 674.5=6.745e+02　　B. 674.500000=6.745000e+02

C. 674.500000　6.745000e+02　　D. 674.5=6.745000E+02

5. 下列语句的输出结果是（　　）。

```
>>>print("%3.2f%+08d"%(1234,1234))
```

A. 123.00+0001234　　B. 123.00+00001234

C. 1234.00+00001234　　D. 1234.00+0001234

6. 下列语句的输出结果是（　　）。

```
>>>str1="good good study"
>>>print("%3.4s%5.4s"%(str1,str1))
```

A. goo goo　　B. goo good　　C. good good　　D. good good s

7. 下列语句的输出结果是（　　）。

```
>>>print("{1}{2}、{3}、{4}".format('张三',89,'李四',98))
```

A. 李四 98、89、98　　B. 张三 98、89、98

C. 张三 89、李四、98　　D. 以上都不正确

8. 下列语句的输出结果是（　　）。

```
>>>print("{}={:#06o}={:#06x}".format(15,15,15))
```

A. 15=0o0017=0x000f　　B. 15=0o0015=0x0015

C. 15=0o17=0xf　　D. 15=#00015=#00015

9. 下列说法中，不正确的是（　　）。

A. 简单语句以按【Enter】键结束　　B. 一行可以写多条简单语句

C. 简单语句不可以写在多行　　D. 复合语句用缩进来表示层次关系

10. 下列说法中，不正确的是（　　）。

A. 注释语句必须从第1列开始写　　B. 注释语句可以#开头

C. 注释内容可以写在一对三引号之间　　D. 可以同时对多行语句进行注释

二、填空题

1. 已知字符A的ASCII码值是65，下列程序运行时，若从键盘输入67，则输出结果是(　　　　)。

```
x=eval(input())
print("%c"%x)
```

2. 下列程序运行时，若从键盘输入68，则输出结果是（　　　　）。

```
x=eval(input())
print("%d=%#o=%#x"%(x,x,x))
```

3. 下列语句的输出结果是（　　　　）。

```
print("{:06}{:6}".format(123,123))
print("{:<6}{:06}".format(123,123))
```

4. 下列语句的输出结果是（　　　　）。

```
print("{1:4.1f},{1:07.2f}".format(47.9,96.3))
print("{:4.2f},{:07.1f}".format(47.9,96.3))
```

5. 下列语句的输出结果是（　　　　）。

```
s="printer"
print("{0:4}{0:.4}".format(s))
```

三、编程题

1. 从键盘输入圆的半径，编写程序求圆的周长和面积（结果保留2位小数）。

2. 变量x从键盘输入，编写程序计算并输出表达式$\sqrt[3]{x}\sin 60^{\circ}\log_{10}x$的值（结果保留3位小数）。

3. 从键盘输入球的半径，编写程序计算球的表面积和体积（结果保留2位小数）。

提示：球的表面积公式为$4\pi r^2$，球的体积公式为$\frac{4}{3}\pi r^3$。

4. 编写程序，求解一元二次方程$x^2-8x+8=0$（保留2位小数）。

5. 从键盘输入两个整数，计算它们的和，并分别用十进制、八进制和十六进制表示。

第4章 程序控制结构

本章将系统地介绍 Python 的程序控制结构，涵盖选择结构和循环结构。我们会详细地介绍单分支、双分支和多分支选择结构，以及 while 和 for 循环等主要内容。此外，本章还将引入 NumPy 模块，讲解 NumPy 数组及其基本操作，并探讨其在科学计算中的应用，包括各种计算和统计函数。通过本章的学习，读者将掌握 Python 程序控制的核心语法，并能够使用 NumPy 进行高效的科学计算。

4.1 选择结构

选择结构是 Python 编程中控制程序流程的核心机制，它使程序能根据条件选择执行不同的代码块。这种结构对于处理多种情况、筛选数据和控制程序逻辑至关重要，是编写灵活且能适应不同输入程序的基础。选择结构有 3 种常用格式：单分支、双分支、多分支，各种分支结构之间还可以互相嵌套使用。

微课视频

4.1.1 单分支选择结构

单分支选择结构的语法格式如下。

```
if 表达式:
    语句块
```

单分支选择结构的流程图如图 4-1 所示。

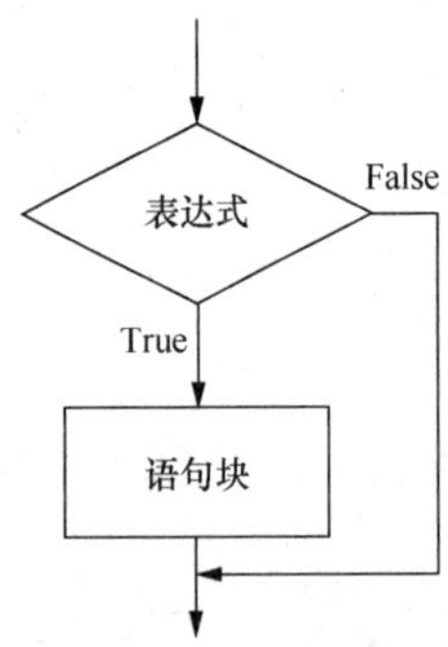

图 4-1　单分支选择结构的流程图

执行过程：首先计算表达式的值，如果表达式的结果为 True，则执行语句块；否则跳过语句块，继续执行其后的其他语句。

例如：

```
if x<100:
    print("OK")
```

如果条件“x<100”成立，则执行语句“print("OK")”，输出字符串“OK”。如果条件“x<100”不成立，则不执行语句“print("OK")”，没有任何输出。

说明：

（1）表达式可以是关系表达式、逻辑表达式，也可以是各种类型的数据。对于数值型数据，非 0 为 True，0 为 False。对于字符串或集合类数据，空字符串和空集合为 False，其余为 True。例如：

```
if 100:
    print("OK")
```

上述语句中，整数 100 相当于 True，输出字符串“OK”。

（2）表达式后面的冒号（:）不能省略，可以为表达式添加括号。上述语句也可以写成：

```
if (x<100):
    print("OK")
```

（3）当语句块只有一条语句时，可写在同一行。例如：

```
if (x<100):  print("OK")
```

（4）如果语句块有多条语句，则按先后顺序执行。Python 通过严格的缩进来决定语句的层次，同一层次的语句块必须有相同的缩进。例如：

```
if x<100:
    print("OK")
    print("Yes")
```

这是一条 if 复合语句，语句块中有两条简单的语句，当条件“x<100”成立时，先执行语句“print("OK")”，再执行语句“print("Yes")”，程序运行结果如下：

```
OK
Yes
```

这两行语句的缩进必须相同，一般情况下是 4 个空格或一个 Tab 键。如果不相同，则程序将报错。如果写成下列形式：

```
if x<100:
    print("OK")
        print("Yes")
```

则运行时报错：SyntaxError: unindent does not match any outer indentation level

如果将语句写成：

```
if x<100:
    print("OK")
print("Yes")
```

这是两条语句，首先执行第 1 条 if 复合语句，再执行第 2 条语句“print("Yes")”。如果条件“x<100”不成立，则“print("OK")”不执行。而条件“x<100”成立或不成立，语句“print("Yes")”都会被执行。

如果条件“x<100”成立，则输出：

```
OK
Yes
```

如果条件“x<100”不成立，则输出：

```
Yes
```

【例 4-1】从键盘输入两个实数，然后输出较大者。

【分析】程序按以下 4 步执行。

步骤 1 输入两个数 a 和 b。

步骤 2 如果 a 小于 b，则较大者 max=b。

步骤 3 如果 a 大于等于 b，则较大者 max=a。

步骤 4 输出 max 的值。

程序代码如下：

```
1    a=eval(input("请输入实数a："))
2    b=eval(input("请输入实数b："))
3    if a<b:
4        max=b
5    if a>=b:
6        max=a
7    print("a、b中的较大值为：{}".format(max))
```

一次测试的运行结果如下：

```
请输入实数a：22↙
请输入实数b：12↙
a、b中的较大值为：22
```

注意：第 3 行和第 4 行是一条 if 语句，第 5 行和第 6 行是另一条 if 语句，它们之间是前后关系，执行时也是按顺序依次执行。

当 a=22、b=12 时，先计算第 3 行表达式；如果条件“a<b”不成立，则第 4 行语句不执行。再计算第 5 行表达式；如果“a>=b”条件成立，则执行第 6 行语句，max=22，最后输出 max 的值。

4.1.2 双分支选择结构

双分支选择结构的语法格式如下。

```
if 表达式:
    语句块1
else:
    语句块2
```

双分支选择结构的流程图如图 4-2 所示。

执行过程：首先计算表达式的值，如果表达式的结果为 True，则执行语句块 1 中的所有语句；否则，执行语句块 2 中的所有语句。

说明：

（1）表达式和 else 后面的冒号（:）不能省略，而且 else 必须与 if 对齐。

（2）语句块 1 和语句块 2 必须有相同的缩进。

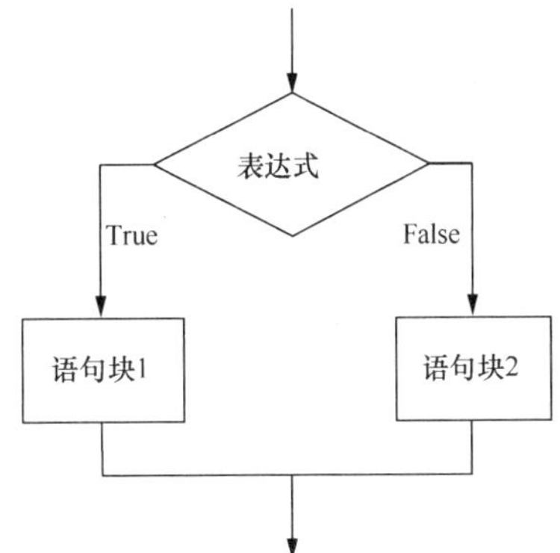

图 4-2　双分支选择结构的流程图

【例 4-2】双分支选择结构更方便地表达两种不同的选择。请把例 4-1 中的两条单分支选择结构改写成双分支选择结构。

【分析】比较变量 a 和 b 的大小，如果 a 小于 b，则较大值 max=b；否则，较大值 max=a。

程序代码如下：

```
1   a=eval(input("请输入实数 a: "))
2   b=eval(input("请输入实数 b: "))
3   if a<b:
4       max=b
5   else:
6       max=a
7   print("a、b 中的较大值为: {}".format(max))
```

注意：

（1）测试程序时要输入两组不同的数据，分别满足 a>=b 和 a<b，以保证 if 结构的两个分支都能通过测试。

（2）第 3～6 行的 if 双分支结构也可以写成如下形式：

```
if (a<b): max=b
else: max=a
```

也就是说，当分支中只有一条简单语句时，可与 if 或 else 写在同一行。

（3）第 3～6 行的 if 双分支结构还可以写成三元运算符形式：

```
max=b if a<b else a
```

三元运算符的基本语法格式如下。

```
表达式 1 if 条件表达式 else 表达式 2
```

功能：先计算条件表达式的值，如果为 True，则执行并返回表达式 1 的值；否则，执行并返回表达式 2 的值。

例如：

```
x= eval( input())
print("大于 10") if x>10 else print("小于或等于 10")
```

上述程序的功能：从键盘输入数值并赋值给变量 x，如果 x>10，则执行语句“print("大于 10")”，并输出“大于 10”；否则，执行语句“print("小于或等于 10")”，并输出“小于或等于 10”。

4.1.3 多分支选择结构

多分支选择结构的语法格式如下。

```
if 表达式1:
    语句块1
elif  表达式2:
    语句块2
…
elif  表达式N:
    语句块N
[else:
    语句块N+1]
```

多分支选择结构的流程图如图 4-3 所示。

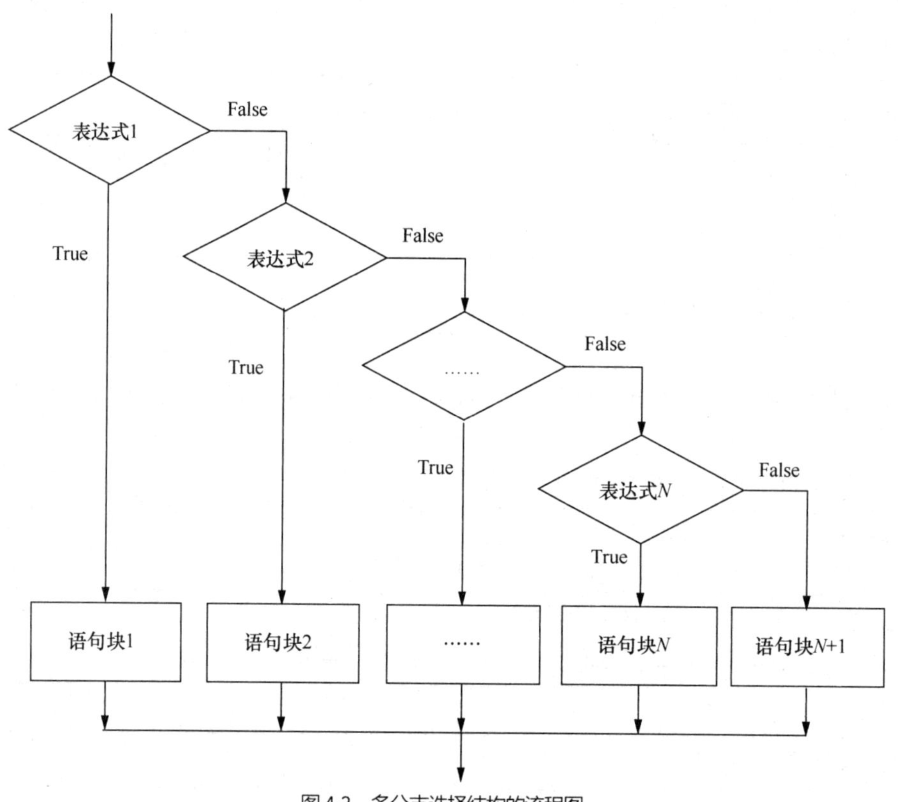

图 4-3　多分支选择结构的流程图

执行过程：系统首先计算表达式 1 的值，若结果为 True，则执行语句块 1；否则计算表达式 2 的值，若结果为 True，则执行语句块 2；以此类推。只要执行了一个分支，就不会再执行其他的分支，结束 if 选择结构。若表达式 1 至表达式 *N* 的计算结果都为 False，则执行 else 部分的语句块 *N*+1。

说明：

（1）elif 是“else if”的缩写，elif 子句可以有 1～*n* 个。表达式、else 后面的冒号（:）不能省略，关键字 if、elif、else 的缩进相同。

（2）语句块 1、语句块 2、…、语句块 *N*+1 必须有相同的缩进。

（3）else 分支可以省略。

【例 4-3】编程计算一元二次方程 $ax^2+bx+c=0$ 的根。已知判别式 $d=b^2-4ac$，如果 $d>0$，则有两个不同的实根 $x=\frac{-b\pm\sqrt{d}}{2a}$；如果 $d=0$，则有一个实根 $x=\frac{-b}{2a}$；如果 $d<0$，则无实根。

【分析】程序按以下 3 步执行。

步骤 1 从键盘输入一元二次方程的 3 个系数值。

步骤 2 计算 d 的值。

步骤 3 根据 d 的值，求解并输出根值（有 3 种不同的情况，使用 if 多分支结构表达）。

程序代码如下：

```
import math
a=eval(input("请输入一元二次方程的系数 a: "))
b=eval(input("请输入一元二次方程的系数 b: "))
c=eval(input("请输入一元二次方程的系数 c: "))
d=b*b-4*a*c
if d>0:
    x1=(-b+math.sqrt(d))/(2*a)
    x2=(-b-math.sqrt(d))/(2*a)
    print("方程有两个不同的实根: {:f}、{:f}".format(x1,x2))
elif d==0:
     x=-b/(2*a)
     print("方程有一个实根: {}".format(x))
else:
     print("方程无实根")
```

注意：程序有 3 个分支，测试运行时要输入 3 组数据，以覆盖选择结构的 3 个分支。

（1）第一次的测试过程与结果

```
请输入一元二次方程的系数 a: 1↙
请输入一元二次方程的系数 b: 2↙
请输入一元二次方程的系数 c: 1↙
方程有一个实根: -1.0
```

（2）第二次的测试过程与结果

```
请输入一元二次方程的系数 a: 2↙
请输入一元二次方程的系数 b: 4↙
请输入一元二次方程的系数 c: 1↙
方程有两个不同的实根: -0.292893、-1.707107
```

（3）第三次的测试过程与结果

```
请输入一元二次方程的系数 a: 7↙
请输入一元二次方程的系数 b: 2↙
请输入一元二次方程的系数 c: 3↙
方程无实根
```

4.1.4 选择结构嵌套

选择结构嵌套是指在选择结构的 if 子句或 else 子句中又包含另外一个完整的 if 语句，单分支、双分支、多分支可相互嵌套。

（1）在单分支选择结构中，嵌套了另外一个双分支选择结构。

```
if 表达式 1:
    if 表达式 2:
        语句块 1
    else:
        语句块 2
```

说明：首先计算表达式 1 的值，如果结果为 False，则不执行任何语句；如果结果为 True，则计算表达式 2 的值，如果结果为 True，则执行语句块 1，否则执行语句块 2。

（2）在外层双分支选择结构中，if 分支和 else 分支中分别又嵌套了另外一个双分支选择结构。

```
if 表达式 1:
    if 表达式 2:
        语句块 1
    else:
        语句块 2
else:
    if 表达式 3:
        语句块 3
    else:
        语句块 4
```

选择结构在嵌套时要特别注意同一层次的分支语句的缩进要相同，要完全嵌套，而不是交叉。

【例 4-4】从键盘任意输入一个公元年份（大于等于 1），判断它是否是闰年。要求对输入的数据进行合法性判断。

已知符合下列条件之一者是闰年。

（1）能被 4 整除，但不能被 100 整除。

（2）能被 400 整除。

【分析】从键盘输入年份 year，如果 year 不是整数或小于 1，则显示“您输入的不是有效的年份!”；否则，判断 year 是否满足闰年的条件，如果满足，则是闰年，否则不是闰年。

判断一个数能否被另一个数整除，可通过检查它们相除所得的余数（%）是否为 0 来确定。

程序代码如下：

```
year=eval(input("请输入年份："))
if type(year)!=int or year<1:
    print("您输入的不是有效的年份！")
else:
    if (year%4==0 and year%100!=0) or year%400==0:
        print("%d 是闰年！"%year)
    else:
        print("%d 不是闰年！"%year)
```

第一次测试运行的结果如下：

```
请输入年份：2020↙
2020 是闰年!
```

第二次测试运行的结果如下：

```
请输入年份：90.4↙
```

```
您输入的不是有效的年份!
```

4.1.5 选择结构程序举例

【例 4-5】判断用户输入的整数的奇偶性。

【分析】如果整数与 2 相除的余数为 0，则该数为偶数，否则为奇数。

程序代码如下：

```
x=eval(input("请输入一个整数: "))
if x%2==0:
    print("{}是偶数! ".format(x))
else:
    print("{}是奇数! ".format(x))
```

输入以下两组不同的数据来测试程序。

```
请输入一个整数: 45↙
45 是奇数!
请输入一个整数: 24↙
24 是偶数!
```

【例 4-6】从键盘输入 3 个数，找到并输出最大的数。

【分析】使用比较法求最大值。

步骤 1 输入 3 个数并分别赋值给变量 a、b、c。

步骤 2 假设 a 为最大值 max。

步骤 3 如果 max 小于 b，则最大值 max=b。

步骤 4 如果 max 小于 c，则最大值 max=c。

步骤 5 经过两次比较，得到 3 个数中的最大值 max。

程序代码如下：

```
a=eval(input("请输入第 1 个数 a: "))
b=eval(input("请输入第 2 个数 b: "))
c=eval(input("请输入第 3 个数 c: "))
max=a
if max<b:
    max=b
if max<c:
    max=c
print("最大值为: {}".format(max))
```

测试运行的结果如下：

```
请输入第 1 个数 a: 56↙
请输入第 2 个数 b: 34↙
请输入第 3 个数 c: 89↙
最大值为: 89
```

【例 4-7】某商场为了促销，采用购物打折的办法。如果金额<2000 元，则没有任何折扣；如果金额≥2000 元，则按九五折优惠；如果金额≥4000 元，则按九折优惠；如果金额≥8000 元，则按八折优惠。编写程序，输入原购物金额，计算并输出优惠后的金额（保留一位小数）。

【分析】设原购物金额为 total 元，优惠后的应付金额为 t，可得以下公式。

$$t=\begin{cases}\text{total}, & \text{total}<2000\\ \text{total}\times 0.95, & 2000\leqslant \text{total}<4000\\ \text{total}\times 0.9, & 4000\leqslant \text{total}<8000\\ \text{total}\times 0.8, & \text{total}\geqslant 8000\end{cases}$$

方法 1：使用单分支选择结构编程。

```
total=eval(input("原购物总金额："))
if total<2000:
      t=total
if total<4000 and total>=2000:
    t=total*0.95
if total<8000 and total>=4000:
    t=total*0.9
if total>=8000:
    t=total*0.8
print("优惠后的金额为：{:.1f}元".format(t))
```

注意：使用多条单分支语句也可以实现多种情况的选择，有 *N* 种情况就写 *N* 条单分支 if 语句。每条 if 语句的条件表达式必须清楚完整，区间条件必须写明上限和下限，如“total<4000 and total>=2000”。

方法 2：使用多分支选择结构编程。

```
total=eval(input("原购物总金额："))
if total<2000:
    t=total
elif total<4000:
    t=total*0.95
elif total<8000:
    t=total*0.9
else:
    t=total*0.8
print("优惠后的金额为：{:.1f}元".format(t))
```

注意：使用 if 多分支选择结构能更简单高效地表达多区间的判断，写条件时只需要按从低到高或从高到低的次序依次写出条件上限或下限即可。

两种方法均须使用以下 4 组不同的数据进行测试。

（1）第一次测试的运行结果如下：

```
原购物总金额：1777↙
优惠后的金额为：1777.0
```

（2）第二次测试的运行结果如下：

```
原购物总金额：3000↙
优惠后的金额为：2850.0
```

（3）第三次测试的运行结果如下：

```
原购物总金额：5000↙
优惠后的金额为：4500.0
```

（4）第四次测试的运行结果如下：

```
原购物总金额：9000↙
优惠后的金额为：7200.0
```

4.2 循环结构

微课视频

循环结构是 Python 编程中用于重复执行代码块的控制流程，极大地简化了处理重复任务的复杂性，是实现高效编程的重要工具。这种结构不仅提高了代码的执行效率，还增强了程序的可读性和可维护性。因此，掌握循环结构对于编写简洁、高效的程序至关重要。

Python 主要通过 while 语句和 for 语句来实现循环结构。while 循环是一种条件型循环，它基于条件判断，只要条件为真，就会持续执行循环体内的代码。for 循环则是一种遍历型循环，常用于遍历序列（如列表、元组、字典和字符串）中的每个元素，并执行与每个元素相关的操作。

4.2.1 while 循环语句

while 循环语句是指按条件重复执行某些语句（循环体），其一般的语法格式如下。

```
while 表达式:
    循环体
```

while 循环语句的执行流程图如图 4-4 所示。

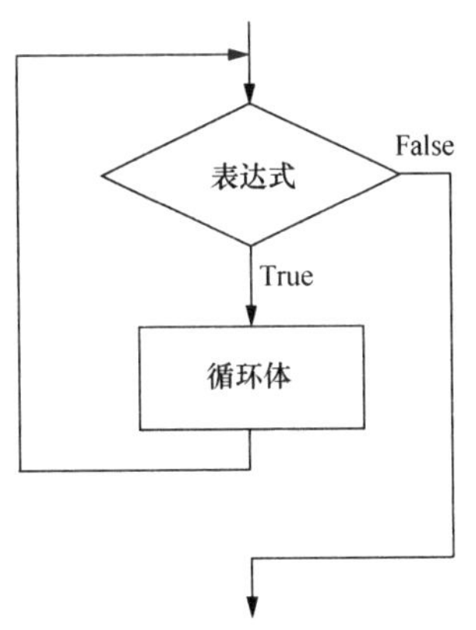

图 4-4　while 循环语句的执行流程图

执行过程：先计算表达式的值，如果为 True，则执行一次循环体；再次计算表达式的值，如果为 True，则再次执行循环体，以此类推。这个判断并重复执行的过程反复进行直到表达式为 False，不再执行循环体内的语句，循环结束。

例如：

```
i=1
while i<3:
    i=i+1
```

说明：i 为循环变量，初值为 1；循环条件为“i<3”；循环体只有一条语句“i=i+1”。首先计算表达式“i<3”的值，为 True，执行循环体一次，此时 i 的值变为 2；重新计算表达式“i<3”的值，还是 True，再次执行循环体，i 的值变为 3；再次计算表达式“i<3”的值，为 False，不执行循环体，循环结束。也就是说，循环体执行了 3 次后退出循环，此时循环变量 i 的值为 3。

注意：

（1）表达式可以是关系表达式、逻辑表达式或数学表达式等，非 0 或非空代表 True，0 或空代表 False。特别注意表达式后面的冒号（:）不能省略。表达式可加括号。

（2）先计算表达式的值，再决定是否执行循环体。如果第一次计算循环表达式的值为 False，则循环立即结束，循环体的执行次数为 0。例如：

```
i=3
while i<3:
    i=i+1
```

循环变量 i 的初值为 3，循环条件“i<3”为 False，不执行循环体，循环次数为 0。

（3）循环体可以是单条语句，也可以是多条语句，多条语句应有相同的缩进。

（4）为了避免“死循环”，循环体中应包含改变循环条件的语句，以使循环趋于结束，或者循环体中有强行退出循环的语句（如 break 语句）。例如：

```
i=1
while i<3:
    print(i)
```

循环变量“i=1”不会被改变，循环条件“i<3”一直为 True，无限循环，又称死循环。可按【Ctrl+C】组合键中断程序的运行。

【例 4-8】利用 while 循环求 1+2+3+…+99+100。

【分析】求大量有规律的数相加之和时，可使用累加求和算法。该算法的基本步骤如下。

步骤 1 设置循环初值：变量 sum 存储累加和，初值为 0；循环变量 n 为累加数，初值为 1。

步骤 2 设置循环条件：循环变量 n 的终值为 100，故循环条件设为“n<=100”。

步骤 3 编写循环体语句：把循环变量 n 的值加入累加和 sum 中，即“sum=sum+n”；循环变量 n 递增，即“n=n+1”，为下次循环做准备。

步骤 4 循环结束输出和：当 n=101 时，循环条件不成立结束循环，sum 存储的值为 1～100 的所有自然数之和，然后输出 sum 的值。

程序代码如下：

```
n=1
sum=0
while n<=100:
    sum=sum+n
    n=n+1
print("1+2+3+…+99+100={}".format(sum))
```

4.2.2 for 循环语句

for 循环语句的功能强大，应用灵活，使用广泛。for 循环主要应用于循环次数确定的场合，特别适合于遍历可迭代对象中的元素。for 循环语句的基本语法格式如下。

```
for 循环变量 in 可迭代对象:
    循环体
```

for 循环语句的执行流程图如图 4-5 所示。

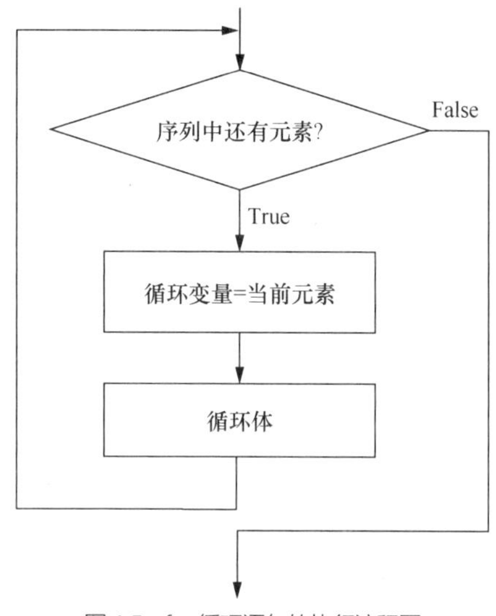

图 4-5　for 循环语句的执行流程图

执行过程：取出可迭代对象的第 1 个元素存放在“循环变量”中，并执行循环体；取出第 2 个元素存放在“循环变量”中，并再次执行循环体，以此类推，遍历完可迭代对象中的所有元素，循环结束。

说明：

（1）常见的可迭代对象有字符串、列表、元组、字典、集合等序列类型。

（2）系统自动一个接一个地读取可迭代对象中的元素，并赋值给循环变量。循环体内不需要修改循环变量值的语句，比 while 循环更简洁。

【例 4-9】分析程序的运行结果。

```
1    my_list=[1,2,3,4,5]
2    for i in my_list:
3        print(i,end='*')
```

列表 my_list 中有 5 个元素，依次取出第 1～5 个元素，赋值给循环变量 i，并执行循环体内的语句。程序的运行结果如下。

```
1*2*3*4*5*
```

my_list 可以是字符串、元组、集合等。将第 1 行改写成以下 3 种形式的语句，程序的运行结果不变。

```
my_list="12345"                    #字符串
my_list=(1,2,3,4,5)                #元组
my_list={1,2,3,4,5}                #集合
```

（3）循环体可以是单条语句，也可以是多条语句，多条语句应具有相同的缩进。

（4）内置函数 range( )可创建数值型可迭代对象。

函数 range( )用于返回指定范围的数值序列，返回的数据类型是可迭代对象。

格式：range(start, stop, step)或 range(stop)。

例如，例 4-9 可修改成下列语句：

```
for i in range(1,6):
    print(i,end='*')
```

函数 range(1,6)用于返回[1,6)的整数序列，for 循环遍历序列中的每个元素，并将元素赋值给 i，然后执行循环体。

（5）利用 range( )函数可控制循环的次数，例如：

```
for 循环变量 in range(n):
    循环体
```

循环变量从 0～n-1 递增，增量为 1，循环次数为 n。

【例 4-10】利用 for 循环，计算 2+4+6+…+98+100。

【分析】累加求和应用，求 2～100 的偶数之和，可使用 range( )函数创建偶数序列，然后遍历偶数，并将其加入累加和变量 s 中。

程序代码如下：

```
1    s=0
2    for n in range(2,101,2):
3        s=s+n
4    print(s)
```

说明：

（1）其他有规律的求和均可使用 for 循环和 range( )函数一起实现。

例如，求 100 以内的自然数之和。只需修改第 2 条语句为

```
for n in range(1,101):
```

例如，求 100 以内的奇数之和。只需修改第 2 条语句为

```
for n in range(1,100,2):
```

（2）该程序也可以使用内置函数 sum 和 range 来实现。

```
sum(range(2,101,2))        #求 100 以内的偶数之和
sum(range(1,101))          #求 100 以内的自然数之和
```

【例 4-11】编程求 $n!=1\times2\times3\times\ldots\times n$ 的值。

【分析】连乘求积算法可求解典型的多个数相乘的问题。

步骤 1 设置初值：变量 n 从键盘输入，变量 t 存放连乘结果，初值为 1。

步骤 2 设置循环变量的范围：循环变量 i 是 1～n 的自然数，可使用 range( )函数返回自然数序列。

步骤 3 编写循环体语句：上次连乘结果 t 与本次循环变量 i 的值相乘，重新赋值给变量 t。

步骤 4 输出阶乘：退出循环，变量 t 的值即是 n 的阶乘。

程序代码如下：

```
n=int(input("计算 n!，请先输入 n 的值："))
t=1
for i in range(1,n+1):
    t=t*i
print("%d!=%d"%(n,t))
```

一次测试运行的结果如下：

```
计算n!，请先输入n的值：5↙
5!=120
```

提示：math 模块中的 factorial( )函数可求阶乘。上述程序可修改成下列形式。

```
import math
n=int(input("计算n!，请先输入n的值："))
print(n,"!=",math.factorial(n))
```

4.2.3 continue 与 break 语句

在 while 循环结构中，当条件不满足时，结束循环。在 for 循环结构中，遍历完所有元素后，结束循环。如果希望跳过某次循环体的语句，或者提前结束循环，就需要用到控制转移语句 continue、break。

1. continue 语句

continue 语句的作用是提前结束本次循环，跳过当前循环的剩余语句，并返回循环的起点处，重新计算循环条件，如果循环条件满足就继续进入下一轮循环，否则退出循环。

continue 语句的一般语法格式如下。

```
if 表达式:
    continue
```

或

```
if 表达式: continue
```

【例 4-12】分析程序的运行结果。

```
i=1
while i<10:
    i=i+1
    if i % 2==0:
            continue
    print(i,end=' ')
```

循环前和循环中语句的执行过程如表 4-1 所示。

表 4-1 循环前和循环中语句的执行过程

循环前 i	循环条件 i<10	循环体			循环次数
		i=i+1	i%2==0	print(i)	
1	True	2	True	不执行	1
2	True	3	False	3	2
3	True	4	True	不执行	3
4	True	5	False	5	4
5	True	6	True	不执行	5
6	True	7	False	7	6
7	True	8	True	不执行	7
8	True	9	False	9	8
9	True	10	True	不执行	9
10	False	不执行，循环结束			无

当第 4 行的循环条件“i % 2= =0”结果为 True 时，执行 continue 语句，终止本次循环，即第 6 行循环体语句不执行。

continue 语句没有改变循环的次数，但是改变了循环体内第 6 行语句的执行次数。

程序的运行结果如下：

```
3 5 7 9
```

2．break 语句

break 语句用来终止循环，即使循环条件值为 True 或序列还没被完全遍历完，也会停止执行循环语句。

break 语句的一般语法格式如下。

```
if 表达式:
    break
```

或

```
if 表达式：break
```

【例 4-13】分析程序的运行结果。

```
1   i=1
2   while i<10:
3       i=i+1
4       if i % 3==0:
5               break
6       print(i)
```

上述程序中，循环体语句执行时的变化如表 4-2 所示。

表 4-2　例 4-13 中循环体语句执行时的变化

循环前 i	循环条件 i<10	循环体			循环次数
		i=i+1	i%3==0	print(i)	
1	True	2	False	2	1
2	True	3	True	不执行	2
循环结束					

【分析】第 2 次循环时，第 4 行语句中的条件“i%3= =0”为 True，执行第 5 行的 break 语句，终止循环。循环语句只循环了 2 次，break 语句改变了循环次数。

程序的运行结果如下：

```
2
```

【例 4-14】分析程序的运行结果。

```
for c in "program":
    if c=="o":
        break
    print(c)
print(c)
```

运行结果如下：

```
p
r
o
```

【分析】遍历到字符串中的第 3 个元素时，"o"赋给变量 c，if 语句条件成立，执行第 3 行的 break 语句，中止循环。执行循环结构后面的语句（第 5 行），输出此时变量 c 的值 o。

4.2.4 else 子句

while 循环、for 循环可以与 else 子句结合使用，当循环正常退出时执行 else 子句。

其基本语法格式如下。

```
while 表达式:
    循环体语句块 1
else:
    语句块 2
```

或

```
for 变量 in 可迭代对象
    循环体语句块 1
else:
    语句块 2
```

说明：

（1）当 while 循环中的表达式为 False 时，执行 else 后面的语句块 2。

（2）当 for 循环已遍历完可迭代对象中的所有元素后，执行 else 后面的语句块 2。

（3）如果循环被 break 语句中止，则不会执行 else 后面的语句块 2。

（4）else 与 while、for 的缩进相同。

【例 4-15】分析程序的运行结果。

```
city=['Beijing','Shanghai','Shenzhen']
for c in city:
    print(c)
else:
    print("中国一线城市! ")
```

for 循环遍历列表 city 中的 3 个元素，依次输出列表元素，结束循环，执行 else 子句，输出字符串。故本程序的运行结果如下：

```
Beijing
Shanghai
Shenzhen
中国一线城市!
```

【例 4-16】分析程序的运行结果。

```
city=['Beijing','Shanghai','Shenzhen']
for c in city:
    if 'S' in c:
            break
```

```
5         print(c)
6     else:
7         print("中国一线城市！")
```

for 循环遍历 city 列表中的元素，执行循环体。

第 1 次遍历：循环体内的表达式“'S' in c”（变量 c 中是否包含字符'S'）结果为 False，不执行 break 语句，而是执行第 5 行的 print 语句，并输出列表的第 1 个元素。

第 2 次遍历：循环体内的表达式“'S' in c”结果为 True（第 2 个元素中包含字符'S'），执行 break 语句，循环结束。没有遍历所有元素而退出循环，不会执行 else 子句，第 7 行语句不会被执行。

故本程序的运行结果如下：

```
Beijing
```

【例 4-17】从键盘输入一个正整数，判断它是否为素数。

【分析】素数即质数，它除了能被 1 和它本身整除，不能被其他任何整数整除（1 不是素数）。例如，7 是素数，除了 1 和 7，它不能被 2～6 的任何整数整除。根据此定义，可得出判断素数的方法：把 n 作为被除数，i=2～n−1 依次作为除数，判断 n 与 i 相除的结果，若除不尽，即余数都不为 0，则 n 为素数；反之，只要有一次能除尽（余数为 0），则说明 n 存在一个 1 和它本身以外的因子，它就不是素数。

程序代码如下：

```
1     n=int(input("请输入一个正整数："))
2     for i in range(2,n):
3         if (n%i==0):
4                 print(n,"不是素数！")
5                 break
6     else:
7         print(n,"是素数！")
```

说明：当第 3 行的表达式“n%i= =0”为 True 时，表示找到了一个因子，n 不是素数，执行 break 语句，提前结束循环。如果遍历了 2～n−1 的所有数但没有找到因子，则正常退出循环，执行 else 子句，执行第 7 行语句。

测试运行程序。

（1）第一次测试运行的结果如下：

```
请输入一个正整数：9↙
9 不是素数!
```

（2）第二次测试运行的结果如下：

```
请输入一个正整数：7↙
7 是素数!
```

4.2.5 循环嵌套

循环嵌套是指一个循环语句的循环体中又包含了另一个完整的循环结构。while 循环体中可嵌套 while 循环或 for 循环，for 循环体中也可以嵌套 for 循环或 while 循环。下面 4 种语法格式都是合法的。

（1）第 1 种语法格式如下：

```
while 表达式:
```

```
    …
    while 表达式:
        …
    …
```

（2）第 2 种语法格式如下：

```
while 表达式:
    …
    for 变量 in 对象:
        …
    …
```

（3）第 3 种语法格式如下：

```
for 变量 in 对象:
    …
    for 变量 in 对象:
        …
    …
```

（4）第 4 种语法格式如下：

```
for 变量 in 对象:
    …
    while 表达式:
        …
    …
```

多重循环要遵守严格的缩进格式。内层循环是外层循环循环体的一部分，与其他外循环的循环体语句应具有相同的缩进。

一个循环内嵌套另一个循环，称为二重循环。而内层循环再嵌套另一个循环体，称为三重循环。循环嵌套一般不要超过 3 层，以保证程序的可读性。

【例 4-18】分析程序的运行结果。

```
1  x=0
2  y=0
3  for i in range(1,6,2):
4      x=x+1
5      for j in range(2):
6          y=y+1
7  print("x=",x,"y=",y)
```

【分析】第 3～6 行为外层 for 循环结构，for 循环体内包含第 4 行的赋值语句及第 5 和 6 行的内层 for 循环结构。这是典型的 for 二重循环。多重循环运行时，程序每执行一次外循环，其内循环将完整地执行一遍，当内循环结束时，才能进入外循环的下一次循环。内循环实际执行的总次数等于外循环执行的次数与内循环单独执行的次数乘积。

例如，在例 4-18 中，第 4 行语句：每执行一次外循环，变量 x 的值加 1，x 实际上是统计外循环执行次数的变量。

第 6 行语句：每执行一次内循环，变量 y 的值加 1，y 实际上是统计内循环执行次数的变量。特别注意，计数器变量 x 和 y 在循环体外要赋初值为 0。

若 x 的值为 3，则内循环独立执行的次数为 2，故内循环共执行的次数 y=3×2，共计 6 次。

例 4-18 的运行结果如下：

```
x= 3 y= 6
```

循环执行过程中变量的变化情况如表 4-3 所示。

表 4-3 例 4-18 中变量的变化情况

第几次外循环	循环变量 i	外循环的循环体内			
		变量 x	循环变量 j	变量 y	第几次内循环
1	1	1	0	1	1
			1	2	2
2	3	2	0	3	1
			1	4	2
3	5	3	0	5	1
			1	6	2

【例 4-19】 编写程序输出 100～200 所有的素数和素数的个数。

【分析】 在例 4-18 的基础上添加外循环。n 为外循环变量，从 100 递增到 200。偶数肯定不是素数，因此，n 的值可缩小范围为[101,199]的奇数。如果每次内循环遍历后，没有找到 n 的因子，则 n 为素数，执行 else 子句，输出 n，并使用 num 变量统计素数的个数。当外循环结束后，输出 num 的值，即素数的个数。

程序代码如下：

```
num=0
for n in range(101,200,2):
    for i in range(2,n):
        if (n%i==0):
              break             #提前结束内循环
    else:
        print(n,end="\t")       #输出结尾符为\t
        num=num+1               #统计个数
print("\nnum=%d"%num)
```

上述代码的运行结果如图 4-6 所示。

```
101     103     107     109     113     127     131     137
139     149     151     157     163     167     173     179
181     191     193     197     199
num=21
```

图 4-6 例 4-19 的运行结果

4.2.6 循环结构程序举例

【例 4-20】 编写程序实现 $s=1!+2!+3!+\cdots+n!$。

【分析】 这是连乘求积算法和累加求和算法的综合应用。

程序代码如下：

```
n=int(input("请输入 n 的值："))
t=1
```

```
s=0
for i in range(1,n+1):
    t=t*i
    s=s+t
print(s)
```

运行测试的结果如下：

```
请输入 n 的值：5↙
153
```

【例 4-21】编写程序输出 1～100 能被 3 整除或能被 5 整除的数，要求每行输出 5 个数，并输出总个数。

程序代码如下：

```
1   i=0
2   for n in range(1,101):
3       if n % 3==0 or n % 5==0:
4           print(n,end="\t")          #不换行，间隔符为 Tab 键
5           i+=1                       #统计个数
6           if i % 5==0:               #每行 5 个数
7               print()
8   print()  #换行
9   print("共计{}个".format(i))
```

上述代码的运行结果如图 4-7 所示。

```
3       5       6       9       10
12      15      18      20      21
24      25      27      30      33
35      36      39      40      42
45      48      50      51      54
55      57      60      63      65
66      69      70      72      75
78      80      81      84      85
87      90      93      95      96
99      100
共计47个
```

图 4-7　例 4-21 的运行结果

说明：第 4 行语句中的“end="\t"”表示数与数之间用 Tab 键隔开。变量 i 为计数器，统计符合条件数的个数。第 6 和 7 行语句表示当个数 i 为 5 的倍数时回车换行。

【例 4-22】编写猜数游戏程序。系统随机产生一个 1～100 的整数，玩家从键盘输入所猜数字，若相等，则提示“你真棒，猜对了！”，退出游戏。若不相等，则显示提示信息，而且询问是否继续猜数游戏？玩家可以选择继续猜数字直到猜中结束，也可以选择中途退出游戏。

程序代码如下：

```
import random
x=random.randint(1,100)
print("系统随机生成了 1~100 的整数，来猜猜吧！")
flag=True
while flag==True:
    y=eval(input("输入你心中的数："))
```

```
7        if(x==y):
8            print("你真棒，猜对了")
9            break
10       elif x<y:
11           print("太大了！")
12       else:
13           print("太小了！")
14       i=input("您还想继续玩吗？（继续：回车，退出：n）")
15       if i=="n":  flag=False
16   else:
17       print("再见！欢迎下次再玩！")
```

每次猜数的过程是不相同的。图 4-8 是猜了 5 次猜中了数字，并结束了游戏；图 4-9 是猜了 2 次没猜中，中途退出了游戏。

```
系统随机生成了1~100之间的整数，来猜猜吧！
输入你心中的数：50
太小了！
您还想继续玩吗？（继续：回车，退出：n）
输入你心中的数：70
太小了！
您还想继续玩吗？（继续：回车，退出：n）
输入你心中的数：85
太小了！
您还想继续玩吗？（继续：回车，退出：n）
输入你心中的数：95
太大了！
您还想继续玩吗？（继续：回车，退出：n）
输入你心中的数：90
你真棒，猜对了
```

图 4-8　例 4-22 的一次测试运行结果

```
系统随机生成了1~100之间的整数，来猜猜吧！
输入你心中的数：60
太小了！
您还想继续玩吗？（继续：回车，退出：n）
输入你心中的数：70
太小了！
您还想继续玩吗？（继续：回车，退出：n）n
再见！欢迎下次再玩！
```

图 4-9　例 4-22 的另一次测试运行结果

说明：如果从键盘输入的整数与生成的随机整数 x 相等，就会执行第 9 行的 break 语句，然后跳出循环，从而结束程序运行。如果没有猜中，则会执行第 14 行的询问语句，如果输入回车符，则回到循环的起点，继续下一次猜数；如果输入字符 n，则正常退出循环，执行第 16 行的 else 子句。变量 flag 是循环控制变量，设为逻辑型，特别适合循环次数不确定的情况。

4.3 NumPy 模块与科学计算

Python 支持科学计算，具有多个科学计算库，如 NumPy、SciPy、SymPy。其中，NumPy（Numerical Python 的简称）是 Python 数学和科学计算包的基础包，支持 *n* 维数组运算、具备大型矩阵处理、向量运算、线性代数计算、傅里叶变换和随机数生成等功能，可以与C、C++、FORTRAN等语言进行无缝对接。

NumPy库是第三方库，使用前需先安装再导入。打开cmd命令提示窗口，输入以下命令在线安装NumPy包：

```
pip install numpy
```

安装成功后再在程序中导入，其基本语法格式如下。

```
import numpy as np
```

4.3.1 NumPy数组

1. 数组及其属性

NumPy库中最基本的数据类型是*n*维数组，又称ndarray（或array），是同质元素组成的多维数组。同质元素是指所有元素的数据类型必须是相同的。数组具有以下常见的属性。

（1）dtype属性：数组中元素的数据类型。

（2）ndim属性：数组的维数，又称秩。

（3）axis属性：*n*维数组的维度（轴），一维数组只有一个轴，就是0轴；二维数组有两个轴，行的方向为0轴，列的方向为1轴；三维数组有3个轴，层的方向是0轴，行的方向是1轴，列的方向是2轴。

（4）size属性：数组中元素的个数。

（5）shape属性：数组形状，该属性返回数组行数和列数组成的元组。

（6）itemsize属性：数组元素占用的字节数。

2. 创建ndarray数组

创建*n*维数组的函数有很多，常见的有array、zeros、ones、eye、linespace、arange、random.rand、random.randint等。

（1）array函数

基本语法格式：array(object,dtype=None)。

功能：将元组、列表等object对象创建成一个新的array，参数dtype可指定数组元素的数据类型，默认的数据类型是float64（浮点型）。

例如：

```
>>>import numpy as np                    #导入库
>>>a=np.array([5,6,7])                   #将列表创建为数组
>>>a                                     #一维数组
array([5, 6, 7])
>>>type(a)                               #输出变量a的数据类型
<class 'numpy.ndarray'>
>>>b=np.array([(1,2,3),(4,5,6)])         #创建二维数组
>>>b
array([[1, 2, 3],
       [4, 5, 6]])
```

（2）zeros函数

基本语法格式：zeros(shape,dtype=float)。

功能：用来创建全0的数组。

例如：

```
>>>Array1=np.zeros(2)                #创建 2 个元素全为 0 的一维数组
>>>Array1
array([0., 0.])
>>>Array2=np.zeros((2,3))            #创建 2 行 3 列元素全为 0 的二维数组
>>>Array2
array([[0., 0., 0.],
       [0., 0., 0.]])
```

（3）ones 函数

基本语法格式：ones(shape,dtype=None)。

功能：用来创建全 1 数组。

例如：

```
>>>Array3=np.ones((3,3))             #创建 3 行 3 列元素全为 1 的二维数组
>>>Array3
array([[1., 1., 1.],
       [1., 1., 1.],
       [1., 1., 1.]])
```

（4）eye 函数

基本语法格式：eye(n)

功能：生成一个 n×n 特征矩阵（对角线位置都是 1，其余位置都是 0）。

例如：

```
>>>np.eye(4)
array([[1., 0., 0., 0.],
       [0., 1., 0., 0.],
       [0., 0., 1., 0.],
       [0., 0., 0., 1.]])
```

（5）linspace 函数

基本语法格式：linspace(start,stop,num=50)。

功能：通过指定开始值 start、终止值 stop 和元素个数（默认为 50）来创建一维数组。默认包含终止值。

例如：

```
>>>Array4=np.linspace(1,10,4)
>>>Array4
array([ 1., 4., 7., 10.])
```

（6）arange 函数

基本语法格式：arange(start,stop,step)。

功能：和内置函数 range 相似，不同的是 arange 返回一维数组类型，而且支持浮点数。

例如：

```
>>>Array5=np.arange(1,4,0.5) #起始值为 1，终止值为 4，步长为 0.5 的一维数组
>>>Array5
array([1. , 1.5, 2. , 2.5, 3. , 3.5])
```

（7）random.rand 函数

基本语法格式：random.rand(d0,d1,⋯,d*n*)。

功能：用来创建 *n* 维数组，数组元素为 0～1 的随机小数。

例如：

```
>>>Array6=np.random.rand(2,3)          #创建一个 2 行 3 列的随机数组
>>>Array6
array([[0.03498746, 0.64443664, 0.56728636],
       [0.1387398 , 0.67154847, 0.38857628]])
```

（8）random.randint 函数

基本语法格式：random.randint(low,high,shape)。

功能：创建形状为 shape 的数组，数组元素为[low,high)范围内的随机整数。

例如：

```
>>>Array7=np.random.randint(10,50,(3,4))
>>>Array7
array([[49, 28, 31, 47],
       [36, 24, 44, 10],
       [48, 34, 49, 15]])
```

3．NumPy 中的数据类型

Python 语言中的基本数据类型有整型（int）、浮点型（float）和复数型（complex）。科学计算涉及的数据较多，对数据的存储和处理的性能都有较高的要求，NumPy 库支持的数据类型，如表 4-4 所示。

表 4-4　NumPy 库支持的数据类型

数据类型	描述
bool	用 1 字节存储的布尔类型（True 或 False）
int	由所在平台决定其精度的整数（一般为 int32 或 int64）
int8	整数（-128～127）
int16	整数（-32768～32767）
int32	整数（-2^{31}～$2^{31}-1$）
int64	整数（-2^{63}～$2^{63}-1$）
uint8	无符号整数（0～255）
uint16	无符号整数（0～65535）
uint32	无符号整数（0～$2^{32}-1$）
uint64	无符号整数（0～$2^{64}-1$）
float16	半精度浮点数，包括：1 个符号位，5 个指数位，10 个尾数位
float32	单精度浮点数，包括：1 个符号位，8 个指数位，23 个尾数位
float64 或 float	双精度浮点数，包括：1 个符号位，11 个指数位，52 个尾数位
complex64	复数，分别用两个 32 位浮点数表示实部和虚部
complex128 或 complex	复数，分别用两个 64 位浮点数表示实部和虚部

在 NumPy 库中，许多函数的参数中可以指定元素类型，通常的格式为“dtype=数据类型”，也可以用数组属性 dtype 返回元素的数据类型值。例如：

```
>>>import numpy as np
>>>a=np.array([1,2,3],dtype=complex)        #数组元素为复数
>>>a
array([1.+0.j, 2.+0.j, 3.+0.j])
>>>a.dtype                                  #查看数组元素的数据类型
dtype('complex128')
```

4.3.2 数组基本操作

1. 数组形态变换操作

数组是组织数据的一种手段，不同的数据集可用一维、二维、三维或更高维的数组来组织。数组的组织形式是可以互相转换的，常见函数有 reshape( )、resize( )、transpose( )、flatten( )。

（1）reshape 函数

功能：改变数组的形状，返回一个全新的指定形状的数组。

例如：

```
>>>import numpy as np
>>>arr1=np.arange(12)                #一维数组
>>>arr2=arr1.reshape((3,4))          #将一维数组变换成 3 行 4 列的二维数组
>>>arr2
array([[ 0,  1,  2,  3],
       [ 4,  5,  6,  7],
       [ 8,  9,  10,  11]])
>>>arr1                              #原数组形状不变
array([ 0,  1,  2,  3,  4,  5,  6,  7,  8,  9,  10,  11])
```

（2）resize 函数

功能：直接改变原来数组的形状。

例如：

```
>>>arr1=np.arange(12)
>>>arr1.resize((4,3))                #改变形状
>>>arr1                              #原数组的形状发生了改变
array([[ 0,  1,  2],
       [ 3,  4,  5],
       [ 6,  7,  8],
       [ 9, 10, 11]])
```

（3）transpose( )函数

功能：返回转置（行列互换）后的新数组。

例如：

```
>>>arr3=arr1.transpose()             #转置
>>>arr3
array([[ 0,  3,  6,  9],
       [ 1,  4,  7, 10],
       [ 2,  5,  8, 11]])
```

（4）flatten( )函数

功能：展平数组，把高维数组转换为一维数组。

例如：

```
>>>arr3.flatten()
array([ 0,  3,  6,  9,  1,  4,  7, 10,  2,  5,  8, 11])
```

2．数组的算术运算

数组的算术运算既可用运算符来实现，也可用运算函数来实现，如表 4-5 所示。

表 4-5　数组的运算符与运算函数

运算符	运算函数	功能
+	np.add(arr1,arr2)	加
-	np.subtract(arr1,arr2)	减
*	np.multiply(arr1,arr2)	点乘
@	np.dot(arr1,arr2)	矩阵乘
/	np.divide(arr1,arr2)	点除
%	np.fmod(arr1,arr2)	求模
//	np.modf(arr1,arr2)	整除
**	mp.power(arr1,arr2)	幂

数组与数组进行算术运算时，是将相对应位置上的元素分别进行算术运算，结果还是数组。此时一般要求数组的形状相同。例如：

```
>>>import numpy as np
>>>arr1=np.ones((2,3),dtype=int)                #2 行 3 列全 1 的数组
>>>arr2=np.array([(2,3,4),(4,5,6)],dtype=int)   #2 行 3 列的数组
>>>arr1+arr2           #加
array([[3, 4, 5],
       [5, 6, 7]])
>>>arr2-arr1           #减
array([[1, 2, 3],
       [3, 4, 5]])
>>>arr1*arr2           #点乘
array([[2, 3, 4],
       [4, 5, 6]])
>>>arr1/arr2           #点除
array([[0.5       , 0.33333333, 0.25      ],
       [0.25      , 0.2       , 0.16666667]])
>>>np.divide(arr1,arr2)  #与可用函数实现运算
array([[0.5       , 0.33333333, 0.25      ],
       [0.25      , 0.2       , 0.16666667]])
```

数组也可以与普通数值进行算术运算，这时数组的每一个元素与数值进行运算，结果为数组。例如：

```
>>>arr2=np.array([(2,3,4),(4,5,6)])       #2 行 3 列的数组
>>>arr2+4                                  #每个数组元素加上 4
```

```
array([[ 6,  7,  8],
       [ 8,  9, 10]])
>>>arr2/2                        #每个数组元素除以2
array([[1. , 1.5, 2. ],
       [2. , 2.5, 3. ]])
```

如果要实现代数中的矩阵乘，则可用 dot 函数来实现。例如：

```
>>>a=np.arange(6)                #一维数组
>>>b=a.reshape((2,3))            #2行3列的数组
>>>b
array([[0, 1, 2],
       [3, 4, 5]])
>>>c=b.transpose()               #转置成3行2列的数组
>>>c
array([[0, 3],
       [1, 4],
       [2, 5]])
>>>np.dot(b,c)  #矩阵乘
array([[ 5, 14],
       [14, 50]])
```

【例 4-23】假设有 6 个人共同参加跳远比赛，每个人有 2 次机会，两次跳远成绩分别为 7.36、7.87、8.0、7.91、7.65、7.95 和 7.84、7.25、7.88、7.66、7.86、7.95，计算他们的平均成绩。

【分析】将 6 个人的两次跳远成绩分别存储在数组中，利用数组加法计算每个人的 2 次成绩之和，再除以 2 得到平均值数组。

程序代码如下：

```
import numpy as np                                      #导入库
score1=np.array([7.36,7.87,8.0,7.91,7.65,7.95])        #第一次成绩的数组
score2=np.array([7.84,7.25,7.88,7.66,7.86,7.95])       #第二次成绩的数组
ave=(score1+score2)/2                                   #求数组的平均值
print("最终成绩为：",ave)
```

程序的运行结果如下：

```
最终成绩为： [7.6   7.56  7.94  7.785  7.755  7.95 ]
```

3．数组的比较运算

数组之间、数组与普通数值之间均可进行比较运算，如>、>=、<、<=、==、!=。比较运算的返回值为布尔型数组，即数组元素均为 True 或 False。

```
>>>arr1=np.array([[4,9,2],[5,3,8]])
>>>arr2=np.array([[6,2,8],[2,8,4]])
>>>arr1>arr2                          #两个数组的相应元素一一进行比较
array([[False,  True, False],
       [ True, False,  True]])
>>>arr2>=6                            #每个数组中的元素与6进行比较
array([[ True, False,  True],
       [False,  True, False]])
```

4．数组的索引与切片

数组的索引是指标明数组元素位置的下标。利用索引可以直接访问某个数组元素或数组子集。一维数组的下标可正向递增和反向递减。二维数组元素的索引由行号和列号的组合组成。

以一维数组 array([10,20,30,40])为例，其数组元素与索引关系示意图如图 4-10 所示。

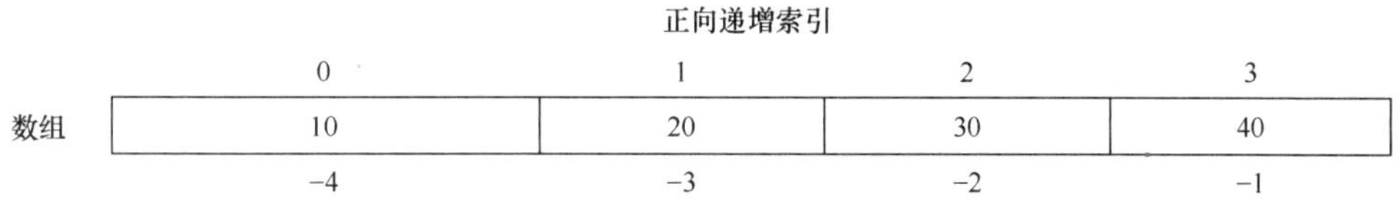

图 4-10 一维数组索引示意图

以 3 行 3 列的二维数组为例，行、列及索引关系示意图如图 4-11 所示。

列 axis=1

行 axis=0		0	1	2
	0	0,0	0,1	0,2
	1	1,0	1,1	1,2
	2	2,0	2,1	2,2

图 4-11 二维数组索引示意图

切片就是基于索引切割数组得到数组元素或子数组。一维数组切片的基本语法格式如下。

```
array[start:stop:step]
```

其中，参数 start 表示开始索引，默认值为 0；参数 stop 表示结束索引（不包含），省略表示到末尾；参数 step 表示步长，默认值为 1。区间[start,stop)内按步长 step 取元素，遵循左闭右开原则。例如：

```
>>>a=np.array([10,20,30,40])
>>>a[1]            #取索引为 1 的元素 20
>>>a[0:2]          #取索引 0 和 1，返回一个新的数组
array([10, 20])
```

二维数组切片是指取行索引区间和列索引区间的交集，并返回单个元素或新的子数组。其基本语法格式如下。

```
array[行索引区间,列索引区间]
```

例如：

```
>>>b=np.arange(9)            #一维数组
>>>b.resize((3,3))           #变换为 3 行 3 列的二维数组
>>>b
array([[0, 1, 2],
       [3, 4, 5],
       [6, 7, 8]])
>>>b[1,1]                    #取第 1 行第 1 列的元素 4
>>>b[1:,:2]                  #取第 1 行后的所有行和第 0 列到第 2 列（不包括）的交集
array([[3, 4],
       [6, 7]])
```

利用索引和切片不但能直接获取元素，而且能修改数组元素。例如：

```
>>>c=np.zeros([2,3])
>>>c
array([[0., 0., 0.],
       [0., 0., 0.]])
>>>c[0,0]=2         #将 0 行 0 列的元素改为 2
>>>c
array([[2., 0., 0.],
       [0., 0., 0.]])
>>>c[:,1:]=4        #将 1 到 2 列的所有元素改为 4
>>>c
array([[2., 4., 4.],
       [0., 4., 4.]])
```

4.3.3 NumPy 计算和统计函数

NumPy 库中有大量的计算函数，可同时对数组中的所有元素进行同样的计算，返回值也为数组类型。常见的计算函数如表 4-6 所示。

表 4-6 常见的计算函数

函数	功能
absolute (x)或 fabs(x)	计算数组 x 中各元素的绝对值
sqrt(x)	计算数组 x 中各元素的平方根
square(x)	计算数组 x 中各元素的平方
log(x)	计算数组 x 中各元素的自然对数
log10(x)	计算数组 x 中各元素以 10 为底的对数
log2(x)	计算数组 x 中各元素以 2 为底的对数
ceil(x)	返回数组 x 中各元素大于或等于该值的最小整数
floor(x)	返回数组 x 中各元素小于或等于该值的最大整数
rint(x)	返回数组 x 中各元素四舍五入到最近的整数
round(x,decimals=0)	将各元素进行四舍五入，并保留 decimals 小数位
modf(x)	分别获取数组 x 中各元素的小数部分和整数部分，返回值为两个数组
exp(x)	返回数组 x 中各元素 e 的幂
power(x1,x2)	计算数组 x1 和数组 x2（或普通数值 x2）相应元素的幂运算

例如：

```
>>>import numpy as np
>>>arr1=np.array([2,3,4])
>>>np.square(arr1)        #平方运算
array([ 4,  9, 16])
>>>np.power(arr1,3)       #立方运算
array([ 8, 27, 64], dtype=int32)
>>>np.log(arr1)           #求自然对数
array([0.69314718, 1.09861229, 1.38629436])
```

NumPy 库还提供了功能强大的统计函数，其中常见的统计函数如表 4-7 所示。

表 4-7 统计函数

统计函数	功能
sum(a,axis=None)	根据给定轴 axis 计算数组 a 中相关元素之和，若 axis 省略，则对全部元素进行计算
mean(a,axis=None)	根据给定轴 axis 计算数组 a 中相关元素的均值，若 axis 省略，则对全部元素进行计算
median(arr1,axis=0)	根据给定轴 axis 计算数组 a 中相关元素的中位值，若 axis 省略，则对全部元素进行计算
average(a,axis=None,weights =None)	根据给定轴 axis 计算数组 a 中相关元素的加权平均值，weights 表示权重
max(a,axis=None)	根据给定轴 axis 计算数组 a 中相关元素的最大值，若 axis 省略，则对全部元素进行计算
min(a,axis=None)	根据给定轴 axis 计算数组 a 中相关元素的最小值，若 axis 省略，则对全部元素进行计算
argmax(a,axis=None)	返回数组 a 的轴 axis 最大值的位置（索引）
argmin(a,axis=None)	返回数组 a 的轴 axis 最小值的位置（索引）
std(a,axis=None)	根据给定轴 axis 计算数组 a 中相关元素的标准差，若 axis 省略，则对全部元素进行计算
var(a, axis=None)	根据给定轴 axis 计算数组 a 中相关元素的方差

例如：

```
>>>arr1=np.random.randint(10,60,(3,5))          #创建 3 行 5 列的随机数组
>>>arr1
array([[11, 15, 18, 48, 29],
       [33, 48, 29, 53, 55],
       [21, 26, 51, 10, 27]])
>>>np.sum(arr1)                                  #所有元素之和
474
>>>np.sum(arr1,0)                                #求每列之和
array([ 65,  89,  98, 111, 111])
>>>np.sum(arr1,1)                                #求每行之和
array([121, 218, 135])
>>>np.average(arr1,0,(1,2,1))                    #求每一列的加权平均值
array([24.5 , 34.25, 31.75, 41.  , 41.5 ])
>>>np.std(arr1,1)                                #求每一行的标准差
array([13.31765745, 10.61319933, 13.43130671])
>>>np.round(np.var(arr1,0),2)                    #求每一列的方差，结果保留 2 位小数
array([ 80.89, 188.22, 188.22, 368.67, 162.67])
```

4.3.4 NumPy 库在线性代数的应用

NumPy 库中的二维数组可以很好地表达线性代数中的矩阵。NumPy 库中的 linalg 模块专门用于线性代数运算，常见的线性代数运算函数如表 4-8 所示。

表 4-8 linalg 模块中的常见的线性代数运算函数

线性代数运算函数	功能
linalg.det( )	计算行列式
linalg.inv( )	计算逆矩阵

续表

线性代数运算函数	功能
linalg.solve( )	多元一次方程组求根
linalg.eig( )	返回由特征值和特征向量构成的元组
linalg.eigvals( )	计算特征值
linalg.svd( )	矩阵的奇异值分解
linalg.pinv( )	广义逆矩阵

矩阵能否进行相关运算，请自行参考相关的线性代数图书，这里不再赘述。部分函数的应用举例如下。

```
>>>import numpy as np
>>>a=np.array([[2,3],[4,5]])
>>>np.linalg.det(a)           #计算行列式
-2.0
>>>np.linalg.inv(a)           #求逆矩阵
array([[-2.5,  1.5],
       [ 2. , -1. ]])
>>>w,v=np.linalg.eig(a)       #求特征值和特征向量
>>>w                          #由特征值构成的数组
array([-0.27491722,  7.27491722])
>>>v                          #由特征向量构成的数组
array([[-0.79681209, -0.49436913],
       [ 0.60422718, -0.86925207]])
```

使用 solve( )函数可以求解形如 $\boldsymbol{Ax}=\boldsymbol{b}$ 的线性方程组，其中 $\boldsymbol{A}$ 为系数矩阵，$\boldsymbol{b}$ 为一维数组或二维数组，$\boldsymbol{x}$ 为未知向量。

【例 4-24】《孙子算经》中的“鸡兔同笼”问题：今有雉兔同笼，上有三十五头，下有九十四足，问雉兔各几何？

方法 1：枚举法。

可以使用循环结构遍历所有的可能性。设鸡有 x 只，兔有 y 只。

```
for x in range(35):
    y=35-x
    if 2*x+4*y==94:
        print(x,y)
```

程序的运行结果如下：

```
23 12
```

方法 2：矩阵方法。

假设鸡有 x 只，兔有 y 只，则可以列出如下线性方程组。

$$\begin{cases} x+y=35 \\ 2x+4y=94 \end{cases}$$

写成矩阵方程式为

$$\begin{bmatrix} 1 & 1 \\ 2 & 4 \end{bmatrix}\boldsymbol{X}=\begin{bmatrix} 35 \\ 94 \end{bmatrix}$$

其中，系数矩阵设为 2 行 2 列的二维数组，常数矩阵设为一维数组。调用 linalg 模块中的 solve( )函数，可直接得到方程根矩阵 ***X***。

参考代码如下：

```
import numpy as np
A=np.array([[1,1],[2,4]])      #系数矩阵
b=np.array([35,94])            #常数矩阵
X=np.linalg.solve(A,b)         #求根矩阵
print(X)
```

程序的运行结果如下：

```
[23. 12.]
```

当方程组中的未知数增多时，枚举法中的循环结构嵌套层次会更复杂，这时利用矩阵方法来求解会更简单且高效。

4.3.5 NumPy 库在多项式的应用

使用 NumPy 库中的 poly1d( )函数可以用来创建多项式对象，方便地表达一元多次方程，并提供了有关多项式相关的运算功能，如表 4-9 所示。

表 4-9　NumPy 库中的多项式函数

函数	描述
poly1d(A)	利用系数数组 A 生成多项式
polyval(p,k)	求多项式 p 在 x=k 时的值
polyder(p,m=1)	求多项式 p 的 m 阶导数
polyint(p,m=1)	求多项式 p 的 m 重积分
polyadd(p1,p2)	多项式求和
polysub(p1,p2)	多项式求差
polymul(p1,p2)	多项式求积
polydiv(p1,p2)	多项式求商，结果为商和余数构成的元组，商和余数用多项式表示
polyfit(x,y,k)	多项式拟合，x、y 分别为要拟合的两组数据，k 为拟合多项式中的最高次幂

假如，使用 NumPy 库中的函数创建多项式 $f(x)=x^3+2x+1$。

```
>>>A=np.array([1,0,2,1])       #系数数组，没有出现的系数用 0 补齐
>>>f=np.poly1d(A)
>>>print(f)
3
1 x + 2 x + 1
>>>np.polyval(f,2)             #当 x=2 时多项式的值
13
>>>fder2=np.polyder(f,2)       #求多项式 f 的二阶导数
>>>fder2
poly1d([6, 0])
>>>print(fder2)
```

```
6 x
>>>f1=np.poly1d(np.array([2,1,1]))
>>>f2=np.poly1d(np.array([1,0,3,3]))
>>>print(np.polyadd(f1,f2))  #多项式之和
3     2
1 x + 2 x + 4 x + 4
>>>print(f1+f2)              #可以直接使用运算符+
3     2
1 x + 2 x + 4 x + 4
```

对于多项式的差、乘、商等均可使用函数或运算符来实现，这里不再一一举例。

4.4 综合案例

【例 4-25】某市 3 家水果店 10 月橘子的单价分别为 7.5 元、10 元、15 元，苹果的单价分别为 8.5 元、15 元、10 元，梨子的单价分别为 8 元、12 元、10.5 元。

（1）假若 11 月水果的价格翻倍上涨，这 3 家水果店 3 种水果的价格分别为多少？

（2）若水果的价格上涨 50%，并且每卖出一斤水果捐出 1 元，计算价格变动后水果的最终价格（保留一位小数）。

【分析】可用矩阵（二维数组）来表示 3 家水果店 3 种水果的单价，矩阵的每一行表示某家水果店 3 种水果的单价，再调用二维数组的算术运算来计算价格。

$$\text{price10}=\begin{pmatrix} 7.5 & 10 & 15 \\ 8.5 & 15 & 10 \\ 8 & 12 & 10.5 \end{pmatrix}$$

程序代码如下：

```
import numpy as np
price10=np.array([(7.5,10,15),(8.5,15,10),(8,12,10.5)]) #10 月的价格数组
price11=price10*2
a=np.ones((3,3)) #3 行 3 列均为 1 的二维数组
newprice=np.round(price10*1.5-a,1)
print("11 月的价格矩阵：\n",price11)
print("新的价格矩阵：\n",newprice)
```

程序的运行结果如下：

```
11 月的价格矩阵：
 [[15. 20. 30.]
 [17. 30. 20.]
 [16. 24. 21.]]
新的价格矩阵：
 [[10.2  14.   21.5]
 [11.8  21.5  14. ]
 [11.   17.   14.8]]
```

习题

一、选择题

1. 下列语句的运行结果是（　　）。

```
a=3;b=3
if (a==b):
    print("相等")
else:
    print("不相等")
```

A. 相等　　B. 不相等　　C. 编译错误　　D. 运行时错误

2. 下列语句的运行结果是（　　）。

```
x=32
if (x): print(True)
else:   print(False)
```

A. 1　　B. 55　　C. True　　D. False

3. 使用 if 语句表示下列分段函数 $f(x)$，则下列代码段不正确的是（　　）。

$$f(x)=\begin{cases}x-1 & x\geqslant 1\\ 2x & x<1\end{cases}$$

A.
```
if x>=1: f=x-1
if x<1 : f=2*x
```
B.
```
if x>=1:f=x-1
else: f=2*x
```
C.
```
if x>=1: f=x-1
f=2*x
```
D.
```
f=x-1
if x<1: f=2*x
```

4. 下列可以终止整个循环的保留字为（　　）。

A. else　　B. break　　C. continue　　D. exit

5. 下列循环体执行的次数与其他不同的是（　　）。

A.
```
for i in range(10):
    print(i)
```
B.
```
for i in range(10,0,-1):
    print(i)
```
C.
```
i=0
while i<=10:
    print(i)
    i+=1
```
D.
```
i=10
while i>0:
    print(i)
    i-=1
```

6. 下列代码的运行结果是（　　）。

```
for i in range(1,10,2):
    print("book")
    break
else:
    print(i)
```

A. book　　B. 5　　C. 9　　D. 10

7. 下列代码的运行结果是（　　）。

```
i=1
while i%3:
    print(i,end=" ")
    if i>=10:
        break
    i=i+1
```

A. 1 2　　B. 1 2 4 5 7 8　　C. 3 6 9　　D. 1 2 3 4 5 6 7 8 9

8. 下列代码的运行结果是（　　）。

```
for i in "123":
    for j in range(3):
        print(i,end="")
        if i=="3":
            continue
```

A. 123123123　　B. 123123　　C. 111222333　　D. 1112223

9. 下列代码的运行结果是（　　）。

```
import numpy as np
a=np.arange(6)
b=a.reshape((2,3))
print(b)
```

A. [0 1 2 3 4 5]　　B. [0, 1, 2, 3, 4, 5]

C. [[0 1 2]
[3 4 5]]　　D. [[0, 1, 2],
[3, 4, 5]]

10. 分析下列代码：

```
import numpy as np
b=np.random.randint(1,10,(2,3))
a=np.ones((2,3),dtype=int)
print(a*b)
```

程序运行后，输出结果不可能是（　　）。

A. [[1 3 5]
[7 8 6]]　　B. [[1 6 5]
[2 40 3]]

C. [[9 3 5]
[7 8 4]]　　D. [[2 3 5]
[9 4 6]]

二、填空题

1. 语句“for i in range(1,20,5): print(i,end="　")”的输出结果是（　　　　）。
2. 语句“for i in range(10,0,−2): print(i,end="　")”的输出结果是（　　　　）。
3. 语句“for i in range(20,1,−3)”循环次数为（　　　　）。
4. 在无限循环“while True:”的循环体中，可以使用（　　　　）语句退出循环。

5. NumPy 库中可实现矩阵转置的函数是（　　　　）。

三、编程题

1. 随机生成 10 个整数，求最大数和最小数。

2. 用户从键盘输入任意一个整数，计算其数字的位数。提示：将整数整除 10，直到结果为 0，整除的次数就是这个数的位数。

3. 有如下四元一次方程组，计算它们的根。

$$\begin{cases} 2w+3x+4y-5z=-6 \\ 6w+7x-8y+9z=96 \\ 10w+11x+12y+13z=312 \\ 14w+15x+16y+17z=416 \end{cases}$$

4. 设有方程 $y=3x^3-5x^2+2x-17$，当 x 的值为 1、2、3、…、20 时，求 y 的值。

5. 设有 ***A***、***B*** 矩阵如下，求 ***A*B***。

$$\boldsymbol{A}=\begin{pmatrix} 2 & 0 & -1 \\ 1 & 3 & 2 \end{pmatrix} \quad \boldsymbol{B}=\begin{pmatrix} 1 & 7 & -1 \\ 4 & 2 & 3 \\ 2 & 0 & 1 \end{pmatrix}$$

6. 利用 NumPy 库中的多项式处理函数，编程计算 $f(x)=x^4+2x^2+3$ 在 $x=2$ 和 $x=6$ 时的值，并输出一阶导数和二阶导数。

第5章 字符串

字符串在 Python 编程中有着广泛的应用，尤其在文本处理和数据分析中。本章将全面介绍 Python 中的字符串处理技术，包括基本概念和常用的操作方法。读者将学习如何正确地定义字符串、有效地使用索引与切片来访问字符串中的特定字符或子串，以及执行字符串的基本运算，如拼接、重复、对齐等。此外，还将讲解如何进行大小写转换、字符删除等实用操作。通过丰富的实例演示，直观地展示这些技巧在实际编程中的应用场景，帮助读者熟练掌握字符串处理的各种技能，为深入学习 Python 编程语言打下坚实的基础。

5.1 字符串的基本概念

5.1.1 定义

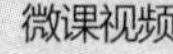

字符串（str）是 Python 语言的基本数据类型，是字符的有序序列。它可以由一对单引号、双引号或三引号创建。其中，单引号、双引号表示单行字符串，两者的作用相同。使用单引号时，双引号可以作为字符串的一部分；使用双引号时，单引号可以作为字符串的一部分。三引号可以表示单行或多行字符串。例如：

```
>>>s1='This is a book'
>>>s2="That's a desk"
>>>s3='''Thanks!
You're welcome!'''
>>>print(s3)
Thanks!
You're welcome!
```

上述代码创建了 3 个字符串变量 s1、s2、s3，其中字符串 s3 分两行输入，也就是包含了回车符\n（转义字符，见表 2-2）。

Python 3 中的字符串都是以 Unicode 进行编码的。Unicode 又称统一码、万国码、单一码，是国际组织制定的旨在容纳全球所有字符的编码方案，包括字符集、编码方案等。它为每种语言中的每个字符设定了统一且唯一的二进制编码，以满足跨语言、跨平台的要求。Unicode 编码方案又分为 UTF-32（占 4 字节）、UTF-16（占 2 字节）和 UTF-8（占 1~4 字节）。Python 使用 UTF-8 编码方案，其中英文用 1 字节编码（与 ASCII 相同），汉字用 3 字节编码。字符串 encode 方法可以查看 UTF-8 编码，而 decode 方法可将 UTF-8 编码转换成字符串。例如：

```
>>>s="中国".encode()
>>>print(s)                    #UTF-8 编码
b'\xe4\xb8\xad\xe5\x9b\xbd'
>>>print(type(s))              #查看变量 s 的数据类型
<class 'bytes'>
>>>print(s.decode())
中国
```

其中，s 为字符串“中国”的 UTF-8 编码，它的数据类型为字节型 bytes。bytes 型是以字节为单位进行读写的，如 b'\xe4\xb8\xad\xe5\x9b\xbd'共有 6 字节，每个汉字占 3 字节。Python 的内置函数 bytes 可将字符串转换成指定编码的字节型。例如：

```
>>>bytes("中",'UTF-8')
b'\xe4\xb8\xad'
```

使用 bytes 函数可查看汉字“中”的 UTF-8 编码，与 encode 方法的结果一致。

5.1.2 索引和切片

1. 索引

字符串是有序字符序列。序列中的每个字符都有位置编号（又称索引 index），通过索引可访问字符串中的每个字符。索引分为正向索引和反向索引。正向索引从左到右，从 0 开始递增编号，依次为 0、1、2 等，最后一个索引为字符串长度减 1。反向索引从右到左，从-1 开始递减编号，依次为-1、-2 等，最后一个索引为字符串长度的相反数。例如，字符串“morning”的索引如图 5-1 所示。

图 5-1　字符串的索引

程序中可直接通过索引访问字符串中指定的字符。其语法格式如下。

```
<字符串>.[索引]
```

例如：

```
>>>"morning"[4]        #索引为 4 对应的字符
'i'
>>>s="morning"
>>>s[0]                #索引为 0，即第一个字符
'm'
>>>s[-1]               #索引为-1，即最后一个字符
'g'
>>>s[9]                #字符串 s 的索引应是[-7,6]之内的整数，超过范围即越界，运行时出错
IndexError: string index out of range
```

2. 切片

字符串的切片操作可截取任意长度的字符串子串。其语法格式如下。

```
<strname> [start : end : step]
```

其中：

- strname：待处理字符串。
- start：表示要截取的第一个字符所在的索引（截取时包含该字符）。如果不指定，则默认为 0，也就是从字符串的开头截取。
- end：表示要截取的最后一个字符所在的索引（截取时不包含该字符，截取时左闭右开）。如果不指定，则默认为字符串的长度。
- step：步长。从 start 索引处的字符开始，每 step 个距离获取一个字符，直至 end 索引处的字符。当 step>0 时，表示正向切片，从左往右截取子串，要求 start 在左，end 在右，否则返回一个空串；当 step<0 时，表示反向切片，从右往左截取子串，要求 start 在右，end 在左，否则返回一个空串。当 step=1 时，可省略，最后一个冒号也可以省略。

例如：

```
>>>s='programming'
>>>s[0:4]                    #正向切片，左闭右开，返回结果：'prog'
>>>s[2:-2]                   #正向切片，返回结果：'ogrammi'
>>>s[4:1]                    #正向切片，开始索引在结束索引的右侧，返回空串
>>>s[:6:2]                   #从首字符开始，到索引 6 结束，每 2 个字符取一个，返回结果：'por'
>>>s[::2]                    #start、end 都省略，从开头到结束，每 2 个字符取一个，返回结果：'pormig'
>>>s[4:1:-1]                 #反向切片，返回结果：'rgo'
>>>s[-1:5:-2]                #反向每 2 个字符取 1 个，返回结果：'gim'
```

【例 5-1】对字符串"succession"进行 4 项处理操作，去掉其首字符、去掉其尾字符、去掉其前 2 个字符、逆向输出字符串。

利用切片操作进行处理，代码如下。

```
s="succession"          #定义字符串
s1=s[1:]                #去掉首字符
s2=s[:-1]               #去掉尾字符
s3=s[2:]                #去掉前 2 个字符
s4=s[::-1]              #逆向字符串
print(s1,s2,s3,s4)
```

运行结果如下：

```
uccession  succession  ccession  noisseccus
```

【例 5-2】从键盘输入一字符串 s，判断其是否为回文字符串。

【分析】回文字符串是指正读和反读是一样的字符串，如"level""1234321"等。利用字符串的切片操作将字符串反序，与原字符串进行比较运算，判断是否一致。代码如下。

```
s=input("input:")           #接收键盘输入
if s==s[::-1]:              #字符串反序切片与原字符串进行比较
    print(s,"是回文字符串")
else:
    print(s,"不是回文字符串")
```

第 1 次测试的结果如下：

```
input:abcdcba↙
```

```
abcdcba 是回文字符串
```

第 2 次测试的结果如下：

```
input:abcd↙
abcd 不是回文字符串
```

5.1.3 字符串运算

1. 连接运算符

字符串的连接运算符+，可将左、右两个字符串连接起来组成一个新的字符串。其语法格式如下。

```
<字符串 1>+<字符串 2>
```

若左、右两个操作数都为字符串，则进行连接运算；如果都为数字，则进行数学加法运算；如果一个为字符串，另一个为数字，则运行时报错。

例如：

```
>>>'Hunan'+'Changsha'
'HunanChangsha'
>>>"abc"+1
TypeError: can only concatenate str (not "int") to str
```

字符串的连接运算符也支持复合赋值运算。例如：

```
>>>s='csu'
>>>t='st'
>>>s+=t
>>>s            #连接复合赋值运算后，直接修改了原字符串 s，返回值为'csust'
```

2. 重复运算符

重复运算符*，可以将字符串重复多次。其语法格式如下。

```
<字符串>*n
```

或

```
n*<字符串>
```

其中，n 为正整数，表示重复的次数，返回一个新的重复字符串。例如：

```
>>>"water"*3              #重复 3 次，返回值为'waterwaterwater'
>>>s="ok"
>>>4*s                    #重复 4 次，返回值为'okokokok'
```

字符串的重复运算符也支持复合赋值运算。例如：

```
>>>s*=2
>>>s                      #直接修改了字符串 s 的值，返回值为'okok'
```

字符串还支持比较运算、成员运算、标识运算。例如：

```
>>>'abc'>'abd'            #从左至右比较字符的 ASCII 码值，返回值为 False
>>>'a' in 'abd'           #是否为字符串中的成员，返回值为 True
>>>'abc' is 'abc'         #内存地址是否相同，返回值为 True
```

【例 5-3】编程，输入数字 1～7，输出对应的星期字符串。如果输入“1”，则输出“星期一”；如果输入“7”，则输出“星期日”。

代码如下。

```
weekstr="一二三四五六日"                          #定义数字汉字字符串
weekid=eval(input("请输入数字 1～7: "))           #接收键盘输入
print("星期"+weekstr[weekid-1])                   #利用字符串的索引号读取数字汉字
```

测试运行的结果如下：

```
请输入数字 1～7: 3
星期三
```

5.2 字符串常用操作方法

Python 字符串有丰富的内置函数和方法，可用于实现字符串的格式输出、大小写转换、子串搜索、替换、分割、连接、判断等操作。第 3 章已详细介绍了字符串的格式化方法 format( )，读者也可以通过 help(str)命令查询所有的字符串操作方法。字符串方法的语法格式如下。

```
<字符串>.方法名（参数）
```

5.2.1 字符串对齐

字符串的对齐方法有 center、ljust、rjust，可实现字符串的居中对齐、左对齐和右对齐。

1．center 方法

其基本语法格式如下。

```
str.center(width[, fillchar])
```

说明：参数 width 表示填充后字符串的总长度。参数 fillchar 表示填充字符，可省略，默认为一个空格。该方法用于返回长度为 width 的居中对齐的字符串，使用指定的字符 fillchar 填充左右多余位置，如果长度 width 小于 len(str)，则直接返回原始字符串。例如：

```
>>>s='more'
>>>s1=s.center(10,'=')          #新字符串的长度为 10，左右以=填充
>>>s1
'===more==='
>>>s2=s.center(2)               #宽度不够时，返回原字符串
>>>s2
'more'
```

2．ljust 方法

其基本语法格式如下。

```
str.ljust(width[, fillchar])
```

说明：参数 width 表示填充后字符串的总长度。参数 fillchar 表示填充字符，默认是一个空格。该

方法用于返回长度为 width 的左对齐的字符串，使用指定字符 fillchar 填充右侧多余位置，如果长度 width 小于 len(str)，则返回原始字符串。例如：

```
>>>s="book"
>>>s1=s.ljust(9,"*")            #新字符串的长度为 8，右侧以*填充
>>>s1
'book*****'
>>>s2=s.ljust(3,"-")            #宽度不够时，返回原字符串
>>>s2
'book'
```

3．rjust 方法

其基本语法格式如下。

```
str.rjust(width[, fillchar])
```

说明：参数 width 表示填充后字符串的总长度。参数 fillchar 表示填充字符，默认是一个空格。该方法用于返回长度为 width 的右对齐的字符串，使用指定字符 fillchar 填充左侧多余位置，如果长度 width 小于 len(str)，则返回原始字符串。例如：

```
>>>s="mouse"
>>>s1=s.rjust(11,"!")           #新字符串的长度为 11，右侧以！填充多余位置
>>>s1
'!!!!!!mouse'
>>>s2=s.rjust(4,"!")            #宽度不够时，返回原字符串
>>>s2
'mouse'
```

5.2.2 字符串大小写转换

字符串大小写转换方法可实现 26 个英文字母的大小写转换，常见的方法有 upper、lower、capitalize、title，如表 5-1 所示。

表 5-1 字符串大小写转换方法

方法	功能
str.lower( )	将字符串 str 中的所有大写英文字母转换为小写英文字母
str.upper( )	将字符串 str 中的所有小写英文字母转换为大写英文字母
str.capitalize( )	将字符串 str 中的首字母转换为大写，其余字母转为小写
str.title( )	将字符串 str 中的所有单词的首字母大写，其余字母为小写

例如：

```
>>>s='Hello World'
>>>s.lower()                    #均为小写
'hello world'
>>>s.upper ()                   #均为大写
'HELLO WORLD'
>>>s1='an exAmple of a sTring'
>>>s1.capitalize()              #第一个单词的首字母大写
```

```
'An example of a string'
>>>s1.title()                    #单词首字母大写
'An Example Of A String'
```

5.2.3 字符删除

字符串的 lstrip、rstrip、strip 方法可以删除字符串左、右及两端的指定字符。

1．lstrip 方法

其基本语法格式如下。

```
str.lstrip(char)
```

说明：返回去掉字符串 str 左端所有 char 字符后的新字符串。参数 char 的默认值为空白字符，空白字符包括空格、\n、\r、\t、\f、\r。

例如：

```
>>>s="aaabddaa"
>>>s.lstrip("a")                 #去掉左侧所有的“a”字符
'bddaa'
>>>s="\n\r\t\f\r  good\r"        #去掉左侧所有的空白字符
>>>s.lstrip()
'good\r'
```

2．rstrip 方法

其基本语法格式如下。

```
str.rstrip(char)
```

说明：返回去掉字符串 str 右端所有 char 字符后的新字符串。参数 char 的默认值为空白字符，空白字符包括空格、\n、\r、\t、\f、\r。

例如：

```
>>>s="66com6 66"
>>>s.rstrip('6')
'66com6 '                        #6 后面还有一个空格
>>>s="  \tcomputer  \n"          #去掉右端所有的空白字符
>>>s.rstrip()
'  \tcomputer'
```

3．strip 方法

其基本语法格式如下。

```
str.rstrip(char)
```

说明：返回去掉字符串 str 左、右两端所有 char 字符后的新字符串。参数 char 的默认值为空白字符，空白字符包括空格、\n、\r、\t、\f、\r。

例如：

```
>>>s="***wind****"
>>>s.strip("*")                  #去掉左、右的*字符
```

```
'wind'
>>>s="  sun\n\t  "          #去掉左、右的所有空白字符
>>>s.strip()
'sun'
```

5.2.4 字符串查找与替换

1. 查找子串的位置

字符串中查找子串位置的方法有 find、rfind、index、rindex。它们的基本语法格式如下。

```
str.find(sub, start, end)
str.rfind(sub, start, end)
str.index(sub, start, end)
str.rindex(sub, start, end)
```

其中：

- sub：需要查找的子串。
- start：开始搜索的索引，默认为 0。
- end：结束搜索的索引，默认为字符串的末尾。

说明：find 和 index 方法都是在指定范围内检测字符串 str 中是否包含子字符串 sub，并返回首次找到的位置（最小索引），如果没有找到，则 find 方法返回-1，index 方法将引发异常。rfind 和 rindex 方法都是在指定范围内检测字符串中是否包含子字符串 sub，并返回最后找到的位置（最大索引），如果没有找到，则 rfind 方法返回-1，rindex 方法将引发异常。

例如：

```
>>>s='Futureworld'
>>>s.find('u')                   #返回第 1 次出现的索引
1
>>>s.rfind('u')                  #返回最后一次出现的索引
3
>>>s.find('f')                   #没有找到，返回-1
-1
>>>s.index('f')                  #没有找到，报错
ValueError: substring not found
>>>s.rindex('u',4,10)            #指定范围内没有找到'u'，报错
ValueError: substring not found
```

2. 查找子串出现的次数

其基本语法格式如下。

```
str.count(sub, start, end)
```

说明：返回子串 sub 在字符串 str 指定范围内出现的次数，如果不存在，则返回 0。其中，start 表示开始索引，默认为 0；end 表示结束索引，默认为末尾。

例如：

```
>>>s="123a1a123"
>>>s.count('1')
3
```

```
>>>s.count('1',0,4)        #左闭右开区间内
1
```

3．检测字符串的前后缀

其基本语法格式如下。

```
str.startswith(prefix,start,end)
str.endswith(suffix,start,end)
```

说明：startswith 用于检查字符串 str 是否以子串 prefix 开头，若是，则返回 True，否则返回 False。endswith 用于检查字符串 str 是否以子串 suffix 结束，若是，则返回 True，否则返回 False。两种方法均可指定字符串的开始位置 star（默认为 0）和结束位置 end（默认为末尾）。

例如：

```
>>>s='www.csust.edu.cn'
>>>s.startswith('www')              #从字符串的开始位置检查
True
>>>s.startswith('www',2)            #从索引为 2 的字符开始检查
False
>>>s.endswith('cn')                 #是否以 cn 结尾
True
>>>s.endswith('edu',0,-3)           #在左闭右开区域内查找判断
True
```

4．替换字符串

其基本语法格式如下。

```
str.replace(old, new, max)
```

其中：

- old：将被替换的子字符串。
- new：新字符串，用于替换 old 子字符串。
- max：可选字符串，替换的最大次数，若省略，则替换所有的子串。

说明：将字符串 str 中的子串 old 替换为子串 new，并返回一个全新字符串。替换最多 max 次，如果省略，则替换所有的子串。特别注意，replace( )不会改变原字符串的内容。

例如：

```
>>>s="abcabcabc"
>>>s.replace('a','1')               #将所有的 a 替换成 1
'1bc1bc1bc'
>>>s.replace('a','1',2)             #只替换前面 2 个 a
'1bc1bcabc'
>>>s                                #原字符串不变
'abcabcabc'
```

5.2.5 字符串分割

1．字符串分割成列表

其基本语法格式如下。

```
str.split(sep, maxsplit)
str.rsplit(sep, maxsplit)
```

其中：

- sep：分割字符串的分隔符，默认值为空格。
- maxsplit：分割次数，默认值为-1，即“所有出现次数”。

说明：以指定分隔符 sep 将字符串 str 进行分割，并返回分割后的字符串列表。split 方法用于从左侧开始分割字符串，rsplit 方法用于从右侧开始分割字符串。如果未指定 maxsplit 值，两种分割方法结果相同。例如：

```
>>>txt = "apple#banana#cherry#orange"
>>>x=txt.split('#')              #分割符为#
>>>print(x)
['apple', 'banana', 'cherry', 'orange']
>>>sen="I like playing tabletennis"
>>>y=sen.rsplit()                #默认分割符为空格
>>>print(y)
['I', 'like', 'playing', 'tabletennis']
>>>sen.split(" ",1)              #从左侧开始分割 1 次
['I', 'like playing tabletennis']
>>>sen.rsplit(" ",1)             #从右侧开始分割 1 次
['I like playing', 'tabletennis']
```

将 split 方法与 input 函数结合使用，可实现一个列表多个元素的一次性输入。例如：

```
>>>s=input("请输入单词，以空格分隔：").split()
请输入单词，以空格分隔：this is good idea
>>>s
['this', 'is', 'good', 'idea']
>>>s=input("请输入数字，以/分隔：").split('/')
请输入数字，以/分隔：123/456/789/1000
>>>s
['123', '456', '789', '1000']
```

2．字符串分割成元组

其基本语法格式如下。

```
str.partition(sep)
str.rpartition(sep)
```

说明：以指定字符 sep 为分隔符，将目标字符串 str 分割成三元字符串元组。元组的第一个元素为分隔符左侧的子串，第二个元素为分隔符本身，第三个元素为分隔符右侧的子串。partition 方法用于从左往右查找分隔符 sep，rpartition 方法用于从右往左查找分隔符 sep。

例如：

```
>>>w='apple-orange-yummy'          #按从左往右的顺序，取第一个分割符进行分割
>>>w.partition('-')
('apple', '-', 'orange-yummy')
>>>w.rpartition('-')               #按从右往左的顺序，取第一个分割符进行分割
('apple-orange', '-', 'yummy')
```

5.2.6 字符串连接

其基本语法格式如下。

```
string.join(iterable)
```

说明：将可迭代对象 iterable（字符串、列表、元组、字典、集合等）中的所有元素（须为字符串）连接成一个新字符串，字符串 string 为元素之间的连接字符。

例如：

```
>>>",".join('abcd')                          #将字符串中的每个字符以,连接成新的字符串
'a,b,c,d'
>>>mylist=['a1','b2','c3','d4']
>>>'%'.join(mylist)                           #列表 mylist 中的元素应为字符串
'a1%b2%c3%d4'
>>>" ".join(('I','like','reading','book'))    #连接符为一个空格
'I like reading book'
```

5.2.7 字符串判断

字符串的判断方法（见表 5-2）可判断字符串中是否包含字母、数字、空白字符，以及字母大小写等。

表 5-2 字符串的判断方法

方法	说明
str.isalnum( )	如果字符串 str 中的所有字符均为字母或数字，则返回 True，否则返回 False
str.isalpha( )	如果字符串 str 中的所有字符均为字母，则返回 True，否则返回 False
str.isdigit( )	如果字符串 str 中的所有字符均为数字，则返回 True，否则返回 False
str.isidentifier( )	如果字符串 str 是 Python 标识符，则返回 True，否则返回 False
str.islower( )	如果字符串 str 中的所有字母字符都是小写，则返回 True，否则返回 False
str.isupper( )	如果字符串 str 中的所有字母字符都是大写，则返回 True，否则返回 False
str.isspace( )	如果字符串 str 中只包含空白字符，则返回 True，否则返回 False

例如：

```
>>>"abA12".isalnum()
True
>>>"abA12&*".isalnum()          #&*不是字母或数字
False
>>>"abAB45".isalpha()           #包含数字字符
False
>>>"2018".isdigit()
True
>>>"else".isidentifier()        #else 为标识符
True
>>>"welcome".islower()
True
>>>"ACV12".isupper()            #字母字符均是大写
True
```

```
>>>"  \t".isspace()        #空格、\t 均是空白字符
True
```

5.2.8 字符串程序举例

【例 5-4】输入任意字符串，统计字母 a 或 A 出现的次数和频率。

```
s1 = input("请输入字符串：")              #键盘输入
s2 = s1.lower()                         #字符串转换为小写
countall = len(s1)                      #计算字符串的长度
counta = s2.count("a")                  #统计字母 a 出现的次数
print(counta, counta/countall)          #输出字母 a 出现的次数和频率
```

程序的运行结果如下：

```
请输入字符串：appleAir
2 0.25
```

思考：如果要统计某字母（不确定，从键盘任意输入）在某字符串出现的次数和频率，则该如何修改程序？这时需要两次调用 input 函数接收键盘的输入，分别表示待统计的字符串和字母，再调用 count 方法统计次数。

参考代码如下：

```
s1=input('请输入字符串：').lower()
s2=input('请输入字母：').lower()
c=s1.count(s2)
print(c,c/len(s1))
```

程序的运行结果如下：

```
请输入字符串：computerGOOD
请输入字母：o
3 0.25
```

【例 5-5】统计字符串中的大写字母、小写字母、数字和其他字符的个数。

思路：依次取出字符串中的字符，判断其是否为大写字母、小写字母、数字或其他字符，并分别进行计数统计。

```
txt=input("请输入：")
upper,lower,digit,other=0,0,0,0           #计数变量赋初值为 0
for c in txt:                             #依次取每个字符
    if c.isupper():                       #是否为大写字母
        upper+=1
    elif c.islower():                     #是否为小写字母
        lower+=1
    elif c.isdigit():                     #是否为数字
        digit+=1
    else:                                 #以上都不是
        other+=1
print("大写字母："+str(upper)+"个")          #str 函数将数字转换成字符串，再进行连接运算
print("小写字母："+str(lower)+"个")
```

```
print("数字："+str(digit)+"个")
print("其他："+str(other)+"个")
```

测试运行结果如下：

```
请输入：abcDEFG123+ +好↙
大写字母：4个
小写字母：3个
数字：3个
其他：4个
```

【例 5-6】统计以下文本中的单词个数。

文本内容：An old man has a cat.The cat is very old, too.He runs very quickly. And his teeth are bad.One evening, the old cat sees a little mouse.He catches it, but he can't eat it because his teeth are not strong enough.

思路：利用 split 方法分割文本内容，得到一个单词列表，再使用 len 函数统计元素（单词）的个数。

代码如下：

```
txt='''An old man has a cat.
The cat is very old, too.
He runs very quickly. And his teeth are bad.
One evening, the old cat sees a little mouse.
He catches it, but he can't eat it because his teeth are not strong enough.'''
words=txt.split()                              #分割成单词列表
print("共"+str(len(words))+"个单词")            #统计列表的长度
```

程序的运行结果如下：

```
共45个单词
```

习题

一、选择题

1. 下列数据不属于字符串的是（　　）。

   A. 'www'　　B. "999"　　C. "Python 编程"　　D. ok

2. "s='Python 编程'"，下列选项表达式运行结果不同的是（　　）。

   A. s[2]　　B. s[−6]　　C. s[−6:1:−1]　　D. s[2:2]

3. 能删除字符串两端空白字符的方法是（　　）。

   A. split　　B. lsplit　　C. rsplit　　D. strip

4. 语句"print("replace1".split("e"))"的运行结果为（　　）。

   A. ('r', 'e', 'place1')　　B. ['r', 'plac', '1']　　C. ['re', 'place', '1']　　D. ('replac', 'e', '1')

5. 表达式""a".join("123")"的运行结果为（　　）。

   A. 'a123'　　B. ['1a2a3']　　C. '1a2a3'　　D. ['a', '123']

二、填空题

1. （　　　）方法可检查字符串的结尾字符串。
2. 语句（　　　）能将字符串"a123a456"中的 a 字符替换成 ok。

3. 字符串索引有两种编号方法（　　　　）、（　　　　）。

三、编程题

1. 编程写出字符串“字符”的UTF-8编码。

2. 开发敏感词语过滤程序，提示用户输入内容，如果用户输入的内容中包含特殊的字符，如 "ab" "xo" 则将内容替换为**。

3. 输入一个字符串，将字符串中所有的数字字符取出来生成一个新的字符串。例如，输入“abc1xyz23"，输出“123"。

4. 取两个字符串中公共的字符。例如，字符串1为“abc123”，字符串2为“mnae3”，输出“公共字符有：a3”。

5. 统计字符串中数字、字母、下画线的个数。

6. 输入一行字符，统计其中有多少个单词，每两个单词之间以空格进行分隔。例如，输入“This is a c++ program.”，输出“There are 5 words in the line.”。

第6章 组合数据类型与中文分词

计算机不仅可以对单个数据进行处理，也可以对一组相关的数据进行批量处理。例如，一次科学实验中获得的大量实验数据，一个学院获得的大量学生信息等。当需要对批量数据进行表示和操作时，我们可以使用 Python 中的 4 种组合数据类型：列表、元组、字典和集合。本章将深入探讨 Python 的组合数据类型（涵盖列表、元组、字典与集合），详细介绍它们的创建、访问、操作及实际应用。同时，本章还将引入中文 jieba 分词库，讲解其基本原理及使用方法，通过实例展示如何对中文文本进行高效分词处理。通过本章的学习，读者不仅能熟练掌握 Python 的组合数据类型操作，还能掌握中文文本处理的关键技术，为后续的数据处理与分析打下坚实的基础。

6.1 列表

列表是用来存储一系列有序数据的集合体，可以理解为一个存储一系列有序元素的容器。例如，计算机语言包含数据“python”“java”“c”“php”等，如果希望这些数据都放在同一个位置，则可以定义一个列表，然后将这些数据放入列表中。

微课视频

6.1.1 列表的创建与删除

1. 创建列表

创建列表常用的方法有以下两种。

（1）赋值法

使用“=”直接将一个列表赋值给变量即可创建列表。

定义一个列表的语法格式如下。

```
<列表名>=[元素1，元素2，元素3，…]
```

说明：列表的元素用方括号括起，元素之间使用逗号进行分隔。列表的元素可以是任何类型的对象，如数字、字符串、列表、元组和字典等。如果是字符串，则界定符可以是双引号（"）或单引号（'）。

例如：

```
>>>lst1=[1,2,3]                          #数字列表
>>>lst2=["one","two","three"]            #字符列表
>>>lst3=[]                               #空列表
```

（2）函数法

创建列表时，也可以通过 list( )函数将字符串、range、元组或其他可迭代对象类型的数据转换成列表。可迭代对象是指可以通过 for…in…这类语句依次读取一条数据（也称遍历或迭代）给用户使用的对象，如 range 对象、字符串、列表、元组、字典、集合等。

其语法格式如下。

```
<列表名>=list(字符串/range/元组/其他可迭代对象)
```

例如：

```
>>>lst7=list()                    #生成空列表，与 lst7=[]的功能相同
>>>lst8=list("python")            #将一个字符串对象转换为列表
>>>lst8                           #输出['p', 'y', 't', 'h', 'o', 'n']
```

如果想简单高效地创建满足特定需要的列表，则可以使用列表推导式。其语法格式如下。

```
[表达式 for 变量 in 列表]
```

或

```
[表达式 for 变量 in 列表 if 条件]
```

例如：

```
>>>L=[1,2,3,4,5,6,7,8,9]          #列表 L 及其元素
>>>L1=[i*i for i in L]            #用 L 中各元素的平方生成一个新列表
>>>L1                             #输出[1, 4, 9, 16, 25, 36, 49, 64, 81]
```

【例 6-1】创建列表。创建一个计算机语言列表、一个字符串转换的列表和一个 10 以内（包括 10）的偶数列表，并输出。

代码如下：

```
>>>langlist = ["python ", " java", " c " , " php "]     #创建计算机语言列表
>>>strlist=list("我爱你中国")                           #创建字符串转换列表
>>>evenlist=list(range(0,11,2))                         #创建偶数列表
>>>print(langlist,strlist,evenlist)                     #输出列表
```

运行结果如下：

```
['python ', ' java', ' c ', ' php '] ['我', '爱', '你', '中', '国'] [0, 2, 4, 6, 8, 10]
```

2. 删除列表

当一个列表不再使用时，可以使用 del 命令将其删除。这一点适用于 Python 中的所有对象。其语法格式如下。

```
del <列表名>
```

【例 6-2】删除计算机语言列表 langlist，并查看结果。

代码如下：

```
>>>langlist = ["python ", " java", " c " , " php "]     #创建列表
>>>del langlist                                         #删除列表
>>>print(langlist)                                      #输出列表
```

运行结果如下：

```
NameError:name 'langlist' is not defined
```

6.1.2 列表的访问与切片

1. 访问列表

列表是一个可变的、有序的序列。

有序的数据集合体，称为序列。序列是一个元素向量，元素之间存在先后关系，通过索引号进行访问。索引有正向索引和反向索引，在正向索引中，第一个元素的索引号为 0，第二个元素的索引号为 1，以此类推；在反向索引中，最后一个元素的索引号为-1，倒数第二个元素的索引号为-2，以此类推。序列的索引如图 6-1 所示。

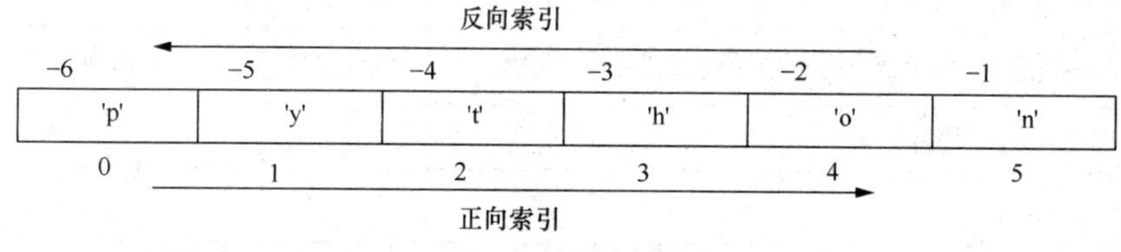

图 6-1 序列的索引

创建列表之后，如果要使用列表中的某个数据，那么索引是访问列表元素的主要方式，即通过索引号引用序列中的元素。其语法格式如下。

```
<列表名>[索引号]
```

其中，索引号可以为正整数或负整数。

【例 6-3】输出计算机语言列表 langlist 中的元素 c、最后一个元素和其中的字符 “j”。

```
langlist = ["python", "java", "c" , "php"]  #创建列表
print(langlist [2],end=' ')               #元素"c"的索引号为 2
print(langlist [-1],end=' ')              #最后一个元素的索引号为-1（这里也可以为 3）
print(langlist[1][0],end=' ')             #元素"java"的索引号为 1，j 是其第一个字符，索引号为 0
```

运行结果如下：

```
c php j
```

如果需要将列表中的元素依次取出，则需要用到列表的遍历。在 Python 中，列表遍历的语法格式如下。

```
for <变量名> in <列表名>:
    <语句块>
```

【例 6-4】将列表 langlist 中的所有元素输出。

代码如下。

```
langlist = ["python", "java", "c"]        #创建列表
for i in langlist:                        #遍历列表并输出
    print(i)
```

运行结果如下：

```
python
java
c
```

2. 切片列表

列表的切片功能强大，主要用来截取列表中的任何部分并得到一个新列表，也可以用来修改和删除列表中的部分元素，还可以用来为列表对象增加元素。

其语法格式如下。

```
<列表名>.[<起始索引号>:<终止索引号>:<步长>]
```

需要注意的是，切片结果不包括“终止索引号”引用的元素，即遵循“左闭右开”原则，包含左侧“起始索引号”引用的元素，不包含右侧“终止索引号”引用的元素；切片步长为整数，默认为 1，当步长>0 时，表示正向切片，此时要求“起始索引号”<“终止索引号”，否则将得到一个空序列。起始索引号省略时默认为 0，表示从序列的第一个元素开始切片；终止索引号省略时默认为-1，表示切片一直延伸到序列的结尾。当步长<0 时，表示反向切片，此时要求“起始索引号”>“终止索引号”。

列表的切片操作可以截取列表中的任何部分，并得到一个新列表。例如：

```
>>>lst=[2,4,6,8,10,12]          #创建列表
>>>lst[::]                      #返回包含原列表所有元素的新列表，值为[2,4,6,8,10,12]
>>>lst[::-1]                    #返回包含原列表所有元素的逆序列表，值为[12,10,8,6,4,2]
>>>lst[::2]                     #隔一个取一个，获得偶数位置的元素，返回值为[2,6,10]
>>>lst[1:4:2]                   #常规正向切片，返回值为[4, 8]
>>>lst[5:2:-2]                  #常规反向切片，返回值为[12, 8]
```

列表的切片操作还可以用来修改和删除列表中的部分元素，或者为列表对象增加元素。例如：

```
>>>lst=[2,4,6,8,10,12]
>>>lst[0:2]=[1,3]               #修改列表元素，等号两边的列表长度需相等
>>>lst                          #返回值为[1,3,6,8,10,12]
>>>lst[:2]=[]                   #删除列表的前 2 个元素
>>>lst                          #返回值为[6,8,10,12]
```

【例 6-5】利用切片将列表 langlist 中的所有元素逆序，并在一行输出。

代码如下：

```
langlist = ["python", "java", "c" , "php"]    #创建列表
lst= langlist[::-1]                           #生成逆序列表
for i in lst:                                 #遍历列表
    print(i,end=' ')                          #输出列表元素，以空格间隔，在一行输出
```

运行结果如下：

```
php c java python
```

6.1.3 列表对象的常用方法

列表通过赋值或函数定义后，生成列表对象。对于列表对象，可以直接调用对象内置的方法进行操作。

1. 添加元素

添加列表元素的方法有 3 个：append( )、extend( )和 insert( )。

（1）添加一个元素 append( )

append( )用于向列表尾部添加一个元素。其语法格式如下。

```
<列表名>.append(元素)
```

其中，元素可以是任何数据类型（如字符串、数字、列表、元组、字典、集合等对象）。

例如：

```
>>>lst = [1,2,3]                #创建列表
>>>lst.append(4)                #在尾部添加一个整数元素 4
>>>lst.append(['a','b'])        #继续在尾部添加一个列表元素['a','b']
>>>lst                          #返回值为 [1, 2, 3, 4, ['a', 'b']]
```

（2）添加多个元素 extend( )

append( )方法只能一次向列表中添加一个元素。如果需要在列表尾部添加多个元素，就需要使用 extend( )方法。

其语法格式如下。

```
<列表名>.extend(元素列表)
```

其中，元素列表是可迭代对象中的元素，这里的对象可以是字符串、列表、元组、字典。若为字典，则仅会将键（key）作为元素依次添加至原列表的末尾。

例如：

```
>>>lst=[1,2,3]
>>>lst.extend('456')            #在尾部添加字符串中的 3 个字符'4'、'5'、'6',
>>>lst                          #返回值为[1, 2, 3, '4', '5', '6']
```

（3）插入元素 insert( )

如果希望在列表的指定位置插入元素，则可以使用 insert( )方法。在指定位置插入元素后，该位置后面的所有元素后移，且它们在列表中的索引号均增加 1。

其语法格式如下。

```
<列表名>.insert(索引号, 元素)
```

其中，索引号从 0（即第 1 个元素位置）开始，当它为正数且大于列表长度时，在列表尾部追加元素；当它为负数且小于列表长度的相反数时，在列表头部插入元素。

例如：

```
>>>lst=[1,2,3]                  #创建列表
>>>lst.insert(1,'one')          #在第 2 个元素的位置插入元素
>>>lst.insert(-1,'two')         #在最后一个元素的位置插入元素
>>>lst                          #返回值为[ 1, 'one', 2, 'two', 3]
```

2. 修改元素

修改列表中元素的语法格式如下。

```
<列表名>[索引号]=新的元素
```

例如：

```
>>>lst=[1,2,3]          #创建列表
>>>lst[2]="three"       #修改第 3 个元素
>>>lst                  #返回值为['1', 2, 'three']
```

3. 删除元素

删除列表元素的方法有 3 种：pop( )、remove( )和 clear( )。此外，还可以使用 del 命令来删除列表元素。

（1）删除指定位置的元素 pop( )和 del

① pop( )方法用于删除并返回指定位置的元素。

其格式如下。

```
<列表名>.pop(索引号)
```

其中，索引号是可以省略的，省略时，表示从列表末尾删除一个元素并返回该值。

② 使用 del 命令删除元素的语法格式如下。

```
del  <列表名>[索引号]
```

例如：

```
>>>lst=[1,2,[4]]          #创建列表
>>>lst.pop(1)             #元素 2 被删除
>>>lst.pop()              #索引号省略，删除列表末尾元素[4]
>>>del lst[0]             #第一个元素 1 被删除
>>>lst                    #返回值为[]
```

（2）移除第一个匹配元素 remove( )

如果要删除指定内容的元素，则可以利用 remove( )方法。其语法格式如下。

```
<列表名>.remove(元素)
```

它首先在列表中检索是否存在要移除的内容，将遇到的第一个匹配项从列表中删除，并对其后面的元素重新编号。如果没有找到要匹配的项，则出现数值错误异常 ValueError。如果存在两个匹配值，则只移除第一个匹配内容。

例如：

```
>>>lst=[1,2,3,[4],1]          #有两个相同元素 1
>>>lst.remove(1)              #只移除第一个匹配项
>>>lst.remove([4])            #移除匹配的项[4]
>>>lst                        #返回值为[2, 3, 1]
```

（3）清空列表元素 clear( )

clear( )方法用于清空列表中的所有元素。其语法格式如下。

```
<列表名>.clear()
```

例如：

```
>>>lst=[1,2,3]
>>>lst.clear()
>>>lst                        #lst 被清空，变成空列表，返回值为[]
```

当列表添加或删除元素时，列表对象会自动进行内存的扩展或收缩。但在列表中间位置添加或删除元素时，不仅效率较低，而且该位置后面的所有元素在列表中的索引也会发生变化，因此应尽量从列表尾部进行元素的添加与删除操作。

【例 6-6】 a 和 b 是两个长度相同的列表变量，列表 a 为[3, 6, 9]；从键盘输入列表 b。计算列表 a

中元素与 b 中对应元素的和形成新的列表 c，并输出。

例如，从键盘输入列表 b 为[1, 2, 3]，则输出的计算结果为[4, 8, 12]。

代码如下：

```
a = [3,6,9]                                   #创建列表 a
b =  eval(input("请输入列表，如[1,2,3]:"))      #输入列表，如[1,2,3]
c = []                                        #创建列表 c，初始为空列表
for i in range(3):                            #循环 3 次，i 从 0 到 2
    c.append(a[i]+b[i])                       #将 a、b 对应元素的和添加到列表 c
print(c)                                      #输出列表 c
```

运行结果如下：

```
请输入列表，如[1,2,3]:[1,2,3]
[4, 8, 12]
```

4. 统计与索引

（1）统计

当需要统计某个元素在指定列表中出现的次数时，可以使用 count( )方法。其语法格式如下。

```
<列表名>.count(元素)
```

例如：

```
>>>lst=[1,'1',2,2,3,3,3]              #创建列表
>>>lst.count(1)                       #统计元素 1 在列表中出现的次数，返回值为 1
```

（2）索引

当需要知道某个元素在指定列表中首次出现的位置时，可以使用 index( )方法。其语法格式如下。

```
<列表名>.index(元素,[,起始索引号[,终止索引号]])
```

其中，起始索引号和终止索引号可以全部省略，表示整个列表。如果指定起始索引号和终止索引号，则检查是否包含在指定范围内。

例如：

```
>>>lst=[1,'1',2,2,3,3,3]          #创建列表
>>>lst.index(2)                   #元素 2 在整个列表中首次出现的位置，返回值为 2
>>>lst.index(2,0,1)               #元素 2 在索引从 0 开始到 1 的列表中首次出现的位置
                                  #返回值为 ValueError: 2 is not in list
```

5. 排序与反序

（1）排序

如果需要对列表的元素进行排序，则可以直接调用列表对象的 sort( )方法。其语法格式如下。

```
<列表名>. sort(key=None,reverse=False)
```

其中，key 参数用来指定排序依据，如要根据列表元素的长度进行排序，就可以写成 key=len（len 为长度函数）。reverse 参数用来指定排序规则，reverse = False 表示升序（默认排序方式），此时，数字排在字母前，大写字母排在小写字母前；reverse = True 表示降序。sort( )方法的两个参数可以省略，可以单独使用，也可以一起使用。

例如：

```
>>>lst1= ['apple', 'A', '1' ,'10' ,'2','B',"banana"]
>>>lst1.sort()                  #默认情况下，升序排序
>>>lst1                         #返回值为['1', '10', '2', 'A', 'B', 'apple', 'banana']
>>>lst1.sort(reverse=True)      #降序排序
>>>lst1                         #返回值为['banana', 'apple', 'B', 'A', '2', '10', '1']
>>>lst1.sort(key=len,reverse=False)   #按字符串长度升序排列
>>>lst1                         #返回值为['B', 'A', '2', '1', '10', 'apple', 'banana']
```

（2）反序

如果希望列表的所有元素反序或翻转（即第一个元素和倒数第一个元素交换位置，第二个元素和倒数第二个元素交换位置，以此类推），则可以使用 reverse( )方法。其语法格式如下。

```
<列表名>. reverse()
```

例如：

```
>>>lst = ['apple', 'A', '1' ,'10' ,'2','B',"banana"]
>>>lst.reverse()                #所有元素翻转，反序
>>>lst                          #返回值为['banana', 'B', '2', '10', '1', 'A', 'apple']
>>>L=lst.reverse()              #reverse()没有返回值，所以 L 是 None，无输出
>>>L                            #此处空白，L 无输出
```

需要注意的是，列表对象的 sort( )和 reverse( )方法没有返回值，而且是原地操作。因此对列表对象使用 sort( )和 reverse( )方法后，列表中原来的顺序会全部丢失。如果不希望丢失列表的原有顺序，可以使用列表内置的 sorted( )函数返回排序后的新列表，使用 reversed( )函数返回反序后的迭代对象，再使用 list( )函数生成列表。其语法格式分别如下。

```
sorted(列表名,key=None,reverse=False)
reversed(列表名)
```

例如：

```
>>>L=[3,5, 9,1, 7]              #列表 L 及其各元素
>>>list(reversed(L))            #返回值为[7, 1, 9, 5, 3]，使用 list(reversed())实现了反序
>>>L                            #返回值为[3, 5, 9, 1, 7]，列表 L 中的各元素仍然保持原来的顺序
```

6．复制列表

如果希望生成一个新列表，并复制列表中的所有元素，则可以使用 copy( )（浅复制）方法。其语法格式如下。

```
<列表名>.copy()
```

它相当于建立一个新副本，对于整数、实数、复数、字符串和元组等不可变数据类型的改变，新列表和原列表之间互不影响。但是，如果列表元素中包含列表之类的可变数据类型，由于是把子列表的引用复制到新列表中，所以修改任何一个列表都会对另外一个列表产生影响。

例如：

```
>>>lst1=[1,2,3,[4]]          #创建列表
>>>lst2=lst1.copy()          #列表复制
>>>lst1[3].append(5)         #原列表的子列表添加元素 5
>>>lst1.append(6)            #原列表添加元素 6
>>>lst2[1]='2'               #新列表修改元素 2 为'2'
```

```
>>>lst1                    #输出两个列表，不可变数据类型互不影响，可变数据类型相互影响
                           #返回值为[1, 2, 3, [4, 5],6]
>>>lst2                    #返回值为[1, '2', 3, [4, 5]]
```

6.1.4 列表常用的内置函数

对于列表对象，除常用的内置方法外，还可以直接调用对象内置的函数进行操作，如前面介绍过的 list( )、sorted( )、reversed( )等函数。

列表常用的其他内置函数如下。

（1）len( )：用于返回列表中元素的个数，即列表的长度。

（2）max( )：用于返回列表中元素的最大值。

（3）min( )：用于返回列表中元素的最小值。

（4）sum( )：用于返回列表中所有元素的和。

（5）all( )：用于测试列表中是否所有元素的值都等于 True。

（6）any( )：用于测试列表中是否有一个元素的值等于 True。

（7）zip( )：用于将一个或多个列表（或可迭代对象）中的元素重新组合为元组并返回包含这些元组的 zip 对象，可以利用 list( )函数将其转换为列表。如果组合时列表的元素个数不一致，则以最短的列表个数为准。

（8）enumerate( )：用于返回包含若干索引和值的迭代对象。可以利用 list( )函数将其转换为列表。

（9）map( )：用于把函数映射到列表上的每个元素。它有两个参数，一个是使用的函数，一个是列表（或可迭代对象）。列表中的每个元素可调用函数，并返回包含函数调用返回值的迭代对象。可以利用 list( )函数将其转换为列表。

（10）filter( )：用于根据指定函数的返回值对列表元素进行过滤。它有两个参数，一个是使用的函数，一个是列表（或可迭代对象）。列表中的每个元素可调用函数，并返回包含函数值为 True 的元素的迭代对象。如果使用的函数是 None，则返回所有本身可以判断为 True 的元素。可以利用 list( )函数将其转换为列表。

例如：

```
>>>lst=[6,10,0,4,8,2]          #创建列表
>>>len(lst)                    #列表元素的个数，返回值为 6
>>>max(lst)                    #列表元素的最大值，返回值为 10
>>>min(lst)                    #列表元素的最小值，返回值为 0
>>>sum(lst)                    #列表元素之和，返回值为 30
>>>all(lst)                    #测试所有元素是否均为 True，注意 0 为 False，返回值为 False
>>>any(lst)                    #测试是否有为 True 的元素，返回值为 True
>>>list(zip(lst,['a']*6))      #多列表元素重新组合为元组，并作为新列表的元素，返回值为[(6, 'a'),
                               (10, 'a'), (0, 'a'), (4, 'a'), (8, 'a'), (2, 'a')]
>>>list(zip(lst,['a','b']))    #列表不等长，以短的为准，返回值为[(6, 'a'), (10, 'b')]
>>>matrix=[[1,2,3],[4,5,6],[7,8,9]]
>>>list(zip(*matrix))          #使用*号拆分列表，zip 对每个列表打包成元组，返回值为
                               [(1, 4, 7), (2, 5, 8), (3, 6, 9)]
>>>list(map(list,zip(*matrix)))    #矩阵转置。map()把元组元素转换为列表元素，返回值为
                                   [[1, 4, 7], [2, 5, 8], [3, 6, 9]]
>>>list(enumerate(lst))            #列表的索引和值组合为元组，并作为新列表的元素，返回值为
                                   [(0, 6), (1, 10), (2, 0), (3, 4), (4, 8), (5, 2)]
```

```
>>>list(filter(None,[1,0,2,0,3,0]))  #指定函数是None，0被判断为False从而被过滤，
                                     #返回值为[1,2,3]
```

【例 6-7】计算两个列表 ls 和 lt 对应元素乘积的和（即向量积），以及两个列表的最大元素、最小元素及其所在位置（索引号）。

ls = [111,222,333,444,555,666,777,888,999]，lt=[999,777,555,333,111,888,666,444,222]。

代码如下：

```
ls = [111, 222, 333, 444, 555, 666, 777, 888, 999]          #创建列表ls
lt = [999, 777, 555, 333, 111, 888, 666, 444, 222]          #创建列表lt
s = 0                                             #创建变量s，并设初值为0
for i in range(len(ls)):                          #循环取出列表索引号
  s+=ls[i]*lt[i]                                  #对应元素乘积的累加和
print("向量积：{}".format(s))                      #格式化输出需要的结果
print("ls最大元素：{}，索引号：{}".format(max(ls),ls.index(max(ls))))
print("ls最小元素：{}，索引号：{}".format(min(ls),ls.index(min(ls))))
print("lt最大元素：{}，索引号：{}".format(max(lt), lt.index(max(lt))))
print("lt最小元素：{}，索引号：{}".format(min(lt), lt.index(min(lt))))
```

运行结果如下：

```
向量积：2402595
ls最大元素：999，索引号：8
ls最小元素：111，索引号：0
lt最大元素：999，索引号：0
lt最小元素：111，索引号：4
```

6.1.5 列表运算符

除列表对象的内置方法、函数外，列表对象还支持运算符操作。

1．连接运算符

连接运算符+可以连接两个列表，形成一个新的列表，实现列表增加元素的目的。其语法格式如下。

```
<列表1>+<列表2>
```

其中列表 1 和列表 2 可以是列表变量名。

例如：

```
>>>lst1=[1,2,3]                #创建列表 lst1
>>>lst1=lst1+[ 'a', 'b', 'c']  #连接列表
>>>lst1                        #输出连接后的列表，返回值为[1, 2, 3, 'a', 'b', 'c']
```

2．重复操作符

重复操作符*可以将列表重复多次，实现列表增加重复元素的目的。其语法格式如下。

```
<列表>*n
```

或

```
n*<列表>
```

其中，n 是正整数，列表可以是列表变量名。和连接运算符+一样，重复操作符*是返回新列表，

不属于原地操作，可以使用复合赋值运算符*=提高效率。

例如：

```
>>>lst=[1,2,3]          #创建列表
>>>lst=lst*2            #列表重复，返回新列表
>>>lst                  #返回值为[1, 2, 3, 1, 2, 3]
```

3．比较运算符

列表支持比较运算符：<、<=、==、!=、>=、>。比较的是第一对不相等元素的大小（索引相同的为一对），数值按大小比较，字符串按顺序逐个元素进行比较。

例如：

```
[1,2,3] < [1,2,4]                #True
[1,3] > [1,2,4]                  #True
[5] < [5, 0]                     #True
["ABC", "123"] > ['abc', '456']  #False
[1, "two"] > ["two", 1]          #TypeError
[1, 2] < [3.3, 4]                #True
[1] < ['2']                      #TypeError
```

4．成员关系运算符

成员关系运算符 in 或 not in 可以判断一个元素是否存在于列表中。其语法格式如下。

```
<元素> in <列表>
```

如果元素是列表的成员，则返回 True，否则返回 False。

```
<元素> not in <列表>
```

如果元素不是列表的成员，则返回 True，否则返回 False。

例如：

```
>>>1 in [[1],'2',3]         #判断元素 1 是否存在于列表中，返回值为 False
>>>2 not in [[1],'2',3]     #判断元素 2 是否不存在于列表中，返回值为 True
```

【例 6-8】连接两个列表 L1=['a','b','c']，L2=['d','b','c','a']，并将列表中的所有元素重复 3 次，然后去除列表中的重复元素并输出。

代码如下：

```
L1=['a','b','c']              #创建列表 L1
L2=['d','b','c','a']          #创建列表 L2
L3=L1+L2                      #连接列表
L4=L3*3                       #重复列表
L5=[]                         #创建空列表 L5
for i in L4:                  #从 L4 中挑选尚未存在于 L5 中的元素，加入 L5 中
    if i not in L5:
        L5.append(i)
print(L5)                     #输出列表 L5，L5 去除了重复元素
```

运行结果如下：

```
['a', 'b', 'c', 'd']
```

6.1.6 列表程序举例

用户输入以逗号分隔的 3 个数字，记为 a、b、c，以 a 为起始数值，b 为前后相邻数的比值，c 为数列长度，产生一个等比数列。将这个数列以逗号分隔的形式输出，最后一个元素输出后无逗号。

代码如下：

```
a,b,c=eval(input("请输入 3 个数字，逗号分隔: "))      #输入 3 个数字，分别放入 a、b、c 中
ls=[]                                              #创建空列表
for i in range(c):                                 #从 0 到 c-1
    ls.append(str(a*(b**i)))                       #生成等比数列的每一项，加入列表
print(",".join(ls))                                #输出以逗号分隔的字符串形式
```

运行结果如下：

```
请输入 3 个数字，逗号分隔: 1,3,5
1,3,9,27,81
```

6.2 元组

元组也是一种存储一系列有序元素的容器。它和列表都属于有序序列，同样可通过索引访问，支持异构，可任意嵌套。

元组的操作可以通过常用方法（如 count( )、index( )等）、函数（如 len( )、max( )、min( )、sum( )、map( )、filter( )等）和操作符（如+、*、+=、*=、in、not in 等）来实现。

6.2.1 元组与列表的区别

当数据需要灵活变化时，可以将数据存储到列表中。但是当数据比较稳定，不希望其改变时，则可以将数据存储到元组中。元组是一个不可变的、有序的序列。

元组与列表的区别如下。

（1）元素和列表的定义符号不一样。元素使用“()”定义，而列表使用“[]”定义。

（2）元组中的元素不能修改，而列表中的元素可以修改。

元组无法添加、修改、删除元素。从一定程度上可以认为元组是“常量列表”，因此没有提供用于修改元组的方法（如 append( )、extend( )、insert( )、remove( )和 pop( )等），也不允许使用切片来为元组添加、修改和删除元素。这种不允许修改其元素值的“写保护”特性，使代码更安全。

（3）元组作为不可变序列，与整数、字符串一样，可以作为字典的键，也可以作为集合的元素。列表则不能，因为它是可变的。

（4）元组适合遍历一系列常量元素或类似用途，且不需要对元素进行任何修改的情况。它比列表更节省存储空间，访问速度更快。

6.2.2 元组基本操作

1. 创建元组

与列表一样，创建元组常用的方法也是赋值法和函数法。

（1）赋值法

定义一个元组的语法格式如下。

```
元组名=（元素1，元素2，元素3）
```

其中，元组的元素可以是任何类型的对象，用圆括号括起，元素之间使用逗号进行分隔。如果元组中只有一个元素，则必须在最后增加一个逗号，否则无法和单个值进行区分。在不引起语法错误的情况下，使用逗号分隔的一组值，系统也会自动创建元组。也就是说，在没有歧义的情况下，元组也可以没有括号。

例如：

```
>>>t1=(1,'2',3.0,[4])              #直接把元组赋值给一个变量
>>>t1                              #输出元组，返回值为(1, '2', 3.0, [4])
>>>t2=(0,)                         #如果元组中只有一个元素，则必须在后面多写一个逗号
>>>t2                              #输出为元组，返回值为(0,)
>>>t3=(0)                          #单个元素不加逗号，等价于 t3=0
>>>t3                              #输出为数值，返回值为 0
>>>t4=4,5,6                        #元组也可以没圆括号
>>>t4                              #返回值为(4, 5, 6)
```

（2）函数法

创建元组时，也可以使用 tuple( )函数将字符串、range 或其他可迭代对象类型的数据转换成元组。其语法格式如下。

```
<元组名>=tuple(字符串/range/其他可迭代对象)
```

例如：

```
>>>t6=tuple()                          #生成空元组，等价于 t6=()
>>>t7=tuple("hello world")             #将一个字符串对象转换为元组
>>>t7                                  #输出元组
('h', 'e', 'l', 'l', 'o', ' ', 'w', 'o', 'r', 'l', 'd')
>>>t8=tuple(range(10))                 #将 range 对象转换为元组
>>>t8
(0, 1, 2, 3, 4, 5, 6, 7, 8, 9)
```

2．删除元组

元组中的元素不能删除，但是可以使用 del 命令删除整个元组。其语法格式如下。

```
del <元组名>
```

例如：

```
>>>t=(1,'a',2,'b',3,'c')
>>>del t                               #删除整个元组
```

3．访问元组元素

访问元组中的某个元素与访问列表中的某个元素类似，其语法格式如下。

```
<元组名>[索引号]
```

例如：

```
>>>t=(1,'2',3.0,[4])       #创建元组
>>>t[0]                    #访问第一个元组元素，返回值为 1
>>>t[1]=2                  #元组不能修改元素
TypeError: 'tuple' object does not support item assignment
```

需要注意的是，元组虽然不可变，但是当元组中嵌套可变元素时，该可变元素是可以修改的，元组本身不变。

例如：

```
>>>t=(1,'2',3.0,[4])       #元组中嵌套列表（可变序列）
>>>t[3].append(5)          #在列表尾部添加一个元素
>>>t                       #返回元组，返回值为(1, '2', 3.0, [4, 5])
```

6.2.3 元组程序举例

输入一个数，将其转换成中文繁体数字输出。例如，输入“1234567890”，输出“壹贰叁肆伍陆柒捌玖零”。

代码如下：

```
chinese_number=("零","壹","贰","叁","肆","伍","陆","柒","捌","玖")    #创建元组
number=input("请输入一个数：")
for i in range(len(number)):                #循环处理数据中的每个数字
   if "." in number[i]:                     #如果数据中包含小数点，则转换成“点”
      print("点",end="")
   else:
      print(chinese_number[int(number[i])],end="")    #将数字输出为中文繁体数字
```

运行结果如下：

```
请输入一个数：123.45
壹贰叁点肆伍
```

6.3 字典

列表、元组属于有序序列，而字典则是一种无序、可变的数据集合体。它又称关联数组，它所存储的每个元素都是成对出现的，一对数据是一组关联的数据。

微课视频

例如，有一个学生的信息，包含以下数据。

姓名：张三。

性别：男。

年龄：18。

如果将这些数据存储到列表或元组中，会发现无法将姓名与张三关联起来，也无法将性别与男关联起来。如果要取得这个学生的年龄，也会比较麻烦。仔细观察，可以发现这些数据中的每个元素都是成对出现的，且每个元素中的这一对数据都是一个相关联的数据。因此，可以考虑将这些数据存储到字典中。

通过任意键信息查找一组数据中值信息的过程称为映射，字典属于映射类型。在字典中，每个元素一般分为两部分，前半部分称为“键”，后半部分称为“值”，用冒号隔开“键”和“值”两部分，

表示一种映射或对应关系。例如，“姓名：张三”这对元素中，姓名称为键，张三称为值。字典中的键不能使用可变类型（如列表、字典、集合等），不允许重复，字典的值可以重复。与序列通过索引号访问元素不同，字典通过键信息获取其对应的值。

字典的操作主要由其内置的操作符、函数和方法来实现，字典的常用操作符主要有成员关系运算符 in 和 not in（用来判断一个键是否在字典中），它的常用方法和函数如表 6-1 和表 6-2 所示。

表 6-1 字典常用的方法

方法	功能
d.fromkeys(<seq>, [<value>])	创建一个新字典，以序列 seq 中的元素作为字典的键，value 为字典所有键对应的初始值，默认为 None
d.keys( )	返回字典 d 的所有的键信息
d.values( )	返回字典 d 的所有的值信息
d.items( )	返回字典 d 的所有的键值对信息，键值对以元组类型（即括号形式）表示
d.get(<key>,[<default>])	若字典 d 中的键存在，则返回相应值，否则返回默认值
d.setdefault(<key>,[<default>])	若字典 d 中的键不存在，则将会添加键并将值设为 default
d.has_key(key)	若字典 d 中的键存在，则返回 True，否则返回 False
d.pop(<key>,[<default>])	若字典 d 中的键存在，则返回相应值，同时删除键值对，否则返回默认值
d.popitem( )	随机从字典 d 中取出一个键值对，并以元组（key,value）的形式返回
d.update(x)	将字典 x 中的键值加入字典 d，如果两个字典中存在相同的键，则以 x 的值为准对字典 d 进行更新
d.clear( )	删除字典 d 的所有键值对
d.copy( )	返回字典 d 的浅复制（不复制嵌入结构）

表 6-2 字典常用的函数

函数	功能
len(d)	字典 d 的元素个数（长度）
dict( )	创建一个空字典
max(d)	字典 d 中键的最大值
min(d)	字典 d 中键的最小值
type(variable)	返回输入的变量类型，如果变量是字典，就返回字典类型
sorted(iterable,key=None,reverse=False)	对与字典有关的可迭代对象进行排序，key 参数用来指定排序依据（默认为 None），reverse 参数用来指定排序规则，False 表示升序，True 表示降序
cmp(d1,d2)	比较两个字典 d1 和 d2 中的元素
str(d)	输出字典 d 中可打印的字符串

6.3.1 字典的创建与删除

与列表和元组一样，创建字典时也使用赋值法和函数法。

（1）赋值法

使用“=”直接将一个字典赋值给变量，即可创建字典对象。

定义一个字典的语法格式如下。

```
<字典名>={ 键1:值1,键2:值2,键3:值3, … }
```

其中，字典的元素用大括号括起，元素之间使用逗号进行分隔。键不能是可变数据类型，值可以是任意数据类型。创建字典时，如果相同的键对应不同的值，则字典采用最后一个“键值对”。

（2）函数法

使用 dict( )函数创建字典的语法格式如下。

```
<字典名>=dict(关键参数/映射函数/可迭代对象)
```

例如：

```
>>>d1={"姓名":"张三","性别":"男","年龄":"18"}  #直接把字典赋值给一个变量
>>>type(d1)                    #使用 type()函数查看变量的类型，返回值为<class 'dict'>
>>>d1                          #返回字典,值为{'姓名':'张三','性别':'男','年龄':'18'}
>>>d2= {'a': 1, 'b': 2, 'b': '3'}       #相同的键对应不同的值，字典采用最后一个“键值对”
>>>d2                          #返回值为{'a':1, 'b':'3'}
>>>d3=dict()                   #创建空字典，等价于 d3={}
>>>d4=dict(a='a', b='b', t='t')  #以关键参数的形式创建字典
>>>d4                          #返回值为{'a': 'a', 'b': 'b', 't': 't'}
```

删除字典的方法与删除列表、元组的方法相同，使用 del 命令来实现。其语法格式如下。

```
del <字典名>
```

例如：

```
>>>d={ 1:"1",2:"2",3:"3"}
>>>del d                       #删除字典
```

6.3.2 字典元素的访问

1. 根据“键”访问对应的“值”

根据“键”访问对应的“值”常用的方法有以下 3 种。

（1）“<字典名>[键名]”索引模式。

（2）get(<key>,<default>)方法。

（3）setdefault(<key>,<default>)方法。

它们之间的区别是：使用“<字典名>[键名]”时，如果“键”不存在，则会出错；使用 get( )方法时，如果键不存在，则返回默认值，第二个参数 default 可以省略，如果省略，则默认值为 None（空）；使用 setdefault( )方法时，如果“键”不存在，则会添加一个新元素并设置该“键”对应的“值”，其参数的使用与 get( )方法相同。

例如：

```
>>>d={"姓名":"张三","性别":"男","年龄":"18"}
>>>d["年龄"]                    # “键”存在，返回对应值为'18'
>>>d["身高"]                    # “键”不存在，返回 KeyError: '身高'
>>>d.get("姓名")                # “键”存在，返回对应值为'张三'
>>>d.get("身高","不存在")        # “键”不存在，返回设置值为'不存在'
>>>d.setdefault("性别")          # “键”存在，返回对应值为'男'
>>>d.setdefault("身高","183cm")  # “键”不存在，添加新元素'183cm'
>>>d                           #输出字典
{'姓名': '张三', '性别': '男','年龄':'18', '身高': '183cm'}
```

2．访问字典中所有的键信息、值信息和键值对信息

可利用 keys( )、values( )和 items( )方法来访问字典中所有的键信息、值信息和键值对信息。它们的返回结果是 Python 的内部数据类型，可以根据需要通过 list( )函数将其转换成列表。例如：

```
>>>d={"姓名":"张三","性别":"男","年龄":"18"}
>>>d.keys()                             #访问字典中所有的键信息
dict_keys(['姓名', '性别', '年龄'])      #返回 Python 的内部数据类型
>>>type( d.keys())                      #使用 type()函数查看变量的类型
<class 'dict_keys'>
>>>list(d.keys())                       #通过 list()转换成列表
['姓名', '性别', '年龄']
>>>d.values()                           #访问字典中所有的值信息
dict_values(['张三', '男', '18'])
>>>d.items()                            #访问字典中所有的键值对信息
dict_items([('姓名', '张三'), ('性别', '男'), ('年龄', '18')])
```

3．遍历字典元素

如果想遍历字典中的所有元素，则可以通过 for-in 语句来实现。其语法格式如下。

```
for <变量名> in <字典名>:
    语句块
```

需要注意的是，由于键值对中的键相当于索引，所以这里 for 循环返回的变量名是字典的索引值，即遍历时默认是遍历字典的“键”（此时如果想要获取“键”对应的值，则通常使用 get( )方法）。

例如：

```
>>>d={"姓名":"张三","性别":"男","年龄":"18"}
>>>for i in d:                               #默认遍历字典的键
print("键:"+i+", 值:"+d.get(i))
```

运行结果如下：

```
键:姓名, 值:张三                              #输出结果
键:性别, 值:男
键:年龄, 值:18
```

6.3.3 字典元素的添加、修改和删除

1．添加字典元素

添加字典元素最常用的是字典索引模式，也可以使用 setdefault( )和 update( )方法。

例如：

```
>>>d={"姓名":"张三","性别":"男","年龄":"18"}
>>>d["身高"]="183cm"                #使用字典索引模式添加身高键值对
>>>d
{'姓名': '张三', '性别': '男', '年龄':'18'', '身高': '183cm'}
>>>d.setdefault("体重","70kg")      #使用 setdefault 方法添加体重键值对，返回值为'70kg'
```

2．修改字典元素

修改字典元素最常用的是字典索引模式，也可以使用 update( )方法修改一个字典元素或批量更新

字典元素。

例如：

```
>>>d={"姓名":"张三","性别":"男","年龄":"18"}
>>>d["姓名"]="李四"                       #使用字典索引模式修改姓名的值信息
>>>d                                    #返回为{'姓名': '李四', '性别': '男', "年龄":"18"}
>>>d.update({"年龄":"20"})               #使用 update 方法修改年龄值
>>>d                                    #返回为{'姓名': '李四', '性别': '男', '年龄': '20'}
>>>d1={"姓名":"王五","性别":"女","年龄":"19"}  #创建新字典，键一样，值不同
>>>d.update(d1)                          #使用 update 方法批量更新值
>>>d                                    #返回为{'姓名': '王五', '性别': '女', '年龄': '19'}
```

3．删除字典元素

删除字典元素最常用的是 del 命令，也可以使用 pop( )方法弹出并删除指定的元素，使用 popitem( )方法随机删除一个元素，使用 clear( )方法删除所有元素。

其中，del 命令的语法格式如下。

```
del dict [<key>]
```

例如：

```
>>>d={"姓名":"张三","性别":"男","年龄":"18","身高": "183cm"}
>>>del d["身高"]          #删除身高键值对
>>>d                     #返回值为{'姓名': '张三', '性别': '男', '年龄': '18'}
>>>d.pop("年龄")          #返回年龄的值，并删除年龄键值对'18'
>>>d                     #返回为{'姓名': '张三', '性别': '男'}
>>>d.popitem()           #随机取出一个键值对，以元组的形式返回，并删除这个键值对{'性别', '男'}
>>>d                     #返回值为{'姓名': '张三'}
>>>d.clear()             #删除字典中的所有元素，字典变为空字典
>>>d                     #返回值为{}
```

6.4 集合

集合属于无序、可变序列。元素之间无序，每个元素都是唯一的，元素不允许重复。元素类型只能是数字、字符串、元组等不可变类型，不能是列表、字典、集合等可变类型。

微课视频

6.4.1 集合基本操作

1．创建与删除集合

与其他组合数据类型一样，也可以使用赋值法和函数法来创建集合。

（1）赋值法

使用“=”直接将一个集合赋值给变量，即可创建集合对象。

定义一个集合的语法格式如下。

```
<集合名>={ 元素 1，元素 2，元素 3， … }
```

其中，集合的元素用大括号括起，元素之间使用逗号进行分隔。元素不能是可变数据类型，元素

在输入集合后会自动去除重复元素。

（2）函数法

也可以使用 set( )函数创建集合。其语法格式如下。

```
<集合名>=set(字符串/range/元组/其他可迭代对象)
```

如果字符串、range、元组或其他可迭代对象中存在重复元素，则在转换成集合时只保留一个；若存在可变类型数据，则无法转换成集合。

例如：

```
>>>s1={1,'2',3.0,(4,5)}
>>>type(s1)                 #使用 type()函数查看变量的类型，返回值为<class 'set'>
>>>s1                       #返回值为{(4, 5), 1, 3.0, '2'}集合，输出顺序与定义顺序可以不一致
>>>s2=set()                 #空集合，创建空集合时不能用{}，因为{}表示字典
>>>s3=set("language")       #将字符串转换成集合并去除重合元素
>>>s3                       #返回值为{'n', 'a', 'l', 'e', 'u', 'g'}
>>>s4=set(range(5,10))      #将 range 对象转换成集合
>>>s4                       #返回值为{5, 6, 7, 8, 9}
>>>s5=set([0,1,0,1,2,0,1,2,3])  #将列表转换成集合并去除重合元素
>>>s5                       #返回值为{0, 1, 2, 3}
```

删除集合的方法与其他组合类型相同，使用 del 命令来实现。其语法格式如下。

```
del <集合名>
```

例如：

```
>>>s={1,2,3,"one","two","three"}
>>>del s                          #删除集合
```

2．添加和删除集合元素

添加集合元素时，可以使用 add( )和 update( )方法来实现。add( )方法用于添加新元素，如果该元素已存在，则忽略；若不存在，则加入。update( )方法用于合并另外一个集合中的元素，并自动去除重复元素。

例如：

```
>>>s={1,'2',3.0,(4,5)}
>>>s.add(1)                       #1 是重复元素，所以自动忽略
>>>s.add(2)                       #添加元素 2
>>>s.update({3.0,4.0,5.0})        #合并集合元素，自动去重
>>>s                              #返回值为{1, 2, 3.0, '2', 4.0, 5.0, (4, 5)}
```

删除集合元素时，可以使用 remove( )、discard( )、pop( )和 clear( )方法来实现。remove( )和 discard( )方法都可以用来删除指定元素，不同的是，如果指定元素不存在，则 remove( )方法出错，而 discard( )方法会忽略该操作。pop( )方法用于随机删除并返回集合中的一个元素，clear( )方法用于清空集合。

例如：

```
>>>s={1,'2',3.0,(4,5)}
>>>s.remove(2)                #要删除的指定元素不存在，出错
KeyError: 2
>>>s.discard(2)               #要删除的指定元素不存在，忽略该操作
```

```
>>>s.pop()                        #删除并返回一个元素，返回值为(4, 5)
>>>s.clear()                      #清空集合
>>>s                              #返回值为set()
```

3．集合运算

集合支持交集（&）、并集（|）、差集（-）、补集（^）等运算，如表 6-3 所示。

表 6-3　集合运算

操作符及运算	功能
s1&s2	返回一个新集合，包括两个集合的共同元素
s1|s2	返回一个新集合，包括两个集合的所有元素（去重）
s1-s2	返回一个新集合，包括 s1 有但 s2 没有的元素
s1^s2	返回一个新集合，包括两个集合的非共同元素

例如：

```
>>>s1={1,2,3}
>>>s2={2,3,4}
>>>s1&s2                          #交集，返回值为{2, 3}
>>>s1|s2                          #并集，返回值为{1, 2, 3, 4}
>>>s1-s2                          #差集，返回值为{1}
>>>s2-s1                          #返回值为{4}
>>>s1^s2                          #补集，返回值为{1, 4}
```

在集合中，也可以使用关系运算符。其中，==、! =用来比较两个集合的元素是否相同，而>、>=、<、<=则不再是比较集合中元素的大小，而是表示集合之间的包含关系，判断是否是真超集、超集、真子集和子集。

例如：

```
>>>s1={1,2,3}
>>>s2={3,2,1}
>>>s3={1,2}
>>>s4={4,5}
>>>s1==s2                         #比较集合元素是否相同，返回值为True
>>>s1!=s4                         #比较集合元素是否不同，返回值为True
>>>s1<=s2                         #子集，返回值为True
>>>s1>=s2                         #超集，返回值为True
>>>s3<s2                          #真子集，返回值为True
>>>s2>s3                          #真超集，返回值为True
>>>s4<s2                          #没有包含关系，返回值为False
```

集合的基本操作还可以通过内置函数来实现，如 len( )、max( )、min( )、sum( )、sorted( )、enumerate( )、map( )和 filter( )等，使用方法与其他组合数据类型类似。

6.4.2 集合程序举例

生成 *N* 个 1～1000 的随机整数（*N*≤1000），去重（即重复的数字只保留一个，去除其余相同的数）并从大到小排序。

可以利用集合的特性进行去重，添加元素时如果已经存在重复元素，则自动忽略。排序则可以使用 sorted( )函数，它对所有可迭代对象都适用。

代码如下：

```
import random
nums = set()                          #可以利用集合的特性进行去重，建立一个空集合
N = int(input("请输入N: "))
for i in range(N):                    #生成N个1～1000的随机整数(N≤1000)
    num = random.randint(1, 1000)
    nums.add(num)                     #产生的随机整数加入集合，成为集合的元素
print(sorted(nums, reverse=True))     #从大到小降序排序
```

运行结果如下：

```
请输入N：10
[992, 662, 495, 313, 284, 258, 212, 180, 112, 40]
```

6.5 中文 jieba 分词

中文短语由连续的字构成，字与字之间没有分隔符，不像英文分词可以根据空格或标点符号进行分割，所以中文分词相对来说困难得多。

6.5.1 中文 jieba 分词概述

jieba 是 Python 中一个优秀的第三方中文分词函数库，主要提供中文分词功能，即能够将一段中文文本分割成中文词语的序列，还可以辅助自定义分词词典。

1．jieba 库的安装

jieba 需要通过 pip 指令安装，打开命令提示符窗口（可通过在桌面搜索框中或文件资源管理器地址栏中输入“cmd”，按【Enter】键打开），pip 安装命令如下：

```
>>>pip install jieba
```

2．jieba 库的分词原理

利用一个中文词库，将待分词的内容与分词词库进行比对，通过图结构和动态规划方法找到最大概率的词组。除了分词，jieba 还提供添加自定义中文单词的功能。

3．jieba 库分词的函数

jieba 库常用的分词函数如表 6-4 所示。

表 6-4　jieba 库常用的分词函数

函数	功能
jieba.lcut(s)	精确模式，把 s 精确地区分开，返回一个列表类型
jieba.lcut(s,cut_all=True)	全模式，输出 s 中所有可能的单词，并返回一个列表类型
jieba.lcut_for_search(s)	搜索引擎模式，适合搜索引擎建立索引的分词结果，返回一个列表类型
jieba.add_word(w)	向分词词典中添加新词 w
jieba.del_word(w)	在分词词典中删除词语 w

4．jieba 库分词的 3 种模式

jieba 库分词有 3 种模式：精确模式（默认），将句子最精确地切开，适合文本分析；全模式，把句子中所有可以成词的词语都扫描出来，速度非常快，但是不能解决歧义；搜索引擎模式，在精确模式的基础上，对长词再次切分，提高召回率，适用于搜索引擎分词。

（1）精确模式

jieba.lcut(s)是最常用的中文分词函数，用于精确模式，把文本精确地切分开，不存在冗余单词。例如：

```
>>>import jieba
>>>ls = jieba.lcut("计算机程序设计语言")
>>>print(ls)                #返回值为['计算机', '程序设计', '语言']
```

（2）全模式

jieba.lcut(s,cut_all = True)用于全模式，即将文本的所有分词可能均列出来，返回结果是列表类型，冗余性最大。例如：

```
>>>import jieba
>>>ls = jieba.lcut("计算机程序设计语言", cut_all=True)
>>>print(ls)
['计算', '计算机', '计算机程序', '算机', '程序', '程序设计', '设计', '语言']
```

（3）搜索引擎模式

jieba.lcut_for_search(s)用于搜索引擎模式，该模式首先执行精确模式，然后对其中的长词进一步切分，获得最终结果。例如：

```
>>>import jieba
>>>ls = jieba.lcut_for_search("计算机程序设计语言")
>>>print(ls)
['计算', '算机', '计算机', '程序', '设计', '程序设计', '语言']
```

其中，长词“计算机”被再次分词为“计算”“算机”“计算机”3 个词语，“程序设计”被再次分词为“程序”“设计”“程序设计”3 个词语，存在一定的冗余。

如果希望对文本进行准确分词，不产生冗余，则只能使用 jieba.Icut(s)函数，即精确模式。如果希望文本分词更准确，不漏掉任何可能的分词结果，则选用全模式。如果没想好怎么用，则可以使用搜索引擎模式。

5．添加自定义中文单词和删除中文单词

jieba.add_word( )函数用于向 jieba 词库添加新的单词。jieba.del_word( )函数用于删除 jieba 词库中的单词。例如：

```
>>>import jieba
>>>jieba.add_word("程序设计语言")
>>>ls = jieba.lcut("计算机程序设计语言")
>>>print(ls)
['计算机', '程序设计语言']          #添加新单词后，当遇到该词语时将不再被分词
>>>jieba.del_word("程序设计语言")
['计算机', '程序设计', '语言']      #删除了中文单词“程序设计语言”
```

6.5.2 中文 jieba 分词程序举例

【例 6-9】有字符串变量 *s*="业精于勤，荒于嬉；行成于思，毁于随。"，计算并输出其中的中文字符个数（包含标点符号）及所有可能的中文词语个数。

中文分词最常采用的是精确模式，这里要求输出所有可能的中文词语，所以采用全模式。可以利用 Python 的内置函数 len( )来计算个数。

代码如下：

```
import jieba                                          #导入 jieba 库
s="业精于勤，荒于嬉；行成于思，毁于随。"              #变量赋值
n = len(s)                                            #计算字符串变量 s 中的中文字符个数
m = len(jieba.lcut(s,cut_all=True))                   #计算字符串变量 s 中的中文词语个数
print("中文字符数为{}，中文词语数为{}。".format(n, m))   #格式化输出中文字符和词语个数
```

运行结果如下：

```
中文字符数为 18，中文词语数为 14。
```

【例 6-10】从键盘输入一个中文字符串变量 *s*，其内容为“三人行，必有我师焉。择其善者而从之，其不善者而改之。”。计算字符串 *s* 中的中文字符个数，不包括中文逗号和句号字符。输出分词的顺序和逆序结果，用“/”分隔。输出中文词语和字符个数（不包含逗号和句号）。

可以使用字符串的 replace( )函数来去除中文逗号和句号，将它们替换为空字符后再使用 len( )函数进行统计。逆序输出时可以利用列表的反向切片。

代码如下：

```
import jieba                                  #导入 jieba 库
s = input("请输入一个中文字符串：")            #从键盘输入内容
s = s.replace("，","").replace("。","")        #逗号和句号被替换为空字符
n = len(s)                                    #中文字符的个数（不包含逗号和句号）
k = jieba.lcut(s)                             #使用精确模式进行分词
m = len(k)                                    #中文词语的个数
print("顺序：")                                #以"/"分隔顺序输出分词结果
for i in k:
    print(i, end= "/")
print("\n 逆序：")                             #以"/"分隔逆序输出分词结果
for i in k[::-1]:
    print(i, end= "/")
print("\n 中文词语数为{}。".format(m))          #输出中文词语的个数
print("中文字符数为{}。".format(n))             #输出中文字符的个数（不包含逗号和句号）
```

运行结果如下：

```
请输入一个中文字符串：三人行，必有我师焉。择其善者而从之，其不善者而改之。
顺序：
三人行/必有我师/焉择/其/善者/而/从/之/其/不善/者/而/改/之/
逆序：
之/改/而/者/不善/其/之/从/而/善者/其/也择/必有我师/三人行/
中文词语数为 14。
中文字符数为 22。
```

习题

一、简答题

1. 列表和元组的主要区别是什么?

2. 为什么应尽量从列表的尾部进行元素的添加与删除操作?

3. 如何实现列表、元组和字典元素的遍历?

4. 已知列表 L1 和 L2。由 L1 和 L2 构造 L3，并回答问题。

```
>>>L1=[1,2,3,4,5]
>>>L2=["one","two","three","four","five"]
>>>L3=[[L1[1],L2[1]], [L1[2],L2[2]], [L1[3],L2[3]]]
```

（1）L3 的值是什么?

（2）L3[1][1]的值是什么?

（3）执行 L4=L3.pop(2)后，列表 L3 和 L4 的值是什么?

（4）再执行 L3.extend(L4)，列表 L3 的值是什么?

二、编程题

1. 将元组 T1=(1,3,5,7,9)转换成列表。

2. 有字典 D1={"A":">90", "B":"80—90","C":"70—80","D":"60—70"}，写出下列操作的代码。

（1）向字典中添加键值对“{"E":<60"};”。

（2）修改"C"对应的值为“" >=70 且<80";”。

（3）删除"B"对应的键值对。

（4）查找">90"对应的键。

3. 列表计算和排序。通过键盘输入一系列整数值，输入 0 则表示输入结束，将这些值（不含 0）建立为一个列表，求列表的元素个数、最大值、最小值、元素之和，以及平均值，并按从大到小的顺序将列表的所有元素输出在一行上。

例如，输入以下内容。

```
请输入一个整数：3
请输入一个整数：9
请输入一个整数：5
请输入一个整数：1
请输入一个整数：12
请输入一个整数：33
请输入一个整数：2
请输入一个整数：10
请输入一个整数：0
```

输出结果如下：

```
元素个数：8，最大值：33，最小值：1，和：75，平均值：9.375
列表元素从大到小依次为：33, 12, 10, 9, 5, 3, 2, 1
```

4. 有一个列表，其中包括 10 个元素。例如，*a*=[1,2,3,4,5,6,7,8,9,0]，要求将列表中的每个元素一次向前移动一个位置，第一个元素移到列表的最后，然后输出这个列表。样式为[2,3,4,5,6,7,8,9,0,1]。

5. 假设列表 lst_busstop=["金盆岭站","公用客车厂站","省红十字妇幼医院站","新开铺路口站","丁家垅站","浦沅南站","竹塘路站","铁道学院站"]，存放了某公交线路途经的公交站名。试编写程序，根据用户输入的起始站和终点站，计算需要途经的站数并将结果输出。例如，当输入起始站为"省红十字妇幼医院站"，终点站为"浦沅南站"时，输出内容为"从省红十字妇幼医院站前往浦沅南站需要 3 站路"；当输入起点站为"竹塘路站"，终点站为"公用客车厂站"时，输出"您需要乘坐反方向路线"。

6. 输入由空格分隔的 5 个非空字符串，每个字符串不包括空格、制表符、换行符等空白字符，长度小于 80。排序后输出。

输入样例如下：

```
red yellow blue green white
```

输出样例如下：

```
After sorted:
blue
green
red
white
Yellow
```

7. 编写程序，将列表 s=[7,9,8,3,2,1,6,5,4,10]中的偶数变成它的平方，奇数变成它的立方。

8. 求下列一个 3×3 矩阵主对角线的元素之和。

1	2	3
4	5	6
7	8	9

9. 给定一个非空正整数的数组：list = [1,1,1,6,6,7,3,9]，按照列表内数字重复出现的次数，从高到低排序。

10. 输出 a 字符串'wdhihdidjwdki'中出现频率最高的字母。

11. 有字符串"k1:1|k2:2|k3:3|k4:4|k5:5"，将其转换成字典 {'k1':1,'k2':2,'k3':3,'k4':4,'k5':5}。

12. 编写程序，输入两个分别包含若干整数的列表 lstA 和 lstB，输出一个字典，要求使用列表 lstA 中的元素作为键，列表 lstB 中的元素作为值，并且最终字典中的元素数量取决于 lstA 和 lstB 中元素最少的列表数量。

13. 假设已有列表 A=[("dog","type"),("black", "color"),("cat","type"),("blue","color"),("green","color"),("pig","type")]，其中每个元素都是一个元组。元组中的第一个元素表示值，第二个元素表示标签。试编写程序，将所有的颜色值从列表 A 中提取出来，并存入列表 A_colors，然后将该列表输出。

14. 输入一系列空格分隔的单词，删除所有重复的单词并按字母排序后输出这些单词。

例如，输入以下内容。

```
hello world and practice makes perfect and hello world again
```

输出结果如下：

```
again and hello makes perfect practice world
```

15. 使用 jieba.lcut( )对“Python 是一门有趣的编程语言”进行分词，并输出结果。

16. 使用 jieba.lcut( )对“全国计算机等级考试 Python 科目”进行分词，输出结果，并使“Python 科目”作为一个词出现在结果中。

17. 从键盘输入一段中文文本，不含标点符号和空格，命名为变量 s。然后使用 jieba 库对其进行分词，并输出该文本中词语的平均长度，保留 1 位小数。

例如，从键盘输入“吃葡萄不吐葡萄皮”，输出“1.6”。

第7章 函数与图形绘制

本章将全面介绍 Python 的函数模块，包括函数的定义、调用、参数传递、递归函数、高阶函数及变量作用域等核心内容。同时，还将详细讲解如何自定义模块和包，以及如何提高代码的重用性和可维护性。此外，本章将引入 Turtle 和 Matplotlib 两个图形绘制库，通过实例展示如何利用它们进行简单的图形绘制。通过本章的学习，读者将掌握 Python 函数模块的核心知识，并能够运用图形绘制库进行基本的图形化展示。

7.1 函数的定义与调用

在设计较复杂的程序时，我们一般采用的方法是分而治之。把大问题分成几个部分，每部分又分成若干小部分，逐步细化，直至分解成很容易求解的小问题。然后为每个小问题编写程序，通过函数进行封装。当小问题解决了，大问题便迎刃而解。这样编写的代码更简洁且更易理解。

微课视频

对于通用的功能，即需要反复执行的代码，我们常常考虑将其封装成函数，一次编写，多次调用。函数可以在一个程序中的多处使用，也可以用于多个程序。这样不仅可以实现代码的复用，还可以保证代码的一致性。当需要修改代码时，只需要在相应函数中进行修改，即可实现所有调用位置的代码自动同步更新。

函数是具有特定功能且相对独立的程序段，其通过参数的传递完成数据输入，通过返回语句完成数据输出。

函数的优点如下。

（1）接口简单（一个输入口，一个输出口），相对独立、功能单一、结构清晰。

（2）控制了程序设计的复杂性。

（3）提高了元件的可靠性。

（4）缩短了开发周期。

（5）避免了程序开发的重复劳动。

（6）易于维护和功能扩充。

在 Python 中，函数主要分为两类。一类是 Python 的内置函数，如 print( )、len( )、list( ) 等；另一类是用户自己创建的函数，又称用户自定义函数。

7.1.1 函数的定义

定义一个函数的语法格式如下。

```
def 函数名([形式参数列表]):
    函数体
    [return 返回值列表]
```

其中：

（1）函数名应该是 Python 合法的标识符且最好能“见名知义”，函数名后紧跟圆括号（英文半角）和其中的参数，圆括号及后面的冒号必不可少。

（2）形式参数列表是调用该函数时传递给它的值。可以没有，也可以是 1 个或多个，多个参数之间使用逗号进行分隔。形参不用指定参数类型，Python 会自动根据值来维护其类型。

（3）函数体由一行或多行语句构成，是调用该函数时执行的代码。

（4）return 语句表示函数调用到此结束并带有返回值。函数也可以没有 return 语句，无返回值，仅表示执行一段代码，函数体结束后将控制权返回。

例如，定义一个名为 hello 的函数，用来输出信息“Welcome to Python!”。

代码如下：

```
def hello():
print("Welcome to Python!")                #无 return 语句，无返回值，仅完成输出
```

函数定义好后，执行程序会发现没有任何输出。这是因为函数中定义的代码，只有调用时才会被执行。

7.1.2 函数的调用

调用函数的语法格式如下。

```
函数名([实际参数列表])
```

如果定义的函数有参数，则调用时需提供实际参数，且个数、位置和数据类型应一一对应。如果函数无参数，则必须使用空括号。

例如，对前面定义的 hello()函数进行调用。

```
>>>hello()                                 #函数调用作为语句形式出现
Welcome to Python!
```

调用函数的方式有以下 3 种：

（1）作为语句形式出现（直接写在一行中）。

（2）在表达式中出现（此时函数需要有返回值）。

（3）作为另一个调用函数的实际参数出现（此时函数需要有返回值）。

需要注意的是，函数必须先定义，后使用，否则会出错。

【例 7-1】编写函数求两个数的最小值。

代码如下：

```
def minimum(x,y):
   if x<y:
      return x
   else:
      return y
n=int(input("请输入一个整数："))
min=minimum(n,25)                          #函数调用在表达式中出现
```

```
print("min为: ",min)
print("最小数为: ",minimum(n,25))  #函数调用作为实际参数
```

运行结果如下：

```
请输入一个整数：30
min 为： 25
最小数为： 25
```

7.1.3 lambda 匿名函数的定义与调用

在 Python 中，当需要一个类似于函数的功能但又不想定义函数时，可以使用关键字 lambda 定义一种特殊的函数——匿名函数（没有函数名称、临时使用的小函数）。lambda 匿名函数主要用于定义简单的、能够在一行内表示的函数，并返回一个函数类型。

其语法格式如下。

```
函数名 = lambda  形式参数列表：表达式
```

其等价于下列形式：

```
def  函数名([形式参数列表])
return  表达式
```

例如：

```
>>>f1 = lambda x, y:x + y       #定义 lambda 匿名函数，并返回一个函数类型
>>>f1(8,10)                     #返回值为 18
>>>(lambda x:x*3)(2)            #立即调用函数表达式，定义了一个 lambda 匿名函数，2 是参数返回值为 6
```

7.1.4 函数嵌套的定义与调用

在 Python 中，允许函数嵌套定义，即在函数内部可以再定义另外一个函数。内部函数的调用方法有 3 种：函数名()、return 函数名()和 return 函数名。其中，return 函数名会返回一个函数对象，它在调用外部函数时需要多加一个括号。需要注意的是，函数内部定义的函数，只有函数内部才能调用它，若在函数外部调用，则会报错。

例如：

```
def func1():
    print("func1 开始执行")
    def func2():
        print("func2 开始执行")
    func2()             #调用内部函数，也可以用 return func2()
func1()                 #调用外部函数
```

运行结果如下：

```
func1 开始执行
func2 开始执行
```

在 Python 中，还可以嵌套调用函数，即在调用一个函数的过程中，又调用另外一个函数。

【例 7-2】使用函数嵌套来求圆的周长和面积。

代码如下：

```
from math import pi              #导入pi 常数
def circle(radius,mode):
    def perimiter(radius):       #定义求周长函数
        return 2 * pi * radius
    def area(radius):            #定义求面积函数
        return pi * (radius ** 2)
    if mode == 0:                #参数mode 为 0 时，调用求周长函数
        return perimiter(radius)
    elif mode == 1:              #参数mode 为 1 时，调用求面积函数
        return area(radius)
res1=circle(3,0)
res2=circle(3,1)
print(res1)
print(res2)
```

运行结果如下：

```
18.84955592153876
28.274333882308138
```

7.2 函数参数传递

函数的功能是固定的，但数据是可以变化的，这通过参数来实现。用户可以每次提供不同的参数作为函数输入，以实现对不同数据的处理。

根据函数的作用过程，参数分为形式参数和实际参数。

（1）形式参数：在函数定义时，系统可以使用的参数，简称形参。形参在定义时不占用内存，只有在被调用时才分配存储单元，且调用结束后立即释放。因此，形参只在函数内部有效。

（2）实际参数：在函数调用时，传递给形式参数的参数，简称实参。实参可以是常量、变量、表达式或函数等。无论何种类型，在函数调用时，必须具有确定的值，以便把这些值传递给形参。

在 Python 中，根据数据类型的不同，函数的参数又分为两大类：不可变数据类型的参数和可变数据类型的参数。

7.2.1 不可变数据类型的参数传递

如果参数是不可变数据类型，如数值、字符串、元组等，由于参数的不可变特性，实际需要创建一份参数的副本再传递，这相当于通过数值传递参数，即传值。

例如，在函数调用时传值：

```
def swap(a,b):                   #函数参数 a、b 是不可变类型
    a,b=b,a
    print ("a=",a, "b=",b)
x=2
y=8
swap(x,y)
```

```
print ("x=",x, "y=",y)
```

运行结果如下：

```
a = 8 b = 2
x = 2 y = 8
```

说明：函数 swap(a,b)中的参数为非列表对象，所以在调用该函数时，主程序中 x 的值传给 a，y 的值传给 b，在函数中通过交换赋值，将 a，b 的值进行交换，但主程序中输出的 x 和 y 变量的值并没有交换。

7.2.2 可变数据类型的参数传递

如果参数是可变数据类型，如列表、字典等，那么这些参数是可以修改的。函数对于这样的参数，实际传入的是对象的引用，也就是在函数中如果修改了这些对象，那么调用者中的原始对象也会受到影响，这种参数传递的是引用（或地址），又称传址。

例如，在函数调用时传址：

```
def swap(p):                    #函数参数 p 为列表对象，是可变数据类型
    p[0],p[1]=p[1],p[0]
    print ("p0=",p[0], "p1=",p[1])
x=[2,8]
swap (x)
print ("x0=",x[0], "x1=",x[1])
```

运行结果如下：

```
p0= 8 p1= 2
x0= 8 x1= 2
```

说明：函数 swap(p)中的参数为列表对象，当主程序调用该函数时，将列表对象（变量 x）的地址传给 p，即 p 和 x 指向的是同一个存储单元。因此，当 p[0]和 p[1]的数据交换时，x[0]和 x[1]的数据内容也随之变化。需要注意的是，如果将列表中的元素作为函数参数，如 def swap(x[0],x[1])，则参数传递仍然是数值传递。

7.2.3 参数传递方式

1．位置参数传递

位置参数传递是指函数调用时，根据函数定义的参数位置来传递参数。默认情况下，是根据位置从左到右进行严格匹配的。如果出现多余的数据或有的形参未被传值，则会触发类型异常。

例如，定义和调用函数求 3 个数中的最小值。

```
>>>def minimum3(x,y,z):                  #含有 3 个形参
    if x<y<z or x<z<y:
        return x
    elif  y<x<z or y<z<x:
        return y
    else:
        return z
>>>minimum3(-1,0,3)                      #3 个实参依次对应 3 个形参，返回值为-1
```

```
>>>minimum3(-1,0)                    #实参小于形参个数
Traceback (most recent call last):
    File "<pyshell#158>", line 1, in <module>
      minimum3(-1,0)
TypeError: minimum3() missing 1 required positional argument: 'z'
>>>minimum3(-1,0,3,6)                #实参大于形参个数
Traceback (most recent call last):
    File "<pyshell#159>", line 1, in <module>
      minimum3(-1,0,3,6)
TypeError: minimum3() takes 3 positional arguments but 4 were given
```

位置参数要求函数调用者必须熟悉函数定义时的形参含义和次序，否则容易出错。

除了根据位置参数匹配实参和形参，Python 还提供了形参名参数匹配的方法。

2．形参名参数传递

形参名参数传递，也称关键字参数，适合一个函数有多个参数的情况，通过"键—值"的形式给函数指定实参。这样避免了用户需要牢记参数位置和次序的麻烦，使函数的调用和参数传递更加简单灵活。

例如，调用前面定义的 minimum3( )函数求 3 个数中的最小值。

```
>>>minimum3(x=-1,y=0,z=3)           #按照形式参数名称传递，返回值为-1
>>>minimum3(z=3,y=0, x=-1)          #参数的次序可变，返回值为-1
```

3．默认值参数传递

如果用户希望函数的一些参数是可选的，不想为这些参数传值，则这些参数就可以使用默认值，这可借助于默认值参数来完成。默认值参数，也称可选参数，用于定义函数，为参数提供默认值。当函数被调用时，如果没有传入对应的参数值，则使用函数定义时的默认值替代，从而降低调用函数的难度。

【例 7-3】编写一个小学生注册的函数。

小学生注册，首先需要传入数据 name 和 gender。如果继续传入年龄、城市信息，则会使调用函数的复杂度增加。考虑大部分孩子都是 6 岁入学和处于同一个城市，可以把年龄、城市设为默认值。

代码如下：

```
def enroll(name,gender,age=6,city="Changsha"):    #将 age 和 city 设为默认值
   print("name: ",name)
   print("gender: ", gender)
   print ("age: ", age)
   print ("city: ", city)
enroll("John","Male")                              #调用时不传入参数，使用函数定义时的默认值
enroll("Lily","Female",age=7,city="Beijing") #传递实参，不使用默认值
```

运行结果如下：

```
name:  John
gender:  Male
age:  6
city:  Changsha
name:  Lily
gender:  Female
```

```
age:  7
city:  Beijing
```

需要注意的是，设置默认值参数时，必选参数在前，默认值参数在后。例如，“def func(a,b=3)”是有效的，但“def func(b=3,a)”则会出错。同时，默认值参数必须指向不变对象。

4．实参个数可变参数传递

定义函数时，有时我们不确定调用时会传递多少个参数。此时，可以使用可变长度参数。可变长度参数是指传入的参数个数是任意可变的。它在定义函数时的主要形式是“*parameter”。称为包裹位置参数，用来接收任意多个实参，并将其放在一个元组中。

例如：

```
>>>def sum(*n):              #n 为包裹位置参数
      s=0
      for i in n:
        s=s+i
return s
>>>sum(1,2,3)                #参数的长度为 3
6
>>>sum(1,2,3,4,5)            #参数的长度变为 5
15
```

7.2.4 函数程序举例

编写一个函数，当输入的 n 为奇数时，调用函数求 $1/1+1/3+\cdots+1/n$；当输入的 n 为偶数时，调用函数求 $1/2+1/4+\cdots+1/n$。

这是一个累加和问题，关键是找出每一项的计算规律。当 n 为奇数时，所加的数是 1～n 中奇数的倒数；当 n 为偶数时，所加的数是 2～n 中偶数的倒数。

代码如下：

```
def odd(n):                          #n 为奇数时调用的函数
    s = 0.0
    for i in range(1, n + 1,2):      #1～n 中奇数的倒数和
        s += 1.0 / i
    return s
def even(n):                         #n 为偶数时调用的函数
    s = 0.0
    for i in range(2,n + 1,2):       #1～n 中偶数的倒数和
       s += 1.0 / i
    return s
def call(fp,n):                      #调用函数
    s = fp(n)
    return s
n = int(input("请输入一个整数: "))
if n % 2 == 0:                       #n 为偶数时调用 even()，为奇数时调用 odd()
    sum = call(even,n)
else:
    sum = call(odd,n)
```

```
print (sum)
```

运行结果如下：

```
请输入一个整数：7
1.676190476190476
请输入一个整数：8
1.0416666666666665
```

7.3 递归函数和高阶函数

7.3.1 递归函数的定义和调用

如果一个函数直接或间接地自己调用自己，那么这个函数就是递归函数。递归函数采用递归算法，递归算法的执行过程分为递推和回归两个阶段。在递推阶段，把较复杂的问题（规模为 n）递推到比原问题简单一些的问题（规模小于 n）的求解。例如，求 $n!$，如果用 fact(n)表示，则可以递推到求解 $n\times$fact($n-1$)，也就是说，要计算 fact(n),必须先计算 fact($n-1$)，而要计算 fact($n-1$)，又必须先计算问题 fact($n-2$)，以此类推，直至计算 fact(1)的阶乘，能立即得到结果 1。在递推阶段，必须要有终止递归的情况，如函数 fact(n)中 n 为 1 的情况。在回归阶段，当获得最简单情况 fact(1)的解后，逐级返回，依次得到稍复杂问题 fact(2)、fact(3)等的解，最后得到 fact(n)的结果。

一般来说，递归函数必须具备以下两个条件。

（1）能用递归形式表示。

（2）具备递归终止的条件，且递归调用向递归终止的条件发展。

由于递归会引起一系列函数的调用，且引起一系列的重复计算，所以递归算法的执行效率相对较低。递归算法一般主要用于解决以下 3 类问题。

（1）数据的定义是按递归定义的。

（2）问题解法按递归算法实现。

（3）数据的结构形式是按递归定义的。

【例 7-4】使用递归函数求 $n!$。

使用递归，我们可以定义以下阶乘运算。

$$n!=n(n-1)!$$

$$(n-1)!=(n-1)(n-2)!$$

如果用 fact(n)表示 $n!$，则有

$$\text{fact}(n)=\begin{cases}1 & n=0,\ 1\\ n\times\text{fact}(n-1) & n>1\end{cases}$$

代码如下：

```
def fact(n):
    if n==0 or n==1:
        return 1                    #递归终止条件
    else:
        return n*fact(n-1)          #能使用递归形式表示
print(fact(3))
```

运行结果如下：

```
6
```

3!（即 fact(3)）求解过程如下。

（1）当 n=3 时，fact(3)=3×fact(2),需要调用 fact(2)。

（2）当 n=2 时，fact(2)=2×fact(1),需要调用 fact(1)。

（3）当 n=1 时，fact(1)=1,求得 fact(1)的值为 1。

（4）fact(2)=2 × fact(1)=2 × 1=2，返回 fact(2)的值。

（5）fact(3)=3 × fact(2)=3 × 2=6，返回 fact(3)的值。

需要注意的是，递归函数虽然定义简单、逻辑清晰，但递归函数每进行一次新调用，都将创建一批新变量，系统必须为每一层的返回点、局部变量等开辟内存单元来存储。因此，递归深度不宜太大（即调用次数不宜太多）。在 Python 中，当递归深度大于 1000 时，将产生内存堆栈溢出故障。

7.3.2 递归函数的应用

1．最大公约数

如果两个数能同时被一个数整除，那么这个数就是这两个数的公约数。最大公约数，是指两个或多个整数公约数中最大的一个。

求最大公约数的方法有多种。基于递归实现的主要是辗转相除法，也叫欧几里德算法。

该算法基于一个定理：两个正整数 m 和 n（$m>n$），它们的最大公约数等于 n 和 m 除以 n 的余数 r 的最大公约数。例如，两个正整数 25 和 10，25 除以 10 的余数是 5，那么，25 和 10 的最大公约数，等同于 10 和 5 的最大公约数。

其步骤如下。

（1）保证 $m>n$，如果 $m<n$，则两个数交换。

（2）计算 $m\%n$，如果结果为 0，则 n 为最大公约数；如果结果不为 0，则将 n 赋值给 m，$m\%n$ 赋值给 n，继续进行 $m\%n$ 操作，直到余数为 0。

【例 7-5】使用递归函数求两个数的最大公约数。

代码如下：

```
def fgcd(a,b):
    if a<b:                 #如果 a<b，两个数交换
        a,b=b,a
    if a%b==0:              #递归终止条件
        return b
    else:
        return fgcd(b,a%b)  #递归形式
x=int(input("请输入第一个数："))
y=int(input("请输入第二个数："))
print("最大公约数：",fgcd(x,y))
```

运行结果如下：

```
请输入第一个数：12
请输入第二个数：18
最大公约数：6
```

如果要继续求最小公倍数，则只需要在最后添加一行代码“print("最小公倍数：",x*y/fgcd(x,y))”即可。因为最大公约数与最小公倍数的乘积就是这两个数的乘积。

2．斐波那契数列

斐波那契数列指的是这样一个数列：1、1、2、3、5、8、13、21、34、……

对数列进行分析，可知从第三项开始，每一项都等于前两项数列之和。在数学上，斐波那契数列以如下递推的方法进行定义。

F(1)=1，F(2)=1，F(*n*)=F(*n*−1)+F(*n*−2)（*n*>2），故可以用递归方法来实现。

【例 7-6】使用递归函数输出斐波那契数列的前 *n* 项(*n* 从键盘输入)。

代码如下：

```
def fib(n):
  if n == 1:                          #递归终止条件
    return 1
  elif n == 2:                        #递归终止条件
    return 1
  else:
    return fib(n - 1) + fib(n - 2)    #递归形式
num=int(input("请输入一个整数："))
for i in range(1,num+1):
print(fib(i),end=" " )
```

运行结果如下：

```
请输入一个整数：15
1 1 2 3 5 8 13 21 34 55 89 144 233 377 610
```

3．汉诺塔

相传，印度教的天神梵天在创造地球这一世界时，建造了一座神庙，神庙里竖有 3 根宝石柱子，柱子由一个铜座支撑。梵天将 64 个直径大小不一的金盘子，按照从大到小的顺序依次套放在第一根柱子上，形成一座金塔，即所谓的梵塔(又称汉诺塔)。天神让庙里的僧侣们将第一根柱子上的 64 个盘子借助第二根柱子全部移到第三根柱子上，即将整个塔迁移，同时定下 3 条规则：①每次只能移动一个盘子；②盘子只能在 3 根柱子上来回移动，不能放在他处；③在移动过程中，3 根柱子上的盘子必须始终保持大盘在下，小盘在上。

移动金盘是一个巨大的工程，众僧们即便是耗尽毕生精力也不可能完成任务。经计算，64 个金盘至少需要移动 $2^{64}-1$ 次，约为 1.8×10^{19} 次，如果每秒移动一次，约需 6000 亿年。

利用递归算法，金盘该怎么移动呢？如果用 A 表示被移动金盘所在的源针，C 表示目的针，B 表示过渡针，如图 7-1 所示。把 *n*（*n*>1）个金盘从第一根针 A 移到第三根针 C 的问题，可以分解成如下步骤。

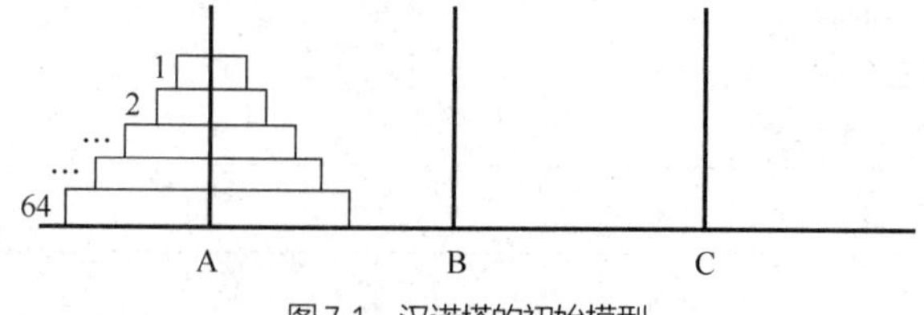

图 7-1　汉诺塔的初始模型

（1）将 *n*−1 个金盘从 A 经过 C 移动到 B。

（2）将第 *n* 个金盘移动到 C。

（3）再将 n-1 个金盘从 B 经过 A 移动到 C。

这样，移动 n 个金盘的问题变成了移动 n-1 个金盘的问题，层层递推，最后就变成了移动一个金盘的问题。3 个金盘时汉诺塔的求解过程示意图如图 7-2 所示。

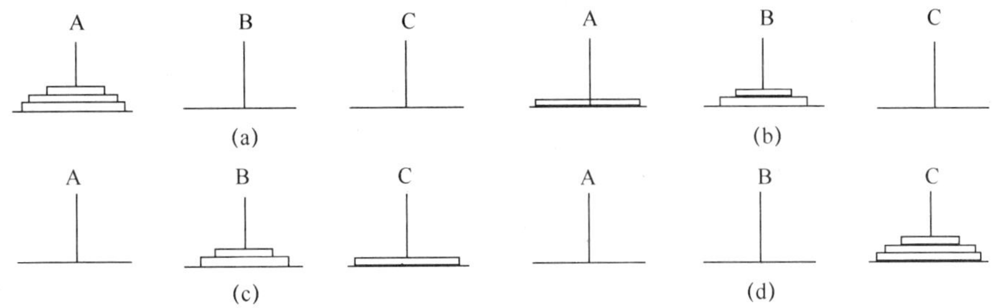

图 7-2　3 个金盘时汉诺塔的求解过程示意图

【例 7-7】使用递归算法解决汉诺塔问题。

代码如下：

```
def hanoi(num,src,dst,temp):
    if num==1:                      #只剩最后或只有一个盘子需要移动，函数递归调用结束的条件
      print("{}->{}".format(src,dst))
    else:
      hanoi(num-1,src,temp,dst)    #先把除最后一个盘子外的所有盘子移动到临时柱子上
      hanoi(1,src,dst,temp)        #把最后一个盘子直接移动到目标柱子上
      hanoi(num-1,temp,dst,src)    #把其他盘子从临时柱子移动到目标柱子上
hanoi(3,'A','C','B')
```

运行结果如下：

```
A->C A->B C->B A->C B->A B->C A->C
```

7.3.3 高阶函数

高阶函数是指能够接收其他函数作为参数，或者返回函数作为结果的函数。在 Python 中，高阶函数能够提高代码的灵活性和可重用性。通过高阶函数，程序员可以像操作普通变量一样操作函数，从而使代码更加简洁且模块化。例如：

```
#定义一个函数，用于将摄氏温度转换为华氏温度
def celsius_to_fahrenheit(celsius):
    return (celsius * 9/5) + 32
#定义一个高阶函数，接收一个转换函数和温度列表
def convert_temperatures(conversion_function, temperatures):
    return [conversion_function(temp) for temp in temperatures]
#温度列表（摄氏温度）
celsius_temperatures = [0, 20, 37, 100]
#使用高阶函数将摄氏温度转换为华氏温度
fahrenheit_temperatures = convert_temperatures(celsius_to_fahrenheit, celsius_
temperatures)
print(fahrenheit_temperatures)  #输出：[32.0, 68.0, 98.6, 212.0]
```

celsius_to_fahrenheit 是一个普通的转换函数，用于将摄氏温度转换为华氏温度。

convert_temperatures 是一个高阶函数，它接收一个转换函数和一个温度列表作为参数，然后使用

该转换函数来处理列表中的每个温度值。

在 Python 中，map( )、filter( )和 reduce( )是 3 个常用的高阶函数，它们能够让程序员在函数式编程风格下处理序列或集合。这些函数各有特点，适用于不同的应用场景。

（1）map( )函数：用于将指定的函数应用到序列的每一个元素上，并返回一个迭代器。其通常用于对列表或其他可迭代对象的所有元素进行统一的转换操作。

（2）filter( )函数：用于根据指定的条件过滤序列的元素，并返回符合条件的元素组成的迭代器。其通常用于从一个序列中筛选出符合某些条件的子集。

（3）reduce( )函数：来自 functools 模块，用于对序列中的元素进行累积操作，逐步将序列简化为一个结果。它需要一个二元函数作为参数，即可以接收两个输入并返回一个值的函数。

又如：

```
from functools import reduce
#1. 使用 map()函数将所有的元素进行平方
numbers = [1, 2, 3, 4, 5]
#定义一个函数用于平方
def square(x):
    return x * x
#将 square()函数应用于 numbers 列表中的每个元素
squared_numbers = map(square, numbers)
print(list(squared_numbers))  #输出：[1, 4, 9, 16, 25]

#2. 使用 filter()函数过滤出偶数
#定义一个函数用于判断是否为偶数
def is_even(x):
    return x % 2 == 0
#过滤掉 numbers 列表中的奇数，只保留偶数
even_numbers = filter(is_even, numbers)
print(list(even_numbers))  #输出：[2, 4]

#3. 使用 reduce()函数计算列表中所有元素的乘积
#定义一个函数用于乘法操作
def multiply(x, y):
    return x * y
#使用 reduce()函数计算 numbers 列表中的元素乘积
product = reduce(multiply, numbers)
print(product)  #输出：120
```

（1）map( )：将 square( )函数应用到 numbers 列表中的每个元素，并返回一个新的列表，其中每个元素都是原始元素的平方。

（2）filter( )：使用 is_even( )函数筛选出 numbers 列表中的偶数，并返回一个包含偶数的列表。

（3）reduce( )：使用 multiply( )函数将 numbers 列表中的所有元素相乘，最终返回结果 120。

这些高阶函数的特点是，它们接收函数作为参数，使操作序列更加简洁且功能强大。

7.4 变量作用域

变量的作用范围又称变量的作用域，有的变量从出现开始，一直到程序结束才消失，拥有全局作

用域，这种变量称为全局变量，通常在函数外部定义。有的变量只在某个局部的范围内生效，这种变量称为局部变量，通常在函数内部定义。不管是局部变量还是全局变量，其作用域都是从定义的位置开始的，在此之前无法访问。

7.4.1 局部变量

在函数内部定义的变量，称为局部变量。其仅在函数内有效，当函数退出时变量不再存在。局部变量不会一直占用内存，用完即释放内存。形参也是局部变量，且不同函数中的同名变量互不影响。

例如：

```
>>>def cal(a,b=5,c=10):
    d=(a+b)*c
    return d
>>>e=cal(1,2)
>>>print(e)
30
>>>print(d)                    #d 是局部变量，函数调用结束后不存在
Traceback (most recent call last):
  File "<pyshell#6>", line 1, in <module>
    print(d)
NameError: name 'd' is not defined
>>>print(a)                    #a 是形参，也是局部变量，函数退出则消失
Traceback (most recent call last):
  File "<pyshell#7>", line 1, in <module>
    print(a)
NameError: name 'a' is not defined
```

7.4.2 全局变量

在函数外部定义的变量，称为全局变量。从程序运行起占据内存，在程序整个运行过程中可随时访问，程序退出时释放内存。

在函数内部可以修改全局变量，当全局变量是字符串、数字类型时，需要使用 global 进行声明，当全局变量是列表、字典类型时，可以直接修改其中元素的值，但是不能重新赋值，如果需要重新赋值，则需要在函数内部使用 global 定义全局变量。

例如：

```
a = 1                          #全局变量 a
b = [2, 3]                     #全局列表变量 b
def func():
    a = 2                      #不能直接修改全局变量 a 的值
    print("in func a:", a)
    b[0] = 1                   #可以修改列表 b 变量的第一个元素
    print("in func b:", b)
print("before func a:", a)
print("before func b:", b)
func()
print("after func a:", a)
print("after func b:", b)
```

运行结果如下：

```
before func a: 1
before func b: [2, 3]
in func a: 2
in func b: [1, 3]
after func a: 1
after func b: [1, 3]
```

在上述程序中，如果需要对变量 *b* 重新赋值为“b=[4,5,6,7]”，则需要使用 global 进行声明。

【例 7-8】全局变量和局部变量重名示例。

```
x=5                      #全局变量 x
def fun1():
  x=3                    #局部变量 x
  y=1                    #fun1()中的局部变量 y 和 fun2()中的局部变量 y 互不影响
  print(x+y)             #输出 3+1=4，因为局部变量屏蔽了全局变量
def fun2():
  y=5
  print(x+y)             #输出 5+5=10
fun1()
fun2()
print(x)                 #全局变量 x，局部变量在函数运行结束之后自动释放，不再存在
```

程序的运行结果如下：

```
4
10
5
```

7.5 自定义模块和包

函数相当于功能的封装，模块则可以理解为函数的一种进阶。例如，在模块中可以封装多个函数和其他的 Python 程序。

模块是一个文件，其中包含多个定义的常数、变量和函数代码，以及自定义数据类型、类等。一般，将某一类功能封装在一起的程序包，可供其他的 Python 程序导入并使用。例如，可以将一些关于时间处理的功能封装到 time 模块中，这样，当需要编写与时间有关的程序时，只需要导入 time 模块，就能够实现相应的功能。

这种像搭积木的编程方式，称为“模块编程”。每个模块可能是标准模块、第三方模块或用户自定义模块等。

（1）标准模块：

指在安装 Python 时，就已经具有的模块。

（2）第三方模块：指他人（第三方）开发好的模块。如果模块满足用户的需求，就可以下载安装，然后导入系统使用。

（3）自定义模块：指用户自己编写的模块。用户编写好函数之后，如果有些函数经常被使用，为了方便，就可以把它们整理为一个模块安装到系统中。在以后需要使用这些函数时，使用 import 和 from

语句导入该模块即可。

7.5.1 模块的创建

除使用系统自带的标准模块或使用他人已经开发好的第三方模块外，用户也可以自己编写一些模块来使用。

最简单的方式就是编写一个 Python 文件，然后将其放到 Python 安装目录下的 Lib 目录（或程序运行目录）中，此时，编写的这个文件就成了一个模块，文件名就是模块名。

【例 7-9】创建一个模块，输出所有的玫瑰花数。

如果一个四位数等于其各位数字的 4 次方之和，则称这个数为玫瑰花数。例如，$1634=1^4+6^4+3^4+4^4$，因此 1634 就是一个玫瑰花数。

在 IDLE 环境下，输入如下代码：

```
def rose():
for i in range(1000,10000):       #从 1000 到 9999 遍历
    t=str(i)                      #将数字转换成字符串
    #将每个数字字符转换成数值，判断它们的 4 次方是否等于这个四位数
    pow(eval(t[0]),4)+pow(eval(t[1]),4)+pow(eval(t[2]),4)+\
    pow(eval(t[3]),4)==i:
    print(i,end=" ")
```

将该程序存储到 Python 安装目录下的 Lib 目录中并命名为 rose.py，此时，该程序就成了一个简单的模块。如果需要使用该模块，则直接使用 import 语句将其导入即可。代码如下：

```
>>>import rose          #导入模块
>>>rose.rose()          #调用函数
1634 8208 9474          #运行结果
```

7.5.2 包的创建

当用户编写一些功能较多、内容复杂的模块时，为了避免模块名发生冲突，Python 引入了按目录来组织模块的方法，称为包（Package）。包实质上是一个文件夹，其中包含一组模块文件和一个__int__.py 文件（用于标识当前文件夹是一个包，记录该文件夹中的所有.py 文件）。例如，abc 和 xyz 这两个模块与其他模块重名了，这时可以使用包来组织模块，以避免冲突。选择一个包名，如 mypackage，按照以下目录进行存放。

```
mypackage
├ __init__.py
├ abc.py
└ xyz.py
```

这样，只要包名不发生冲突，所有模块就都不会发生冲突。因为 abc 模块名变成了 mypackage.abc，xyz 模块名也变成了 mypackage.xyz。需要注意的是，包目录下的__init__.py 文件必须存在，否则，Python 会把这个目录当成普通目录，而不是一个包。__init__.py 可以是空文件，也可以有 Python 代码，因为__init__.py 本身就是一个模块，在这里，它的模块名就是 mypackage。

【例 7-10】创建一个模块包，实现两个数的加减运算。

打开 Python 安装目录下的 Lib 目录下的 site-packages 文件夹。该文件夹常用来存放一些第三方模块，也可以用来存放用户自定义模块。在该文件夹下，创建一个名为 operation 的文件夹。再打开 operation

文件夹，创建一个名为__int__.py 的文件，内容为空。然后在该文件下创建需要的模块文件。例如，add.py，其作为处理四则运算的一个模块使用，代码如下：

```
#add.py
def add(a,b):          #定义加法函数
    return a+b
```

使用同样的方法创建另外 3 个文件，即 sub.py、mul.py、div.py。代码分别如下：

```
#sub.py
def sub(a,b):          #定义减法函数
    return a-b
```

这些模块在 operation 文件夹中的目录结构如下：

```
operation
├ __init__.py
├ add.py
└ sub.py
```

模块包建好后，使用“import 包名.模块名”形式导入包中的模块，使用“包名.模块名.函数名”来调用函数。也可以使用“from 包名.模块名 import 模块名”形式导入包中的模块，直接使用函数名调用函数。例如：

```
>>>import operation.add                 #导入时的格式为“包名+模块名”
>>>operation.add.add(1,2)               #调用时的格式为“包名.模块名.函数名”，返回值为 3
>>>import operation.sub
>>>operation.sub.sub(1,2)               #返回值为-1
>>>from operation.add import add        #导入格式为“from 包名.模块名 import 模块名”
>>>add(1,2)                             #调用时直接使用函数名，返回值为 3
>>>from operation.sub import sub
>>>sub(1,2)                             #返回值为-1
```

7.6 Turtle 图形绘制

7.6.1 Turtle 图形绘制概述

Turtle（海龟）是 Python 重要的标准库之一，它能够进行基本的图形绘制，如线、圆及其他形状（包括文本）等。

它的基本思想是假设在绘图区域有一只随身携带笔的海龟，可调用相关函数控制和命令海龟移动，从而在它爬行的路径上绘制出图形。

通过 import turtle 或 fromturtle import *语句导入 turtle 库之后，便可以使用该库的常数、变量和函数了。

turtle 模块中的函数可调整画布区域、设置绘图属性、控制海龟的行为及控制画笔等。

1．设置画布的函数 setup()

画布是指绘图的区域，海龟的活动范围。画布有默认的坐标系、大小和位置，坐标原点位于画布

的中点，水平向右为 x 轴正向，垂直向上为 y 轴正向。海龟的初始状态位于坐标原点，头朝 x 轴正向。

调用 setup( )函数可以重新设置画布的大小和位置，其语法格式如下。

```
turtle.setup(width, height, startx, starty)
```

说明：

（1）width、height：分别表示画布的宽度和高度，如果为整数，则表示单位为像素；如果为小数，则表示占据计算机屏幕的比例，默认值为 0.5、0.75。

（2）startx、starty：分别表示画布左上角在屏幕坐标系的位置，如果省略，则画布位于屏幕中央，画布原点为屏幕中心。

整个屏幕坐标系的原点在屏幕左上角，水平向右为 x 的正向，垂直向下为 y 轴的正向。

画布坐标系与屏幕坐标系的关系如图 7-3 所示。

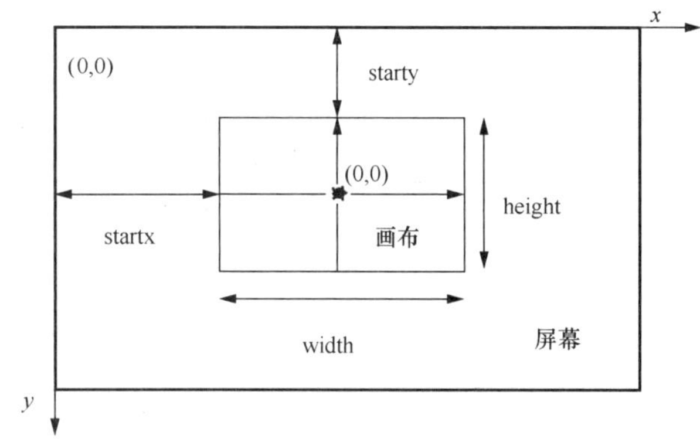

图 7-3　画布坐标系与屏幕坐标系的关系

例如：

```
>>>turtle.setup(600,600)
#画布位于屏幕中央，宽度和高度均为 600 像素
>>>turtle.setup(800, 800, 100, 100)
#画布的宽度和高度均为 800 像素，画布左上角距屏幕左侧和上方的距离均为 100 像素。
>>>turtle.setup(0.6, 0.6)
#画布位于屏幕中央，宽度和高度均为屏幕的宽度和高度的 0.6 倍
```

2．设置绘图属性的函数

可利用函数设置绘图的宽度、颜色、色彩模式等属性。常见设置绘图属性的函数如表 7-1 所示。

表 7-1　常见设置绘图属性的函数

函数	功能	举例
pensize(width)	返回或设置绘制图形的画笔宽度	turtle.pensize(9)
pencolor(colorstring)	返回或设置绘制图形的画笔颜色	turtle.pencolor('blue')
pencolor(r,g,b)		turtle.pencolor(0,1,0)
fillcolor(colorstring)	返回或设置绘制图形的填充颜色	turtle.fillcolor('#ff0000')
fillcolor(r,g,b)		turtle.fillcolor(1,0,0)
color(colorstring)	返回或设置绘制图形的画笔颜色和填充颜色	turtle.color('green', 'red')
colormode(cmode)	设置色彩模式，cmode 只能为 1.0（默认模式）或 255	turtle.colormode(1.0) turfle.colormode(255)

说明：

turtle 有两种色彩模式，调用 colormode( )函数可以切换色彩模式。

（1）colormode(1.0)色彩模式为默认的色彩模式。这时，函数中颜色参数值(r,g,b)的设置范围为 0～1。例如：

```
>>>turtle.pencolor(0,1,0)          #画笔颜色为绿色
```

（2）colormode(255)色彩模式的颜色参数值(r,g,b)设置范围为 0～255。例如：

```
>>>turtle.colormode(255)
>>>turtle.pencolor(255,0,0)
```

注意：无论在哪种色彩模式下，都可以使用下面两种方法进行颜色参数的设定。

① 参数为颜色单词字符串，如，red 表示红色，green 表示绿色。例如：

```
>>>turtle.color('green')       #设置画笔颜色为绿色
```

常见颜色单词如表 7-2 所示。

表 7-2　常见颜色单词

颜色单词	颜色	颜色单词	颜色
red	红色	pink	粉色
orange	橙色	olive	橄榄色
yellow	黄色	gold	金黄
green	绿色	silver	银色
cray	青兰	brown	棕色
blue	蓝色	black	黑色
purple	紫色	white	白色

② 参数为 6 位十六进制的颜色常数，颜色常数的取值范围为#000000～#ffffff，如'#ff0000'表示红色、'#00ff00'表示绿色、'#0000ff'表示蓝色等。例如：

```
>>>turtle.pencolor('#00ff00')          #设置画笔颜色为绿色
```

3．设置画笔位置、方向的函数

绘图时要特别注意画笔的当前位置和方向，turtle 的初始位置在原点，头朝 *x* 轴正方向，即画笔的方向为 *x* 轴正向。可以调用函数来改变画笔的位置和方向。

（1）goto 函数

格式：goto(*x*,*y*)。

功能：将画笔移动到坐标为(*x*,*y*)的位置。

举例：turtle.goto(0,100)。

说明：将画笔移动到坐标(0,100)，但画笔的方向保持不变。

（2）right 函数

格式：right(degree)。

功能：将画笔在当前位置向右旋转 degree 度。

举例：turtle.right(90)。

说明：将画笔在当前位置向右旋转 90°（相对角度）。

（3）left 函数

格式：left(degree)。

功能：画笔在当前位置向左旋转 degree 度。

举例：turtle.left(90)。

说明：将画笔在当前位置向左旋转 90° （相对角度）。

（4）setheading 函数

格式：setheading(to_angle)或 seth(to_angle)。

功能：画笔旋转到某一角度（绝对角度）。水平向右为 0° ，水平向左为 180° 。逆时针旋转为正数，顺时针为负数。

举例：turtle.setheading(40)。

说明：将画笔在当前位置上旋转到绝对 40° 。

4．控制画笔绘图的函数

turtle 的初始状态是拿着画笔，移动即开始绘图。当提起画笔时不绘图，放下画笔开始绘图，它能画直线、圆、圆弧、点等。还可以设置画笔的移动速度，在绘图过程中可撤销上一步的动作，以及清空画布等。常见控制画笔绘图的函数如表 7-3 所示。

表 7-3 常见控制画笔绘图的函数

函数	功能	举例	效果
up() penup() pu()	提起画笔，暂时不绘图	turtle.up()	移动时不绘图
down() pendown() pd()	放下画笔，开始绘图	turtle.down()	移动时绘图
forward(distance)	向当前画笔方向移动 distance 像素的长度	turtle.forward(100)	向前画一条长度为 100 像素的直线
backward(distance)	向当前画笔相反方向移动 distance 像素的长度	turtle.backward(100)	向后画一条长度为 100 像素的直线
circle(radius,extent)	画圆或弧。半径 radius 为正数时，圆心在画笔的正左侧；半径 radius 为负数时，圆心在画笔的正右侧；extent 为画弧时的角度，若省略，则画圆	turtle.circle(50)	在画笔左侧画一个半径为 50 像素的圆
dot(size,colorstring)	绘制一个指定大小和颜色的圆点	turtle.dot(40,'red')	画一个大小为 40 像素的红色圆点
speed(speed)	设置画笔移动的速度，正整数，数字越大速度越快	turtle.speed(4)	设置画笔速度为 4
undo()	撤销上一个动作	turtle.undo()	turtle 回到上一个位置和状态
clear()	清空画布，但是 turtle 的位置和状态保持现状不变	turtle.clear()	—
reset()	清空画布，重置 turtle 状态为起始状态	turtle.reset()	—

7.6.2 Turtle 图形绘制程序举例

【例 7-11】绘制一个边长为 100 像素的红色正方形。

代码如下：

```
def drawsquare():                    #定义画正方形的函数
```

```
import turtle                               #导入 turtle 库
    turtle.pensize(3)                       #设置画笔的宽度为 3
    turtle.pencolor('red')                  #设置画笔的颜色为红色
    turtle.speed(3)                         #画笔速度为 3
    turtle.forward(100)                     #向前画一条 100 像素的直线
    turtle.left(90)                         #画笔向左旋转 90°
    turtle.forward(100)                     #向前画一条 100 像素的直线
    turtle.left(90)                         #画笔向左旋转 90°
    turtle.forward(100)                     #向前画一条 100 像素的直线
    turtle.left(90)                         #画笔向左旋转 90°
    turtle.forward(100)                     #向前画一条 100 像素的直线
drawsquare()                                #调用画正方形函数
```

上述程序的运行结果如图 7-4 所示。

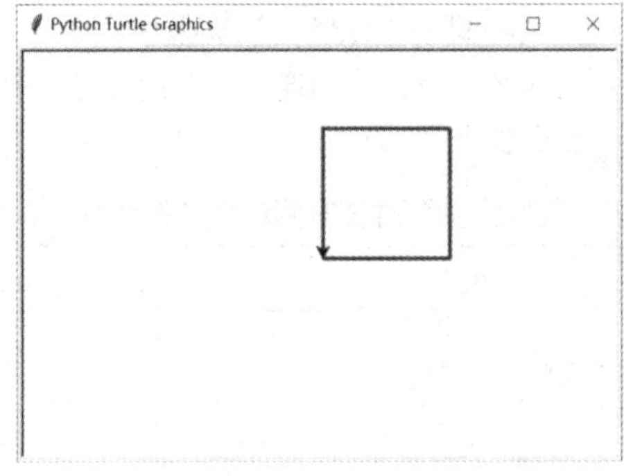

图 7-4 边长为 100 的红色正方形

注意：正方形位于画布的右上方，如果要求正方形位于画布的正中央，该如何修改操作呢?

7.7 Matplotlib 图形绘制

7.7.1 Matplotlib 图形绘制概述

Matplotlib 是 Python 中著名的第三方绘图库之一，提供了一整套和商业软件 MATLAB 相似的命令和 API（Application Programming Interface，应用程序接口），既适合交互式地进行制图，又可以作为绘图控件方便地嵌入 GUI（Graphical User Interface，图形用户界面）应用程序中。

Matplotlib 可以绘制线图、散点图、等高线图、条形图、柱状图、3D 图形，甚至是图形动画等，它可轻松地将数据图形化，使数据更加直观、更具说服力。

Matplotlib 最核心的模块是 pyplot 模块，大多数的 2D 图形是通过该模块绘制的，调用其所提供的命令行式函数，就可以快速绘图，并设置图表的各种细节，如在图像上创建画图区域、在画图区域上画线、在线上标注等。

在绘图的过程中，通常配合使用 NumPy（科学计算）库和 Pandas（数据分析）库，用来实现科学计算结果的可视化显示。

1．安装 Matplotlib 库

打开 Windows 命令提示符窗口，输入以下命令：

```
>pip install matplotlib
```

也可以使用国内清华大学镜像网站安装，命令如下：

```
>pip install matplotlib-3.1.1-cp37-cp37m-win32.whl -i https://pypi.tuna.tsinghua.
edu.cn/simple
```

2．导入核心模块 pyplot

pyplot 模块一般约定别名为 plt。命令如下：

```
import matplotlib.pyplot as plt
```

或

```
from matplotlib import pyplot as plt
```

3．Matplotlib 的基本绘图流程

Matplotlib 的基本绘图流程包括：创建画布与子图、添加画布内容、保存与显示图形，如图 7-5 所示。

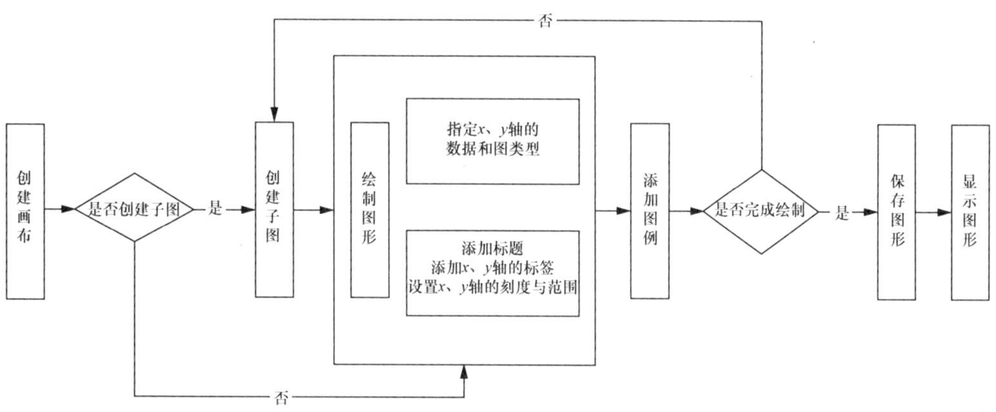

图 7-5 Matplotlib 的基本绘图流程

（1）创建画布与子图

pyplot 模块中默认有一个 figure 对象，可以理解为一张空白的画布，用于容纳图表的各种组件。figure 中默认有一个坐标系（axes），创建 n 个子图则有 n 个坐标系，作图在坐标系中完成。

画布与子图（坐标系）的关系如图 7-6 所示。

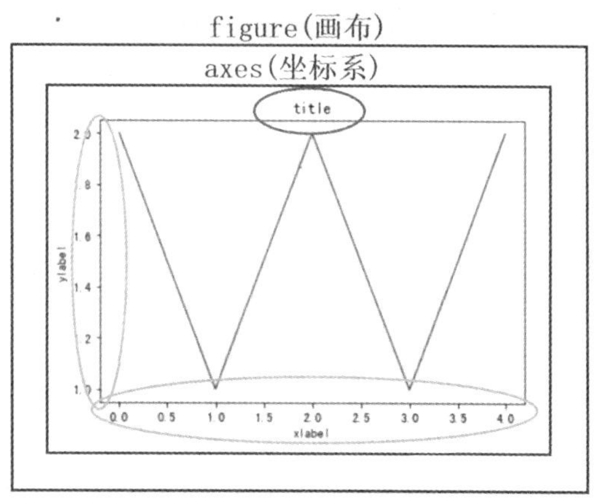

图 7-6 画布与子图的关系

最简单的绘图是直接在默认的画布和坐标系上进行绘制。

① 创建画布。如果需要自定义一张新的空白画布，则可以使用 figure( )函数来绘制。其语法格式如下。

```
plt.figure(num=None,figsize=None,dpi=None,facecolor=None,edgecolor=None,
frameon=True,FigureClass=<class"matplotlib.figure.Figure">,clear=False,**kwargs)
```

其中：

- num：表示图形的编号或名称，数字代表编号，字符串表示名称。如果没有提供该参数，则会创建新的图形，并且这个图形的编号会增加；如果提供该参数，并且具有此 id（标识符）的图形已经存在，则会将其激活；若此图形不存在，则会创建。
- figsize：用于设置画布的尺寸，宽度、高度以英寸为单位。
- dpi：用于设置图形的分辨率。
- facecolor：用于设置画布的背景颜色。
- edgecolor：用于显示边框的颜色。
- frameon：表示是否显示边框。
- FigureClass：派生自 matplotlib.figure.Figure 的类，可以选择使用自定义的图形对象。
- clear：若设为 True 且该图形已经存在，则它会被清除。
- **kwargs：变长关键字参数，可以用字典形式设置画布的其他参数。

上述参数中，常用参数有 num、figsize、dpi 和 facecolor 等。

例如：

```
import matplotlib.pyplot as plt
#创建自定义画布，宽 4 英寸、高 3 英寸，背景色为蓝色
fig=plt.figure(figsize=(4,3),facecolor="blue")
plt.show()    #显示画布
```

Matplotlib 中的绘图函数参数众多，主要分为两大类，一类是常用参数，用于完成图形绘制的基本功能；另一类是高级参数，用于美化图形以呈现更细腻的绘制效果。一般情况下，掌握常用参数即可。

② 创建子图。如果需要在同一个画布上绘制多个图形，则可以使用 subplot( )函数，它可以将画布均匀地划分为若干个子区域，在这些区域上绘制不同的图形。其语法格式如下。

```
plt.subplot(nrows,mcols,index,**kwargs)
```

其中：

- nrows、mcols 表示子图的行数和列数，表示绘图区域被分为 *n* 行 m 列。例如，nrows=2、mcols=3，表示画布被划分为 2 行 3 列。
- index 为子图索引，表示在当前绘图区，子图按照从左到右、从上往下的顺序进行索引编号。index=1 表示从左到右从上到下的第一个位置。
- **kwargs：其他可选参数。

例如，plt.subplot(2,3,3)表示在当前画布创建一个 2 行 3 列的绘图区域，同时选择在第 3 个位置绘制子图。如图 7-7 所示。注意，plt.subplot(2,3,3)也可以写成 plt.subplot(233)。

1	2	3
4	5	6

图7-7　创建子图

（2）添加画布内容

① 添加画布内容是绘图的主体部分，首先，要确定 x、y 轴的数据及绘图类型。在 Matplotlib 中，大部分图形样式的绘制方法都存在于 pyplot 模块中。常用绘图类型函数如表 7-4 所示。

表 7-4　常用绘图类型函数

函数	说明	图形特点
plt.plot(x,y, format_string)	绘制折线图，x、y 为数据点的坐标；format 为格式字符串，由颜色字符、风格字符、标记字符组成	以折线的上升或下降来表示统计数量的增减变化的统计图，其特点是能够显示数据的变化趋势，反映事物的变化情况
plt.scatter(x,y)	绘制散点图，x、y 为数据点的坐标	用两组数据构成多个坐标点，考察坐标点的分布，判断两个变量之间是否存在某种关联或总结坐标点的分布模式。其特点是判断变量之间是否存在数量关联趋势，展示离群点
plt.hist(x, bins, color)	绘制直方图，x 为 x 轴的数据；bins 为直条数；color 为直条颜色	由一系列高度不等的纵向条纹或线段表示数据分布的情况。一般用横轴表示数据范围，纵轴表示分布情况。其特点是绘制连续性的数据展示一组或多组数据的分布状况
plt.bar(left, height, width, bottom)	绘制垂直柱状图，left 为左侧起始坐标；height 为条形高度	排列在工作表的列或行中的数据可以绘制到柱状图中。其特点是能够显而易见地看出各个数据的大小，并可比较数据之间的差别
plt.barh(width, bottom, left, height)	绘制水平柱状图，bottom 为 y 轴的起始坐标；width 为条形宽度	
plt.pie(data, explode)	绘制饼图，data 为各部分的比例；explode 为分离开的饼图	用于表示不同分类的占比情况，通过弧度大小来对比各种分类。其特点是分类数据的占比情况
plt.stackplot( )	绘制堆叠图	柱形图和面积图可以设置成堆叠的形式，堆叠后同一个分类下的数据不再是水平依次排列，而是依次从上到下堆叠在一起。其特点是可以很方便地比较数据间不同情况下的差异（分工比例等）
plt.boxplot(data, notch, position)	绘制箱形图，data 为数据；notch 为图形形式；position 为图形位置	箱线图也称箱须图，其绘制需使用常用的统计量，能提供有关数据位置和分散情况的关键信息，尤其在比较不同特征时，更可表现其分散程度差异。箱线图利用数据中的 5 个统计量（最小值、下四分位数、中位数、上四分位数和最大值）来描述数据，它也可以粗略地看出数据是否具有对称性、分布的分散程度等信息，特别可以用于对几个样本的比较
plt.polar(theta, r)	绘制极值图，theta 为极径夹角；r 为标记到原点的距离	极坐标图是圆形图的常见变体。当数据点之间的关系可以根据半径和角度最容易地可视化时，使用它较合适

需要注意的是，表中的绘图类型函数参数只给出了基本参数，还可以使用其他可选参数设置图形的细节，以美化图形。

② 确定 x、y 轴的数据及绘图类型后，就可以设置图形的标题，以及 x 和 y 轴的标签、刻度、范

围等，最后添加图例。各类标签及图例常用函数如表 7-5 所示。

表 7-5　各类标签及图例常用函数

函数	说明	举例
plt.title('字符串')	设置标题	plt.title('文字', fontproperties='simhei', fontsize=20)
plt.xlabel('字符串')	设置 x 轴的标签文字	plt.xlabel('月')
plt.ylabel('字符串')	设置 y 轴的标签文字	plt.ylabel('销售额')
plt.xticks(x, 列表)	设置 x 轴的刻度	plt.xticks(x, ['数学','英语', '计算机']
plt.yticks(y, 列表)	设置 y 轴的刻度	plt.xticks(y, [60, 70, 80,90,100])
plt.text(x, y, '注释')	设置注释	plt.text(x, y, '注释', fontproperties='KaiTi', fontsize=14)
plt.xlim(xmin,xmax)	设置 x 轴的数值显示范围	plt.xlim(−5, 20)
plt.ylim(ymin,ymax)	设置 y 轴的数值显示范围。ymin 为数值下限，ymax 为数值上限	plt.xlim(0, 10)
plt.grid( )	设置网格	plt.grid( )
plt.legend( )	设置图例标签	plt.legend( )

注意：

① 由于 Matplotlib 默认不支持中文显示（显示为方块乱码），所以需要通过修改 font.sans-serif 参数来修改绘图时的字体，从而使图形可以正常显示中文。同时，修改字体后，会导致坐标轴中的负号“–”无法正常显示，因此需要同时修改 axes.unicode_minus 参数。示例代码如下：

```
plt.rcParams['font.sans-serif']=['SimHei']
plt.rcParams['axes.unicode_minus'] = False
```

在需要显示中文的语句中可以使用 fontproperties 指定字体。

② 标签内容如果是公式或特殊符号，则需要在标签前后加$符号，此时 Matplotlib 会使用内置的 latex 引擎绘制数学公式。例如：

```
plt.ylabel("$cos(x^2)$"))
```

（3）保存与显示图形

在绘制图形之后，可以将图片到保存到指定路径，并显示图形。保存与显示图形的函数如表 7-6 所示。

表 7-6　保存与显示图形的函数

函数	说明
plt.savefig('文件名.png')	保存绘制的图形
plt.show( )	显示所有绘图对象

需要注意的是，如果需要保存图片，则必须在 plt.show( )之前调用 plt.savefig( )。

7.7.2 Matplotlib 常用图形绘制

Matplotlib 绘制的常用图形包括线性图、散点图、柱状图、直方图、饼图、箱线图和子图等。不同的图形具有不同的统计意义，可以帮助用户更好地呈现数据。

1. 折线图

折线图的绘图函数为 plot( )，其语法格式如下。

```
plt.plot(x, y, format_string, **kwargs)
```

其中：

- x：指定 *x* 轴的数据（列表或数组），长度必须与 y 相等，默认 range(len(*y*))。
- y：指定 *y* 轴的数据（列表或数组）。
- format_string：指定格式字符串，由 color 颜色字符、linestyle 线型风格字符、marker 标记字符组成。其常见字符设置如表 7-7～表 7-9 所示。
- **kwargs：第二组或更多(*x*,*y*,format_string)，可以画多条折线；也可以是图形的其他属性，如 linewidth、alpha（设置线型的透明度，数值在 0.0～1.0）、markersize（标记大小）、label（图例内容）等。

表 7-7　颜色字符设置

color 参数设置	颜色	对应的十六进制颜色码
color='b'	蓝（blue）	color='#0000FF'
color='g'	绿（green）	color='#008000'
color='r'	红（red）	color='#FF0000'
color='w'	白（white）	color='#FFFFFF'
color='m'	洋红（magenta）	color='#FF00FF'
color='y'	黄（yellow）	color='#FFFF00'
color='k'	黑（black）	color='#000000'
color='c'	青（cyan）	color='#00FFFF'

表 7-8　线型字符设置

linestyle 参数设置	线型	效果
linestyle='-'	默认实线	
linestyle='--'	虚线	
linestyle='-.'	点画线	
linestyle=':'	点状线	

表 7-9　数据点标记字符设置

marker 参数设置	标记点	marker 参数设置	标记点
marker='.'	实心点	marker='^'	正三角形
marker='o'	圆圈	marker='D'	菱形
marker='*'	星号	marker='s'	正方形
marker='+'	加号	marker='p'	五边形
marker='x'	乘号	marker='H'	六边形
marker='v'	倒三角形	marker='8'	八边形

说明：

① marker 设置为'None'、" "和""时，表示无标记。

② 折线图格式除使用关键字参数进行设置外，还可以直接使用格式字符串进行设置，如 “r-*” 表示红色、实线、数据标记点为 “*”，"b--o"表示蓝色、虚线、数据标记点为圆圈。

【例 7-12】绘制某地某一周的天气折线图。表 7-10 是某地某一周的最高气温和最低气温情况，根据表中的数据绘制一周最高气温和最低气温的折线图。

表 7-10　某地某一周的天气数据

星期	星期日	星期一	星期二	星期三	星期四	星期五	星期六
最高气温（℃）	32	35	37	37	36	35	34
最低气温（℃）	23	21	21	22	24	23	21

代码如下：

```
#导入matplotlib 模块
from matplotlib import pyplot as plt
#解决中文显示问题
plt.rcParams['font.sans-serif']=['SimHei']
#创建画布
plt.figure(figsize=(8,4),dpi=100)
#指定数据和图形
x= ["星期日","星期一","星期二","星期三","星期四","星期五","星期六"]
y1=[32,35,37,37,36,35,34]
y2=[23,21,21,22,24,23,21]
plt.plot(x,y1,"r-*",markersize=10,label="最高气温")#r-*表示红色、实线、标记为*
plt.plot(x,y2,"b--o",linewidth=2,label="最低气温")#b--o 表示蓝色、虚线、标记为圆圈
#设置标签、标题、图例
plt.xlabel('星期')
plt.ylabel('℃')
plt.title('一周气温变化折线图')
plt.legend()
#显示图形
plt.show()
```

上述程序的运行结果如图 7-8 所示。

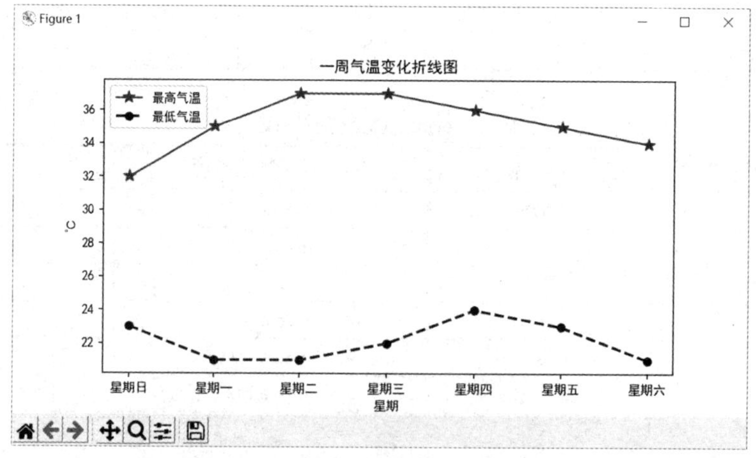

图 7-8　某地某一周的气温变化折线图

2．柱状图

柱状图的绘图函数为 bar( )，其语法格式如下。

```
plt.bar(x, height, width=0.8, bottom=None, *, align='center', data=None, **kwargs)
```

其中：

- x：设置 x 轴的坐标，数据类型为 int 或 float，刻度自适应调整；也可以传入 DataFrame 中的一列（如 df['列名']作为坐标值。若未显式指定 x，则默认按索引在 x 轴上等间距排列。
- height：设置柱状图的高度，也就是 y 轴的坐标值，数据类型为 int 或 float。
- width：设置柱状图的宽度，取值为 0～1，默认为 0.8。
- bottom：设置柱状图的起始位置，也就是 y 轴的起始坐标。用于绘制堆叠条形图。
- align：设置柱状与 x 坐标的对齐方式，默认值为'center'，表示居中位置，align='edge'表示边缘位置。
- data：设置可索引对象（如 dict、DataFrame）。
- **kwargs：设置图形的其他属性，如 color 用于设置柱状填充颜色；edgecolor(ec)用于设置图形边框颜色，linewidth 用于设置边框宽度（为 0 时表示不绘制边框）；tick_label 用于设置刻度标签；log 用于设置是否对坐标轴进行 log 变换，默认为 False；orientation 用于设置柱状图是竖直还是水平，竖直为“vertical”，水平为“horizontal”；alpha 用于设置柱状的透明度（0.0～1.0）；label 用于设置图例内容等。

【例 7-13】酷点公司 1～6 月的销售额依次为 46000 元、38000 元、54000 元、57000 元、42000 元、60000 元。使用 pyplot 模块绘制 1～6 月的销售额柱状图。

代码如下：

```
def drawbar():                                          #定义绘制柱状图的函数
   from matplotlib import pyplot as plt                #导入 matplotlib 的 pyplot 模块
   plt.rcParams['font.sans-serif']=['SimHei']          #用来正常显示中文标签
   plt.figure(figsize=(5,3),dpi=120)                   #宽 5 英寸、高 3 英寸、分辨率为 120
   x = [1,2,3,4,5,6]                                   #x 坐标赋值（月份）
   y = [46000,38000,54000,57000,42000,60000]           #y 坐标赋值（销售额）
   plt.bar(x,y,width=0.5)                              #绘制柱状图
   plt.xlabel('月')                                    #设置 x 轴的标签
   plt.ylabel('销售额（元）')                           #设置 y 轴的标签
   plt.title('酷点公司 1-6 月销售额柱状图')              #设置标题
   plt.xticks([1,2,3,4,5])                             #设置 x 轴的刻度
   plt.show()                                          #显示图形
   drawbar()                                           #调用绘制柱状图的函数
```

上述程序的运行结果如图 7-9 所示。

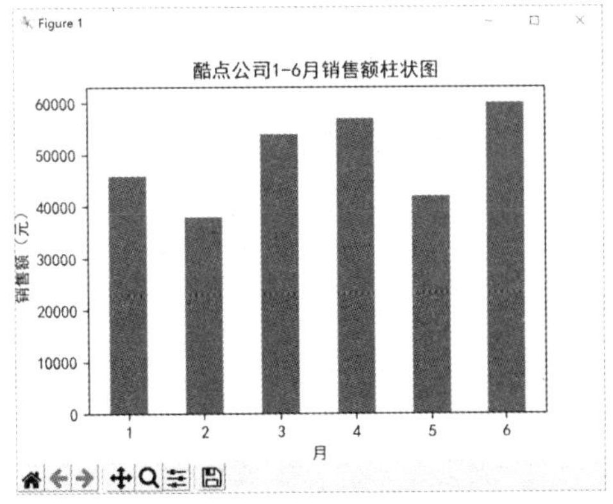

图 7-9　酷点公司 1～6 月的销售额柱状图

3. 饼图

饼图的绘图函数为 pie( )，其语法格式如下。

```
plt.pie(x,explode=None,labels=None,colors=None,autopct=None,pctdistance=0.6,
shadow=False,labeldistance=1.1,startangle=None,radius=1,counterclock=True,
wedgeprops=None,textprops=None,center=(0,0),frame=False,rotatelabels=False,*,norm
alize=None,data=None)
```

其中：

x 用于设置饼图的绘图数据，可以是数组、列表或元组，表示每个扇区的数值。若 sum(x)>1，则系统会自动对其进行归一化处理，使各部分按比例绘制（即计算各项的百分比）。

- explode：设置每一部分偏移中心的距离（以半径为 1，按占半径的比例设置），即指定饼图某些部分的突出显示，列表或元组。
- labels：设置饼图标签，列表或元组。
- colors：设置饼图填充颜色，列表或元组。
- autopct：设置自动添加百分比显示，可以采用格式化的方法显示，如'%.2f%%'（百分数保留 2 位小数）。
- pctdistance：设置百分比标签与圆心的距离，即饼图百分比显示位置相对于半径的比例，默认值为 0.6。
- shadow：设置是否添加饼图的阴影效果，默认 False。
- labeldistance：设置各扇形标签（图例）与圆心的距离，即标签位置相对于半径的比例，默认值为 1.1。
- startangle：设置饼图的初始摆放角度。
- radius：设置饼图的半径大小。
- counterclock：设置是否让饼图按逆时针顺序呈现。
- wedgeprops：设置饼图内外边界的属性，如边界线的粗细、颜色等。
- textprops：设置饼图中文本的属性，如字体大小、颜色等。
- center：设置饼图的中心点位置，默认为原点。
- frame：设置是否要显示饼图背后的图框（子图边框），如果设置为 True，则需要同时控制图框 *x* 轴、*y* 轴的范围和饼图的中心位置。默认为 False。
- rotatelabels：设置饼块外标签是否按饼块角度旋转，布尔值，默认为 False。
- *：指定后面的参数必须以关键字参数的形式传参。
- normalize：设置是否归一化。布尔值或 None，默认为 None。

True：完全饼图，对 x 进行归一化处理，sum(x)= =1。

False：如果 sum(x)<=1，则绘制不完全饼图；如果 sum(x)>1，则抛出 ValueError 异常。

None：如果 sum(x)>=1，则默认值为 True；如果 sum(x)<1，则默认值为 False。

- data：设置可索引对象（如 dict、DataFrame）。

【例 7-14】酷点公司 1～6 月的销售额依次为 46000 元、38000 元、54000 元、57000 元、42000 元、60000 元。使用 pyplot 模块绘制 1～6 月的销售额饼图。

```
def drawpie():                                                #定义绘制饼图的函数
    import matplotlib.pyplot as plt                           #导入 matplotlib 的 pyplot 模块
    plt.rcParams['font.sans-serif']=['SimHei']                #用来正常显示中文标签
    labels = '一月','二月','三月','四月','五月','六月'        #饼图说明文字
```

```
    sale= [46000,38000,54000,57000,42000,60000]        #销售额
    explode = (0,0,0,0.1,0,0)                           #扇区离中心点的距离
    plt.pie(sizes,explode=explode,labels=labels,        #绘制饼图，设置参数
    autopct= '%.1f%%' ,                                 #%.1f 表示保留 1 位小数
    shadow=True,startangle=50)                          #True 为有阴影，50 为起始角度
    plt.title("酷点公司 1～6 月销售额饼图")               #标题
    plt.show()                                          #显示全部图形
drawpie()                                               #调用绘制饼图的函数
```

上述程序的运行结果如图 7-10 所示。

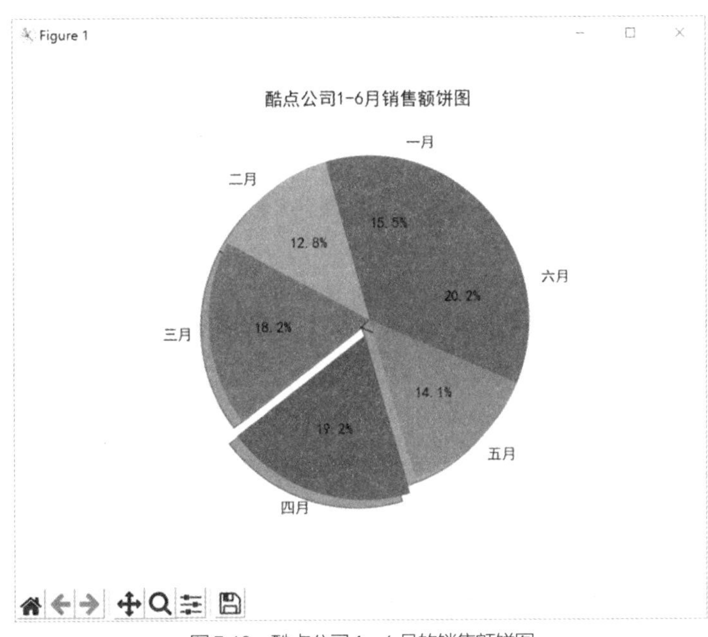

图 7-10 酷点公司 1～6 月的销售额饼图

习题

一、简答题

1. 使用函数的优点是什么？（列举两点）。
2. 在 Python 中，函数定义时，形参和 return 语句必须存在吗？
3. 形式参数和实际参数的区别？
4. 根据变量的作用域，可将变量分为哪两种？它们有什么不同？
5. 想要操作全局列表变量时，列表类型的参数需要加 global 关键字吗？为什么？

二、编程题

1. 编写一个判断奇偶数的函数，输入一个整数，通过调用该函数输出该数是奇数还是偶数的信息。提示：编写函数 isodd( )，判断输入的数是否是奇数，如果是，则返回 True，否则返回 False。调用该函数，当返回值为 True 时，是奇数，否则为偶数。

2. 编写函数 fun，它的功能是输出一个 200 以内能被 3 整除且个位数为 6 的所有整数，并返回这些数的个数。

3. 编写函数计算$|a^3|$，输入一个整数，调用该函数输出结果。

4. 编写函数，传入一个字符串，拼接第一个和最后一个单词并返回。例如，字符串“Experience is the mother of wisdom”调用函数后的结果为“Experience wisdom”。

5. 编写函数，传入两个有序列表，合并成一个有序列表并返回。调用函数，传入列表[1,5,7,9]和[2,2,6,8]，返回[1,2,2,5,6,7,8,9]并输出。

6. 编写一个函数，生成指定长度的数字随机密码。调用函数，以整数 8 为随机数种子，获取用户输入的整数 N 并将其作为长度，生成 3 个长度为 N 位的密码，密码的每位是一个数字。每个密码单独一行输出。例如：

```
请输入一个整数：8
40427945
59715839
60381235
```

7. 根据斐波那契数列的定义，$F(1)=1$，$F(2)=1$，$F(n)=F(n-1)+F(n-2)$（$n>2$），输出不大于 100 的数列元素。

8. 编写程序找出 1～100 的所有孪生素数（若两个素数之差为 2，则这两个素数就是一对孪生素数），如 3 和 5、5 和 7、11 和 13 等都是孪生素数。

9. 使用递归函数编程计算 $1!+3!+5!\cdots+(2n-1)!$。

10. 使用递归函数编程求解。有 5 个人坐在一起，问第 5 个人的岁数，他说比第 4 个人大 2 岁。问第 4 个人的岁数，他说比第 3 个人大 2 岁。问第 3 个人的岁数，他说比第 2 个人大两岁。问第 2 个人的岁数，他说比第 1 个人大 2 岁。最后问第 1 个人的岁数，他说是 10 岁。请问第 5 个人多大?

11. 在画布中央绘制一个边长为 100 的绿色正方形。

12. 绘制五角星，边长为 200 像素，宽度为 5 像素，填充为红色，边框为黄色，左下角坐标(−150,−120)处出现紫罗兰色 Star 字样，如图 7-11 所示。

图 7-11　绘制的五角星

13. 使用 plot 函数画图，绘制 x 轴的坐标值为 0、1、2、3、4，所对应的 y 轴的坐标值为 $y=3x+2$ 的直线图，如图 7-12 所示。

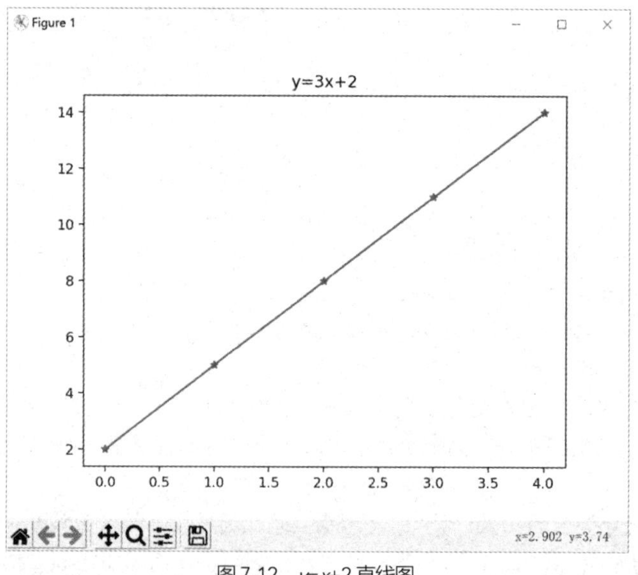

图 7-12　$y=x+2$ 直线图

14. 使用 Matploitlib 模块绘制 $y=\tan(x)$、$y=\text{ctan}(x)$的函数曲线，如图 7-13 所示。

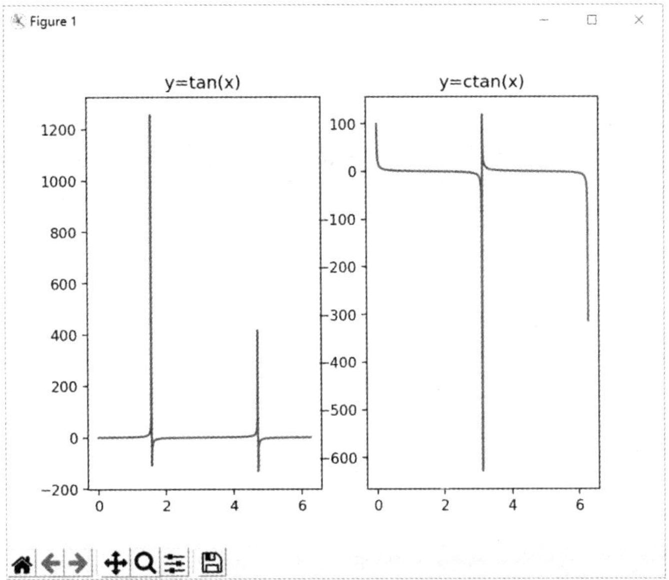

图 7-13 y=tan(x)、y=ctan(x)的函数曲线图

第 8 章 文件读写与数据处理

本章将深入探讨 Python 在文件读写与数据处理方面的应用。从文件的基本概念出发，逐步介绍文本文件、CSV（Comma-Separated Values，逗号分隔值）文件、Excel 文件及二进制文件的读写操作，同时讲解文件属性检查和相关操作函数。此外，还将引入 Pandas 库，详细阐述其数据类型、读写文件方法及数据分析处理技巧。最后，简要介绍网页数据爬取的原理和技术，以帮助读者全面掌握 Python 在文件处理与数据获取方面的强大功能。

8.1 文件的基本概念

文件操作在编程中具有非常重要的作用，特别是在需要处理大量数据、保存程序输出或与外部系统进行交互时。文件是数据存储的重要载体，通过对文件的读写和管理操作，程序能够处理各种数据持久化、数据交换及日志记录等任务。

1．文件的定义

文件是存储在外部介质上的数据的集合。计算机对文件实行按名存取的操作方式。文件名的长度和命名规则因不同操作系统而异。一般情况下，文件名由主文件名和扩展名组成，两者之间使用“.”进行分隔。其中，扩展名表示文件类型，用来指定打开和操作该文件的应用程序。

2．文件的类型

按照编码方式的不同，计算机中的文件分为文本文件和二进制文件。文本文件是基于字符编码（ASCII 编码、Unicode 编码、UTF-8 编码、GBK 编码等）的文件，一般以“行”为基本结构组织和存储数据，常见的文本文件有.txt 文件（纯文本文件）、.py 文件（Python 源程序文件）、.csv 文件（字符分隔值文件），Windows 操作系统中的记事本均可打开并查看文本内容。二进制文件是基于值编码的文件，必须通过相应的软件打开展示文件，常见的二进制文件有.exe（可执行程序文件）、.doc 文件、.xls 文件、图像文件、声音文件、视频文件等。

8.2 文本文件的读写操作

微课视频

一般来说，读或写文本文件时按以下 3 个步骤进行。

（1）打开文件。

（2）读文件或写文件。

（3）关闭文件。

8.2.1 文件的打开与关闭

1．文件的打开

文件是保存在外存中的，处理文件时必须先将文件调入内存。而“打开”操作就是将文件从外存调入内存的过程，这个过程需要使用 Python 语言内置的 open 函数来实现，并生成一个 file 对象。其语法格式如下。

```
file 对象名=open(file,mode='r',encoding=None)
```

open 函数会返回一个文件对象，其函数参数说明如下。

（1）参数 file 表示文件名及所在路径，文件路径可以是绝对路径，也可以是相对路径。

（2）参数 mode 表示文件的打开模式，用于指定打开文件的类型和操作文件的方式，具体参数值如表 8-1 所示。默认值为'r'，表示以只读方式打开文本文件。

表 8-1 文件打开模式

mode 参数值	打开文件的类型	操作方式	文件不存在时	是否覆盖写
'r'	文本文件	只读	报错	—
'r+'		可读可写	报错	是
'w'		只写	新建文件	是
'w+'		可读可写	新建文件	是
'a'		只写	新建文件	否，从文件末尾处追加写
'a+'		可读可写	新建文件	否，从文件末尾处追加写
'rb'	二进制文件	只读	报错	—
'rb+'		可读可写	报错	是
'wb'		只写	新建文件	是
'wb+'		可读可写	新建文件	是
'ab'		只写	新建文件	否，从文件末尾处追加写
'ab+'		可读可写	新建文件	否，从文件末尾处追加写

（3）参数 encoding 表示文件的编码格式，可设为 UTF-8、GBK、ANSI 等。

2．文件的关闭

执行 open 命令打开文件后，该文件被 Python 程序占用并被调入内存，其他任何应用程序都不能操作该文件。当读写操作结束后，必须将文件关闭。关闭文件能够将文件从内存保存回外存，将内存中文件的变化同步至外存，同时释放 Python 程序对文件的占用，让其他应用程序能够操作文件。

关闭文件由文件对象的 close 方法实现，其语法格式如下。

```
file 对象.close()
```

【例 8-1】以写模式打开 d 盘根目录下的文本文件 f1.txt，再关闭该文件。

```
1    file1=open('d:/f1.txt','w')        #打开文件
2    file1.close()                      #关闭文件
```

注意：①如果 d 盘根目录下的 f1.txt 文件不存在，则程序将创建一个空白文件 f1.txt。②假设将第 1 行语句改成“file1=open('f1.txt','w')”，则在当前目录（与程序文件同目录）下新建文本文件 f1.txt。

flush( )方法用于将缓冲区中的数据立刻写入文件，同时清空缓冲区，但不会关闭文件。其基本语

法格式如下。

```
file 对象.flush()
```

8.2.2 文件内容的读写

1. 写文件

写文件的常用方法有 write( )、writelines( )。

（1）write( )方法

格式：文件对象名.write(text)。

功能：将字符串 text 写入文件的当前位置。

（2）writelines( )方法

格式：文件对象名.writelines(lines)。

功能：将序列 lines 中的所有元素（必须为字符串）写入文件的当前位置。

【例 8-2】写文件。

```
1    f2=open('file2.txt','w')                   #以写模式打开一个文件
2    f2.write('abcd')                           #写入一个字符串
3    f2.write('1234\n')                         #写入一个带换行符的字符串
4    f2.writelines(['abcd\t','1234'])           #写入 2 个字符串，其中\t 表示制表符
5    f2.close()                                 #关闭文件
```

程序运行后，在当前目录下新建一个 file2.txt 文件，文件内容如图 8-1 所示。写入的字符串不会自动换行，如果需要换行，则可在字符串中添加换行转义字符\n，如上述代码中第 3 行语句运行后文本换行。

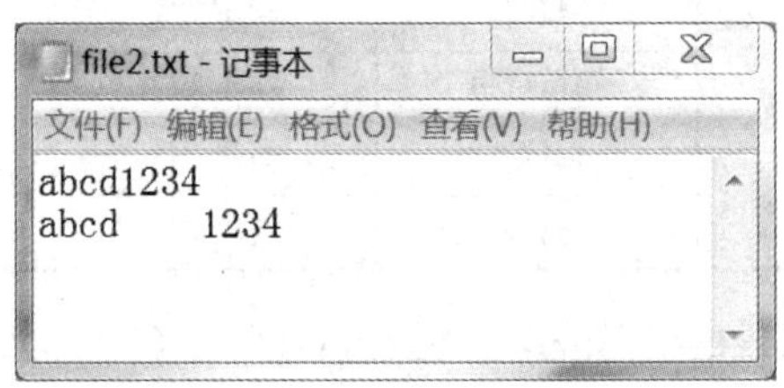

图 8-1　例 8-2 的运行结果

2. 读文件

读文件的方法有：read( )、readline( )、readlines( )。

（1）read( )方法

格式：文件对象名.read(size)。

功能：从文件当前位置读取 size 个字符（包括换行符）并以一个字符串返回。若参数 size 省略，则从当前位置往后读取全部文件内容。

例如，按字符个数读取例 8-2 中创建的文本文件 file2.txt。

```
>>>f=open('file2.txt','r')
>>>f.read(2)          #读取 2 个字符，返回值为'ab'
>>>f.read(9)          #读取 9 个字符，返回值为'cd1234\nab'
>>>f.read()           #读取后面的所有字符，返回值为'cd\t1234'
>>>f.close()
```

（2）readline( )方法

格式：文件对象名.readline( )。

功能：读取文件当前行文本（包括换行符），并以字符串的形式返回。

例如，逐行读取例 8-2 创建的文本文件 file2.txt。

```
>>>f=open('file2.txt','r')
>>>f.readline()        #读取第 1 行，返回值为'abcd1234\n'
>>>f.readline()        #读取第 2 行，返回值为'abcd\t1234'
>>>f.close()
```

（3）readlines( )方法

格式：文件对象名.readlines( )。

功能：读取文件中所有行内容（包括换行符），并以列表的形式返回，其中一行对应一个列表元素。

例如，读取例 8-2 创建的文本文件 file2.txt 的所有行内容。

```
>>>f=open('file2.txt','r')
>>>f.readlines() #读取所有行内容，返回值为['abcd1234\n', 'abcd\t1234']
>>>f.close()
```

8.2.3 文件位置的指针定位

从上述示例可以发现，在文件的一次打开与关闭之间进行的读写操作都是连续的，程序总是从上次读写的位置继续向后进行读写操作。实际上，每个文件对象都有一个文件位置指针属性，该属性用于记录文件当前读写的位置。

Python 提供了获取文件读写位置及修改文件读写位置的方法，以实现文件的随机读写。

1. tell()方法

格式：文件对象名.tell( )。

功能：返回文件的当前位置指针。

例如，以例 8-2 创建的文件 file2.txt 为例进行演示操作。

```
>>>f=open('file2.txt','r')
>>>f.tell()        #文件指针位于文件开头，返回值为 0
>>>f.read(5)       #读 5 个字符，返回值为'abcd1'
>>>f.tell()        #文件指针当前位置，返回值为 5
>>>f.close()
```

2. seek()方法

格式：文件对象名.seek(offset,whence)。

说明：①参数 whence 表示位置计算参照点，可取值 0、1、2。0 表示文件开头，1 表示当前位置，2 表示文件末尾，默认值为 0。②参数 offset 表示偏移量，即相对于 whence 所指定的位置向左右移动的字节数，正数表示向右移动，负数表示向左移动。

功能：根据参照位置 whence 对文件指针进行偏移（偏移量为 offset），并返回移动后的文件指针位置。

例如，以例 8-2 创建的文件 file2.txt 为例进行演示操作。

```
>>>f=open('file2.txt','r')
>>>f.read()                  #返回值为'abcd1234\nabcd\t1234'
>>>f.tell()                  #文件指针指向文件末尾，返回值为 19
```

```
>>>f.seek(0,0)             #文件指针移动到文件开头，返回值为 0
>>>f.read(2)               #读取 2 个字符，返回值为'ab'
>>>f.close()
```

以文本文件格式打开文件时，seek( )方法中的 whence 参数取值只能是 0，offset 只能大于等于 0，即只允许从文件开始位置计算偏移量。若想从当前位置或文件末尾位置计算偏移量，则需要使用“b”模式（二进制格式）打开文件。例如：

```
>>>f=open('file2.txt','rb')       #以二进制格式打开文件
>>>f.read(2)                      #读 2 字节，返回值为 b'ab'
>>>f.seek(2,1)                    #相对当前位置向右偏移 2 字节，返回值为 4
>>>f.read(2)                      #返回值为 b'12'
>>>f.seek(-2,2)                   #将文件指针定位到倒数第 2 个字符处，返回值为 17
>>>f.read()                       #读取最后 2 个字符，返回值为 b'34'
>>>f.close()
```

8.2.4 with 语句与上下文管理器

文件使用完后必须关闭，因为文件对象占用操作系统的资源，并且操作系统同一时间能打开的文件数量是有限的。文件没有及时关闭也会带来其他隐患，如写的内容不能及时更新，或者文件操作过程中出现异常无法关闭文件等。而使用 with 语句可保证打开的文件操作完成后自动调用关闭文件操作，即使使用过程中出现异常也能自动调用关闭文件操作。其语法格式如下。

```
with  open 语句 as 文件对象名:
    文件读写操作语句
```

【例 8-3】打开 file2.txt 文件，读取全部内容。

```
with open('file2.txt','r') as f3:    #以只读模式打开文件
    s=f3.read()                      #读取文件全部内容
    print(s)                         #输出文件内容
```

一个类只要实现了__enter__()和__exit__()这两个方法，通过该类创建的对象我们就将其称为上下文管理器。上下文管理器可以使用 with 语句，其中__enter__()方法在语句体（with 语句包裹起来的代码块）执行之前进入运行，__exit__()方法在语句体执行完毕退出后运行。open 函数创建的文件对象就是一个上下文管理器对象。

8.2.5 文本文件读写程序举例

【例 8-4】新建一个文本文件，写入毛泽东的诗词《卜算子·咏梅》，读取文件内容，并加上行号输出。

```
with open('psz.txt','w+') as f4:     #以可写可读模式打开文件
    f4.write('\t 卜算子·咏梅\n')
    f4.write('\t  毛泽东\n')
    f4.writelines(['风雨送春归，飞雪迎春到。\n',
                   '已是悬崖百丈冰，犹有花枝俏。\n',
                   '俏也不争春，只把春来报。\n',
                   '待到山花烂漫时，她在丛中笑。\n'])
    f4.seek(0,0)                     #将文件位置指针定位到文件开头
```

```
    lines=f4.readlines()          #读所有行
    i=0                           #行号初值为 0
    for line in lines:            #遍历列表元素
        i+=1
        print(i,':',line,end='')  #加上行号输出
```

【分析】以可读可写模式打开文件，首先创建文本文件 psz.txt，写入诗词。此时文件位置光标在文件末尾，调用 seek( )方法定位到文件开头，调用 readlines( )方法读取所有行内容到 lines 列表中。利用 for 语句遍历列表 lines 中的元素，加上行号 *i* 输出。程序的运行结果如图 8-2 所示，左图为 psz.txt 内容，右图为屏幕输出内容。

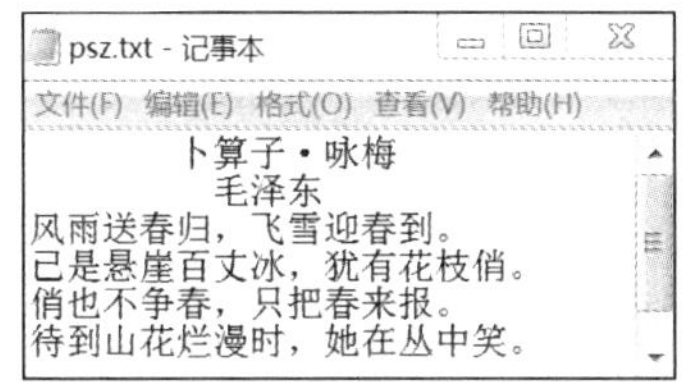


```
1 :       卜算子·咏梅
2 :          毛泽东
3 : 风雨送春归，飞雪迎春到。
4 : 已是悬崖百丈冰，犹有花枝俏。
5 : 俏也不争春，只把春来报。
6 : 待到山花烂漫时，她在丛中笑。
```

图 8-2　例 8-4 的运行结果

【例 8-5】编制一个函数，用于实现将一个文件复制成另一个文件，并调用该函数。

```
def copy_file(file1,file2):  #自定义函数，用于实现将 file1 内容复制到 file2 中
    with open(file1,'r') as f1,open(file2,'w') as f2:
        s=f1.read()
        f2.write(s)
file1=input("请输入原始路径及文件名：")
file2=input("请输入目标路径及文件名：")
copyfile(file1,file2)        #调用自定义复制函数
print("文件复制完成")
```

程序的运行结果如下：

```
请输入原始路径及文件名：d:/f1.txt
请输入目标路径及文件名：d:/f2.txt
文件复制完成
```

【例 8-6】有一个文本文件 score.txt，文件中有若干个数值，数值之间使用空格进行分隔，如图 8-3（a）所示。读取文件中的数据，去掉最大数和最小数，计算其他数的平均值，保留 2 位小数位，并将结果追加写入原文件中，结果如图 8-3（b）所示。

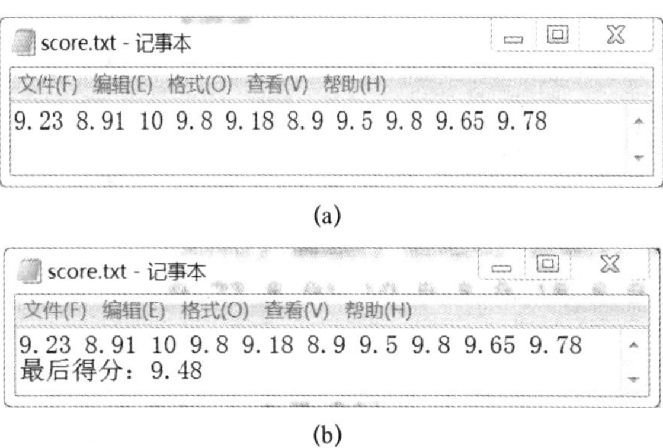

图 8-3　例 8-6 中文本文件内容运行前后对比图

代码如下：

```
with open('score.txt','r') as f:        #读数据
    data=f.read()
lststr=data.split()                      #字符串分割
lst1=list(map(eval,lststr))              #将列表元素数据类型转换成数值型
lst1.remove(max(lst1))                   #去掉最高分
lst1.remove(min(lst1))                   #去掉最低分
ave=sum(lst1)/len(lst1)                  #求平均分
with open('score.txt','a') as f:         #以追加写模式打开文件
    s="\n最后得分：{:.2f}".format(ave)
    f.write(s)                           #将结果写入新的一行
```

8.3 常用文件读写与操作

8.3.1 CSV 文件

1．CSV 概述

CSV 文件是指以逗号分隔的纯文本形式存储表格数据的文件，文件中不包含颜色、字体、数据类型、图形图像等信息。

CSV 文件可以使用记事本、写字板和 Excel 打开。例如，stuscore.csv 文件使用记事本打开的效果如图 8-4 所示，使用 Excel 打开的效果如图 8-5 所示。

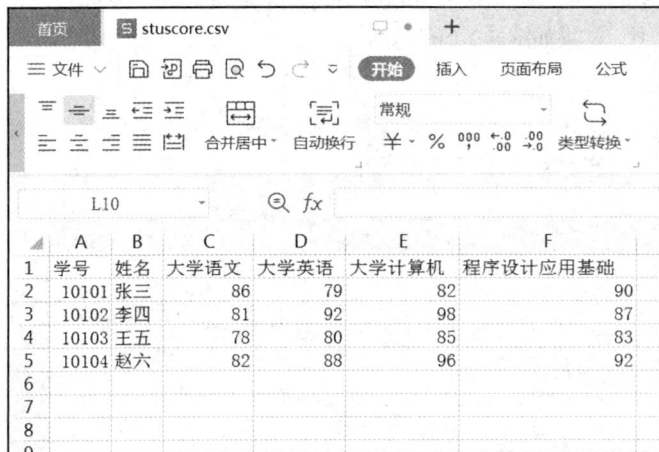

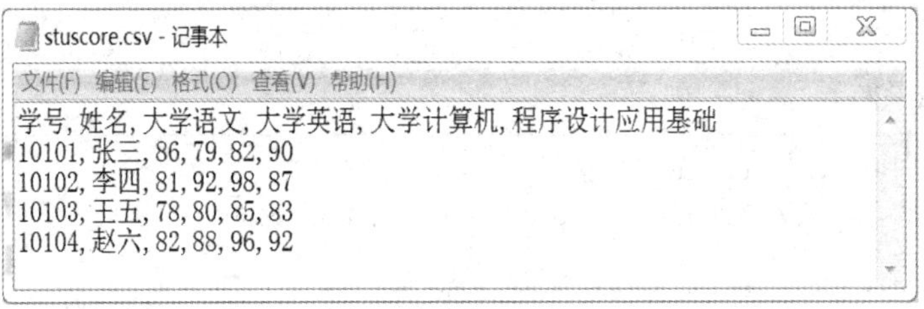

stuscore.csv - 记事本

文件(F) 编辑(E) 格式(O) 查看(V) 帮助(H)

学号, 姓名, 大学语文, 大学英语, 大学计算机, 程序设计应用基础
10101, 张三, 86, 79, 82, 90
10102, 李四, 81, 92, 98, 87
10103, 王五, 78, 80, 85, 83
10104, 赵六, 82, 88, 96, 92

图 8-4　使用记事本打开 stuscore.csv 文件

	A	B	C	D	E	F
1	学号	姓名	大学语文	大学英语	大学计算机	程序设计应用基础
2	10101	张三	86	79	82	90
3	10102	李四	81	92	98	87
4	10103	王五	78	80	85	83
5	10104	赵六	82	88	96	92

图 8-5　使用 Excel 打开 stuscore.csv 文件

CSV 文件广泛应用于不同平台不同程序之间的表格数据转移，以实现数据的兼容转移。CSV 文件的分隔符不限定为逗号，也可以是制表符、分号等，数据具有以下特征。

（1）纯文本，常使用的字符集有 ASCII、Unicode、EBCDIC 或 GB2312。

（2）由记录组成，一行对应一条记录，每行的开头不留空格。

（3）每条记录被英文半角分隔符（可以是逗号、分号、制表符等）分隔为多个字段。

（4）每条记录都有同样的字段序列。

（5）如果文件包含字段名，则字段名写在文件第一行。

CVS 文件是文本文件，可以调用 read( )、readline( )、readlines( )、write( )、writelines( )等读写方法进行访问，此时字段之间的分隔符被当成普通字符进行读写。针对 CSV 文件，Python 提供了内置 csv 模块进行读写操作，实现以行为单位进行更方便的访问。

2. CSV 文件读写

（1）写 CSV 文件

CSV 文件写入的基本步骤如下。

① 导入 csv 模块。

② 使用 with 语句以写模式打开 csv 文件。

③ 创建一个 writer 对象。其基本格式如下。

```
writer 对象名 = csv.writer(文件对象名)
```

④ 调用 writer 对象的 writerow( )方法写入一行数据，或者调用 writerows( )方法写入多行数据。其基本格式如下。

```
writer 对象名.writerow(一维列表)
writer 对象名.writerows(二维列表)
```

【例 8-7】新建一个 CSV 文件，文件名为 stu.csv，文件内容如图 8-6 所示。

```
1   import csv                                  #导入模块
2   with open('stu.csv','w',newline='') as f:   #以写模式打开文件
3       fwriter=csv.writer(f)                   #创建 writer 对象
4       fwriter.writerow(['姓名','性别','年龄'])   #写入第一行字段名
5       fwriter.writerows([['陈涛','男',18],      #写入三行记录
                           ['刘婷','女',19],
                           ['张平','男',19]])
```

注意：第 2 行中的参数 newline='', 指定在写入新的记录后不插入空行，如果不设定该参数，则每一行后会增加一个空行。

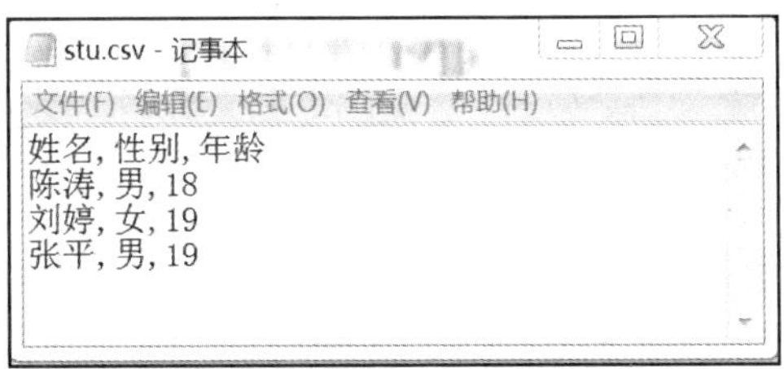

图 8-6 使用记事本打开 stu.csv 文件

（2）读 CSV 文件

CSV 文件读取的基本步骤如下。

① 导入 csv 模块。

② 使用 with 语句以读模式打开文件。

③ 创建一个 reader 迭对对象。

④ 通过 for 循环遍历 reader 对象来遍历文件中的每一行，返回值为列表形式，且文件中所有的数据项都是字符串类型。

【例 8-8】读取例 8-7 程序的运行结果文件 stu.csv，并按行输出。

```
import csv                              #导入 csv 模块
with open('stu.csv','r') as f:          #以只读模式打开文件
    freader=csv.reader(f)               #创建 reader 对象
    for row in freader:                 #遍历 reader 对象
        print(row)
```

程序的运行结果如下：

```
['姓名', '性别', '年龄']
['陈涛', '男', '18']
['刘婷', '女', '19']
['张平', '男', '19']
```

8.3.2 Excel 文件读写

1. Excel 读写模块

Python 处理 Excel 文件的软件包有 xlrd/xlwt、xlutils、openpyxl、xlsxwriter、pandas 等。其中，xlrd/xlwt 是应用非常广泛的 Excel 读写第三方库，它可以工作在任何平台，xlrd 模块可读取.xls 或.xlsx 文件，xlwt 模块只能写入.xls 文件。xlrd 和 xlwt 导入前要先安装，进入 cmd 命令提示符窗口，依次输入以下命令在线安装第三方库。

```
pip install xlrd
pip install xlwt
```

安装成功后，再调用 import 语句导入模块，即可调用模块的函数和方法对 Excel 文件进行操作。导入模块的语句如下：

```
import xlrd
import xlwt
```

2. Excel 文件内容读取

xlrd 模块中的函数和属性可直接对 Excel 文件的工作表、行、列、单元格等数据项进行读取操作。

（1）打开工作簿

book1=xlrd.open_workbook(filename)：打开文件，返回一个 book 对象。

（2）获取工作表

调用 book 对象的相关函数可获取某个工作表 table 对象。

table=book1.sheets( )[i]：通过索引 i（从 0 开始递增）获取一个工作表对象。

table=book1.sheet_by_index(i)：通过索引 i（从 0 开始递增）获取一个工作表对象。

table=book1.sheet_by_name(sheet1)：通过工作表名称 sheet1（字符串）获取工作表对象。

table.name：返回 table 对象的名称属性 name。

（3）对行进行操作

按行号对行进行操作，行号 rowx 从上至下依次递增：0、1、2 等。

① table.row(rowx)：返回该行所有单元格对象组成的列表。例如，对图 8-7 中的 score0.xls 进行以下访问。

	A	B	C	D	E	F	G	H
1	学号	姓名	年龄	性别	英语	数学	计算机	
2	01	曾旭	19	男	78	90	88	
3	02	李平	20	男	90	92	85	
4	03	李雯	18	女	88	85	90	
5	04	唐蓉	18	女	81	90	92	
6	05	王湘林	17	女	80	87	90	
7	06	张花	18	女	95	80	89	
8	07	胡天	20	男	82	90	95	
9								
10								

图 8-7　文件 score0.xls 内容

```
>>>table.row(0)
[text:'学号', text:'姓名', text:'年龄', text:'性别', text:'英语', text:'数学', text:'
计算机']
```

说明：返回第 1 行所有单元格对象组成的列表。其中，每个元素为一个单元格对象，如 text:'学号'，由数据类型 text 和数据项'学号'组成，text 表示数据类型为文本型（字符串）。

② table.row_values(rowx)：返回该行所有单元格数据项组成的列表。例如，对图 8-7 中的 score0.xls 进行以下访问。

```
>>>table.row_values(0)
['学号', '姓名', '年龄', '性别', '英语', '数学', '计算机']
```

说明：返回第 1 行所有单元格数据项组成的列表。

③ table.nrows：获取某工作表的有效行数。

④ 通过 for 循环可遍历工作表的所有行数据，例如：

```
nrows=table.nrows
for i in range(nrows):
    print(table.row_values(i))
```

（4）对列进行操作

按列号对列进行操作，列号 colx 从左至右依次递增：0、1、2 等。

① table.col(colx)：返回该列所有单元格对象组成的列表。例如，对图 8-7 中的 score0.xls 进行以下访问。

```
>>>table.col(6)
[text:'计算机',number:88.0,number:85.0,number:90.0,number:92.0,number:90.0, number:
89.0,number:95.0]
```

说明：返回第 7 列所有单元格对象组成的列表。其中，每个元素为一个单元格对象，如 number:88.0，由数据类型 number 和数据项 88.0 组成，number 表示数据类型为数值型。

② table.col_values(colx)：返回该列所有单元格数据组成的列表。例如，对图 8-7 中的 score0.xls 进行以下访问。

```
>>>table.col_values(6)    #返回值为['计算机', 88.0, 85.0, 90.0, 92.0, 90.0, 89.0, 95.0]
```

说明：返回第 7 列的所有单元格数据项列表。

③ table.ncols：获取工作表的有效列数。

④ 通过 for 循环可遍历工作表的所有列数据，例如：

```
ncols=table.ncols
for j in range(ncols):
    print(table.col_values(j))
```

（5）对单元格进行操作

① table.cell(rowx,colx)：返回某单元格对象，组成形式为数据类型:数据值。例如，访问图 8-7 中的 score0.xls 第 1 行第 1 列的单元格对象。

```
>>>table.cell(0,0)                #返回值为 text:'学号'
```

② table.cell(rowx,colx).value：单元格对象的 value 属性，即返回单元格对象的数据值。

例如：

```
>>>table.cell(0,0).value          #返回值为'学号'
```

③ table.cell_value(rowx,colx)：返回某单元格中的数据值。

例如：

```
>>>table.cell_value(0,0)          #返回值为'学号'
```

【例 8-9】 当前目录下有一个 Excel 文件 score0.xls，如图 8-7 所示。编程输出第 1 个工作表名称、所有行数据、所有列数据及单元格第 2 行第 2 列的内容。

代码如下：

```
import xlrd                                                  #导入模块
book1=xlrd.open_workbook('score0.xls')                       #打开文件
table=book1.sheets()[0]                                      #获取第 1 个工作表
print("工作表名称："+table.name)                               #输出工作表的名称
print("按行依次输出所有数据：")
for i in range(table.nrows):                                 #遍历所有行
    print(table.row_values(i))
print("按列依次输出所有数据：")
for j in range(table.ncols):                                 #遍历所有列
    print(table.col_values(j))
print("单元格第 2 行第 2 列："+table.cell_value(1,1))          #获取单元格第 2 行第 2 列的内容
```

上述程序的运行结果如图 8-8 所示。

```
工作表名称：2301班成绩表
按行依次输出所有数据：
['学号', '姓名', '年龄', '性别', '英语', '数学', '计算机']
['01', '曾旭', 19.0, '男', 78.0, 90.0, 88.0]
['02', '李平', 20.0, '男', 90.0, 92.0, 85.0]
['03', '李雯', 18.0, '女', 88.0, 85.0, 90.0]
['04', '唐蓉', 18.0, '女', 81.0, 90.0, 92.0]
['05', '王湘林', 17.0, '女', 80.0, 87.0, 90.0]
['06', '张花', 18.0, '女', 95.0, 80.0, 89.0]
['07', '胡天', 20.0, '男', 82.0, 90.0, 95.0]
按列依次输出所有数据：
['学号', '01', '02', '03', '04', '05', '06', '07']
['姓名', '曾旭', '李平', '李雯', '唐蓉', '王湘林', '张花', '胡天']
['年龄', 19.0, 20.0, 18.0, 18.0, 17.0, 18.0, 20.0]
['性别', '男', '男', '女', '女', '女', '女', '男']
['英语', 78.0, 90.0, 88.0, 81.0, 80.0, 95.0, 82.0]
['数学', 90.0, 92.0, 85.0, 90.0, 87.0, 80.0, 90.0]
['计算机', 88.0, 85.0, 90.0, 92.0, 90.0, 89.0, 95.0]
单元格第2行第2列：曾旭
```

图 8-8　例 8-9 程序运行结果

3. Excel 文件写入数据

调用 xlwt 模块中的函数和方法可以将数据写入.xls 文件。写入不带格式的基础 Excel 表的一般步骤如下。

（1）导入库

```
import xlwt
```

（2）创建一个工作簿对象 workbook

```
workbook=xlwt.Workbook()
```

（3）在工作簿中添加一个工作表对象 worksheet

```
worksheet=workbook.add_sheet(sheet1)      #参数 sheet1 表示工作表名称
```

（4）向工作表中添加数据

```
worksheet.write(row,col,s)
#将数据 s 写入某单元格，row 表示行号（从 0 开始计算），col 表示列号（从 0 开始计算）
```

（5）保存数据

```
workbook.save(filename1) #参数 filename1 为保存的路径和文件名字符串
```

【例 8-10】 在当前目录下创建一个新文件 myaddress.xls，并写入相关数据，内容如图 8-9 所示。代码如下。

```
import xlwt                                    #导入模块
address=[['姓名','地址','电话'],
    ['赵敏','北京','13566666666'],
    ['孙浩','长沙','13788888888'],
    ['郑好','深圳','18655555555']]             #待写入的数据列表
book=xlwt.Workbook()                           #创建一个工作簿对象
sheet=book.add_sheet('通讯录')                 #添加一个工作表对象
row=0                                          #行号初值
for addr in address:                           #遍历数据列表元素 addr
    col=0                                      #列号初值
    for s in addr:                             #遍历数据列表元素 addr 列表中的元素 s
        sheet.write(row,col,s)                 #将 s 写入单元格(row,col)
        col+=1
    row+=1
book.save('myaddress.xls')  #保存文件
```

	A	B	C	D	E
1	姓名	地址	电话		
2	赵敏	北京	13566666666		
3	孙浩	长沙	13788888888		
4	郑好	深圳	18655555555		
5					

图 8-9　myaddress.xls 文件的内容

xlwt 模块还支持字体格式、单元格样式、单元格合并、公式、超链接的写入，其功能强大。例如，下列代码在调用 write( )方法之前，创建样式对象 style 和字体对象 font。

```
style = xlwt.XFStyle()                  #初始化样式
font = xlwt.Font()                      #为样式创建字体
font.name = 'Times New Roman'           #设置字体
font.bold = True                        #字体加粗
style.font = font                       #设定样式
sheet.write(0, 0, '带样式的写入', style)   #带字体样式的写入
```

8.3.3 二进制文件的读写

二进制文件是以字节为单位存储数据的文件类型，与文本文件不同，二进制文件中的数据并不是人类可读的字符，而是由一系列字节构成的。文本文件通常通过特定的编码方式（如 UTF-8 或 ASCII）存储字符，每个字符占据一个或多个字节。而二进制文件则直接存储原始的字节数据，不依赖于任何字符编码方式。这使二进制文件特别适合用于存储图像、音频、视频等复杂数据格式。

由于二进制文件的这种结构，它们的存储效率比文本文件更高，也更能够确保数据的精确性。在一些需要保存精密数据的场景，如科学计算、图像处理、音频和视频存储时，二进制文件更为常见。例如，一个 JPEG 图片文件或一个 MP4 视频文件，它们的内容并不是直接以可读字符的形式保存的，而是以像素、音频波形等数据的二进制表示。

在 Python 中，处理二进制文件的方式和文本文件相似，但需要在打开文件时指定以二进制模式操作。通过 open( )函数打开文件时，模式参数中加入'b'即可表示二进制模式。例如，'rb'模式表示以二进制读取文件，'wb'模式则表示以二进制写入文件。这样，程序可以直接操作字节流数据，而不需要担心编码转换等问题。Python 中通过这种方式处理二进制文件，能够更高效且精确地对复杂数据格式进行存取操作。

1. 读取二进制文件

首先是读取二进制文件的操作。假设我们有一个二进制文件，文件名为 example.bin，我们可以使用'rb'模式打开它，并将其中的数据读取出来。在 Python 中，二进制文件的内容会以字节的形式返回。例如：

```
#读取二进制文件
with open('example.bin', 'rb') as file:
    content = file.read()       #读取整个文件
    print(content)              #输出字节内容
```

在上述代码中，open( )函数使用了'rb'模式，表示以只读方式打开二进制文件。read( )方法会一次性读取整个文件的内容，并将其返回为字节串（bytes 类型）。读取的内容是原始的字节数据，如果直接输出，则会看到类似于\x00\xFF 这样的输出格式，这是字节数据的十六进制表示。

2. 写入二进制文件

接下来，我们来看写入二进制文件的操作。假设我们想创建一个二进制文件并写入一些数据，可以使用'wb'模式打开文件并将字节数据写入其中。例如：

```
#写入二进制文件
data = b'\x00\xFF\xAA\xBB'    #准备要写入的字节数据
with open('output.bin', 'wb') as file:
    file.write(data)           #将数据写入文件
```

在上述代码中，我们定义了一些字节数据 b'\x00\xFF\xAA\xBB'，这是一串 4 字节的数据，分别是

0x00、0xFF、0xAA 和 0xBB。然后使用'wb'模式打开文件，并通过 write( )方法将数据写入文件。写入的二进制文件会存储原始字节数据。

3．分块读取二进制文件

为了处理大型二进制文件，我们可以使用逐块读取的方法，这对于处理大文件非常有效。以下是一个分块读取的示例，每次读取 1024 字节。

```
#分块读取二进制文件
with open('large_file.bin', 'rb') as file:
    while chunk := file.read(1024):    #每次读取 1024 字节
        print(chunk)                   #处理读取的块
```

在上述代码中，我们使用了 read(1024)每次读取 1024 字节的数据块，而不是一次性读取整个文件。这样处理大文件时可以节省内存，适合在处理超大二进制文件时使用。

4．sturct 库

在处理二进制文件时，通常需要将字节流与 Python 的数据类型相互转换。为此，Python 提供了 struct 库，用于将数据打包（打包为字节序列）和解包（从字节序列转换为数据类型）。通过 struct 库，可以将数字、字符串等数据类型转换为二进制格式并写入文件，或者将二进制文件中的数据转换为可操作的 Python 对象。

（1）struct.pack( )：将数据打包为二进制格式。

struct.pack( )函数可将 Python 的基本数据类型（如整数、浮点数等）打包为二进制数据。它的第一个参数是一个格式字符串，用于指定每个数据的类型。常用的格式符号包括以下几个。

① 'i'：4 字节整数。

② 'f'：4 字节浮点数。

③ 'd'：8 字节双精度浮点数。

④ 'h'：2 字节短整型。

例如，下列代码的作用是将一个整数和一个浮点数打包为二进制数据。

```
import struct
#定义要打包的 Python 数据
integer_value = 10
float_value = 3.14
#使用 struct 打包为二进制数据
binary_data = struct.pack('if', integer_value, float_value)
#打开二进制文件并写入打包后的数据
with open('example.bin', 'wb') as file:
    file.write(binary_data)
```

在上述代码中，struct.pack('if', integer_value, float_value)用于将一个整数（'i'）和一个浮点数（'f'）打包为字节序列，并将其写入二进制文件 example.bin 中。

（2）struct.unpack( )：从二进制数据解包。

struct.unpack( )函数用于将二进制数据解包为 Python 数据类型。它与 pack( )相对，是从二进制文件读取数据时常用的操作。要确保解包时的格式字符串与打包时保持一致，才能正确地解析二进制数据。

例如，从二进制文件中读取数据并解包为 Python 对象的代码如下。

```
import struct
#从二进制文件中读取数据
```

```
with open('example.bin', 'rb') as file:
    binary_data = file.read()
#解包二进制数据为整数和浮点数
unpacked_data = struct.unpack('if', binary_data)
#输出解包后的数据
print(unpacked_data)  #输出：(10, 3.14)
```

此时，struct.unpack('if', binary_data)会将读取到的二进制数据解析为整数和浮点数，输出结果为一个包含两个元素的元组(10, 3.14)。

通过 struct 库，二进制文件的处理变得更加灵活且精确。它能将 Python 数据类型转换为字节流存储到文件中，也能从字节流中解析出 Python 数据。在处理文件格式、网络数据包、图像等需要精确控制二进制结构的场景中，struct 库是非常重要的工具。

8.3.4 文件属性的检查

在处理文件时，除了读写操作，了解文件的基本属性也非常重要。Python 提供了多种方法来检查文件的状态和属性，这些功能主要通过 os 模块和 os.path 模块来实现。

1．检查文件是否存在

在进行文件操作之前，通常需要先检查文件是否存在。使用 os.path.exists( )可以轻松实现这一点。例如：

```
import os
file_path = 'example.bin'
#检查文件是否存在
if os.path.exists(file_path):
    print(f"{file_path} 存在")
else:
    print(f"{file_path} 不存在")
```

2．获取文件的大小

使用 os.path.getsize( )可以获得文件的大小，单位为字节。例如：

```
import os
file_path = 'example.bin'
#获得文件的大小
if os.path.exists(file_path):
    file_size = os.path.getsize(file_path)
    print(f"{file_path} 的大小为 {file_size} 字节")
```

3．获取文件的创建和修改时间

使用 os.path.getctime( )和 os.path.getmtime( )可以分别获取文件的创建时间和修改时间。时间的返回值是一个时间戳，可以使用 time 模块将其转换为可读的格式。例如：

```
import os
import time
file_path = 'example.bin'
#获取文件的创建时间和修改时间
if os.path.exists(file_path):
```

```
    creation_time = os.path.getctime(file_path)
    modification_time = os.path.getmtime(file_path)
    #将时间戳转换为可读格式
    creation_time_readable = time.ctime(creation_time)
    modification_time_readable = time.ctime(modification_time)
    print(f"{file_path} 的创建时间为 {creation_time_readable}")
    print(f"{file_path} 的修改时间为 {modification_time_readable}")
```

4. 检查文件类型（文件或目录）

使用 os.path.isfile( )和 os.path.isdir( )可以分别检查路径指向的是文件还是目录。例如：

```
import os
file_path = 'example.bin'
#检查路径是否为文件
if os.path.isfile(file_path):
    print(f"{file_path} 是一个文件")
elif os.path.isdir(file_path):
    print(f"{file_path} 是一个目录")
```

通过这些方法，学生可以掌握如何检查文件的存在性、大小、时间戳及文件类型。这些工具有助于在文件处理时做出合适的判断和操作，也可以提高程序的健壮性。

8.3.5 文件操作函数

除了文件读写的操作函数，Python 在操作系统、时间处理、数学计算、数据序列化、内存管理等方面也提供了丰富的操作函数。这些函数在不同的场景中非常实用，以下是一些常见的非文件读写的操作函数。

1. 文件路径操作相关函数

在文件操作中，经常需要处理文件路径。Python 的 os 模块和 os.path 模块提供了一系列函数，用于路径管理和操作。

（1）os.path.join(path, *paths)：将多个路径组合成一个完整路径，自动处理路径分隔符。

（2）os.path.basename(path)：获取路径中的文件名。

（3）os.path.dirname(path)：获取路径中的目录部分。

（4）os.path.split(path)：将路径拆分为(目录,文件名)元组。

（5）os.path.splitext(path)：将文件名与扩展名分开，返回(文件名,扩展名)。

路径操作示例：

```
import os
path = '/user/docs/example.txt'
#获取文件名和目录
print(os.path.basename(path))      #输出 example.txt
print(os.path.dirname(path))       #输出/user/docs
#分离文件名和扩展名
file_name, file_extension = os.path.splitext(path)
print(file_name)                   #输出/user/docs/example
print(file_extension)              #输出.txt
```

2．文件和目录管理相关函数

Python 的 os 和 shutil 模块提供了一些用于文件和目录管理的高级操作函数。这些函数可以帮助你移动、复制、删除文件，以及创建或删除目录。

（1）os.rename(src, dst)：重命名文件或目录。

（2）os.remove(path)：删除文件。

（3）os.mkdir(path)：创建目录。

（4）os.rmdir(path)：删除空目录。

（5）shutil.copy(src, dst)：复制文件到目标位置。

（6）shutil.move(src, dst)：移动文件或目录。

重命名和删除文件示例：

```
import os
#重命名文件
os.rename('old_name.txt', 'new_name.txt')
#删除文件
os.remove('new_name.txt')
```

8.4 Pandas 数据处理

Pandas 是一个强大的基于 NumPy 分析结构化数据的工具集。Pandas 可以处理 CSV、JSON、SQL、Microsoft Excel 等各种文件格式，可以对各种数据进行归并、再成形、选择等运算操作。Pandas 广泛应用在学术、金融、统计学等各个数据分析领域中。

Pandas 库是第三方库，使用前须安装。打开 cmd 命令提示符窗口，输入下列语句可在线安装 Pandas 库。

```
pip install pandas
```

安装成功后，就可以导入 Pandas 库，导入 Pandas 库时一般使用别名 pd 来代替。例如：

```
import pandas as pd
```

8.4.1 Pandas 数据类型

Pandas 库提供了两种数据类型：Series 类型和 DataFrame 类型。

1．Series 类型

Series 属于一维数据结构，由 index（索引）和 values（值）构成。创建 Series 对象的基本语法格式如下：

```
pd.Series(data,index,dtype)
```

功能：将其他一维数据（如列表、元组、字典、一维数组）转换成 Series 类型，返回一个 Series 类型对象。

说明：

（1）参数 data：可以是列表、元组、字典、NumPy 数组等数据。

（2）参数 index：索引，可以是数字、字符，默认值为 0～N-1，N 为值的个数。

（3）参数 dtype：数据类型，可省略。

例如：

```
>>>pd.Series([2,4,6])                    #通过列表创建 Series 对象，索引号为默认值
0    2
1    4
2    6
dtype: int64
>>>pd.Series([2,4,6]).values             #Series 对象的 values 是一维数组
array([2, 4, 6], dtype=int64)
>>>pd.Series([2,4,6]).index              #Series 对象的索引
RangeIndex(start=0, stop=3, step=1)
>>>pd.Series((10,20,30,40))              #通过元组创建 Series 对象
0    10
1    20
2    30
3    40
dtype: int64
>>>pd.Series({'a':1,'b':2,'c':3})        #通过字典创建 Series 对象，字典的键为索引
a    1
b    2
c    3
dtype: int64
>>>import numpy as np                    #导入 numpy 库
>>>pd.Series(np.arange(1,9,2),index=['a','b','c','d'])    #通过一维数组创建 Series 对象
a    1
b    3
c    5
d    7
dtype: int32
```

2．DataFrame 类型

DataFrame 是二维表格型数据，既有行索引，又有列索引。每一列相当于一个 Series 对象，所有列具有相同索引（行标签）。创建 DataFrame 对象的基本语法格式如下：

```
pd.DataFrame(data,index,columns,dtype)
```

功能：将其他类型的二维数据转换成 DataFrame 类型数据，返回一个 DataFrame 对象。

说明：

（1）参数 data：可以是字典、列表、数组、Series 等类型数据。

（2）参数 index：索引值，即行标签，默认值为 0～n。

（3）参数 columns：列标签，默认值为 0～n。

（4）参数 dtype：数据类型。每列数据可以为不同类型的数据（数值、字符串、布尔型）。

例如：

```
>>>import pandas as pd
>>>import numpy as np
```

```
>>>dict1={'a':[1,2],'b':[3,4],'c':[5,6],}      #字典
>>>d1=pd.DataFrame(dict1)                       #通过字典创建 DF
>>>d1
   a  b  c
0  1  3  5
1  2  4  6
>>>d1.index              #行标签
RangeIndex(start=0, stop=2, step=1)
>>>d1.columns            #列标签
Index(['a', 'b', 'c'], dtype='object')
>>>d1.values             # values 为二维数组
array([[1, 3, 5],
       [2, 4, 6]], dtype=int64)
>>>lst=[['苹果',10,2],['梨子',8,3.5],['橘子',6,5]]           #二维列表
>>>d2=pd.DataFrame(lst,columns=['水果','单价','质量'])       #通过列表创建 DF
>>>d2
   水果  单价   质量
0  苹果  10  2.0
1  梨子   8  3.5
2  橘子   6  5.0
>>>array1=np.array([[1,2,3],[2,4,6]])              #二维数组
>>>d3=pd.DataFrame(array1,index=['one','two'])    #通过数组创建 DF，指定了行标签
>>>d3
     0  1  2
one  1  2  3
two  2  4  6
>>>series1=pd.Series([2,4,6])
>>>series2=pd.Series([3,5,7])
>>>d4=pd.DataFrame([series1,series2])             #将 Series 类型转换成 DF
>>>d4
   0  1  2
0  2  4  6
1  3  5  7
```

8.4.2 Pandas 读写文件

Pandas 库中的 DataFrame 数据可以与文本文件、CSV 文件、Excel 文件、JSON 文件、HTML 文件、数据库文件等各种文件进行数据交换，调用不同的函数和方法可实现不同类型文件的读写操作。

1．写文件

将 DataFrame 数据写入其他文件的方法如下。

（1）DataFrame 对象名.to_csv(filename)：写入.csv 文件或.txt 文件中。

（2）DataFrame 对象名.to_excel(filename)：写入 Excel 表格中，需要安装 xlwt 库。

（3）DataFrame 对象名.to_json(filename)：写入 JSON 文件中。

（4）DataFrame 对象名.to_html(filename)：写入 HTML 文件中。

（5）DataFrame 对象名.to_sql(filename)：写入数据库表中。

（6）DataFrame 对象名.to_clipboard( )：复制到剪贴板中，然后可以将其粘贴到其他地方。

参数 filename 为文件路径和文件名字符串，注意扩展名要与方法相匹配。

【例 8-11】已知某品牌 4 个连锁店 1～6 月的销售额，编程将数据写入当前目录下的 sale.csv 文件中。在 Excel 中打开文件，并查看文件内容，如图 8-10 所示。

代码如下：

```
1  import pandas as pd
2  d1=[980,875,905,905,960,887]
3  d2=[540,650,680,710,740,685]
4  d3=[1200,1152,1264,1320,1250,1400]
5  d4=[850,876,904,850,840,899]
6  dict1={'岳麓店':d1,'雨花店':d2,'芙蓉店':d3,'天心店':d4}   # 字典
7  df=pd.DataFrame(dict1,index=['1月','2月','3月','4月','5月','6月'])
8  df.to_csv('sale.csv')    #保存文件
```

	A	B	C	D	E	F
1		岳麓店	雨花店	芙蓉店	天心店	
2	1月	980	540	1200	850	
3	2月	875	650	1152	876	
4	3月	905	680	1264	904	
5	4月	905	710	1320	850	
6	5月	960	740	1250	840	
7	6月	887	685	1400	899	
8						

图 8-10 使用 Excel 打开的 sale.csv 文件

读者可自行试一下保存成其他格式文件，只须把第 8 行的方法 to_csv( )改成 to_excel( )、to_json( )等即可，特别注意文件扩展名也要相应地修改。例如，若要保存为 Excel 文件，则修改第 8 行代码为

```
8  df.to_excel('sale.xls')
```

2. 读文件

调用 Pandas 库中的不同函数可将不同类型的文件数据读取到 DataFrame 对象中。例如：

（1）DataFrame 对象名=pd.read_csv(filename)：读.csv 文件或.txt 文件。

（2）DataFrame 对象名=pd.read_excel(filename)：读 Excel 表格，须安装 xlrd 库。

（3）DataFrame 对象名=pd.read_json(filename)：读 JSON 文件。

（4）DataFrame 对象名=pd.read_html(filename)：读 HTML 文件。

（5）DataFrame 对象名=pd.read_sql(filename)：读数据库表。

（6）DataFrame 对象名=pd.read_clipboard( )：读取剪贴板中的内容。

【例 8-12】读取并显示例 8-11 创建的 sale.csv 文件内容。

```
import pandas as pd
df=pd.read_csv('sale.csv',index_col=0)   #第 0 列为行标签
print(df)
```

运行程序，输出的结果如下：

```
    岳麓店  雨花店  芙蓉店  天心店
1月  980  540  1200  850
2月  875  650  1152  876
```

```
3月  905  680  1264  904
4月  905  710  1320  850
5月  960  740  1250  840
6月  887  685  1400  899
```

请读者自行修改第 2 行的函数和文件扩展名，验证其他函数和文件类型的读操作。

8.4.3 Pandas 读写数据的方法

调用方法可读取、修改、插入或删除 DataFrame 中的某些行、列或单元格等部分数据，常见的方法有 head( )、tail( )、iloc( )、loc( )等。

1．head( )方法

格式：head(*n*)。

功能：读取前 *n* 行数据，默认返回前 5 行。

以例 8-12 中 sale.csv 文件数据为例：

```
>>>import pandas as pd
>>>df=pd.read_csv('sale.csv',index_col=0)
>>>print(df.head())              #显示前 5 行
    岳麓店  雨花店   芙蓉店  天心店
1月  980  540  1200  850
2月  875  650  1152  876
3月  905  680  1264  904
4月  905  710  1320  850
5月  960  740  1250  840
>>>print(df.head(2))             #显示前 2 行
岳麓店  雨花店   芙蓉店  天心店
1月  980  540  1200  850
2月  875  650  1152  876
```

2．tail( )方法

格式：tail(*n*)。

功能：显示尾部 *n* 行数据，默认返回末尾 5 行。

以例 8-12 中 sale.csv 文件数据为例：

```
>>>import pandas as pd
>>>df=pd.read_csv('sale.csv',index_col=0)
>>>print(df.tail(2))        #显示末尾 2 行
    岳麓店  雨花店   芙蓉店  天心店
5月  960  740  1250  840
6月  887  685  1400  899
```

3．iloc[ ]方法

iloc[ ]方法根据行、列序号对数据进行切片，其基本语法格式如下。

（1）iloc[行号,列号]：返回单个元素数据。

（2）iloc[起始行号:终止行号,起始列号:终止列号]：返回某个区域内的数据，行、列号遵循前闭后开原则。如果只选择了一行或一列，则返回一个 Series 数据类型；如果选择了多行或多列，则返回一个 DataFrame 数据类型。

例如：

```
>>>import pandas as pd
>>>df=pd.DataFrame({'A':[1,2,3],'B':[4,5,6],'C':[7,8,9]})       #创建 DataFrame 对象
>>>df
   A  B  C
0  1  4  7
1  2  5  8
2  3  6  9
>>>df.iloc[0,0]             #取第 0 行第 0 列的元素
1
>>>df.iloc[0]               #取第 0 行的元素，返回一个 Series 数据
A    1
B    4
C    7
Name: a, dtype: int64
>>>df.iloc[:2]              #取前 2 行的元素
   A  B  C
0  1  4  7
1  2  5  8
>>>df.iloc[:,0]             #取第 0 列的元素，返回一个 Series 数据
0    1
1    2
2    3
Name: A, dtype: int64
>>>df.iloc[0:2,0:2]         #取第 0、1 行第 0、1 列区域内的数据，遵循前闭后开原则
   A  B
0  1  4
1  2  5
```

给 DF 对象的 iloc[index]直接赋值将修改某行数据，例如：

```
>>>df.iloc[0]=[5,5,5]       #修改第 0 行的数据
>>>df
   A  B  C
0  5  5  5
1  2  5  8
2  3  6  9
```

4．loc[ ]方法

loc[ ]方法根据行、列标签（默认标签或自定义标签）来进行数据切片，其基本语法格式如下。

```
loc[行标签,列标签]：返回单个元素数据。
```

loc[起始行标签:终止行标签,起始列标签:终止列标签]：返回某个区域内的数据，行、列标签遵循前闭后闭原则。如果只选择了一行或一列，则返回一个 Series 数据类型；如果选择了多行或多列，则返回一个 DataFrame 数据类型。

例如：

```
>>>df=pd.DataFrame({'A':[1,2,3],'B':[4,5,6],'C':[7,8,9]},index=["a","b","c"])
>>>df                          # df 自定义了行标签和列标签
   A  B  C
a  1  4  7
b  2  5  8
c  3  6  9
>>>df.loc['a','A']             #取'a'行'A'列相交的元素
1
>>>df.loc['b']                 #取'b'行的元素
A    2
B    5
C    8
>>>df.loc[:,'A']               #取'A'列的元素
a    1
b    2
c    3
>>>df.loc['a':'b','A':'B']     #遵循前闭后闭原则
   A  B
a  1  4
b  2  5
```

给 DataFrame 对象的 loc[index]直接赋值，将在后面增加一行数据，如果 index 存在，则将修改原来数据。例如：

```
>>>df.loc['a']=[3,3,3]         #增加行
>>>df
   A  B  C
0  1  4  7
1  2  5  8
2  3  6  9
a  3  3  3
>>>df.loc[0]=[1,1,1]           #修改第 0 行的数据
>>>df
   A  B  C
0  1  1  1
1  2  5  8
2  3  6  9
a  3  3  3
```

5. []索引方法

直接用 df.[columns]获取某一列数据，例如：

```
>>>df=pd.DataFrame({'A':[1,2,3],'B':[4,5,6]},index=["a","b","c"])
>>>df
   A  B
a  1  4
b  2  5
c  3  6
```

```
>>>df['A']    #取A列的元素，返回Series类型
a    1
b    2
c    3
Name: A, dtype: int64
>>>df['C']=[0,0,0]  #插入C列
>>>df
   A  B  C
a  1  4  0
b  2  5  0
c  3  6  0
>>>df['B']=[2,2,2]   #修改B列的元素
>>>df
   A  B  C
a  1  2  0
b  2  2  0
c  3  2  0
```

8.4.4 Pandas 数据分析处理

Pandas 支持统计、排序、筛选、删除行列、删除空值、空值填充等数据分析处理操作。

1. 统计

describe( )方法可返回 DataFrame 表中每一列的计数、均值、方差、最小值、最大值等统计信息。

【例 8-13】读取图 8-10 中的 sale.csv 文件，其中第 0 列为行标签。将每一列的统计信息写入 salecount.xls 文件中，文件内容如图 8-11 所示。

代码如下：

```
1  import pandas as pd
2  df=pd.read_csv('sale.csv',index_col=0)       #第0列为行标签
3  v=df.describe()                              #统计信息表
4  v.to_excel('salecount.xls','销售统计表')     #写入Excel文件“销售统计表”工作表
```

	A	B	C	D	E	F
1		岳麓店	雨花店	芙蓉店	天心店	
2	count	6	6	6	6	
3	mean	918.6666667	667.5	1264.333333	869.8333333	
4	std	41.84096876	69.40821277	87.71240885	27.32337217	
5	min	875	540	1152	840	
6	25%	891.5	657.5	1212.5	850	
7	50%	905	682.5	1257	863	
8	75%	946.25	703.75	1306	893.25	
9	max	980	740	1400	904	
10						

图 8-11　salecount.xls 文件内容

如果要单独获取某列的某项统计数据，则可以直接调用相应的方法。若在例 8-13 的第 4 行后面增加以下两条语句：

```
print("雨花店的均值",df['雨花店'].mean())     #均值
print("芙蓉店的方差",df['芙蓉店'].std())      #方差
```

则程序运行后会输出以下信息：

```
雨花店的均值 667.5
芙蓉店的方差 87.71240885226369
```

2．排序

Pandas 可实现按列或行排序，可简单排序，也可复杂排序。其基本语法格式如下。

```
sort_values(by, axis=0, ascending=True)
```

说明：

（1）by 表示排序的依据，可以是索引或索引列表。

（2）axis 表示排序的轴，可以取值为 0 或 1，0 表示 0 轴（列），1 表示 1 轴（行），默认值为 0。

（3）ascending 表示升序或降序，True 表示升序（默认值），False 表示降序。可以设置复杂排序，如[True,False]，即第一个升序，第二个降序。

【例 8-14】读取图 8-10 中的 sale.csv 文件，其中第 0 列为行标签。对数据进行以下 3 种不同的排序：①按'岳麓店'列升序排序；②按'5 月'行降序排序；③复杂排序，即按'岳麓店'列降序排列，若相同再按'天心店'升序排序。

代码如下：

```
import pandas as pd
df=pd.read_csv('sale.csv',index_col=0)
print("按'岳麓店'列升序排序：")
df1=df.sort_values('岳麓店')
print(df1)
print("按'5月'行降序排序：")
df2=df.sort_values('5月',axis=1,ascending=False)
print(df2)
print("按'岳麓店'列降序排序，若相同再按'天心店'升序排序：")
df3=df.sort_values(by=['岳麓店','天心店'],ascending=[False,True])
print(df3)
```

上述程序的运行结果如下：

```
按'岳麓店'列升序排序：
    岳麓店  雨花店  芙蓉店  天心店
2月  875   650   1152   876
6月  887   685   1400   899
3月  905   680   1264   904
4月  905   710   1320   850
5月  960   740   1250   840
1月  980   540   1200   850
按'5月'行降序排序：
     芙蓉店  岳麓店  天心店  雨花店
1月  1200   980   850   540
2月  1152   875   876   650
```

```
3月  1264  905  904  680
4月  1320  905  850  710
5月  1250  960  840  740
6月  1400  887  899  685
按'岳麓店'列降序排序，若相同再按'天心店'升序排序:
    岳麓店  雨花店  芙蓉店  天心店
1月  980  540  1200  850
5月  960  740  1250  840
4月  905  710  1320  850
3月  905  680  1264  904
6月  887  685  1400  899
2月  875  650  1152  876
```

3．筛选

筛选是指选择符合一定条件的记录。可使用前面讲过的 read( )、tail( )、iloc( )、loc( )方法进行简单的筛选，或者先 sort_value( )排序再选择。也可以在引用时直接加上筛选条件，快速过滤数据。例如：

```
>>>import pandas as pd
>>>df=pd.read_csv('sale.csv',index_col=0)
>>>df[df.芙蓉店>=1300]          #筛选出芙蓉店销售额大于或等于 1300 的记录
    岳麓店  雨花店  芙蓉店  天心店
4月  905  710  1320  850
6月  887  685  1400  899
>>>df.loc[df['天心店']==850]  #筛选出天心店销售额等于 850 的记录
    岳麓店  雨花店  芙蓉店  天心店
1月  980  540  1200  850
4月  905  710  1320  850
>>>df.sort_values('雨花店').head(2)     #筛选出雨花店销售额最少的 2 条记录
    岳麓店  雨花店  芙蓉店  天心店
1月  980  540  1200  850
2月  875  650  1152  876
```

4．删除

drop 用于删除行或列，dropna 用于删除空值元素所在的行或列。其基本语法格式如下。

（1）drop(行索引)：删除单行。

（2）drop([行索引 1,行索引 2])：删除多行。

（3）drop(列名,axis=1)：删除单列。

（4）drop([列索引 1,列索引 2],axis=1)：删除多列。

（5）dropna( )：删除所有空值行，None 表示空值。

（6）dropna(axis=1)：删除所有空值列。

删除操作不会影响原始数据，并会返回一个新的 DataFrame 对象。也可以添加参数 inplace=True，其可直接改变原数据。

【例 8-15】创建某公司的员工信息表，并进行以下操作显示：删除第 0 行、删除 gender 列、删除包含空值的行。

代码如下：

```
import pandas as pd
```

```
xm=['Rose','Marry','Jane','Yang','Li','Wu']
xb=['f',None,'m','m','f','m']
nl=[24,30,42,28,None,38]
gz=[4500,5000,8000,5500,4500,6500]
dict1={'name':xm,'gender':xb,'age':nl,'salary':gz}    #字典
df=pd.DataFrame(dict1)                                #创建 DF 对象
df.to_csv('ygxx.csv')                                 #保存
print(df.drop(0))                                     #删除第 0 行
print(df.drop('gender',axis=1))                       #删除 gender 列
print(df.dropna())                                    #删除包含空值的行
```

程序运行后，在当前目录下新建 ygxx.csv 文件，如图 8-12 所示，并且在 Shell 窗口中显示删除操作的结果。

```
     name     gender    age     salary
1    Marry    None      30.0    5000
2    Jane     m         42.0    8000
3    Yang     m         28.0    5500
4    Li       f         NaN     4500
5    Wu       m         38.0    6500
     name     age       salary
0    Rose     24.0      4500
1    Marry    30.0      5000
2    Jane     42.0      8000
3    Yang     28.0      5500
4    Li       NaN       4500
5    Wu       38.0      6500
     name     gender    age     salary
0    Rose     f         24.0    4500
2    Jane     m         42.0    8000
3    Yang     m         28.0    5500
5    Wu       m         38.0    6500
```

	A	B	C	D	E	F
1		name	gender	age	salary	
2	0	Rose	f	24	4500	
3	1	Marry		30	5000	
4	2	Jane	m	42	8000	
5	3	Yang	m	28	5500	
6	4	Li	f		4500	
7	5	Wu	m	38	6500	
8						

图 8-12 ygxx.csv 文件内容

5．填充

数据分析时，对于空值 None 可以进行整行或整列的删除，也可以通过使用其他值进行统一填充。

其基本语法格式如下。

```
fillna(value,inplace=False)
```

功能：使用 value 值填充空值，inplace 表示是否修改原始数据，默认不修改，设为 True 时直接修改原始数据。

【例 8-16】读取图 8-12 中的 ygxx.csv 文件，并进行如下处理：使用 f 填充 gender 列的空值，使用 age 列的均值填充 age 列的空值。

代码如下：

```
import pandas as pd
df=pd.read_csv('ygxx.csv',index_col=0)                #读文件
df['gender'].fillna('f',inplace=True)                 #用 f 填充 gender 列空值
df['age'].fillna(df['age'].mean(),inplace=True)       #用 age 列的均值填充 age 列的空值
print(df)
```

上述程序的运行结果如下：

```
     name     gender   age    salary
0    Rose     f        24.0   4500
1    Marry    f        30.0   5000
2    Jane     m        42.0   8000
3    Yang     m        28.0   5500
4    Li       f        32.4   4500
5    Wu       m        38.0   6500
```

8.5 网页数据爬取

当今世界已经进入网络化的大数据时代，网络技术、通信技术、移动设备技术的高速发展与人的高度融合，产生了爆炸式的信息增长和复杂的数据集合。如何高效率地获取网络上的海量、复杂数据变得十分重要，网络信息检索和采集技术应运而生。其中，网络爬虫以能自动高效地抓取信息而获得关注和发展。

网络爬虫（Web Crawler），又被称为网页蜘蛛（Web Spider）、网络机器人（Computer Robot），是一种按照一定的规则，自动地抓取万维网信息的程序或脚本。计算机“机器人”是指某个能以人类无法达到的速度不间断地执行某项任务的软件程序。由于专门用于检索信息的“机器人”程序就像蜘蛛一样在网络间爬来爬去，反反复复，不知疲倦。所以，搜索引擎的“机器人”程序就被称为“蜘蛛”程序。

8.5.1 网络爬虫的原理

网络爬虫通过网址 URL（Uniform Resource Locator，统一资源定位符）查找网页，将用户关注的网页内容直接返回给用户。

网络爬虫的基本工作流程如图 8-13 所示。

（1）首先读取一些网页，将这些网页的链接地址作为种子 URL。

（2）将种子 URL 放入待抓取 URL 队列中。

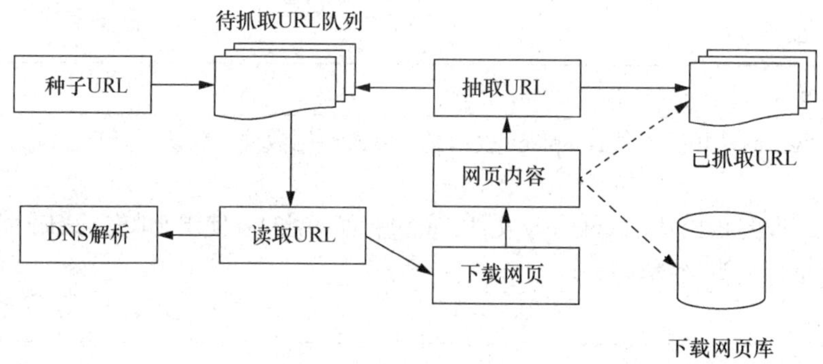

图 8-13　爬虫的基本工作流程

（3）爬虫从待抓取 URL 队列中取出待抓取在 URL，解析 DNS，得到主机的 IP 地址，并将 URL 对应的网页下载下来，存储进已下载网页库中。此外，将这些 URL 放进已抓取 URL 队列中。

（4）分析已抓取 URL 队列中的 URL，分析其中的其他 URL，并将 URL 放入待抓取 URL 队列中。

（5）重复步骤（2）～（4），直到待抓取 URL 队列为空。

理论上，只要是通过浏览器可以看见、访问的数据，都是可以利用爬虫技术采集到本地计算机的。一些网站为了保护自己宝贵的数据资源，也运用了反爬虫技术。因此，爬虫技术与反爬虫技术也一直在相互较量中发展。

大型网站通过爬虫协议告诉网络爬虫哪些页面可以抓取，哪些页面不能抓取。爬虫协议（Robots 协议）的全称是“网络爬虫排除标准”。爬虫协议会写进 robots.txt 文件中，该文件一般放在网站的首页，网络爬虫需要遵守该文件的协议内容，否则需要承担相应的法律责任。对于没有 robots.txt 文件的网站，默认允许所有爬虫获取网站内容。

使用爬虫程序采集网络数据时，一般经过以下 4 个过程：发送请求、获取内容、解析内容、保存数据。

8.5.2 网页数据的爬取技术

Python 常见的网页数据爬取库有 urllib、requests、scrapy、grab、portia 等。

其中，urllib 是 Python 自带的内置标准库，可发送网页请求并获取内容。urllib 库主要包含 4 个模块：request、error、parse、robotparser。request 模块用于发送网页请求并获取请求的结果；error 异常处理模块用于捕获异常；parse 工具模块提供了 URL 处理的方法，如拆分、解析、合并等；robotparser 模块主要用于识别网站的 robots.txt 文件。

requests 库是在标准库 urllib 的基础上封装而成的第三方库，requests 继承了 urllib 的所有特性，并且使用起来比 urllib 库更简洁。本节重点介绍第三方库 requests 的使用。

requests 是第三方库，使用前先打开 cmd 命令提示符窗口输入以下命令进行在线安装：

```
pip install requests
```

安装完成后，使用 import 命令导入该库即可使用。常用的导入语句如下：

```
import requests
```

1. 发送请求

requests 模块提供了多个发送 HTTP（Hypertext Transfer Protocol，超文本传输协议）请求的函数，常用的函数具体如表 8-2 所示。

表 8-2 requests 模块的主要请求函数

函数	说明
requests.request( )	构造一个请求，支持以下各种方法
request.get( )	获取 HTML 网页的主要方法，对应于 HTTP 的 GET 请求方式
requests.post( )	向 HTML 网页提交 POST 请求，对应于 HTTP 的 POST 请求方式
request.head( )	获取 HTML 头部信息
requests.put( )	向 HTML 网页提交 PUT 请求
requests.patch( )	向 HTML 提交局部修改的请求
requests.delete( )	向 HTML 提交删除请求

其中，get( )是最常见的函数，该函数返回一个包含服务器资源的 response 对象。通过 response 对象可以获取请求的返回状态、HTTP 响应的字符串（即 URL 对应的页面内容）、页面的编码方式及页面内容的二进制数形式。其基本语法格式如下。

```
requests.get(url,params,**kwargs)
```

其中，参数 url 为爬取网站的地址；参数 params（关键字参数）是可选参数，采用字典或字节流格式；参数**kwargs（关键字参数）是可选项，最多可以有 12 个访问控制参数。

例如：

```
>>>res=requests.get('http://www.baidu.com')
```

2．获取响应

requests 模块中的请求函数可返回一个 response 对象，通过该对象的属性可获取请求的响应结果。response 对象的常用属性如表 8-3 所示。

表 8-3 response 对象的常用属性

属性	说明
status_code	HTTP 请求的返回状态，200 表示连接成功，而 404、418 等表示连接失败
text	HTTP 响应内容的字符串形式，即 URL 对应的页面内容
encoding	从 HTTP 请求头中分析响应内容的编码方式
apparent_encoding	从内容中分析出的响应编码的方式（备选编码方式）
content	HTTP 响应内容的二进制形式
cookies	以字典形式返回所有的 cookies

【例 8-17】利用 requests 模块爬取百度网页，并返回连接状态、编码方式、页面内容。

代码如下：

```
import requests                                   #导入库
res=requests.get('http://www.baidu.com')          #发送请求
print("响应状态码: ",res.status_code)              #输出请求的状态
print("编码方式: ",res.encoding)                   #输出网页的编码
res.encoding='UTF-8'                              #修改网页的编码
print("网页源代码: \n",res.text)                   #输出网页的内容
```

程序的运行结果如下：

```
响应状态码: 200
编码方式: ISO-8859-1
网页源代码:
 <!DOCTYPE html>
<!--STATUS OK--><html> <head><meta http-equiv=content-type content=text/html;
charset=utf-8><meta http-equiv=X-UA-Compatible content=IE=Edge><meta content=always
name=referrer><link rel=stylesheet type=text/css href=http://s1.bdstatic.com/
r/www/cache/bdorz/baidu.min.css><title>百度一下，你就知道</title></head> <body link=
#0000cc> …… </body> </html>
```

注意：text 表示请求网页的 HTML（Hypertext Markup Language，超文本标记语言）内容。本网页的内容太多，中间内容已省略。

有些网页直接用 get(url)发送请求无法连接成功，这时可设置 headers 参数的 User-Agent 值将其伪装成浏览器。例如，当直接 get 豆瓣网站时返回 418 错误，而设置 headers 参数则返回 200，表示连接成功。

```
>>>res=requests.get('https://www.douban.com/')
>>>res.status_code                    #返回值为 418
>>>res=requests.get('https://www.douban.com/',headers={'User-Agent':'Mozilla/5.0
(Windows NT 10.0; Win64; x64) AppleWebKit/537.36 (KHTML, like Gecko) Chrome/107.0.0.0
Safari/537.36'})
>>>res.status_code                    #返回值为 200
```

8.5.3 网页解析技术

1. HTML 文档

通过 requests 模块抓取的是整个 HTML 网页内容，HTML 是用来描述网页内容和样式的计算机语言，主要由标签（tag）和内容组成，标签包含<关键字>、元素、属性等。一个网页（html）由头部（head）和主体（body）组成。主体中可包含文字、按钮、图片、视频等各种复杂的元素，不同类型的元素通过不同类型的标签表示。常见的元素有 html（网页）、head（头）、title（标题）、style（样式）、body（主体）、div（容器）、p（段落）、span（行内元素）、a（超链接）、form（表单）、table（表格）、tr（行）、td（单元格）等。根据 W3C（World Wide Web Consortium，万维网联盟）和 HTML DOM（Document Object Model，文档对象模型）标准，HTML 文档是一种树结构，如图 8-14 所示。文档中的所有内容包括元素、文本、属性、注释等都是树节点。

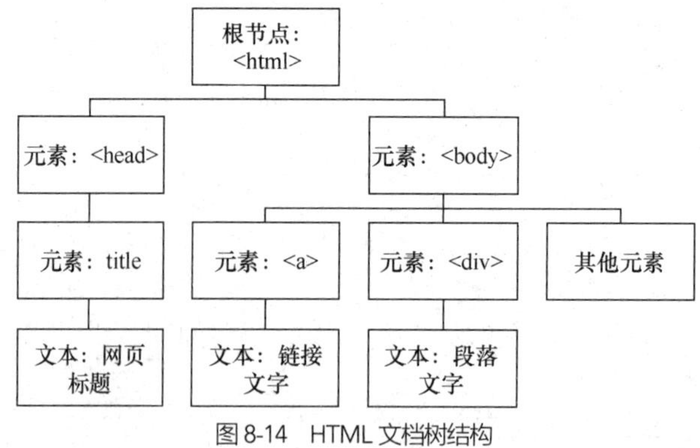

图 8-14　HTML 文档树结构

在浏览器中可直接查看网页的 html 内容。例如，在 Google Chrome 浏览器（使用不同的浏览器查看源代码会有差异）中打开百度首页，右击空白处，在弹出的快捷菜单中选择“检查”选项，这时在窗口右侧的“Elements”选项卡中可以看到百度首页的源代码，部分代码视图如图 8-15 所示。

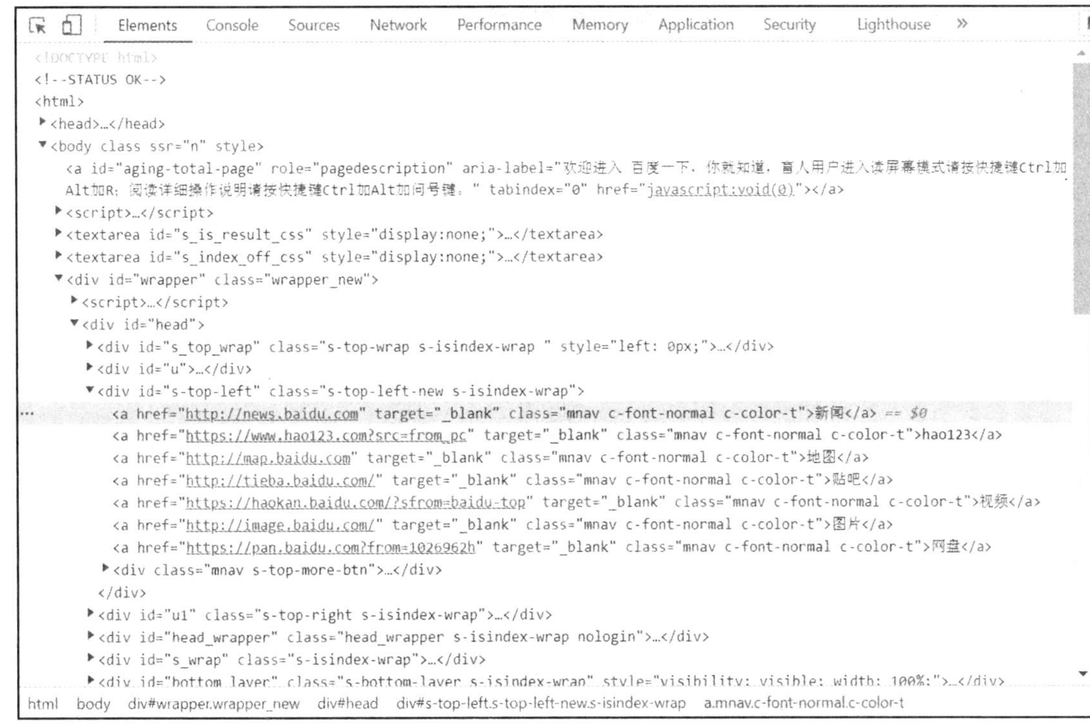

图 8-15 “Elements”选项卡中的部分代码视图

2．Beautiful Soup 库

如何从抓取的 HTML 内容中解析出真正有用的数据是数据爬虫技术的关键。Python 从网页中提取内容的方式主要有两种，一是利用正则表达式进行匹配，二是利用现有的解析工具，如 Beautiful Soup、XPath 等。正则表达式的功能强大，但对于复杂的网页不太友好。第三方库 Beautiful Soup（简称 bs4）使用简单，处理高效，支持多种解析器 HTML/XML（Extensible Markup Language，可扩展标记语言）。

Beautiful Soup 是结构化解析工具，以 DOM 树结构（图 8-14）为标准进行标签结构信息的提取，树结构中的每个节点都是一个 Beautiful Soup 对象，Beautiful Soup 中常用的对象如下。

（1）bs4.BeautifulSoup 类：表示 HTML DOM 中的全部内容。

（2）bs4.element.Tag 类：表示 HTML 中的标签，有两个属性，即标签名称 name 和标签属性 attrs。

（3）bs4.element.NavigableString 类：表示 HTML 中标签的文本。

（4）bs4.element.Comment 类：表示标签内字符串的注释部分，是一种特殊的 NavigableString 对象。

第三方库 Beautiful Soup 须先安装再导入使用，打开 cmd 命令提示符窗口输入以下命令进行在线安装：

```
pip install beautifulsoup4
```

导入模块的常用语句如下：

```
from bs4 import BeautifulSoup
```

Beautiful Soup 模块解析网页的基本步骤为创建 Beautiful Soup 对象、搜索节点、访问节点。

（1）创建 Beautiful Soup 对象

以 HTML 网页字符串为解析内容，以 html.parser 或 lxml 为解析器，便可创建出 Beautiful Soup 对象。其基本语法格式如下。

```
Beautiful Soup 对象=BeautifulSoup(网页内容,解析器)
```

例如：

```
>>>s='''<html>
  <head><title>招生</title></head>
  <body>
   <ul class="menu">
    <li id="nav_1"><a href="x1.htm">首页</a></li>
    <li id="nav_2"><a href="zs/x2.htm">导师平台</a></li>
    <li id="nav_3"><a href="zs/x3.htm">硕士招生</a></li>
    <li id="nav_4"><a href="zs/x4.htm">博士招生</a></li>
    <li id="nav_5"><a href="zs/x5.htm">招生简章</a></li>
    <li id="nav_6"><a href="zs/x6.htm">下载中心</a></li>
   </ul>
  </body>
</html>'''
>>>soup=BeautifulSoup(s,'html.parser')
```

说明：将网页内容字符串 *s* 解析为 DOM 树形结构，返回一个名为 soup 的 Beautiful Soup 对象。如果以 lxml 为解析器，则必须先安装再导入 lxml 库才能使用。安装命令如下：

```
pip install lxml
```

（2）搜索节点

搜索节点的常用方法有 find_all( )、find( )。

方法 find_all( )是根据标签名称、属性、文本来搜索所有匹配的标签。其基本语法格式如下。

```
find_all(name,attrs,text)
```

说明：参数 name 为标签名，即 HTML 标签名；参数 attrs 为元素属性字典；参数 text 为文本内容。返回一个 bs4.element.ResultSet 可迭代对象，可用索引号访问每一个标签。

例如：

```
>>>soup.find_all('a')                          #查找所有 a 标签
[<a href="x1.htm">首页</a>, <a href="zs/x2.htm">导师平台</a>, <a href="zs/x3.htm">硕士招生</a>, <a href="zs/x4.htm">博士招生</a>, <a href="zs/x5.htm">招生简章</a>, <a href="zs/x6.htm">下载中心</a>]
>>>soup.find_all('a')[0]
<a href="x1.htm">首页</a>
>>>soup.find_all(attrs={'id':'nav_1'})     #通过 id 属性查找
[<li id="nav_1"><a href="x1.htm">首页</a></li>]
```

方法 find( )的不同之处是只返回第一个匹配到的对象。其基本语法格式如下。

```
find(name, attrs,text)
```

例如：

```
>>>soup.find('a')              #返回第一个a标签
<a href="x1.htm">首页</a>
```

（3）访问节点

节点常用的属性有名称 name、属性 attrs、文本 string、文本 text、子节点 contents、父节点 parent 等。例如：

```
>>>soup.find('a').name         #节点的名称
'a'
>>>soup.find('a').attrs        #节点的属性
{'href': 'x1.htm'}
>>>soup.find('a').string       #节点的文本
'首页'
>>>soup.find('a').text         #节点的文本
'首页'
>>>for tag in soup.find_all('li'):
print(tag.contents)            #所有子节点
[<a href="x1.htm">首页</a>]
[<a href="zs/x2.htm">导师平台</a>]
[<a href="zs/x3.htm">硕士招生</a>]
[<a href="zs/x4.htm">博士招生</a>]
[<a href="zs/x5.htm">招生简章</a>]
[<a href="zs/x6.htm">下载中心</a>]
```

【例 8-18】爬取百度首页，分析源代码，提取左上角导航栏的链接地址和名称。

【分析】首先使用 requests 库发送请求获取百度首页的源代码，分析源代码找到左上角导航栏对应的代码，如图 8-16 所示。导航栏的链接和名称位于 a 标签内，具有同样的 class 属性值 mnav，href 属性值表示链接地址，a 标签的文本 text 即链接名称。

```
<div id="u1">
<a class="mnav" href="http://news.baidu.com" name="tj_trnews">新闻</a>
<a class="mnav" href="http://www.hao123.com" name="tj_trhao123">hao123</a>
<a class="mnav" href="http://map.baidu.com" name="tj_trmap">地图</a>
<a class="mnav" href="http://v.baidu.com" name="tj_trvideo">视频</a>
<a class="mnav" href="http://tieba.baidu.com" name="tj_trtieba">贴吧</a>
<noscript> <a class="lb" href="http://www.baidu.com/bdorz/login.gif?login&amp;
tpl=mn&amp;u=http%3A%2F%2Fwww.baidu.com%2f%3fbdorz_come%3d1" name="tj_login">登录</a></noscript>
<script>document.write('<a href="http://www.baidu.com/bdorz/login.gif?login&tpl=mn&u='+
encodeURIComponent(window.location.href+ (window.location.search === "" ? "?" : "&")+
"bdorz_come=1")+ '" name="tj_login" class="lb">登录</a>');</script>
<a class="bri" href="//www.baidu.com/more/" name="tj_briicon" style="display: block;">更多产品</a>
</div>
```

图 8-16　百度首页左上角导航栏的源代码截图

具体代码如下：

```
import requests
from bs4 import BeautifulSoup
res=requests.get('http://www.baidu.com')              #发送请求
res.encoding='utf-8'                                   #修改编码
soup=BeautifulSoup(res.text,'html.parser')             #创建Beautiful Soup对象
tags=soup.find_all('a',attrs={'class':'mnav'})         #查找所有class属性为mnav的a标签
for tag in tags:                                       #遍历所有tags元素
    t_href=tag.attrs['href']                           #获取tag的href属性
```

```
    t_text=tag.text                        #获取tag的文本内容
    print(t_text,t_href)
```

程序的运行结果如下：

```
新闻 http://news.baidu.com
hao123 http://www.hao123.com
地图 http://map.baidu.com
视频 http://v.baidu.com
贴吧 http://tieba.baidu.com
```

习题

一、填空题

1. 根据编码方式不同，文件可分为（　　　　）文件和（　　　　）文件。
2. （　　　　）函数用来打开或新建文件并返回文件对象。
3. 读文本文件常用的方法有（　　　　）、（　　　　）和（　　　　）。
4. 写文本文件常用的方法有（　　　　）和（　　　　）。
5. （　　　　）语句将文件对象 f 的读写指针定位到文件开头。
6. （　　　　）模块是专门针对 CSV 文件进行操作的。
7. 第三方库（　　　　）专门针对 Excel 文件的写操作，第三方库（　　　　）专门针对 Excel 文件的读操作。
8. Pandas 库支持两种数据类型，分别是（　　　　）和（　　　　）。
9. （　　　　）库是在标准库 urllib 的基础上封装而成的第三方库，主要实现网页数据的爬取操作。
10. os.path 模块中的（　　　　）用于函数判断路径是否存在。

二、程序填空题

1. 已知文件 data.txt 存放了多个数，数与数之间以空格分隔，内容如下：

12　34　55　6　87　21

下列程序实现了文件数据的读取并求和，请补充完善代码。

```
with ________('data.txt',___________) as f:
    s=f.read()
list1=s.________
list2=________(eval,list1)
print(________(list2))
```

2. 有如下网页 HTML 代码，赋值给字符串变量 html：

```
html='''
<div class="skInfo" style="display: block;">
    <div class="temp">
        <span class="tempNum" id="temp" n="101250101">7</span>
        <span class="tempDu">℃</span>
    </div>
    <div class="otherWeather">
        <span id="aqi">110</span><span id="aqis">轻度污染</span>
    </div>
```

```
    <div class="weatherRow" style="display: block;">
        <span>相对湿度</span> <span id="sd">99%</span>
    </div>
</div>'''
#已导入 requests 和 bs4 库，根据要求填写相应的语句
import requests
from bs4 import BeautifulSoup
#提取温度 7℃，赋值给字符串 tem
soup=________(html,'html.parser')
d1=soup.find('span',attrs={'class':'tempNum'}).text
d2=soup.___('span',_______={'class':______}).text
s=d1+d2
#提取“轻度污染”aqis 和相对湿度“99%”sd
aqis=___________________________.text
sd=_____________________________.text
#将变量 s、aqis、df 三项数据添加到字典 dict1 中
dict1={'温度':_____,'空气质量':______,'相对温度':sd}
```

3. 已有如下一张表格：

	A	B	C
a	1	3	5
b	9	11	13
c	2	4	6

按以下要求写代码。

```
#导入 pandas 库
___________________ as pd
#仿照上述表格的结构，首先创建一个字典 dic1，再根据字典创建一个 DataFrame 对象
dict1=________________________________
df=___________________________________
#将 DataFrame 的 B 列数据按照降序排列
df1=df.________________________________
#将排序后的 DataFrame 写入 test.csv 文件中
df1.__________________________________
```

第9章 面向对象程序设计

本章将深入探讨 Python 的面向对象编程（Object-Oriented Programming，OOP）范式。通过介绍面向对象的基本概念、类和对象的定义与创建、属性的种类与使用、方法的定义与调用，读者将深入理解 OOP 的三大特征：封装、继承和多态。同时，本章还将详细讲解 Python 类的特殊方法，包括与序列相关、迭代器和生成器，以及运算符重载等内容，以帮助读者全面掌握 Python OOP 的精髓。

9.1 面向对象概念

Python 是支持面向对象程序设计的编程语言，函数、模块、变量、字符串都是对象。面向对象的程序设计具有三大特征：封装、继承和多态，可以大大增强程序的可靠性、代码的可重用性和程序的可维护性，从而提高程序的开发效率。由于 Python 致力于提供简单够用的语法功能，Python 的面向对象比较简单，创建一个类和对象都很容易，不像其他面向对象语言提供了大量繁杂的面向对象特征。

微课视频

9.1.1 面向过程与面向对象

过程就是解决问题的步骤。面向过程的设计就像是在设计一条流水线，考虑什么时候处理什么东西。一套流水线或流程就是用来解决一个问题的，代码牵一发而动全身。因此，面向过程的程序设计可扩展性差，适用于很少改变的场景。

面向对象程序设计的核心是对象，对象就是特征（变量）与方法（函数）的结合体。一切皆对象，一个对象有自己的属性，也就是特征，还有自己的功能，即方法。面向对象编程比面向过程编程具有更强的灵活性和扩展性。

考虑以下面向对象程序设计的简单案例：设计《西游记》游戏，要解决的问题是把西天如来的经书传给东土大唐。解决这个问题需要 4 个人：唐僧、孙悟空、猪八戒、沙和尚（4 个对象），他们之间是师徒关系（属于师徒类），他们之中每个人都有各自的特征（属性）和技能（方法）。路上有一群妖魔鬼怪（多个对象，定义为妖魔类）。为了防止师徒四人在取经路上被妖怪杀害，又安排了一群神仙保驾护航（神仙类），以及打酱油的凡人类。师徒四人、妖魔鬼怪、各路神仙、凡夫俗子，这些对象之间就会出现错综复杂的场景。然后取经开始，师徒四人与妖魔鬼怪互相打斗，与各路神仙相亲相杀，为凡夫俗子排忧解难，直到最后取得真经。由不同游戏玩家扮演的师徒四人会按什么流程去取经？这是程序员无法预测的结果。

我们使用变量表示对象的特征，使用函数表示对象的技能。对某一个对象单独修改，会立刻反映到整个体系中，如对游戏中人物参数的特征和技能修改都很容易。面向对象的缺点是可控性差，无法精准预测问题的处理流程与结果。例如，在上述游戏程序中，对某一个参数的修改，极有可能导致超级技能出现，如一刀砍死 3 个人。因此，面向对象程序主要应用于需求经常变化的软件，一般需求变化都集中在用户层、互联网应用、企业内部软件、游戏等，它们都是面向对象程序设计大显身手的好地方。

9.1.2 面向对象的基本名词

面向对象的基本思想是使用对象、类、方法、接口、消息等基本概念进行程序设计。

对象是对程序中事物的描述，世间万事万物都是对象，如学生、苹果等。在 Python 中，对象的状态用属性进行定义，对象的行为用方法进行操作。简单地说，对象=属性+方法，属性用于描述对象的状态（如学号、姓名、专业、成绩等）；方法是一段程序代码，用来描述对象的行为（如选课、实验、自习、运动等）。对象之间通过消息（如条件判断结果、参数传递等）进行联系，消息用来请求对象执行某一处理，或者回答某些要求（如返回值）。需要改变对象的状态时，可以由其他对象向该对象发送消息。程序就是若干对象的集合。

（1）类（class）：对具有相同特征的一类事物的抽象（如动物类、文件类、操作类等）。它定义了该集合中每个对象所共有的属性和方法。属性使用变量表示，方法使用函数实现。

（2）对象（object）：某一个具体的事物（如孙悟空、牛魔王），对象是类的实例。

（3）实例化：类转换为对象的过程，类的具体对象（形式上与赋值语句相同）。

（4）属性：用来描述对象静态特征的一组数据，如学号、姓名、专业等。

（5）方法：类中定义的函数（与函数相同）。

（6）实例变量：定义在方法（函数）中的变量，只作用于当前实例的类。

（7）方法重写：如果从父类继承的方法不能满足子类的需求，就可以对子类的方法进行改写，这个过程称为方法的覆盖，也称方法的重写。

9.1.3 封装、继承和多态

封装是面向对象编程的主要特征。所谓封装，就是把客观事物抽象并封装成类，即将属性和方法集合到一个整体内。当调用类创建实例时，不用关心类内部的代码细节。封装便于对程序进行维护和修改，同时防止外部程序破坏对象的内部数据。可以通过访问控制，只允许可信的对象访问或操作自己的部分数据或方法。

继承是实现面向对象程序设计中代码重用的主要方法。继承，具体是指由父类派生的子类可以继承父类中的属性和方法，这样就可以在不需要重新改写原来类的情况下对功能进行扩展。继承可以避免代码复制和相关的代码维护等问题。

多态是指可以对不同类的对象使用相同的接口操作。多态以封装和继承为前提，就是不同的子类调用相同的方法，产生不同的结果。多态允许每个对象以自己的方式去响应相同的消息，这提高了代码的扩展性。

9.2 类和对象

类是一种数据结构。类的主要成员包含属性和方法，其中属性是描述状态的数据成员（使用变量表示），方法是描述操作的函数成员。换句话说，类属性和类方法其实分别是包含类中的变量和函数的别称。通常认为类是对象的模板，对象是类创建的产品，对象是类的实例。类的对象、实例化类、创建类的实例等说法都是等价的。

在 Python 语言中，Python 的类、对象有点类似于一个命名空间。因此在调用类、对象的属性和方法时，可采用“类.”“对象.”的形式。

9.2.1 类的定义

在 Python 中，使用 class 关键字构造类，class 之后为类的名称并以冒号(:)结尾，表示告诉 Python 解释器，下面要开始设计类的内部功能了，也就是要编写类属性和类方法了。定义类的语法格式如下。

```
class 类名:
    属性定义
    方法定义
```

Python 类的定义由类头和类体构成，类头指 class 关键字和类名，类体指属性和方法。其中，类名只要是合法的标识符即可，通常是由一个或多个有意义的单词连缀而成的，每个单词的首字母大写，其他字母小写。类的所有属性和方法，要保持统一的缩进格式，通常统一缩进 4 个空格。

【例 9-1】定义一个简单的 Person 类。

```
class Person:
    name='person'
    def __init__(self, name):
        self.name=name
    def run(self):
        print("%s likes running" % self.name)
```

该 Person 类包含了属性 name，还包含了两个方法__init__()和 run()，其中第一个是特殊的方法__init__()，该方法称为类的构造函数或初始化方法，构造函数用于创建对象，每当创建一个类的实例对象时，Python 解释器都会自动调用它。

在类中，定义的方法默认是实例方法。实例方法定义的方式与普通函数有一点不同，就是实例方法至少要有一个参数是实例变量 self，且在调用时，不用传递该参数。self 代表类的实例，而不是类。注意：self 完全可以被称为其他任意参数名，只是为了有更好的可读性，约定俗成地把该实例变量参数称为 self。

提示：Python 中有很多以双下画线开头、双下画线结束的方法（双下画线中间不能有空格）。它们具有特殊的意义，本书后面还会详细介绍这些方法。

可以创建一个不包含任何属性和方法的类，换句话说，Python 允许创建空类，例如：

```
class Person:
    pass
```

可以看到，如果类没有任何属性和方法，则可以直接使用 pass 关键字作为类体。但在实际应用中，很少会创建空类，因为空类没有任何实际意义。

9.2.2 对象的创建与使用

类是抽象的，要想使用类定义的功能，必须创建该类的对象，即实例化类。在其他程序设计语言中一般使用 new 关键字来实例化类，但是在 Python 中并没有这个关键字。

对已定义好的类进行实例化的语法格式如下。

```
anObject=类名(参数)
anObject.对象函数 #或 anObject.对象属性
```

如果在定义类时并没有手动添加 __init__( )构造方法，或者添加的__init__( )中只有 self 这一个参数，那么创建类对象时的参数可以省略不写。

定义 Person 类对象的代码如下：

```
p=Person('李明')
```

该代码将调用 Person 类的构造方法，返回一个 Person 对象并赋值给变量 p。

调用以下测试代码：

```
print(Person,type(Person),id(Person))
print(p,type(p),id(Person))
```

程序的运行结果如下：

```
<class '__main__.Person'> <class 'type'> 37727256
<__main__.Person object at 0x0000000001FDA7B8> <class '__main__.Person'> 37727256
```

对象访问变量或方法的语法格式如下。

```
对象.变量
对象.方法(参数)
```

对象名和变量名及方法名之间使用点（.）连接。

9.3 属性

类属性用来描述类的特征。我们可以将类看作一个独立的空间，则类属性其实就是在类中定义的变量。不论是类属性还是类方法，都无法像普通变量或函数那样，在类的外部直接使用它们。在类体中，根据变量定义的位置和方式，类属性可以分为以下 3 种类型。

① 在类体中所有函数之外定义的变量：称为类属性或类变量。

② 在类体中的函数内部，以“self.变量名”的方式定义的变量：称为实例属性或实例变量；

③ 在类体中的函数内部，以“变量名=变量值”的方式定义的变量：称为局部变量。

类中定义的方法可以访问属性，类或实例对象也可以访问属性。但是局部变量只能在其定义的范围内进行访问。此外，类属性还可以分为私有属性和公有属性。

前面讲过，Python 变量可以不需要声明而直接使用。属性实际上是类中的变量。建议在类定义的开始位置初始化类属性，或者在构造函数中初始化实例的属性。

9.3.1 私有属性和公有属性

私有属性是使用两个下画线开头、但是不以两个下画线结束的属性，其他均为公有属性。如果有一个对象，当需要修改其属性的值时，一般有两种方式。第一种是直接修改，即对象名.属性名=数据；第二种是间接修改，即对象名.方法名( )。为了保护属性安全，即不能被随意修改，一般的处理方式为将属性定义为私有属性。

私有属性不能直接访问，但是可以在类的方法中访问。

【例 9-2】在 Person 类中定义一个私有属性。

```
class Person:
    name='person'
    __weight=50
    def  __init__(self, name,weight):
         self.name = name
         self.__weight=weight
    def  get_weight(self):
        print(self.__weight)
p=Person('李明',70)
p.get_weight()
```

程序的运行结果如下：

```
70
```

如果在上述示例中将最后一行代码修改为

```
p.__weight
```

程序的运行结果如下：

```
p.__weight                               #导致错误，不能直接访问私有属性
AttributeError: 'Person' object has no attribute '__weight'
```

9.3.2 类属性和实例属性

1．类属性

类属性其实就是在类体中但在各个类方法外定义的变量。定义的变量默认属于类本身，也被称为类变量、静态属性。类属性不是特定实例的一部分，而是所有实例化对象共享的类属性。Python 使用类来读取、修改类变量。

类属性一般在类体中通过赋值语句来进行初始化：

```
类变量名=初始值
```

类属性的调用方式有 2 种，既可以使用类名直接调用，也可以使用类的实例化对象调用。可以在类的内部或外部代码中通过类名来访问类属性：

```
类名.变量名
```

【例 9-3】定义 Address 类，并定义类属性。

```
class Address:
    name='北京'
    post_code='100000'
    def  information(self):
         print(Address.name)          #通过类名来访问类属性
         print(Address.post_code)
print(Address.name)                   #类.类属性
a_addr=Address()                      #实例化类的对象 a_addr
a_addr.information()
```

```
Address.name='上海'                #修改类的类属性
Address.post_code='200000'         #输出类属性
a_addr.information()
```

程序的运行结果如下：

```
北京
北京
100000
上海
200000
```

在上述代码中，由于所有类的实例化对象都共享类变量，所以 a_addr 对象的 name 和 post_code 的值分别是“北京”和“100000”。当修改类属性后，a_addr 对象的 name 和 post_code 的值也随之变化。

2．实例属性

实例属性是指在类方法内部以“self.变量名”方式定义的变量。实例属性只作用于调用方法的对象。另外，实例属性只能通过对象名访问，无法通过类名访问。

实例属性一般在__init__()方法中通过以下形式进行初始化：

```
self.实例变量名=初始值
```

然后，实例属性在其他实例函数中通过 self 访问，即“self.实例变量名”。

也可以在创建对象后通过对象来访问，即“对象名.实例变量名”。

通过某个类对象修改实例属性的值，但是不会影响类的其他对象，更不会影响类变量。

【例 9-4】定义 Address 类的两个对象，并修改实例属性的值。

```
class Address:
    name='北京'
    post_code='100000'
    def  __init__(self):          #打印当前实例对象的实例属性值
        self.name='广州'
        self.post_code='510000'
    def  information(self):
        print(self.name)
        print(self.post_code)
a_addr=Address();                 #实例化类的对象 a_addr
a_addr.information()
a_addr.name='上海'                #修改实例属性
a_addr.post_code='200000'
a_addr.information()              #输出对象 a_addr 的属性
b_addr=Address();                 #实例化类的对象 b_addr
b_addr.information()              #输出对象 b_addr 的属性
print(Address.name)               #输出类属性
print(Address.post_code)          #输出类属性
```

程序的运行结果如下：

```
广州
510000
上海
```

```
200000
广州
510000
北京
100000
```

上述程序中实例化了两个对象 a_addr 和 b_addr。在改变对象 a_addr 的属性 name 和 post_code 的值后，通过 information 方法访问另一个对象 b_addr 的属性值。可以看到，对象 b_addr 的属性值是没有改变的。最后通过 Address 访问类属性，类属性的值也是没有变化的。

9.3.3 特殊属性

以双下画线开始和结束的属性，是 Python 中的特殊属性，如表 9-1 所示。

表 9-1 Python 中的特殊属性

特殊属性	含义
obj.__dict__	对象的属性字典
obj.__class__	对象所处的类
class.__name__	类的名称
class.__doc__	类的文档字符串
class.__module__	类定义所在的模块
class.__bases__	类的基类元组（多继承）
class.__base__	类的基类
class.__mro__	类层次结构
class.__subclasses__()	子类列表

对于例 9-3 所定义的 Address 类，我们运行以下代码：

```
print(Address.__name__)
print(Address.__doc__)
print(Address.__bases__)
print(Address.__dict__)
print(Address.__module__)
print(Address.__class__)
```

程序的运行结果如下：

```
Address
None
(<class 'object'>,)
{'__module__': '__main__', 'name': '北京', 'post_code': '100000', '__init__':
<function Address.__init__ at 0x00000000029A9840>, 'information': <function
Address.information at 0x00000000029A98C8>, '__dict__': <attribute '__dict__' of
'Address' objects>, '__weakref__': <attribute '__weakref__' of 'Address' objects>,
'__doc__': None}
__main__
<class 'type'>
```

其中，__name__常常用在需要得到类的字符串的名称时。__doc__是文档字符串，用于获取注释内容（紧跟在 class 定义的下一行注释）。__bases__用于处理类继承，它包含了由所有父类组成的元组。__dict__由类的数据属性组成，访问类属性时，会搜索该字段，如果在__dict__中没有找到，则会在基类中__dict__中进行搜索。

9.3.4 自定义属性

Python 是动态语言，因此 Python 支持为对象动态添加实例变量，为该实例的新变量进行赋值；也可以动态删除实例变量（使用 del 语句进行删除）。

【例 9-5】动态添加和删除实例变量。

```
class student:
   pass
s=student()
s.skill='swimming'
print(s.skill)        #输出'swimming'
print(s.__dict__)     #输出{'skill': 'swimming'}
del s.skill
print(s.skill)        #报错 AttributeError: 'student' object has no attribute 'skill'
```

在上述程序中，首先为 student 对象 s 动态添加了一个实例变量 skill。这里只要为实例变量赋值就是添加了一个实例变量。接下来调用 del 语句删除了对象 s 的实例变量 skill。因此，当程序再次访问 s.skill 时会导致 AttributeError 错误，并且提示：'student' object has no attribute 'skill'。

可以通过重载__getattr__()和__setattr__()来拦截对成员的访问。需要注意的是，__getattr__()只有在访问不存在的成员时才会被调用。准确地说，__getattr__()仅在访问的属性不存在于实例的__dict__或其类的__dict__中时才会被调用。__getattribute__()可以拦截所有（包括不存在的成员）的获取操作。

```
__getattr__(self,item)  #在访问对象的 item 属性时，如果对象并没有这个相应的属性、方法，那么将会调用这个方法来处理
__getattribute__(self, item)      #获取属性
__setattr__(self, key,value)      #设置属性，给 key 赋值
__delattr__(self, item)               #删除属性
```

当使用 del 语句删除 s.skill 时，实际上是触发了__delattr__()方法。

① 在以下代码中，由于类 Date 并未定义 month 属性，当访问 d.month 时，解释器会调用__getattr__方法来处理该属性访问。

```
class Date:
   def  __init__(self,year):
      self.year=year
   def  __getattr__(self, item):
      raise AttributeError('没有这个属性')
d=Date(2020)
print(d.month)
```

程序的运行结果如下：

```
AttributeError: 没有这个属性
```

② 下列代码拦截属性的赋值语句 (obj.xx = xx)。给对象的属性 d.month 赋值 10 时，调用了__setattr__(self,key,value)方法，这个方法中有 self.__dict__[key] = value，通过该方法就将属性和数据存

储到了对象 dict 中。

注意：每个类都有一个__dict__属性，它包含了当前类的类属性。

```
class Date:
    def  __init__(self,year):
        self.year=year
    def  __setattr__(self,key,value):
        self.__dict__[key] = value
d=Date(2020)
d.month=10
print(d.month)
```

程序的运行结果如下：

```
10
```

9.3.5 @property 装饰器

面向对象编程封装的思想原则上要求类包含的属性是隐藏的，只允许通过类提供的方法来间接实现对类属性的访问和操作。Python 中可以定义私有属性，然后定义相应的函数来访问私有属性。使用 @property 装饰器来装饰这些函数，这样程序就可以把函数当作属性来访问，原来需要写 object.x( )，加上它以后只要写 object.x，从而提供更友好的访问方式。

@property 装饰器默认只提供一个只读属性，如果需要，可以使用包含读（或写）类属性的 getter、setter 和 deleter 装饰器。

【例 9-6】@property 装饰器示例 1。

```
class Goods:
    def  __init__(self,price):
        self.__price = price
    @property                    #定义property属性
    def  price(self):
        return self.__price
g = Goods(100)
result = g.price                 #自动执行@property装饰器的price方法，并获取方法的返回值
print(result)
```

程序的运行结果如下：

```
100
```

【例 9-7】@property 装饰器示例 2。

```
class Goods:
    def  __init__(self,price):
        self.__price = price
    @property                    #定义property属性
    def  price(self):
        return self.__price
    @price.setter
    def  price(self, value):
```

```
        self.__price=value
    @price.deleter
    def  price(self):
        del self.__price
g = Goods(100)
print(g.price)          #自动执行@property装饰器的price方法，并获取方法的返回值
g.price = 200           #自动执行@price.setter装饰器的price方法，并将200赋值给方法的参数
print(g.price)          #自动执行@property装饰器的price方法，并获取方法的返回值
del g.price             #自动执行@price.deleter装饰器的price方法
```

程序的运行结果如下：

```
100
200
```

9.4 方法

方法是类或对象的行为特征的抽象。Python 的方法使用函数来实现，其定义方式、调用方式和函数对非常相似。Python 中至少有 3 种比较常见的方法类型，即实例方法、类方法和静态方法。

（1）实例方法。

定义：第一个参数必须是实例对象（一般约定为 self），通过 self 来传递实例的属性和方法（也可以传类的属性和方法）。

调用：只能由实例对象调用。

（2）类方法

定义：使用装饰器@classmethod。第一个参数必须是当前类对象（一般约定为 cls），通过 cls 来传递类的属性和方法（不能传实例的属性和方法）。

调用：实例对象和类对象都可以调用。

（3）静态方法

定义：使用装饰器@staticmethod。没有 self 和 cls 参数，但是方法体中不能使用类或实例的任何属性和方法。

调用：实例对象和类对象都可以调用。

9.4.1 实例方法

实例方法就是类的实例能够使用的方法。通常情况下，在类中定义的方法默认都是实例方法。实例方法最大的特点就是，它要包含一个 self 参数，用于绑定调用此方法的实例对象。Python 会自动绑定第一个 self 参数，self 总是指向调用该方法的对象。当该实例方法是构造方法时，引用该构造方法正在初始化的对象；当该实例方法是普通实例方法时，引用调用该方法的对象。

由于实例方法的第一个 self 参数会自动绑定，所以当程序调用构造方法或普通实例方法时，并不需要为这个 self 参数传值。

实例方法的声明语法格式如下。

```
def 方法名(self,[形参列表]):
    函数体
```

实例方法的调用语法格式如下。

```
对象.方法名([实参列表])
```

需要注意的是，实例方法的第一个参数 self 所代表的对象是不确定的，但是这个对象必须是当前类的对象，也就是说这些对象的类型是确定的。

【例 9-8】实例方法示例。

```
class cat:
    def play(self):        #定义一个play()方法
        print("正在执行play方法")
    def sleep(self):       #定义一个sleep()方法
        print("正在执行sleep方法")
c=cat()
c.play()
c.sleep()
```

程序的运行结果如下：

```
正在执行play方法
正在执行sleep方法
```

上述代码定义了两个实例方法 play( )和 sleep( )。我们以 play( )为例，play( )中的 self 代表该方法的调用者，谁在调用 play( )方法，self 就代表谁。例如，程序后面实例化了一个 cat 类的对象 c，代码“c.play()”表明是对象 c 在调用 play( )方法，此时 self 就代表 c。

在程序设计中，对象的一个方法可能依赖另一个方法，也就说方法的函数体调用另一个方法。例如，在下列代码中，play( )方法调用了 run( )方法，此时使用 self 参数调用 run( )方法，即 self.run( )。

```
class cat:
    def run(self):
        print("正在执行run方法")
    def play(self):
        self.run()
        print("正在执行play方法")
```

9.4.2 类方法

Python 类方法就是类本身的方法。类方法不对特定实例进行操作。Python 类方法和实例方法相似，它最少也要包含一个参数，类方法中通常将这个参数命名为 cls。Python 会自动将类本身绑定给 cls 参数（注意，绑定的不是类对象）。也就是说，我们在调用类方法时，并不需要显式地给参数 cls 传值。和 self 参数一样，cls 参数的命名也不是规定的，只是约定俗成地为 cls。

类方法需要使用@classmethod 装饰器进行修饰。类方法的声明语法格式如下。

```
@classmethod
def 方法名(cls,[形参列表]):
    函数体
```

类方法使用类名来访问，调用语法格式如下。

```
类名.方法名([实参列表])
```

也可以使用对象实例来调用。

如果需要定义一个方法，并且这个方法在逻辑上通过类来调用更合理，那么这个方法就可以定义为类方法。另外，如果需要继承，则也可以定义为类方法。

例 9-9 中定义了一个班级类 Class，想要执行班级人数增加的操作，并且获得班级的总人数。定义属性 count 用来记录班级人数。通过构造函数__init__( )，来实例化一个对象，count 属性的值增加 1。此外，还定义了类方法 ShowNumber( )，通过标记@classmethod 将该方法将绑定到 Class 类上，而不是类的实例。类方法的第一个参数传入的是类本身，如 cls.count 相当于 Class.count。因为在类上调用，所以类方法无法获得任何实例变量，只能获得类的引用。

【例 9-9】类方法示例。

```
class Class:
    count = 0
    def  __init__(self, name):
        self.name = name
        Class.count = Class.count + 1
    @classmethod              #定义类方法
    def  ShowNumber(cls):
        return cls.count
print(Class.ShowNumber())
p = Class('Bob')
print(Class.ShowNumber())
```

程序的运行结果如下：

```
0
1
```

9.4.3 静态方法

静态方法是类中的函数，不需要实例。静态方法没有类似 self、cls 这样的特殊参数，因此 Python 解释器不会对静态方法的参数去绑定任何类或对象。也正因为如此，静态方法中无法调用类中的属性和方法。实际上，静态方法是独立的、单纯的函数，主要用来存放逻辑性的代码，逻辑上属于类，但是和类本身没有关系，它仅仅托管于某个类的名称空间中，便于使用和维护。

静态方法需要使用@staticmethod 进行修饰。类方法的声明语法格式如下。

```
@staticmethod
def 方法名([形参列表]):
    函数体
```

程序既可以使用类来调用静态方法，也可以通过对象来调用。使用类来调用静态方法的语法格式如下。

```
类名.静态方法名([实参列表])
```

从逻辑上来说，实例方法被实例调用，类方法被类调用，静态方法两者都能调用。它们主要的区别在于参数传递，实例方法传递 self 引用作为参数，类方法传递 cls 引用作为参数，静态方法无须 self 和 cls 引用作为参数。

【例 9-10】静态方法示例。

```
import time
```

```
class OurTime:
  def  __init__(self, hour, minute, second):
     self.hour = hour
     self.minute = minute
     self.second = second
  @staticmethod                            #定义静态方法
  def  DisplayTime():
      return time.strftime("%H:%M:%S", time.localtime())
print(OurTime.DisplayTime())          #通过类调用静态方法
t = OurTime(3, 8, 9)
print(t.DisplayTime())                 #通过对象调用静态方法
```

程序的运行结果如下：

```
14:00:25
14:00:25
```

上述代码定义了静态方法 DisplayTime( )。静态方法的方法体中没有使用（也不能使用）类或实例的属性（或方法）。第一次通过类调用静态方法，相应的代码为“OurTime.DisplayTime( )”，第二次使用对象来调用静态方法，相应的代码为“t.DisplayTime( )”。实际上，我们也可以在类外面写一个同样的函数来实现相同的功能（获得当前时间的字符串），但是这样做会打乱逻辑关系，也不利于后续的代码维护。

综上所述，例 9-11 给出了实例方法、类方法、静态方法 3 种方法的语法形式。

【例 9-11】实例方法、类方法、静态方法的语法形式。

```
class ThreeMethods:
    def  instance_method(self):
        print("是类{}的实例方法，只能被实例对象调用".format(ThreeMethods))
    @staticmethod
    def  static_method():
        print("静态方法")
    @classmethod
    def  class_method(cls):
        print("类方法")
t = ThreeMethods()
t.instance_method()             #使用对象调用实例方法
t.static_method()               #使用对象调用静态方法
print('----------------')
ThreeMethods.static_method() #使用类调用静态方法
ThreeMethods.class_method()  #使用类调用类方法
```

程序的运行结果如下

```
是类<class '__main__.ThreeMethods'>的实例方法，只能被实例对象调用
静态方法
----------------
静态方法
类方法
```

9.4.4 私有方法和公有方法

在实际开发中，对象的某些方法可能只希望在对象的内部被使用，而不希望在外部被访问到。私有方法就是对象不希望公开的方法。

和私有属性一样，Python 中定义私有方法的方法是在函数名前加上“__”。也就是说，私有方法是使用“__”开头但是不以“__”结束的方法。其他方法均为公有方法。以双下画线开始和结束的方法是 Python 专有的特殊方法。

私有方法不能在类的外部调用，但可以在类中的其他方法中访问。在例 9-12 中，首先定义了私有方法__secret( )，并在另外一个普通方法 get( )中调用了私有方法__secret( )。

【例 9-12】私有方法示例。

```
class Lady:
    def  __init__(self, name,age):
        self.name = name
        self.__age = age             #不要问女生的年龄
    def  __secret(self):             #定义私有方法
        print("我的年龄是 %d" % self.__age)
    def  get(self):
        self.__secret()
l = Lady("小丽",18)
# print(l.__age)    私有属性，外部不能直接访问
# l.__secret()      私有方法，外部不能直接调用
l.get()
```

程序的运行结果如下：

```
我的年龄是 18
```

如果运行“l.__secret( )”，则会报错：

```
 l.__secret()      #私有方法，外部不能直接调用
AttributeError: 'Lady' object has no attribute '__secret'
```

9.4.5 构造方法和析构方法

1.__init__()类构造方法

在创建类时，我们可以手动添加__init__( )方法，该方法是一个特殊的类实例方法，称为构造方法（或构造函数）。构造方法就是类在实例化时执行的方法，每当创建一个类的实例对象时，Python 解释器都会自动调用它。类中的构造方法不是必须要写的，如果没有手动定义__init__( )方法，则在类实例化时系统会自动调用默认的构造方法（无参数的__init__( )方法）。

Python 类中，手动添加构造方法的语法格式如下。

```
def __init__(self,[形参列表]):
    函数体
```

【例 9-13】类构造方法示例。

```
class Myclass:
    name="我"
```

```
    friend="她"
    def  __init__(self, name):      #构造方法
        self.name = name
    def  say_hi(self, friend):      #带有参数的类方法
        self.friend = friend
        return self.name + " say hello to " + self.friend
c = Myclass("小明")
print(c.say_hi("小红"))
```

程序的运行结果如下：

```
小明 say hello to 小红
```

2. __del__()类析构方法

析构方法是实例被销毁时执行的方法，用来释放内存空间。

__del__()方法就是一个析构方法，当使用 del 删除对象时，系统会自动调用析构方法；另外当对象在某个作用域中调用完毕，在跳出其作用域的同时也会调用析构方法，从而自动清除被删除对象的内存空间。

【例 9-14】类析构方法示例。

```
class Circle:
    count=0                                 #定义类域 count，用于计数
    def __init__(self,x,y,radius):          #构造类方法
        self.x=x                            #圆心的 x 轴坐标
        self.y=y                            #圆心的 y 轴坐标
        self.radius=radius                  #圆的半径
        Circle.count =Circle.count+1        #创建一个实例时计数加 1
    def __del__(self):                      #析构方法
        Circle.count =Circle.count-1        #销毁一个实例时计数减 1
    def Center(self):
        print("圆心为：（"+str(self.x)+","+str(self.y)+"）")
    def Total():
        print("总计数为：",Circle.count)
c1=Circle(3,4,0.5)                          #创建实例 c1
c1.Center()
Circle.Total()
c2=Circle(2,3,0.6)                          #创建实例 c2
c2.Center()
Circle.Total()
del c2                                      #销毁实例 c2
Circle.Total()
```

程序的运行结果如下：

```
圆心为：（3,4）
总计数为： 1
圆心为：（2,3）
总计数为： 2
总计数为： 1
```

上述代码定义了构造方法__init__()，在该构造方法中创建一个实例时计数 count 加 1。在析构方法__del__()中，销毁一个实例时计数 count 减少 1。然后创建了实例 c1 和实例 c2，这时 count 的值为 2。当使用“del c2”销毁实例 c2 后，count 的值为 1。

9.4.6 方法的重载

方法的重载是指定义多个同名的方法。由于 Python 是动态语言，方法的参数在声明时不需要知道类型，而是通过传值调用时确定参数类型，所以 Python 对象的方法不需要重载，定义一个方法即可实现多种调用。如果类体中定义了多个方法，但只有最后一个方法有效，那么不建议定义同名的方法。

【例 9-15】方法重载示例。

```
class Myclass:
    def  __init__(self, name):
        self.name = name
    def  say_hi(self, friend=None):
        self.friend = friend
        if friend==None:print("hello!")
        else: print(self.name + " say hello to " + self.friend)
c = Myclass("小明")   #创建对象
c.say_hi()            #通过对象调用方法，无参数
c.say_hi("小红")      #通过对象调用方法，带参数
```

程序的运行结果如下：

```
hello!
小明 say hello to 小红
```

9.4.7 封装举例

ATM 机用于取款，用户只需要知道取款这个功能即可。实际上要实现取款功能，还需要插卡、输入密码、输入金额、取钱等小功能，可以把这些小功能隐藏起来，这样既隔离了复杂度又提升了安全性。

例如：

```
class ATM:
    def  __card (self):            #定义"插卡"方法
        print("插卡")
    def  __secret(self):           #定义"输入密码"方法
        print("输入密码")
    def  __input(self):            #定义"输入取款金额"方法
        print("输入取款金额")
    def  __take_money(self):       #定义"取钱"方法
        print("取钱")
    def  withdraw(self):           #定义 ATM 取款方法
        self.__card()
        self.__secret()
        self.__input()
        self.__take_money()
```

```
a = ATM()
a.withdraw()
```

程序的运行结果如下：

```
插卡
输入密码
输入取款金额
取钱
```

在上述程序，用户只需要调用 withdraw( )方法，而不需要关注该方法的函数体。也就是说，在程序设计时，把取款的功能封装在 withdraw( )方法中。由此可见，封装的优点在于明确区分内外，修改类的代码不会影响外部调用者。只要接口（函数）名、参数格式不变，调用者的代码永远无须改变。

9.5 继承

继承是面向对象的三大特性之一。继承的作用是子类通过继承父类可以获得来自父类的除私有内容外的其他内容，继承的使用可以实现软件复用，从而使程序开发人员省去大量的重复性的工作。父类和子类又分别称为基类和派生类。

继承可以分为单继承和多继承。①单继承是指子类只继承一个父类，这样的继承方式逻辑结构清晰、语法简单且隐患少。②多继承允许子类继承多个父类，这样的继承方式便于功能扩展，灵活性较高；但是由于继承了多个父类，容易使继承顺序混乱，问题出现时不易处理。

9.5.1 继承的语法

Python 继承的语法很简单，在定义子类时，在子类的类名后面加上圆括号，将父类放在圆括号中（可以添加多个父类），这样就表明该子类继承了这些父类。其语法格式如下。

```
Class 子类类名(父类1, 父类2, …):
```

如果没有显式地指定父类，那么这个父类默认为 object 类。在 Python 3.×中所有类都是 object 的子类，一些内置的方法会写在 object 类中。

在面向对象编程时，经常会提到“派生”这个词汇，它和继承是一个意思，只是观察角度不同。具体而言，继承是从子类的角度来说，即子类继承自父类；而派生是从父类的角度来说，即父类派生出子类。

父类和子类的关系，是一般和特殊的关系。例如，动物和猫的关系，猫继承了动物，猫是动物的子类，猫是一种特殊的动物。因此，子类是一种特殊的父类，父类包含的范围比子类更广、更普遍，子类是对父类的一种扩展，如猫扩展了动物类。

举个例子，假设现有一个 Person 类，该类有 3 个数据成员 name、age 和 height，包含了两个方法 talk( )和 walk( )。现在定义 Person 类的两个子类 Teacher 类和 Student 类，这两个子类继承了 name、age、height 属性，也继承了 talk( )和 walk( )方法。但它们又有自己独有的方法，Teacher 可以 teach( )，Student 可以 learn( )。

【例 9-16】继承示例 1。

```
class Person:                          #父类
    def  __init__(self, name, age, height):
```

```
        self.name = name
        self.age = age
        self.height = height
    def  talk(self):
        print(self.name, 'is talking')
    def  walk(self):
        print(self.name, 'is walking')
class Teacher(Person):                  #子类Teacher
    def  __init__(self, name, age, height):
        super().__init__(name, age, height)
    def  teach(self):
        print(self.name, 'is teaching')
class Student(Person):                  #子类Student
    def  __init__(self, name, age, height):
        super().__init__(name, age, height)
    def  learn(self):
        print(self.name, 'is learning')
t = Teacher("张老师", 31, 178)         #创建子类Teacher的对象
s = Student("小明", 12, 175)           #创建子类Student的对象
t.talk()
t.walk()
t.teach()
s.talk()
s.walk()
s.learn()
```

程序的运行结果如下：

```
张老师 is talking
张老师 is walking
张老师 is teaching
小明 is talking
小明 is walking
小明 is learning
```

【例9-17】继承示例2。现有一个Shape类，定义了draw( )方法用来绘制形状，现在需要创建一个Form类，该类不但可以绘制形状，还可以计算面积。因此，让From类继承Shape类，当From类的对象调用draw( )方法时，Python解释器会先去From中找名称为draw的方法，如果找不到就自动去Shape类中查找。只需在From类中添加计算面积的方法即可。

```
class Shape:
    def  draw(self):
        print("绘制图形")
class Form(Shape):
    def  area(self):
        #....
        print("此图形的面积为...")
s=Form()
s.draw()
```

```
s.area()
```

程序的运行结果如下：

```
绘制图形
此图形的面积为...
```

9.5.2 类成员的继承与重写

重写，又称覆盖，指的是对类中已有方法的内部实现进行修改。

子类继承了父类除私有内容外的类属性和类方法，通常情况下，子类还会扩展一些新的类属性和类方法。但可能会遇到例外情况，使子类必须重写父类的方法。例如，从父类继承的个别方法并不适合子类，因此不能直接照搬父类的方法，需要在子类中重写父类的方法。举个例子，鸟类通常都有翅膀且会飞，为此我们可以定义 Bird 类，该类中包含两个方法 isWing( )和 fly( )。企鹅也属于鸟类，有翅膀，但是不会飞，因此定义 Penguin 类，是 Bird 类的子类，但是在 Penguin 类中需要重写 fly( )方法。

【例 9-18】方法重写示例 1。

```
class Bird:                       #父类
    def isWing(self):
        print("A bird has wings!")
    def fly(self):
        print("A bird can fly!")
class Penguin(Bird):              #子类
    def fly(self):                #重写Bird类的fly()方法
        print("A penguin cannot fly!")
p=Penguin()                       #示例化子类
p.fly()                           #调用子类对象的fly()方法
```

程序的运行结果如下：

```
A penguin cannot fly!
```

从上述代码可以看到，p.fly( )调用的是重写之后的 fly( )方法，也就是类 Penguin 中的 fly( )方法。

有时，父类当中为了表示某个功能定义了对应的方法，但是函数体为空；在子类中通过重写该方法可实现对应的功能。例如，在 Geometry 类中定义了一个 area( )方法，表示需要计算面积，该方法的函数体为空。从 Geometry 类派生出两个子类 Square 和 Circle，在各个类中重写 area( )方法，分别用来计算正方形的面积和圆形的面积。

【例 9-19】方法重写示例 2。

```
class Geometry:                           #定义父类
    def  __init__(self,x,y):
        self.x=x
        self.y=y
    def  area(self):
        pass
class Square(Geometry):                   #定义子类Square
    def  __init__(self,x,y,side):
        Geometry.__init__(self,x,y)
        self.side=side
    def  area(self):
```

```
        return self.side*self.side
class Circle(Geometry):              #定义子类Circle
    def  __init__(self,x,y,radius):
        Geometry.__init__(self,x,y)
        self.radius=radius
    def  area(self):
        return 3.14*self.radius*self.radius
s=Square(1,2,6)                      #实例化 Square 的一个对象
print(s.area())
c=Circle(1,2,5)                      #实例化 Circle 的一个对象
print(c.area())
```

程序的运行结果如下：

```
36
78.5
```

9.5.3 继承程序举例

创建一个简单的类 Person，它有一个属性 name 和一个方法 greet( )，可以输出“Hello, I am {name}”。再创建一个继承 Person 的子类 Student，并重写 greet( )方法，输出“Hello, I am {name}, and I am a student”。

```
#定义父类 Person
class Person:
    def __init__(self, name):
        self.name = name

    def greet(self):
        print(f"Hello, I am {self.name}")

#定义子类 Student，其继承自类 Person
class Student(Person):
    def greet(self):
        print(f"Hello, I am {self.name}, and I am a student")

#实例化对象并调用方法
person = Person("Alice")
student = Student("Bob")
person.greet()          #输出: Hello, I am Alice
student.greet()         #输出: Hello, I am Bob, and I am a student
```

9.6 多态

在面向对象的程序设计中，除了封装和继承特性，多态也是一个非常重要的特性。类的多态特性需要满足两个前提条件：①首先是继承，多态一定是发生在子类和父类之间；②其次是重写，子类重

写了父类的方法。Python 是弱类型语言，使用变量时并不需要指定具体的数据类型。这样，同一变量可能会被先后赋值不同的类对象。当同一个变量调用同一个方法时，由于类对象不同，实际上呈现出不同的行为，具体呈现的行为由对象来决定。

定义父类 ParentClass，派生出 3 个子类 Child_B、Child_C、Child_D。前面两个子类 Child_B 和 Child_C 对父类中的方法进行了重写。创建一个 ParentClass 类的对象，然后声明一个变量 a，再将变量 a 与对象联系起来。变量 a 是没有类型的，它的类型取决于其关联的对象。后面依次创建 3 个子类的对象，依次赋值给变量 a，也就是和 a 关联起来。使用 a.prt( )来调用 prt( )方法，变量 a 指向哪个对象，就是调用哪个对象的 prt( )方法。例如，当 a 指向子类 Child_B 的对象时，调用的就是 Child_B 中的 prt( )方法，这样输出的就是"Child_B"。注意，子类 Child_D 并没有重写 prt( )方法，因此当 a 指向子类 Child_D 的对象时，就会去调用父类 ParentClass 中的 prt( )方法。

```
class ParentClass:
    def  prt(self):
        print("ParentClass")
class Child_B(ParentClass):
    def  prt(self):
        print("Child_B")
class Child_C(ParentClass):
    def  prt(self):
        print("Child_C")
class Child_D(ParentClass):
    pass
a = ParentClass()
a.prt()
a = Child_B()
a.prt()
a = Child_C()
a.prt()
a = Child_D()
a.prt()
```

程序的运行结果如下：

```
ParentClass
Child_B
Child_C
ParentClass
```

【例 9-20】多态示例 1。由 Animals 类派生出 4 个子类：People 类、Cat 类、Cow 类、Sheep 类。不同的动物有不同的叫声，因此，这 4 个子类都重写了父类的 talk( )方法。定义变量 x，x 刚开始是 People 类的对象，后面重新赋值为 Cat 类、Cow 类、Sheep 类的对象。使用 x.talk( )调用 talk( )方法。

```
class Animals:                          #定义父类
    def  talk(self):
        pass
class People(Animals):                  #定义子类People
    def  talk(self):
        print('People are talking')
class Cat(Animals):                     #定义子类Cat
```

```
    def  talk(self):
        print('Cat: miaomiao')
class Cow(Animals):                    #定义子类 Cow
    def  talk(self):
        print('Cow: moumou')
class Sheep(Animals):                  #定义子类 Sheep
    def  talk(self):
        print('Sheep: miemie')
x=People()                             #x 为 People 类的对象
x.talk()
x=Cat()                                #x 重新赋值为 Cat 类的对象
x.talk()
x=Cow()                                #x 重新赋值为 Cow 类的对象
x.talk()
x=Sheep()                              #x 重新赋值为 Sheep 类的对象
x.talk()
```

程序的运行结果如下：

```
People are talking
Cat: miaomiao
Cow: moumou
Sheep: miemie
```

在例 9-20 中，同一个变量 x 在调用同一个方法 talk( )时，由于 x 指向的对象不同，所以呈现出不同的行为特征。

【例 9-21】 多态示例 2。文件有多种形态，如文本文件、可执行文件等。当单击文本文件时，执行的操作是打开该文本文件；当单击可执行文件时，执行的操作是运行该可执行文件。定义抽象基类 File，拥有方法 click( )，在子类 Text 和 ExeFile 中实现方法 click( )。

```
import abc
class File(metaclass=abc.ABCMeta):     #同一类事物：文件
    @abc.abstractmethod                #定义抽象基类
    def  click(self):
        pass
class Text(File):                      #文件的形态之一：文本文件
    def  click(self):                  #单击文本文件
        print('open file')
class ExeFile(File):                   #文件的形态之二：可执行文件
    def  click(self):                  #单击可执行文件
        print('execute file')
f=Text()
f.click()
f=ExeFile()
f.click()
```

程序的运行结果如下：

```
open file
execute file
```

抽象基类明确了有哪些方法，但只是抽象方法，并不实现功能。抽象基类只能继承，而不能被实例化，但子类必须要实现该方法。

9.7 Python 类的特殊方法

Python 类的特殊方法又被称为魔术方法，它是以双下画线包裹一个词的形式出现的，如前面学过的__init__方法和__del__方法。特殊方法不仅可以实现构造和初始化，而且可以实现比较、算法运算等功能。表 9-2 列出了一些常用的特殊方法，其中具体的运算符在相应方法的括号中。

表 9-2　Python 特殊方法

分类	方法
字符串/字节类	__repr__、__str__、__format__、__bytes__
转换成数字	__abs__、__bool__、__complex__、__float__、__hash__、__index__
仿集合类	__len__、__getietm__、__setitem__、__delitem__、__contains__
迭代循环	__iter__、__reversed__、__next__
仿可调用	__call__
上下文管理	__enter__、__exit__
实例创建与销毁	__new__、__init__、__del__
属性管理	__getattr__、__getattribute__、__setattr__、__delattr__、__dir__
属性描述	__get__、__set__、__delete__
类服务	__prepare__、__instancecheck__、__subclasscheck__
一元运算符	__neg__、__pos__、__abs__
比较运算符	__lt__（<）、__le__（<=）、__eq__（==）、__ne__（!=）、__gt__（>）、__ge__（>=）
算术运算符	__add__（+）、__sub__（-）、__mul__（*）、__truediv__（/）、__floordiv__（//）、__mod__（%）、__divmod__、pow__（**）、__round__

9.7.1 常见的特殊方法

1．__repr__方法

__repr__方法是对实例化对象进行“自我描述”的方法，具体功能是，当直接输出类的实例化对象时，系统将会输出对象的自我描述信息，用来告诉外界对象具有的状态信息。__repr__方法由 object 对象提供，由于在 Python 中所有类都是 object 类的子类，所以都会继承该方法。object 提供的__repr__方法总是返回一个对象，也就是（类名+object at+内存地址）。由于 object 提供的__repr__方法并不能实现“自我描述”的功能，所以需要重写__repr__方法。

```
class Person():
    def __init__(self,name,age):
        self.name = name
        self.age = age
p=Person("小明",18)
print(p)
```

上述代码没有对_repr__方法进行重写，输出对象 *p* 时，输出的结果如下：

```
<__main__.Person object at 0x00000000027DAC18>
```

下面对__repr__方法进行重写：

```
class Person():
    def __init__(self,name,age):
        self.name = name
        self.age = age
    def __repr__(self):
        return 'Person类，包含属性name=' + self.name + '和age=' + str(self.age)
p=Person("小明",18)
print(p)
```

输出对象 *p* 时，会调用__repr__方法，输出的结果如下：

```
Person类，包含属性name=小明和age=18
```

2. __dir__()方法

__dir__( )方法用来列出对象的所有属性（方法）名，会返回一个包含有所有属性名和方法名的有序列表。

【例 9-22】__dir__()方法示例。

```
class Person():
    def __init__(self,name,age):
        self.name = name
        self.age = age
    def __repr__(self):
        return 'Person类，包含属性name=' + self.name + '和age=' + str(self.age)
p=Person("小明",18)
print(p.__dir__())
```

程序的运行结果如下：

```
['name', 'age', '__module__', '__init__', '__repr__', '__dict__', '__weakref__',
'__doc__', '__hash__', '__str__', '__getattribute__', '__setattr__', '__delattr__',
'__lt__', '__le__', '__eq__', '__ne__', '__gt__', '__ge__', '__new__',
'__reduce_ex__', '__reduce__', '__subclasshook__', '__init_subclass__',
'__format__', '__sizeof__', '__dir__', '__class__']
```

3. __dict__属性

在 Python 类的内部，无论是类属性还是实例属性，都是以字典的形式进行存储的，其中属性名作为键，而值作为该键对应的值。在 Python 中，类和实例分别拥有自己的__dict__。类的静态函数、类函数、普通函数、全局变量及一些内置的属性都是放在类__dict__中的。在__init__中声明的变量，会存到实例的__dict__中。

【例 9-23】__dict__()方法示例。

```
class Animal():
    name="animal"
    age=1
```

```
    def  __init__(self,name,food):
        self.name = name
        self.food = food
a=Animal("猫","鱼")
print(Animal.__dict__)
print(a.__dict__)
```

程序的运行结果如下：

```
{'__module__': '__main__', 'name': 'animal', 'age': 1, '__init__': <function
Animal.__init__ at 0x00000000029A9840>, '__dict__': <attribute '__dict__' of 'Animal'
objects>, '__weakref__': <attribute '__weakref__' of 'Animal' objects>, '__doc__':
None}
{'name': '猫', 'food': '鱼'}
```

在例 9-23 中，food 只出现在__init__()方法中，因此 a.__dict__的输出结果中有 food 属性名和对应的值，但是 Animal.__dict__的输出结果中没有 food 属性。

4．__call__()方法

如果类中实现了__call__方法，则可以像使用函数一样调用一个类实例。该方法的功能类似于在类中重载运算符，使类实例对象可以像调用普通函数那样，以"对象名( )"的形式使用。下面的代码用来输出斐波那契数列。

【例 9-24】__call__()方法示例。

```
class Fibonacci(object):
    def __call__(self, num):
        a, b = 0, 1;
        self.l = []
        for i in range(num):
            self.l.append(a)
            a, b = b, a + b
        return self.l
    def __str__(self):
        return str(self.l)
f = Fibonacci()
print(f(10))
```

程序的运行结果如下：

```
[0, 1, 1, 2, 3, 5, 8, 13, 21, 34]
```

在上述代码中，以 f(10)的形式调用__call__()方法。

9.7.2 与序列相关的特殊方法

与序列相关的特殊方法有以下几个。

（1）元素个数：__len__(self)，该方法的返回值决定序列中元素的个数。

（2）获取元素：__getitem__(self, key)，该方法用于获取指定索引 key 对应的元素。

（3）判断元素：__contains__(self, item)，该方法用于判断序列是否包含指定元素 item。

（4）设置/修改元素：__setitem__(self, key, value)，该方法用于设置指定索引 key 对应的元素值 value。

（5）删除元素：__delitem__(self, key)，该方法用于删除指定索引 key 对应的元素。

【例 9-25】与序列相关的特殊方法示例。

```
class MySeq:
    def __init__(self):
        self.lseq = ["Lily","Alice","Eric","George"]
    def __len__(self):
        return len(self.lseq)
    def __getitem__(self,key):
        if 0 <= key < 4:
            return self.lseq[key]
    def __setitem__(self, key, value):
        self.lseq[key] = value
m=MySeq()
print(m.__len__())
print(m.__getitem__(1))
m.__setitem__(1,"Glen")
for i in range(4):
    print(m[i])
```

程序的运行结果如下：

```
4
Alice
Lily
Glen
Eric
George
```

从上述输出结果来看，程序中序列的第二个元素 lseq[1]原来的值为"Alice"，后来修改为"Glen"。

9.7.3 迭代器和生成器

在 Python 中，很多对象都是可以通过 for 语句来直接遍历的，如 list、string、dict 等，这些对象都可以被称为可迭代对象。迭代器是 Python 强大的功能之一，是一个可以记住遍历的位置的对象。迭代器从可迭代对象的第一个元素开始访问，直到所有的元素被访问完结束。迭代器只能往前不会后退。迭代器有两个基本的方法：__iter__()和__next__()。

【例 9-26】迭代器示例。使用迭代器实现 Fibonacci 数列。

```
class Fibonacci:
    def __init__(self, len):
        self.first = 0
        self.sec = 1
        self.__len = len
    def __next__(self):        #定义迭代器所需的__next__方法
        if self.__len == 0:    #如果__len__属性为0，则结束迭代
            raise StopIteration
        #完成数列计算
        self.first, self.sec = self.sec, self.first + self.sec
        self.__len -= 1
```

```
        return self.first
    def __iter__(self):           #定义__iter__方法，该方法返回迭代器
        return self
fibs = Fibonacci(8)               #创建对象
#print(next(fibs))                #获取迭代器的下一个元素
for i in fibs:                    #使用 for in 循环遍历迭代器
    print(i, end=' ')
```

程序的运行结果如下：

```
1 1 2 3 5 8 13 21
```

上述代码定义了 Fibonacci 类，实现了__iter__( )方法，该方法返回 self；实现了__next__( )方法，用来返回数列的下一个值。__len 属性用来控制数列的长度。创建了长度为 8 的数列 fibs，fibs 就是可迭代对象，会自动调用__iter__( )，后面通过使用 next()函数来获得迭代器的下一个元素，这实际上是通过__next__( )实现的。

在 Python 中，生成器是使用了 yield 的函数。与普通函数不一样，生成器的返回值是一个迭代器。生成器与迭代器的区别在于：迭代器通常需要先定义一个迭代器类，然后通过创建实例来创建迭代器；但是生成器要先定义一个包含 yield 语句的函数，然后通过调用该函数来创建生成器。在生成器的运行过程中，每次遇到 yield 时函数会暂停并保存当前所有的运行信息，返回 yield 的值，并在下一次执行 next( )方法时从当前位置继续运行。

【例 9-27】生成器示例。使用生成器实现 Fibonacci 数列。

```
import sys
def Fibonacci(n):
    a, b, counter = 0, 1, 0
    while True:
        if (counter > n):
            return
        yield a
        a, b = b, a + b
        counter += 1
fibs= Fibonacci(8)  #fibs 是一个迭代器，由生成器返回生成
while True:
    try:
        print(next(fibs), end=" ")
    except StopIteration:
        sys.exit()
```

程序的运行结果如下：

```
0 1 1 2 3 5 8 13 21
```

在上述程序中，每次执行到 yield 语句就会被暂停，返回 *a* 的值（这里类似于 return）。当程序被暂停后，再次调用 next( )函数获取生成器的下一个值时，程序才会从暂停的位置继续向下执行。

9.7.4 运算符重载的特殊方法

Python 允许为自己定义的类提供特殊方法，从而实现类对象之间的运算。这些运算符包括数值运算符、比较运算符、单目运算符等。下面以数值运算符为例，介绍与数值运算符相关的一些特殊方法。

（1）object.__add__(self, other)：加法运算，为“+”运算符提供支持。
（2）object.__sub__(self, other)：减法运算，为“-”运算符提供支持。
（3）object.__mul__(self, other)：乘法运算，为“*”运算符提供支持。
（4）object.__matmul__(self, other)：矩阵乘法，为“@”运算符提供支持。
（5）object.__truediv__(self, other)：除法运算，为“/”运算符提供支持。
（6）object.__ floordiv__(self, other)：整除运算，为“//”运算符提供支持。
（7）object.__mod__(self, other)：求余运算，为“%”运算符提供支持。

【例 9-28】运算符重载示例。实现两个列表的相加，同时实现列表和整数的相乘，如 L3=L1 × 3 表示将 L1 中的内容重复 3 次。

```
class Mylist:
    def __init__(self, iterable=()):
        self.data = list(iterable)
    def __repr__(self):
        return 'Mylist(%s)' % self.data
    def __add__(self, lst):        #定义__add__()方法，实现对象的“+”运算
        return Mylist(self.data + lst.data)
    def __mul__(self, beta):       #定义___mul__()方法，实现对象和整数的“*”运算
        return Mylist(self.data * beta)
L1 = Mylist([2, 3, 4])
L2 = Mylist([6, 7, 8])
LS = L1 + L2
print(LS)  # Mylist([1,2,3,4,5,6])
L3 = L1 * 3
print(L3)
```

程序的运行结果如下：

```
Mylist([2, 3, 4, 6, 7, 8])
Mylist([2, 3, 4, 2, 3, 4, 2, 3, 4])
```

上述程序为 Mylist 提供了__add__( )方法，这样两个 Mylist 对象就可以使用“+”执行加法运算；提供了___mul__( )方法，这样一个 Mylist 对象和一个整数就可以使用“*”执行乘法运算。

习题

一、填空题

1. 下列程序的输出结果是________。

```
class Person:
    count = 0
    @classmethod
    def __init__(cls):
        cls.count += 1
p1 = Person()
p2 = Person()
p3 = Person()
print(Person.count)
```

2. 指出下列程序的错误________。

```
class Cat(object):
  def __init__(self,name):
     self.name = name
  @property
  def eat(self):
     print(" %s is eating" %self.name)
c = Cat("Miaomiao")
c.eat()
```

3. 请简单解释 staticmethod（静态方法）和 classmethod（类方法）的区别，并在横线处补充代码，分别执行代码中的静态方法和类方法。

```
class Foo:
  def Foo(self):
     print("executing Foo(%s)" % (self))
  @classmethod
  def class_Foo(cls):
     print("executing class_Foo(%s)" % (cls))
  @staticmethod
  def static_Foo():
     print("executing static_Foo" )
a = Foo()
________  #执行类方法
________  #执行静态方法
```

4. 下列段代码的输出结果是________。

```
class Parent(object):
  x = 2
class Child1(Parent):
  pass
class Child2(Parent):
  pass
print(Parent.x, Child1.x, Child2.x)
Child1.x = 3
print(Parent.x, Child1.x, Child2.x)
Parent.x = 4
print(Parent.x, Child1.x, Child2.x)
```

5. 定义类如下：

```
class Hello():
def __init__(self,name)
self.name=name
def showInfo(self)
print(self.name)
```

下列代码能正常执行的是________。

```
A. h = Hello
   h.showInfo()
B. h = Hello()
   h.showInfo("李四")
C. h = Hello("李四")
```

```
    h.showInfo()
D. h = Hello("admin")
showInfo
```

二、上机实践

1. 定义一个圆类，计算其面积和周长，运行结果保留 1 位小数。程序的运行结果如下：

```
请输入圆的半径：2
半径为 2.0 的圆的面积是：12.6
半径为 2.0 的圆的周长是：12.6
```

2. 定义手机类，包含的属性有品牌、颜色和操作系统。定义方法，用于打电话、看电视、听音乐。其中，看电视和听音乐定义为类的方法。

3. 定义 Point 类，包括 *x* 和 *y* 两个属性。定义 Line 类，属性是两个 Point 类的对象，分别表示线段的两个端点；定义私有方法，用来计算线段的长度。使用__str__(self)特殊方法来输出属性的值。

4. 定义 Person 类，提供姓名和年龄等属性，其中年龄为私有属性。为 Person 类提供带所有成员变量的构造器，提供访问和设置私有属性值的方法，提供方法输出所有属性的值。由 Person 类派生出 Worker 类，添加薪水属性，提供方法输出所有属性的值。

5. 使用面向对象编程来描述学校雇佣教师和注册学生的基本情况，设计以下 4 个类。

① 学校类 School，拥有属性学校名称、地址、教师列表、学生列表；设计方法 enroll( )，用于实现对学生进行注册；设计方法 hire( )，用于实现雇佣老师；设计方法 information( )，用于输出老师列表和学生列表。

② 定义学校成员类 schoolMember，拥有姓名、年龄、性别属性；定义空方法 show( )。

③ 定义教师类 Teacher，从 schoolMember 类派生出来，添加属性酬金和课程，重写 show( )方法，用来输出教师的信息；设计 teach( )方法，教师执行授课行为。

④ 定义学生类 Student，从 schoolMember 类派生出来，添加属性 ID、学费和课程，重写 show( )方法，用于输出学生的信息；设计 pay_tution( )方法，表示该学生缴纳学费。

第 10 章 程序异常处理

本章将深入探讨程序的异常处理机制。通过介绍语法错误、运行时错误和逻辑错误的区别，引导读者认识程序错误的多样性。本章还将详细阐述异常处理的基本概念、内置异常类及使用 try…except 语句捕获异常的方法，介绍 else 代码块、finally 资源回收、自定义异常类和获取异常信息的技巧。章节最后将介绍断言的用法，通过 assert 语句进行条件检查，以增强代码的健壮性。通过本章的学习，读者将掌握处理程序异常的基本方法，以提升编程能力和代码质量。

10.1 程序的错误

异常是在程序执行过程中发生的意外事件，影响了程序的正常执行。当 Python 解析器执行程序时，如果检测到错误（如运行时错误），则会触发异常。如果异常没有被捕获和处理，则 Python 会抛出该异常并生成异常回溯信息，从而终止程序的执行。未处理的异常会导致程序停止，从而使后续代码无法运行。因此，使用异常处理机制（如 try…except 语句）可以增强程序的健壮性和容错性，确保程序在出现问题时能够优雅地处理，避免崩溃。

异常机制是判断一门编程语言是否成熟的标准之一。传统的 C 语言没有提供异常机制，此外，目前主流的编程语言，如 Python、Java 等都提供了成熟的异常机制。异常机制将异常处理代码和正常业务代码分开，从而提高程序的健壮性。

Python 程序错误主要分为 3 类：语法错误、运行时错误、逻辑错误。

10.1.1 语法错误

语法错误又称解析错误，是指不遵循 Python 语言的语法引起的错误，使程序无法正常执行。语法错误是初学者很容易碰到的错误。Python 语法分析器能准确指出出错的那一行，并给出相应的提示信息，以帮助用户快速定位到语法错误。

常见的 Python 语法错误包括：遗漏了某些必要的符号（冒号、逗号或括号），如类的定义忘记书写冒号；关键字拼写错误；缩进不正确；空语句块没有使用 pass 语句等。

【例 10-1】Python 语法错误示例。

```
class Person
    def __init__(self,name,age):
        self.name=name
        self.age=age
```

程序的运行结果如下：

```
  E:\Users\yinbo\Anaconda3\python.exe C:/Users/yinbo/PycharmProjects/untitled1/test.py
  File "C:/Users/yinbo/PycharmProjects/untitled1/test.py", line 1
   class Person
               ^
SyntaxError: invalid syntax
```

显示错误行号为 1，错误信息为“invalid syntax”，这是因为第一行的类定义的类名 Person 后面需要冒号。

10.1.2 运行时错误

运行时错误是指程序在语法上都是正确的，但是在解释执行过程中产生错误。常见的 Python 运行时错误包括：使用了没有定义的标识符，解释器将在运行时抛出 NameError 错误信息；除数为 0，解释器将在运行时抛出 ZeroDivisionError 错误信息；打开的文件不存在，解释器将在运行时抛出 FileNotFoundError 错误信息；导入的模块没被找到，解释器将在运行时抛出 ImportError 错误信息；不同类型数据之间的无效操作，解释器将在运行时抛出 TypeError 错误信息。

出现运行时错误时，Python 就会创建一个异常对象，并抛出错误信息。通过仔细分析错误信息和相关位置的代码，可以定位并修改错误。

【例 10-2】除数为 0 错误示例。

```
a=6*2/0
```

程序的运行结果如下：

```
E:\Users\yinbo\Anaconda3\python.exe
C:/Users/yinbo/PycharmProjects/untitled1/test.py
Traceback (most recent call last):
  File "C:/Users/yinbo/PycharmProjects/untitled1/test.py", line 1, in <module>
    a=6*2/0
ZeroDivisionError: division by zero
```

上述代码从语法角度讲是没有问题的。但是可以看到，运行还是报错了，原因是我们用 0 作为除数，这是没有意义的。因此 Python 抛出了一个 ZeroDivisionError 的异常错误。

【例 10-3】TypeError 错误示例。

```
a=3
b='2'
c=a+b
print(c)
```

程序的运行结果如下：

```
E:\Users\yinbo\Anaconda3\python.exe
C:/Users/yinbo/PycharmProjects/untitled1/test.py
Traceback (most recent call last):
  File "C:/Users/yinbo/PycharmProjects/untitled1/test.py", line 3, in <module>
    c=a+b
TypeError: unsupported operand type(s) for +: 'int' and 'str'
```

上述代码的异常错误为 TypeError，这是因为第 3 行的代码试图使用字符串 2 和整数 3 相加。但是，

Python 中是不允许字符串类型和数字类型进行运算的。

10.1.3 逻辑错误

逻辑错误又称语义错误，是指程序的执行结果与预期不符。逻辑错误的表现就是错误的运行结果。逻辑错误从语法上来说程序是正确的，程序可以正常运行，但是得不到所期望的结果，会产生意外的输出或结果。发生逻辑错误时，Python 解释器不能发现这些错误。逻辑错误较难发现，只能我们通过仔细分析，将结果与设计方案进行对比来发现。

【例 10-4】逻辑错误示例。

```
print(3 > 0 & 6 > 0)
```

程序的运行结果如下：

```
False
```

上述代码试图计算“3>0”和“6>0”相与的结果，但是实际上“3>0&6>0”根据结合律为“3>(0&6)>0”，所以程序的输出结果为 False。正确的代码应该是

```
print((3 > 0) & (6 > 0))
```

程序的运行结果为 True。

10.2 程序异常处理

10.2.1 异常处理概述

Python 提供了两个非常重要的功能来处理 Python 程序在运行中出现的异常和错误：异常处理、断言。Python 语言采用结构化的异常处理机制。Python 使用 try…except 语句块来捕获并处理异常，Python 完整的异常处理语法结构 try…except…else…finally…，其一般语法格式如下。

```
try:
    #可能产生异常的代码块
except Exception1 as e:
    #处理异常的代码块 1
except Exception2 as e:
    #处理异常的代码块 2
…
else:
    #无异常时执行的代码块
finally:
    #资源回收代码块
```

try 语句用于定义代码块，运行可能抛出异常的代码。except 用于语句捕获异常信息并进行处理。else 语句用于执行无异常时的代码。finally 用于资源回收。

在上述异常处理语法结构中，try 代码块有且仅有一个，但 except 代码块可以有多个，并且每个 except 块都可以同时处理多种异常，这是针对不同的异常类提供的不同异常处理方式。当程序发生不同的意外情况时，会对应特定的异常类型，Python 解释器会根据该异常类型来选择对应的

except 块来处理该异常。一个 except 块可以同时处理多种异常。“as e”表示给异常类型起一个别名 e。

由于在 try 块后面提供了多个 except 块来处理不同的异常，所以不需要使用 if 判断异常类型，但是仍然可以针对不同的异常类型执行相应的处理逻辑。因此，通常情况下，只有一个 except 块被执行。图 10-1 给出了异常处理代码块的执行流程。

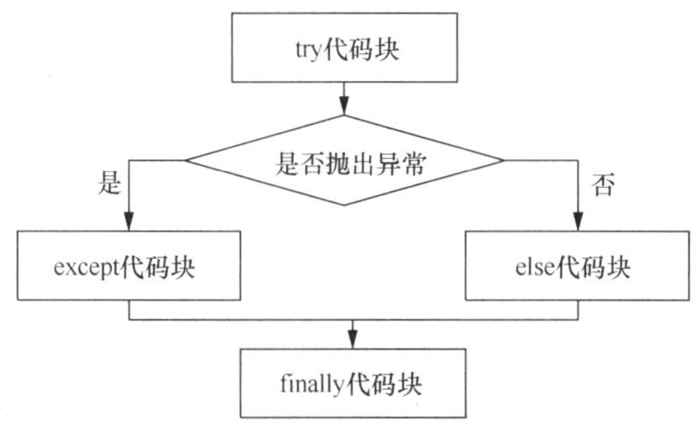

图 10-1 异常处理代码块的执行流程

finally 语句块和 else 语句块是有区别的。else 语句块只有在没有异常发生的情况下才会被执行，而 finally 语句则不管异常是否发生都会被执行。不仅如此，无论是正常退出、遇到异常退出，还是通过 break、continue、return 语句退出，finally 语句块都会被执行。

在整个异常处理结构中，try 代码块是必需的，except 代码块、else 代码块、finally 代码块是可选的，当然也可以同时出现。但是也不能只使用 try 块，具体而言有以下 3 种形式。

① try…except…[else…]语句：try 代码块后面接一个或多个 except 代码块，else 代码块可选。

② try…finally 语句：try 代码块后面接 finally 代码块。

③ try…except…[else…]…finally 语句：try 代码块后面接一个或多个 except 代码块，else 代码块可选，最后接 finally 代码块。

以文件读写为例，打开一个文件，将内容写入该文件中。文件读写代码如下：

```
try:
    f=open("testfile", "w")                      #可能产生错误：文件不存在
    f.write("这是一个测试文件，用于测试异常!!")    #可能产生错误：无写入权限
except IOError:                                   #捕获异常，无法打开文件或写入文件失败
    print("Error: 没有找到文件或写入文件失败")
else:
    print("成功写入文件")
    f.close()
```

如果文件没有写入权限，就会产生异常。例如，我们在上述代码的前面加上以下代码：

```
import os, sys, stat
os.chmod("testfile", stat.S_IRUSR)
```

这样，对文件"testfile"只有读的权限，没有写入的权限，try 块中抛出一个异常，执行 except 代码块。程序的运行结果如下：

```
Error: 没有找到文件或写入文件失败
```

从上述示例可以看到，异常处理机制把错误处理和正常代码逻辑分开，从而高效地实现错误处理，提高程序的可维护性。

10.2.2 内置的异常类

当程序运行出现错误时，Python 解释器会创建一个异常对象，然后中止正常执行流程，转而执行异常处理流程。在 Python 中，所有异常必须为一个派生自 BaseException 类的实例。BaseException 派生出以下 4 个子类，用作其他异常的基类。

① Exception：所有内置的非系统退出类异常都派生自 Exception 类。所有用户自定义异常也应当派生自 Exception 类。

② GeneratorExit：当一个生成器对象被销毁时，会抛出一个 GeneratorExit 异常。

③ SystemExit：系统推出引发的异常。

④ KeyboardInterrupt：键盘输出的异常。

Exception 的子类如下。

① ArithmeticError：用于派生针对各种算术错误而引发的内置异常。

② BufferError：当与缓冲区相关的操作无法执行时将被引发。

③ LookupError：用于派生当映射或序列所使用的键或索引无效时引发的异常。

图 10-2 列出了 Python 常见异常类之间的继承关系。

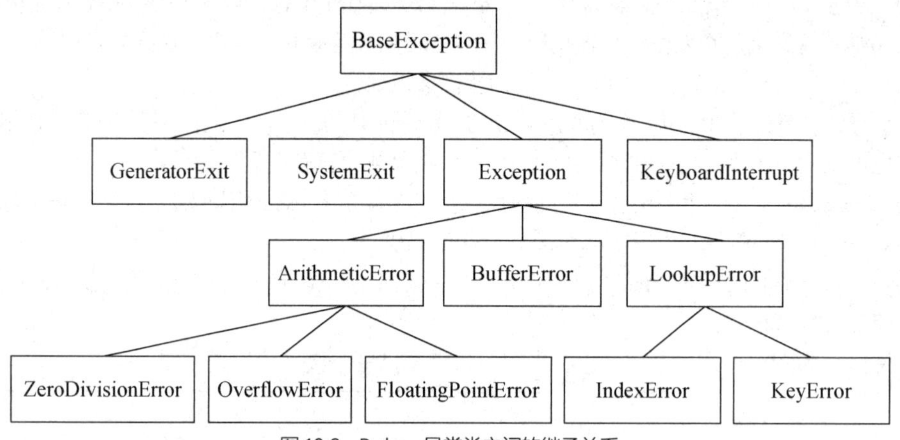

图 10-2 Python 异常类之间的继承关系

一些常见的异常如下。

① NameError：尝试访问一个未声明的变量。

```
>>> hobby
```

报错：NameError: name 'hobby' is not defined。

② ZeroDivisionError：除数为 0。

③ SyntaxError：Python 解释器语法错误。

```
>>> string hobby
```

报错：SyntaxError: invalid syntax。

④ IndexError：请求的索引超出序列范围。

```
>>> a=[1,2,3,4]
>>> a[4]
```

报错：IndexError: list index out of range。

⑤ KeyError：请求一个不存在的字典关键字。

```
>>> a={'0':'male','1':'female'}
>>> a['2']
```

报错：KeyError: '2'。

⑥ IOError：输入/输出错误。

```
>>> f = open('myfile.txt','rb')
```

报错：FileNotFoundError: [Errno 2] No such file or directory: 'myfile.txt'。

备注：FileNotFoundError 属于 IOError 的一种。

⑦ AttributeError：尝试访问未知的对象属性。

```
>>> a='hello'
>>> a.show()
```

报错：AttributeError: 'str' object has no attribute 'show'。

⑧ ValueError: 数值错误。

```
>>> int('cd')
```

报错：ValueError: invalid literal for int() with base 10: 'cd'。

⑨ OSError：操作系统产生的异常。

⑩ AssertionError：当 assert 断言条件为假时抛出的异常。

Python 中常见的标准异常类如表 10-1 所示。

表 10-1 Python 中常见的标准异常类

异常类	描述
AssertionError	断言语句失败
AttributeError	试图访问一个对象没有的属性
ArithmeticError	所有数值计算错误的基类
BaseException	所有异常的基类
DeprecationWarning	被弃用的特征警告
Exception	常规错误的基类
EOFError	在没有读取任务数据的情况下，到达文件结尾
EnvironmentError	操作系统错误的基类
FloatingPointError	浮点计算错误
FutureWarning	构造将来语义会有改变的警告
GeneratorExit	生成器发生异常时通知退出
ImportError	导入模块/对象失败
IndexError	序列中不存在的索引
IndentationError	缩进错误
IOError	输入/输出操作失败（试图打开不存在的文件）
KeyboardInterrupt	用户中断执行
KeyError	试图访问字典中不存在的键

续表

异常类	描述
LookupError	无效数据查询的基类
MemoryError	内存溢出错误
NameError	未声明/初始化对象（访问没有声明的变量）
NotImplementedError	尚未实现的方法
ReferenceError	弱引用，试图访问已经垃圾回收了的对象
RuntimeError	运行时错误
RuntimeWarning	可疑的运行时行为（runtime behavior）的警告
SystemExit	解释器请求退出
SystemExit	Python 解释器请求退出
StandardError	所有内建标准异常的基类
StopIteration	迭代器没有更多的值
SyntaxError	Python 语法错误，不能执行
SyntaxWarning	可疑的语法警告
SystemError	一般的解释器系统错误
TabError	Tab 和空格混用
TypeError	对无效类型的操作
OverflowError	数值运算超出最大限制
OSError	操作系统错误
OverflowWarning	旧的关于自动提升为长整型（long）的警告
PendingDeprecationWarning	特性将会被废弃的警告
UnboundLocalError	访问未初始化的本地变量
UnicodeError	Unicode 相关的错误
UnicodeDecodeError	Unicode 解码时的错误
UnicodeEncodeError	Unicode 编码时的错误
UnicodeTranslateError	Unicode 转换时的错误
UserWarning	用户代码生成的警告
ValueError	传入无效的参数
WindowsError	系统调用失败
Warning	警告的基类
ZeroDivisionError	除（或取模）零

10.2.3 使用 try…except 捕获异常

前面讲到，Python 使用 try…except 代码块来捕获并处理异常。try…except 执行的流程如下。

（1）执行 try 代码块，如果执行过程中出现异常，则系统会自动生成一个异常类型并提交给 Python

解释器，此过程被称为捕获异常。

（2）当 Python 解释器收到异常对象时，寻找能处理该异常对象的 except 代码块，并把该异常对象交给该 except 代码块处理，这个过程被称为处理异常。如果 Python 解释器找不到处理该异常的 except 块，则程序运行终止，并且 Python 解释器退出。

try 代码块包含多个子句，当某子句发生异常时，跳过该子句中其余的部分，处理当前异常。如果找到匹配的 except 块，则执行 except 代码块，然后继续执行 try 块刚刚发生异常的子句之后的代码。

实际上，即使代码块没有放置在 try 块中，只要执行程序时出现了异常，系统都会自动生成对应类型的异常。如果该代码没有在 try 块中，或者没有配置对象的 except 块，则 Python 解释器将无法处理，程序就会停止运行。反之，如果程序发生的异常被 try 捕获并由 except 处理完成，那么程序将继续执行。

【例 10-5】 try…except 示例。从键盘读取两个数值，并计算两个数的商。

```
try:
    a = int(input("输入被除数: "))
    b = int(input("输入除数: "))
    c = a / b
    print("您输入的两个数相除的结果是: ", c )
except ValueError:
    print("程序发生了数字格式异常")
except ArithmeticError:
    print("程序发生了算术异常")
except:
    print("未知异常")
```

上述程序针对 ValueError、ArithmeticError 类型的异常，提供了专门的异常处理代码。

① 如果在程序运行时输入的参数不是数字，而是字母，则将会发生 ValueError 错误，程序将调用 ValueError 对应的 except 代码块来处理该异常。

② 如果在程序运行时输入的除数是零，则将会发生 ArithmeticError 错误，程序将调用 ArithmeticError 对应的 except 代码块来处理该异常。

③ 如果在程序运行时出现其他异常，则程序将调用最后一个 except 块来处理该异常，它表示可捕获所有类型的异常。

需要注意的是，省略异常类的 except 语句一般会作为异常捕获的最后一个 except 块。反之，如果把省略异常类的 except 语句放在其他 except 块的前面，那么 Python 解释器将直接进入该省略异常类的 except 语句，而排在它后面的 except 块将永远不会被执行。

一个 except 可以同时处理多个异常。例如，可以把 ValueError 和 ArithmeticError 放在一个 except 代码块中。例如：

```
try:
    a = int(input("输入被除数: "))
    b = int(input("输入除数: "))
    c = a / b
    print("您输入的两个数相除的结果是: ", c )
except (ValueError,ArithmeticError):
    print("程序发生了数字格式异常,或者算术异常")
except:
    print("未知异常")
```

当出现 ValueError 错误或 ArithmeticError 错误时，都会调第一个 except 代码块。

当一个 except 代码块同时处理多个异常时，要想知道当前处理的到底是哪种异常，则需要访问异常信息。所有的异常对象都包含了以下常用的属性和方法。

args：返回异常的错误编号和描述字符串。

strerror：返回异常信息，但不包括异常信息的类型。

errno：返回异常的错误编号。

reprerror：返回较全的异常信息，包括异常信息的类型。

10.2.4 else 代码块

在 try…except 结构的基础上，Python 异常处理机制还提供了一个 else 块，构成了 try…except…else 结构。只有当 try 块没有捕获到任何异常时，才会执行 else 块。如果 try 代码块捕获到了异常，则会调用对应的 except 代码块来处理异常，else 块中的代码不会被执行。

【例 10-6】else 代码块示例。

```
try:
    data = {"金刚川":["张译","吴京"],
        "八佰":["黄志忠","欧豪","王千源"],
        "卧虎藏龙":["章子怡","周润发","杨紫琼"]
}
    data["无问西东"]    #data 字典中没有"无问西东"这个 key 值
except (IndexError,KeyError) as e:
    print("IndexError 异常或 KeyError 异常")
except Exception:
    print(e)
else:
    print("没有异常")
```

程序的运行结果如下：

```
IndexError 异常或 KeyError 异常
```

10.2.5 使用 finally 回收资源

finally 语句通常用来为 try 块中的程序进行扫尾清理工作。程序在 try 块中打开了一些物理资源（磁盘文件，网络连接和数据库连接等），这些资源必须手动回收，而回收工作通常就放在 finally 块中。Python 垃圾回收机制，只能回收变量、类对象占用的内存，而无法自动完成类似关闭文件、数据库连接等工作。

finally 块必须和 try 块搭配使用，而至于该结构中是否包含 except 及 else，对于 finally 不是必需的。

finally 语句的功能是，无论 try 代码块是否发生异常，都会进入 finally 代码块并执行代码块的代码。

【例 10-7】对例 10-6 进行修改，增加 finally 块。

```
try:
    data = {"金刚川":["张译","吴京"],
        "八佰":["黄志忠","欧豪","王千源"],
        "卧虎藏龙":["章子怡","周润发","杨紫琼"]
}
```

```
    data["无问西东"]    #data 字典中没有"无问西东"这个 key 值
except (IndexError,KeyError) as e:
    print("IndexError 异常或 KeyError 异常")
except Exception:
    print(e)
else:
    print("没有异常")
finally:
    print("不管有没有错，都执行 finally"))
```

程序的运行结果如下：

```
IndexError 异常或 KeyError 异常
不管有没有错，都执行 finally
```

10.2.6 自定义异常类

Python 允许程序员自己定义异常类，创建并命名新的异常类，用来处理一些特殊的错误。但是通常情况下，异常类应该直接或间接地从 Exception 类派生。自定义的异常类的名称通常以 Error 或 Exception 为后缀。

可以使用 raise 语句来触发异常。raise 的语法格式如下。

```
raise [Exception [, args [, traceback]]]
```

上述语句中，Exception 是指定抛出的异常名称（如 NameError），args 是自己提供的异常参数。最后一个参数是可选的，是跟踪异常对象。

【例 10-8】自定义异常类示例。如果输入的年龄不在 0～120 的范围内，则抛出异常。

```
class MyError(Exception):            #自定义 MyError 异常类
    def __init__(self,age):
        self.age=age
    def __str__(self):
        return repr(self.age)
try:
    age=int(input("请输入年龄: "))  #抛出一个异常
    if age<=0 or age>120:
        raise MyError("年龄只能在 0～120")
except MyError as e:                 #异常处理
    print(e)
```

程序的运行结果如下：

```
请输入年龄: 121
'年龄只能在 0～120'
```

10.2.7 获取异常信息

在程序的调试过程中，可以使用以下两种方法来获取更多的异常信息。

① 使用 sys 模块中的 exc_info( )方法。

② 使用 traceback 模块中的相关函数。

1．sys.exc_info( )方法

在 sys 模块中，可以使用 exc_info( )和 last_traceback( )方法来返回异常的全部信息。这两个方法的功能和用法相同。以 exc_info( )方法为例，sys.exc_info( )返回的值是一个元组，包含 type、value 和 traceback 这 3 个元素。

（1）type：异常类型的名称，它是 BaseException 的子类。

（2）value：捕获到的异常实例。

（3）traceback：是一个 traceback 对象，对象中包含出错的行数、位置等数据。

若要查看 traceback 对象包含的内容，则需要先导入 traceback 模块，然后调用该模块中的 print_tb( )方法，而且将 sys.exc_info( )输出的 traceback 对象作为 print_tb( )方法的参数。

【例 10-9】sys.exc_info( )方法示例。

```
import sys
import traceback
try:
   x = int(input("请输入被除数: "))
   print("100 除以"+str(x)+"等于: ",100/x)
except:
   print(sys.exc_info())
   traceback.print_tb(sys.exc_info()[2])
   print("异常")
```

程序的运行结果如下：

```
请输入被除数: 0
(<class 'ZeroDivisionError'>, ZeroDivisionError('division by zero',), <traceback
object at 0x0000000002A08848>)
  File "C:/Users/yinbo/PycharmProjects/untitled1/test.py", line 5, in <module>
   print("100 除以"+str(x)+"等于: ",100/x)
异常
```

在上述程序中，当输入 0 作为除数后，调用 sys.exc_info( )方法返回的是运行结果的第 2 行，第 1 个元素 type 的值为 ZeroDivisionError 类；第 2 个元素 value 的值为 ZeroDivisionError 类的一个实例；第 3 个元素是一个 traceback 对象。调用 traceback.print_tb( )方法返回的是运行结果的第 3 行，包括文件名、抛出异常的代码所在的行及具体的代码。

2．traceback 模块

traceback 模块可以用来查看异常的传播轨迹，追踪异常触发的源头。traceback 模块提供了 print_exception( )、format_exception( )等输出异常栈等常用的工具函数。

（1）traceback.print_exc( )：该方法用于将异常传播轨迹信息输出到控制台或指定文件中。

（2）format_exc( )：该方法用于将异常传播轨迹信息转换成字符串。

其中，traceback.print_exc( )方法是 traceback.print_exception( )方法的简写，实际上获取异常相关的数据都是通过 sys.exc_info( )函数得到的。

【例 10-10】traceback 模块示例。

```
import traceback
class SelfException(Exception):
```

```
    pass
def function1():
    function2()
def function2():
    function3()
def function3():
    raise SelfException("产生异常")
try:
    function1()
except:
    #将异常传播信息输出到控制台
    traceback.print_exc()
    #将异常传播信息输出到指定文件中
traceback.print_exc(file=open('log.txt', 'a'))
```

程序的运行结果如下：

```
Traceback (most recent call last):
  File "C:/Users/yinbo/PycharmProjects/untitled1/test.py", line 11, in <module>
    function1()
  File "C:/Users/yinbo/PycharmProjects/untitled1/test.py", line 5, in function1
    function2()
  File "C:/Users/yinbo/PycharmProjects/untitled1/test.py", line 7, in function2
    function3()
  File "C:/Users/yinbo/PycharmProjects/untitled1/test.py", line 9, in function3
    raise SelfException("产生异常")
SelfException: 产生异常
```

从输出结果可以看出，异常从 function3( )函数开始触发，传到 function2( )函数，再传到 function1( )函数，这个过程就是整个异常的传播轨迹。使用 traceback 模块的 print_exc( )方法将异常传播信息分别输出到控制台和指定文件中。

10.3 断言处理

在 Python 中，断言处理（assert statement）是一种调试工具，用于测试代码中的表达式是否为真。当断言语句中的条件为假时，程序会抛出一个 AssertionError 异常，并且可以选择性地提供错误信息。

10.3.1 断言概述

在程序调试阶段往往需要进行条件判断，如判断变量的值是否为 0。断言（assert）就是断定条件是否成立，如果不成立，则此处抛出异常，程序终止运行。断言的语法格式如下。

```
assert 表达式,"报错语句"
```

其中，assert 是断言的关键字。执行该语句时，先判断表达式，如果表达式为真，则什么都不做；如果表达式为假，则抛出异常。

断言包括前置条件断言、后置条件断言、前后不变断言。其中，前置条件断言表示代码执行之前必须具备的特征，后置条件断言表示代码执行之后必须具备的特征，前后不变断言表示代码执行前后不能变化的特征。

当断言条件不成立抛出异常时，实际上抛出的是 AssertionError 类的实例。

断言的主要功能是帮助程序员调试代码，从而保证程序运行的正确性。一般在以下情况使用断言。

① 保护性的编程：除了防范当前代码发生错误，主要用来防范由于以后代码变更而发生错误。

② 运行时序逻辑的检查：用于防止脏数据或异常数据进入业务系统，主动进行中断处理。

③ 单元测试代码：编写单元测试代码时也会使用断言。

10.3.2 assert 语句

【例 10-11】断言处理示例。

```
import traceback
assert 5>2             #表达式为真，什么都不做
try:
    assert 2>5         #表达式为假，抛出异常
except(AssertionError):
   traceback.print_exc()
   print("2>5?错了！")
```

程序的运行结果如下：

```
Traceback (most recent call last):
  File "C:/Users/yinbo/PycharmProjects/untitled1/test.py", line 4, in <module>
    assert 2>5
AssertionError
2>5?错了!
```

从上述程序可以看到，当断言表达式为真时，什么都不做。反之，如果表达式为假，就会抛出异常。

【例 10-12】利用断言检查类型。

```
def func(input):
   assert isinstance(input, list), 'input must be type of list' #检查输入是否是列表
func(1)
```

程序的运行结果如下：

```
Traceback (most recent call last):
  File "C:/Users/yinbo/PycharmProjects/untitled1/test.py", line 3, in <module>
    func((1))
  File "C:/Users/yinbo/PycharmProjects/untitled1/test.py", line 2, in func
    assert isinstance(input, list), 'input must be type of list'
AssertionError: input must be type of list
```

上述代码中，我们希望输入是列表类型，否则就会抛出异常。

【例 10-13】利用断言检查数值大小。

```
b=-1
assert b>0, "b超出范围"
```

程序的运行结果如下：

```
Traceback (most recent call last):
  File "C:/Users/yinbo/PycharmProjects/untitled1/test.py", line 2, in <module>
    assert b>0, "b 超出范围"
AssertionError: b 超出范围
```

【例 10-14】断言综合示例。

```
a =3
b = 2
try:
    assert a < b
    d = a + b
    txt = open("1.txt","w")
    txt.write("test")  #如果以 r 方式打开文件，则会抛出 IOError 异常
except AssertionError as e:
    print("a<b")
except TypeError as e:
    print(e)
except IOError as e:
    print(e)
else:  #当没有发现任何异常时，执行这里的语句
    print("Program execution successful")
finally:
#不管有没有异常都会执行 finally 代码块中的语句，通常用在打开文件
#在文件处理过程中出现异常时退出，这时文件没有关闭
    txt.close()
```

程序的运行结果如下：

```
Traceback (most recent call last):
  File "C:/Users/yinbo/PycharmProjects/untitled1/test.py", line 18, in <module>
    txt.close()
NameError: name 'txt' is not defined
a<b
```

在上述代码中，断言表示式是“a<b”。当 a=3、b=2 时，该断言表达式为假，因此执行 except AssertionError 代码块。除了 AssertionError 错误，上述程序还定义了其他类型的 except 块。例如，如果“a<b”成立，但是文件以 r 方式打开，当程序执行代码 txt.write("test")时，就会抛出 IOError 异常。

习题

一、填空题

1. 下列程序输入“b”后，代码的运行结果是________。

```
try:
    number = int(input("请输入数字: "))
    print("number:",number)
except Exception as e:
```

```
    print("异常信息")
else:
    print("没有异常")
finally:
    print("finally")
print("end")
```

2. 下列程序的运行结果是________。

```
try:
    f= open("testfile", "r")                     #可能产生错误：文件不存在
    f.write("这是一个测试文件，用于测试异常!!")   #可能产生错误：无写入权限
except IOError:                                  #捕获异常，无法打开文件或写入文件失败
    print("Error: 没有找到文件或写入文件失败")
else:
    print("成功写入文件")
    f.close()
```

3. 在异常处理中，如释放资源、关闭文件、关闭数据库等由________来完成。

A. try 字句　　B. catch 子句　　C. finally 字句　　D. raise 子句

4. 下列 Python 语句的运行结果异常的选项是________。

A.

```
>>> PI , r = 3.14 , 4
```

B.

```
>>> a = 1
>>> b = a = a + 1
```

C.

```
>>> x = True
>>> int(x)
```

D.

```
>>> b
```

5. 下列关于异常处理的描述中，正确的是________。

A. try 语句中有 except 子句就不能有 finally 子句

B. 在 Python 中，可以使用异常来处理捕获程序中的所有错误

C. 引发一个不存在索引的列表元素会引发 NameError 错误

D. Python 中允许利用 raise 语句由程序主动引发异常

6. 下列代码如果输入 11，则输出结果是________。

```
class MyError(Exception):          #自定义 MyError 异常类
    def __init__(self,number):
        self.number=number
    def __str__(self):
        return repr(self.number)
try:
    number=int(input())
    if number>10:
        raise MyError("The number is larger than 10")
except MyError as e:
    print(e)
```

二、上机实践

1. 输入若干个成绩，计算并输出平均分。每输入一个成绩后，显示“yes/no”询问是否继续输入成绩，回答“yes”就继续输入下一个成绩，回答“no”就停止输入成绩。

2. 设计函数 func(Mylist)，其中 Mylist 为列表，该函数用来返回 Mylist 中小于 100 的偶数，这些数组成一个列表。使用 assert 断言来返回结果和类型。

3. 设计猜数字游戏，产生随机数，如果输入非整数，则抛出异常；如果输入的数字比随机数小，则输出“你输入的数字太小了!”；如果输入的数字比随机数大，则输出“你输入的数字太大了!”。

4. 编写代码，定义函数，参数为半径，函数用来计算圆的面积。自定义一个异常类，如果半径为负值，则抛出异常。

5. 从键盘输入 3 个整数，放入列表中，然后输出。如果输入的数据不为整数，则抛出异常，显示“请输入整数”；如果输入的参数不足 3 个，则抛出异常，显示“请输入至少 3 个整数”。

第 11 章 GUI 程序设计

本章主要介绍如何使用 Python 中的 Tkinter 库进行 GUI（Graphical User Interface，图形用户界面）程序设计。通过详细讲解 Tkinter 的主要组件、组件通用属性、常用组件及其使用方法，以及 pack、grid 和 place 这 3 种布局管理器，帮助读者掌握 GUI 界面布局和组件管理的技巧。同时，本章还将介绍事件处理机制和菜单的设计方法，以及消息对话框的使用，使读者能够开发出功能完备的 GUI 应用程序。

11.1 Tkinter 概述

GUI 是指采用图形方式显示的计算机操作用户界面。它主要由窗口、下拉菜单、对话框、文本框、按钮等组件构成，用户通过鼠标等输入设备操作界面上的图标或菜单选项，即可选择命令、调用文件、启动程序或执行其他交互命令，它比纯字符界面更友好。Python 提供了多个 GUI 库，如 Tkinter、wxPython、PyGObject、PyQt。其中，Tkinter 模块是 Python 自带的标准模块，Python 的 IDLE 开发环境也是使用 Tkinter 模块编写的。

微课视频

11.1.1 Tkinter 介绍

Tkinter 简称 Tk，是 Python 自带的标准 GUI 库，可方便快捷地创建 GUI 程序。其无须安装，直接导入即可使用。例如：

```
import tkinter as tk
```

窗口是创建 GUI 的基础，创建 GUI 程序的第一步应是创建一个主窗口，使用 Tkinter 库的 Tk( )函数可创建一个新窗口对象。例如：

```
root = tk.Tk()        #root 为窗口对象名，T 为大写
```

窗口对象具有大量的属性和方法，常见的属性方法如表 11-1 所示。

表 11-1　窗口常见的属性和方法

方法	参数及用法
title(string)	设置窗口的标题文本为 string 字符串，默认值为'tk'
geometry('WxH+dx+dy')	W 和 H 是窗口的初始宽度和高度，字母 x 代表乘号，dx 和 dy 代表窗口打开时，窗口左侧和上侧与屏幕左侧和上侧之间的距离（单位为像素）
configure(bg='color')	设置窗口的背景颜色

续表

方法	参数及用法
resizable(bool,bool)	两个布尔值分别代表窗口的长度和宽度是否可以改变（若可以，则用 0 和 1 代替布尔值）
mainloop( )	主窗口进入消息事件循环（放在最后）
quit( )	退出主窗口，等同于单击退出按钮，所有子窗口也退出
destroy( )	摧毁主窗口，主窗口消失，且所有子窗口也消失；摧毁子窗口，则只有该子窗口消失，不影响主窗口和其他子窗口

【例 11-1】创建一个窗口，窗口标题为“固定大小的窗口”，宽为 400，高为 200，屏幕坐标为 (200,200)，窗口背景颜色为红色，窗口大小不可改变。

代码如下：

```
import tkinter as tk
root = tk.Tk()                           #创建主窗口
root.title('固定大小的窗口')               #设置窗口标题
root.geometry('400x200+200+200')         #设置窗口的几何尺寸
root.configure(bg='red')                 #设置窗口的背景颜色为红色
root.resizable(0,0)                      #禁止调整窗口大小
root.mainloop()                          #运行主循环
```

上述程序的运行结果如图 11-1 所示。

窗口相当于绘图纸，每个程序只能有一个根（主）窗口（使用 Tk( )函数构建），但可以有多个利用 Toplevel( )创建的子窗口对象。例如：

```
>>>import tkinter as tk
>>>main=tk.Tk()                          #主窗口
>>>t1=Toplevel(main)                     #子窗口
>>>t1.title('我是子窗体')
```

图 11-1　例 11-1 的运行结果

11.1.2 简单的 GUI 程序

利用 Tkinter 模块创建 GUI 程序的基本步骤如下。

（1）导入 Tkinter 模块。

（2）创建主窗口，设置窗口的相关属性。

（3）创建组件。

（4）组件布局定位。

（5）主窗口进入消息事件循环。

【例 11-2】简单的 GUI 程序示例。

```
1  import tkinter as tk
2  root = tk.Tk()                                  #创建主窗口
3  root.title("示例窗口")                          #设置窗口的标题
4  root.geometry('250x50')                         #设置窗口的大小
5  label=tk.Label(root,text='这是一个标签文本')    #创建新的标签组件
6  label.pack()                                    #标签组件布局定位
7  root.mainloop()                                 #运行主循环
```

上述程序的运行结果如图 11-2 所示。

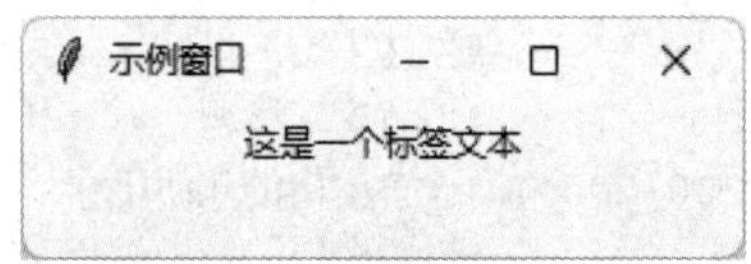

图 11-2　例 11-2 的运行结果

程序第 6 行中的 pack 是组件布局管理器，创建组件对象后必须布局定位才可见。

11.2 Tkinter 组件概述

Tkinter 是 Python 的标准 GUI 库，提供了一个简单易用的界面来创建窗口程序。它包含多种控件，如按钮、文本框、标签等，适用于快速开发桌面应用程序。Tkinter 的设计理念是简洁明了，让开发者能够轻松实现 GUI。

11.2.1 Tkinter 主要组件

Tkinter 提供了各种组件，包括按钮、标签、文本框等。Tkinter 常见的组件如表 11-2 所示。

表 11-2　Tkinter 常见的组件

组件	中文名称	功能
Label	标签	用于显示不可编辑的文本或位图
Button	按钮	可显示一段小文本或位图，主要用于响应事件，如鼠标单击、经过等
Entry	文本框	用于显示用户的键盘输入，只能显示一行文本
Checkbutton	复选框	当多个复选框放在一组时，可同时选中 1 个或多个
Radiobutton	单选按钮	当多个单选按钮放在一组时，只能选中一个
Text	文本域	用于显示用户的键盘输入，能显示多行文本
Listbox	列表框	一个选项列表，供用户选择
Menu	菜单	显示菜单栏，有下拉菜单和弹出菜单
Menubutton	菜单按钮	用于显示菜单项
Message	消息框	与 Label 相似，但可显示多行文本

续表

组件	中文名称	功能
Scale	进度条	线性“滑块”组件，设置起始值和结束值，可显示当前值的精确位置
Scrollbar	滚动条	当组件（如列表框、文本域）内容超过可显区域时，提供滚动功能
Canvas	画布	提供绘图功能，如直线、圆、椭圆等
Frame	框架	容器，可放置其他 GUI 组件
Toplevel	窗口	用来创建子窗口

在窗口上创建某组件对象的通用方法是调用组件同名构造函数。例如，创建一个 Label 对象就是调用 Label 构造函数。其基本语法格式如下。

```
Label 对象=Label(master=None, cnf={},**kw)
```

11.2.2 组件通用属性

组件的通用属性包括宽度、高度、字体、颜色、锚点等。

1. height 和 width

组件的大小由高度 height 和宽度 width 属性决定。如果是 Button、Label 或 Text 组件，则以字符数目为单位。其他的控件则以像素 pixel 为单位。例如：

```
Label(root,text="标签",height=2,width=10)
```

上述代码的功能是生成 Label 组件，高度为 2 字符，宽度为 10 字符。

2. font

font 用于设置组件标题文字的字体格式，属性值是一个元组格式（font family, size, modifiers），其中字体样式 modifiers 可以是 bold、italic、underline 及 overstrike，多个字体样式之间使用空格进行分隔。例如：

```
import tkinter as tk
root = tk.Tk()   #创建主窗口
Label(root,text='成功源于坚持',font=( 'Arial', 12, 'bold')).pack()
#创建并布局第一个标签
Label(root,text='成功源于坚持',height=2,font=( '宋体',18,'bold italic')).pack()
#创建并布局第二个标签
root.mainloop()  #运行主循环
```

上述程序的运行结果如图 11-3 所示。

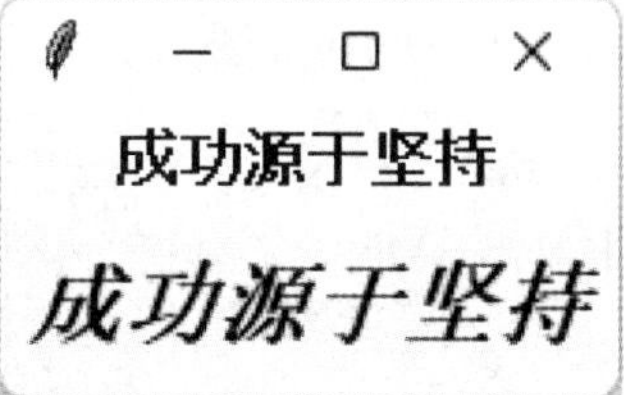

图 11-3　字体格式效果

窗口 root 上创建了 2 个 Label 组件，设置了不同的文本内容、高度及字体格式。

3．relief

relief 用于定义组件的边框形式，其属性值可设为 SUNKEN（凹）、RIDGE（边凸）、RAISED（边凸）、GROOVE（边凹）、FLAT（平）、SOLID（黑框）。以 Button 组件为例，定义不同的 relief 属性值，可呈现不同的边框样式按钮。例如：

```
Button(root,text='Button1',relief=SUNKEN)
Button(root,text='Button2',relief=RIDGE)
Button(root,text='Button3',relief=RAISED)
Button(root,text='Button4',relief=GROOVE)
Button(root,text='Button5',relief=FLAT)
Button(root,text='Button6',relief=SOLID)
```

上述 6 个按钮在窗口中的显示效果如图 11-4 所示。

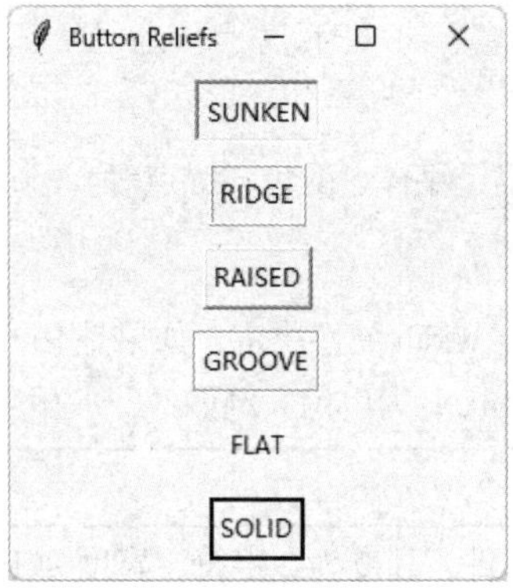

图 11-4　组件样式效果

4．borderwidth

borderwidth（或 bd）用于定义组件边框的宽度，单位为像素。只有当组件样式有边框时，边框宽度才有效。

5．foreground 和 background

foreground（或 fg）用于定义组件的前景（文本）颜色。background（或 bg）用于定义组件的背景颜色。颜色值可以是颜色名称常数，如 red、green、blue，也可以是 "#rrggbb" 形式的十六进制常数字符串。例如，以下代码用于创建蓝底红字的标签。

```
Label(root,text='追梦人', foreground='red', background='#0000ff')
```

6．anchor

anchor 用于设置组件在窗口内的位置或文字信息在组件内的位置。其属性值可以为 N、NE、E、SE、S、SW、W、NW、CENTER 等，对应的方位如图 11-5 所示。

NW	N	NE
W	CENTER	E
SW	S	SE

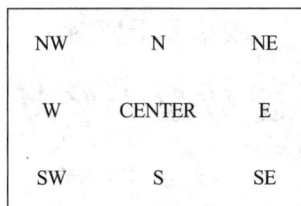

图 11-5　锚点常量对应的方位

7. bitmap

bitmap 用于设置显示在控件内的 bitmap 图片文件。其可设为自定义位图（.xbm 文件），也可设为内置位图，包括 error、gray75、gray50、gray25、gray12、info、questhead、hourglass、question、warning。以按钮为例，将位图设为不同的内置位图时，效果如图 11-6 所示。

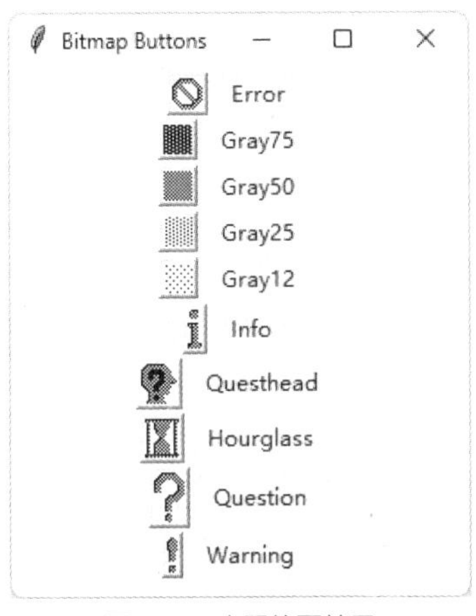

图 11-6　内置位图效果

8. state

state 表示组件的状态，一般有 3 种情况：默认值 NORMAL、激活值 ACTIVE、失效值 DISABLED。

组件除了通用属性，还有自己特有的属性，后面会详细介绍几种常见组件的属性及其设置。Tkinter 支持使用 3 种方式来设置组件属性。

（1）在创建组件对象时，通过构造函数的参数设置属性，可同时设置多个属性，属性之间使用英文逗号分隔。例如：

```
button1=Button(root,text='OK',bd=8)
```

（2）组件对象创建后，使用字典索引的方式设置属性，一次只能设置一个属性。例如：

```
button1('text')='Cancel'
```

（3）使用组件对象的 config( )方法一次可更新多个属性，例如：

```
button1=Button()
button1.config(text='Cancel',bd=2,width=10)
```

11.3 常用组件

常用 Tkinter 组件包括按钮（Button）、标签（Label）、文本框（Entry）、文本区域（Text）、单选按钮（Radio Button）、复选框（Checkbutton）、列表框（Listbox）等。这些组件构成了 GUI 应用程序的基础，用于输入、输出、选择和绘图等交互功能，满足了大多数界面设计需求。

11.3.1 标签 Label

Label 组件用于在窗口中显示文本或位图。创建 Label 组件对象的基本语法格式如下。

```
Label 对象=Label(master=None, cnf={},**kw)
```

其中，master 是指组件所在的容器，cnf 是指组件的属性设置，kw 是标签的键值对。Label 组件除了具有通用属性宽度 width、高度 height、背景颜色 background、前景颜色 foreground、字体 font、边框样式 relief、边框宽度 borderwidth、锚点 anchor、位图 bitmap、状态 state 等，还有其他常用属性，如表 11-3 所示。

表 11-3　Label 组件的其他常用属性

属性	说明
text	标签上的文本
wraplength	指定多少像素单位后换行，用于多选显示文本。默认是单行显示。
justify	指定多行的对齐方式（left 为左对齐、right 为右对齐、center 为居中对齐
image	标签上的图像（.png、.gif）
compound	指定文本与图像显示的相对位置。默认为 None，即文本将被覆盖，只显示图像；Left 表示图像居左；right 表示图像居右；top 表示图像居上；bottom 表示图像居下；center 表示文字覆盖在图像上
padx	标签文本左侧和右侧离边框的距离，单位为像素
pady	标签文本上方和下方离边框的距离，单位为像素

可以使用 keys( )方法查看组件对象所有的属性，例如：

```
>>>lab=Label(root,text='aaa')
>>>lab.keys()
['activebackground', 'activeforeground', 'anchor', 'background', 'bd', 'bg', 'bitmap',
'borderwidth', 'compound', 'cursor', 'disabledforeground', 'fg', 'font', 'foreground',
'height', 'highlightbackground', 'highlightcolor', 'highlightthickness', 'image',
'justify', 'padx', 'pady', 'relief', 'state', 'takefocus', 'text', 'textvariable',
'underline', 'width', 'wraplength']
```

其他组件均可使用此方法查看组件的属性。

【例 11-3】Label 组件示例，运行结果如图 11-7 所示。

代码如下：

```
import tkinter as tk
root = tk.Tk()   #创建主窗口
#文字标签 lab1
lab1=Label(root,text='坚持梦想',wraplength=60,font=('宋体',14,' italic'))
lab1.pack()
#内置位图标签 lab2
lab2=Label(root,text='光阴似箭',bitmap='warning',compound='left',bg='#ffcc00')
lab2.pack()
#自选图片标签 lab3
bm=PhotoImage(file='run.gif')     #创建图像对象
lab3=Label(root,text='奋力前行',fg='red',image=bm,compound='right')
lab3.pack()
root.mainloop()       #运行主循环
```

注意：自定义图片加载时，必须先创建一个 PhotoImage 图像对象，其语法格式如下。

```
photo_image = PhotoImage(file=path_to_image)
```

再将该对象 photo_image 传递给组件的 image 属性，见程序第 8～9 行。

图 11-7　例 11-3 的运行结果

11.3.2　按钮 Button

Button 组件可显示文本或图片并与用户进行交互，通过 command 属性与 Python 函数绑定，当用户单击按钮时，调用并执行绑定的函数。创建 Button 组件对象的基本语法格式如下。

```
Button 对象=Button(master=None, cnf={},**kw)
```

Button 组件除了具有通用属性宽度 width、高度 height、背景颜色 background、前景颜色 foreground、字体 font、边框宽度 borderwidth、边框样式 relief、位图 bitmap、状态 state 等，还有其他常用属性，如表 11-4 所示。

表 11-4　Button 组件的其他常用属性

属性	说明
activebackground	鼠标指针放上去时按钮的背景色
activeforeground	鼠标指针放上去时按钮的前景色
text	按钮上的文本
image	按钮上的图像
compound	按钮上文本与图像的位置关系。默认为 None，即文本将被覆盖，只显示图像；Left 表示图像居左；right 表示图像居右；top 表示图像居上；bottom 表示图像居下；center 表示文字覆盖在图像上
command	单击按钮时触发的动作（函数）

【例 11-4】单击按钮显示文本。

代码如下：

```
1   import tkinter as tk
2   root = tk.Tk()          #创建主窗口
3   def printtext():        #定义按钮单击事件的回调函数
4       print("厚德载物，自强不息！")
5   button1=Button(root,text='单击我',command=printtext) #创建按钮，并绑定回调函数
6   button1.pack()
7   root.mainloop()         #运行主循环
```

【分析】程序的第 3 和 4 行用于自定义函数 printtext；第 5 行创建了 button1 按钮对象，它的 command 属性值为自定义函数 printtext。运行程序，单击组件 button1，将调用 printtext 函数，在 Python Shell 窗口输出一行文本。程序的运行结果如图 11-8 所示。

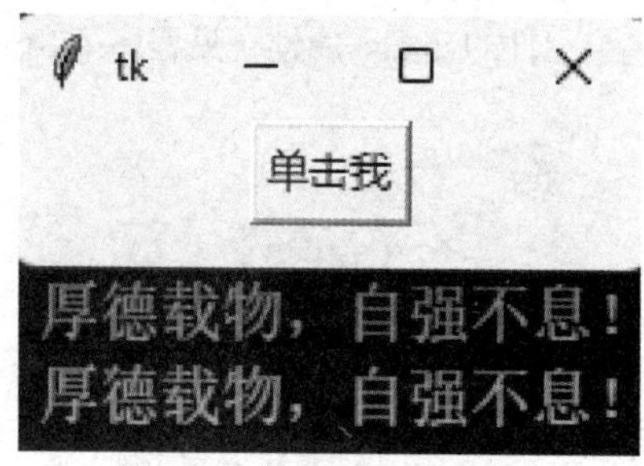

图 11-8　例 11-4 的运行结果

11.3.3 文本框 Entry

文本框 Entry 用于接收单行信息输入，创建文本框组件对象的基本语法格式如下。

```
Entry 对象=Entry(master=None, cnf={},**kw)
```

Entry 组件除了具有通用属性宽度 width、背景颜色 background、前景颜色 foreground、字体 font、边框宽度 borderwidth、状态 state 等，还有其他常用属性如表 11-5 所示。

表 11-5　Entry 组件的其他常用属性及说明

属性	说明
show	密码字符，不显示真实字符
textvariable	文本框的值，是一个 StringVar( )对象
insertbackground	插入光标的颜色，默认为黑色'black'
selectbackground	选中文本的背景颜色
selectforeground	选中文本的前景颜色

文本框主要用来接收键盘字符输入，获取输入内容的常见方法有两种。

（1）利用文本框的 get( )方法可获取 Entry 文本框中输入的内容。

【例 11-5】窗口上有一个文本框、一个标签框和一个命令按钮，在文本框中输入文本，当单击命令按钮时，将文本框中的文本显示在标签框中。

代码如下：

```
import tkinter as tk
def getvar():                      #自定义函数，修改标签框 text 属性
    lab['text']=name.get()
root = tk.Tk()
name =Entry(root,width=20)     #创建文本框
name.pack()
lab = Label(root,width=20)     #创建标签框
lab.pack()
btn = Button(root,text="获取内容",command=getvar)    #创建按钮，并绑定回调函数
btn.pack()
root.mainloop()                    #运行主循环
```

程序运行的初始界面如图 11-9（a）所示，在文本框中输入内容，再单击“获取内容”按钮，文本框中的文本将显示在标签框中，如图 11-9（b）所示。

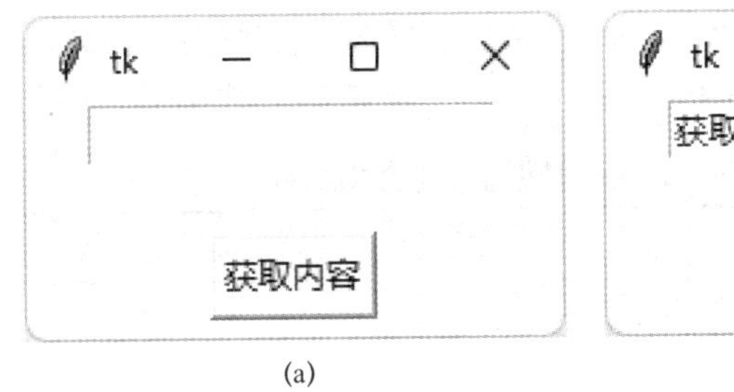

(a)　　(b)

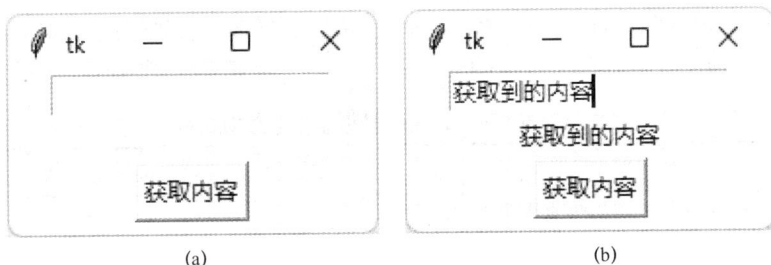

图 11-9　例 11-5 的运行结果

文本框还有 insert( )方法和 delete( )方法。

insert(index,string)表示在位置 index 处插入字符串 string。

delete(first,last=None)表示删除从位置 first 到 last（不包括）的文本。

（2）调用 StringVar( )对象的方法读取文本框中的内容。

StringVar( )对象是 Tkinter 模块中的字符串变量对象，把该变量与组件对象绑定后，即可获取组件的文本值，也可以通过该变量修改组件的文本值。

将 Entry 的 textvariable 属性设置为 StringVar( )变量，即变量与 Entry 文本绑定。调用 StringVar( )变量的 get( )方法可获取 Entry 文本框中的内容，也可以使用 set( )方法设置 Entry 文本内容。

【例 11-6】 标签框中的文本随着文本框中的内容变化而变化。

```
import tkinter as tk
root = tk.Tk()
namestr = tk.StringVar()          #定义 StringVar()变量
namestr.set("初始内容")            #设置 Entry 控件初始内容
name = tk.Entry(root,width=20,textvariable=namestr)
#创建文本框，StringVar()变量与文本框绑定
name.pack()
lab =tk.Label(root,width=20,textvariable=namestr)
#创建标签框，StringVar()变量与标签框绑定
lab.pack()
root.mainloop()                   #运行主循环
```

【分析】 通过 textvariable 属性将 StringVar( )变量与文本框、标签框文本绑定。当修改文本框中的内容时，标签框同步展示。程序运行的初始界面如图 11-10 所示，修改文本框内容时，运行界面如图 11-11 所示。

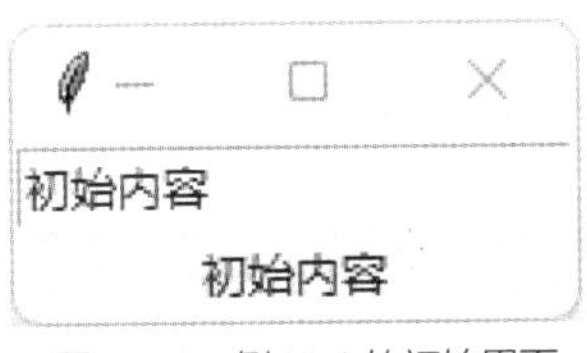

图 11-10　例 11-6 的初始界面

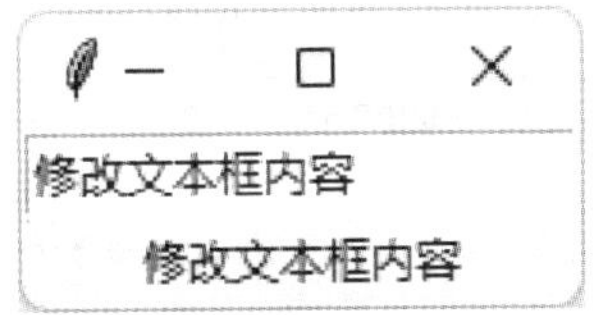

图 11-11　例 11-6 的变化界面

11.3.4　单选按钮 Radiobutton

单选按钮 Radiobutton 用于实现选项的单选功能，同一组单选按钮只能选中一项。创建单选按钮对象的基本语法格式如下。

```
Radiobutton 对象=Radiobutton(master=None, cnf={},**kw)
```

Radiobutton 对象除了具有通用属性宽度 width、高度 height、背景颜色 background、前景颜色 foreground、字体 font、边框宽度 borderwidth、状态 state 等，还有其他常用属性，如表 11-6 所示。

表 11-6　Radiobutton 组件的其他常用属性

属性	说明
activebackground	鼠标指针滑过时单选按钮的背景颜色
activeforeground	鼠标指针滑过时单选按钮的前景颜色
highlightcolor	单选按钮高亮边框颜色，当单选按钮获取焦点时显示
text	单选按钮旁边的文本。多行文本可以使用“\n”来换行
justify	多行文本的对齐方式：居中（CENTER，默认值）、靠左（LEFT）或靠右（RIGHT）
value	指定单选按钮关联的值
variable	指定单选按钮选中时设置的变量名
command	单选按钮选中时执行的命令（函数）

【例 11-7】编程，选中“红”“绿”“蓝”不同的单选按钮，标签文本的颜色发生相应的变化。

代码如下：

```
1   import tkinter as tk
2   def colorSet():              #定义函数，用于修改标签的字体颜色
3       lab.config(fg=color.get())
4   win= tk.Tk()                 # 创建主窗口
5   win.title('字体颜色选择器')
6   win.geometry('400x250')
7   lab= tk.Label(win,text='保持努力，继续前行',height=3,font=('黑体',20),fg=' blue')
8   lab.pack()
9   color= tk.StringVar()        #定义 StringVar()变量并设定初始值
10  color.set(' blue')
#创建单选按钮，并绑定回调函数
11  r1=tk.Radiobutton(win,text='红色',variable=color,value='red',command=colorSet)
12  r1.pack()
13  r2= tk.Radiobutton(win,text='绿色',variable=color,value='green', command=colorSet)
14  r2.pack()
15  r3= tk.Radiobutton(win,text='蓝色',variable=color,value='blue',command=colorSet)
16  r3.pack()
17  win.mainloop()  #运行主循环
```

程序的运行结果如图 11-12 所示。

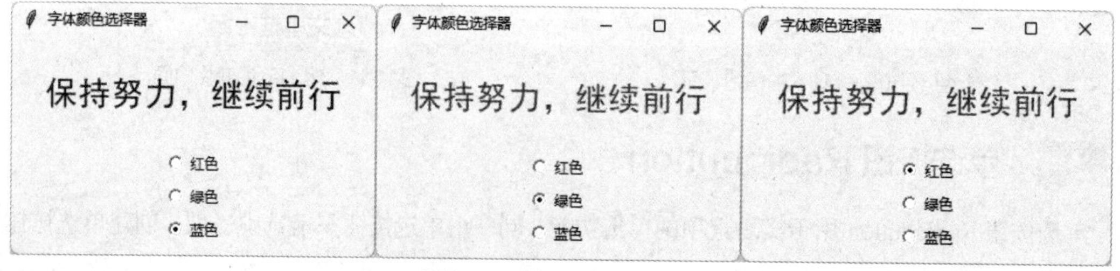

图 11-12　例 11-7 的运行结果

【分析】程序的第 9 和 10 行，定义了一个 StringVar( )变量 color，初值为“blue”；第 11～16 行，

用于创建 3 个单选按钮，通过 variable 属性与变量 color 绑定，指定 command 属性值为 colorSet 函数；第 2 和 3 行，自定了函数 colorSet，功能是修改标签文本的前景颜色为变量 color 的值。程序运行，如果选中“红色”单选按钮，则调用 colorSet 函数，color.get( )获取按钮的 value 值为“red”，再将“red”赋给标签框的前景 fg 属性，所以标签文本颜色改为红色。选中其他单选按钮，运行过程是一样的。

11.3.5 复选框 Checkbutton

复选框 Checkbutton 用于实现选项的复选功能，同一组复选框可以选择一项或多项。创建复选框对象的基本语法格式如下。

```
Checkbutton 对象=Checkbutton(master=None, cnf={},**kw)
```

Checkbutton 对象除了具有通用属性宽度 width、高度 height、背景颜色 background、前景颜色 foreground、字体 font、边框宽度 borderwidth、边框样式 relief、状态 state 等，还有其他常用属性，如表 11-7 所示。

表 11-7 Checkbutton 组件的其他常用属性

属性	说明
activebackground	鼠标指针滑过时复选框的背景颜色
activeforeground	鼠标指针滑过时复选框的前景颜色
highlightcolor	复选框高亮边框颜色，当复选框获取焦点时显示
text	复选按钮旁边的文本。多行文本可以使用“\n”来换行
justify	多行文本的对齐方式：居中（CENTER，默认值）、靠左（LEFT）或靠右（RIGHT）
variable	指定复选框选中时设置的变量名
onvalue	复选框选中（有效）时变量的值
offvalue	复选框未选中（无效）时变量的值
command	复选框选中时执行的命令（函数）

为了获取 Checkbutton 组件是否被选中，需要给 variable 属性指定一个变量，再调用 set( )方法设置复选框的状态，或者调用 get( )方法获取复选框的状态。

【例 11-8】通过复选框设置标签文本的样式。

代码如下：

```
import tkinter as tk
def tChecked():  #定义函数，用于修改标签框
    tType=tBold.get()+tItalic.get()
   font_color = 'blue' if tColor.get() == 1 else 'black'
    if tType==1:
    lab1.config(font=('宋体',20,'bold'))
    elif tType==2:
    lab1.config(font=('宋体',20,'italic'))
    elif tType==3:
        lab1.config(font=('宋体',20,'bold italic'))
    else:
        lab1.config(font=('宋体',20))
win=tk.Tk()  #创建主窗口
win.title('复选框案例')
```

```
15  win.geometry('400x200')
16  lab1= tk.Label(win,text='不断学习，追求卓越',width=30,height=3)
#创建标签框，并设置初始属性
17  lab1.pack()
18  tBold= tk.IntVar()
19  tItalic= tk.IntVar()
#创建复选框，并绑定回调函数
20  check1= tk.Checkbutton(win,text='粗体',variable=tBold,
onvalue=1,offvalue=0,command=tChecked)
21  check1.pack()
22  check2= tk.Checkbutton(win,text='斜体',variable=tItalic,
onvalue=2,offvalue=0,command=tChecked)
23  check2.pack()
24  check3 = tk.Checkbutton(win, text='蓝色字体', variable=tColor,
onvalue=1, offvalue=0, command=tChecked)
25  check3.pack()
26  win.mainloop()  #运行主循环
```

【分析】程序的第 20～25 行创建了 3 个 Checkbutton 组件，被选中的 onvalue 分别为 1、2、1，variable 属性值分别与 IntVar( )对象变量 tBold、tItalic、tColor 绑定，command 属性值为 tChecked 函数，当选中复选框时调用该函数。IntVar( )是 Tkinter 模块下的整数变量。

第 2～12 行是函数 tChecked 的定义代码；第 3 行调用 get( )方法获取变量 tBold、tItalic 值再相加赋给变量 tType；第 4 行根据 tColor 的值设置字体颜色；第 5～12 行是一个 if 多分支结构，由变量 tType 的值推断两个复选框的选择情况，并相应修改标签 lab1 的字体样式。程序的运行界面如图 11-13 所示。

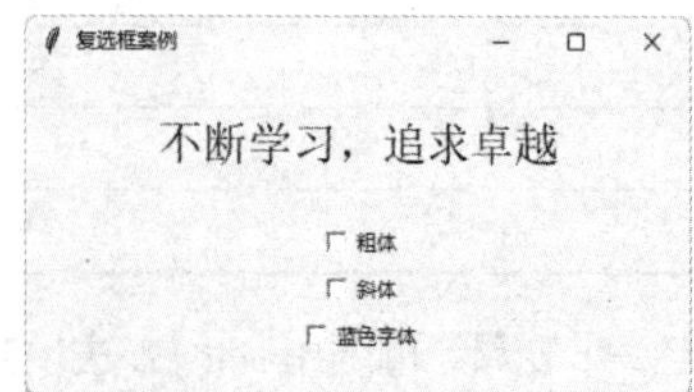

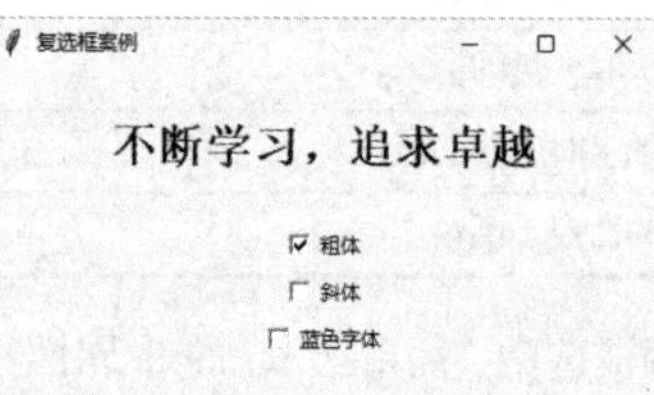

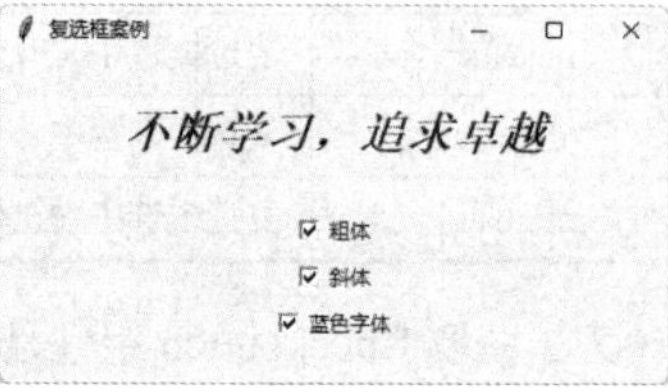

图 11-13　例 11-8 的运行界面

11.3.6 列表框 Listbox

列表框 Listbox 用于显示多个项目，并且允许用户选择一个或多个项目。创建列表框对象的基本语法格式如下。

```
Listbox 对象=Listbox(master=None, cnf={},**kw)
```

Listbox 对象除了具有通用属性宽度 width、高度 height、背景颜色 background、前景颜色 foreground、字体 font、边框宽度 bd、边框样式 relief、状态 state 等，还有其他常用属性，如表 11-8 所示。

表 11-8　Listbox 组件的其他常用属性

属性	说明
listvariable	列表框的所有选项值，应为 StringVar( )变量
selectmode	选项选择模式：MULTIPLE（多选）、BROWSE（通过鼠标指针的移动选择）、SINGLE（只能选一行，鼠标指针不能拖动选择）、EXTENDED【Shift】键和【Ctrl】键配合使用）
activestyle	被选中的文本的样式：underline（下画线）、dotbox（点画线框）、none（无样式）

续表

属性	说明
exportselection	是否可以复制选中的文本内容，可设为 True（可以）或 False（不可以）
xscrollcommand	指定列表框的水平滚动条组件
yscrollcommand	指定列表框的垂直滚动条组件

Listbox 组件选项有一些重要的操作方法，如删除、插入等，常见的方法及说明如表 11-9 所示。

表 11-9　Listbox 组件的常见方法及说明

方法	说明
insert(index,item)	在 index 位置处插入选项 item。index 的值也可为 END，表示在尾部插入；若为 ACTIVE，则表示在当前位置插入
curselection( )	返回当前选中项目的索引，结果为元组。索引号从 0 开始
delete(first,last=None)	删除指定范围的项目，last 可以省略，若省略，则只删除 first 项目
get(first,last=None)	返回指定范围的项目，last 可以省略，若省略，则只返回 first 项目
size( )	返回项目的个数

【例 11-9】创建一个列表框，用于演示如何创建列表框，并添加、删除和显示选中的项目。

代码如下：

```
import tkinter as tk                                          #导入 Tkinter 库
def add_item():
    listbox.insert(tk.END, "新项目")                           #在列表末尾添加新项目
def delete_selected():
    selected_index = listbox.curselection()                   #获取选中的项目索引
    if selected_index:
        listbox.delete(selected_index)                        #删除选中的项目
def show_selected():
    selected_index = listbox.curselection()                   #获取选中的项目索引
    if selected_index:
        print("选中的项目:", listbox.get(selected_index))      #输出选中的项目
win = tk.Tk()                             #创建主窗口
win.title("Listbox 简化示例")              #设置窗口标题
listbox = tk.Listbox(win)                 #创建列表框
listbox.pack()                            #显示列表框
for item in ["苹果", "香蕉", "樱桃"]:
    listbox.insert(tk.END, item) #添加初始项目
add_button = tk.Button(win, text="添加项目", command=add_item)
                                          #创建添加按钮
add_button.pack()                         #显示添加按钮
delete_button = tk.Button(win, text="删除选中的项目", command-delete_selected)
                                          # 创建删除按钮
delete_button.pack()                      #显示删除按钮
show_button = tk.Button(win, text="显示选中的项目", command=show_selected)
                                          #创建显示按钮
show_button.pack()                        #显示显示按钮
win.mainloop()                            #运行主循环
```

程序的运行初始界面如图 11-14 的图（a），图（b）～图（d）依次为进行了“添加项目”“删除选中的项目”“显示选中的项目”操作后的界面。

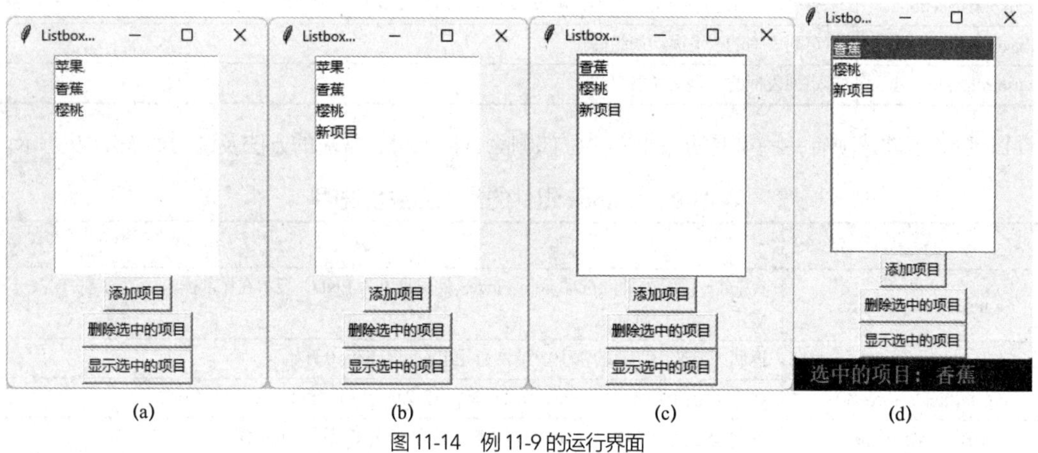

(a) (b) (c) (d)

图 11-14　例 11-9 的运行界面

11.3.7 文本域 Text

文本域 Text 主要用来显示和处理多行文本，还可以用来编辑文字、显示图片和网页。创建文本域对象的基本语法格式如下。

```
Text 对象=Text(master=None, cnf={},**kw)
```

Text 对象除了具有通用属性宽度 width、高度 height、背景颜色 background、前景颜色 foreground、字体 font、边框宽度 bd、边框样式 relief、状态 state 等，还有其他常用属性，如表 11-10 所示。

表 11-10　Text 组件的其他常用属性

属性	说明
autoseparators	单词之间的间隔，默认值为 1
exportselection	是否可以复制选中的文本内容，可设为 True（可以）或 False（不可以）
undo	若设为 True，则开启 undo/redo 功能，默认是不支持的
maxundo	设置可撤销操作的最大次数，默认值为 0 表示不限制
setgrid	布尔型，当设为 True 时，可以让窗口最大化，并显示整个 Text 控件
spacing1	段前间距
spacing2	行间距
spacing3	段后间距
xscrollcommand	指定列表框的水平滚动条组件
yscrollcommand	指定列表框的垂直滚动条组件

【例 11-10】在窗口中布局一个文本域，设置宽度和高度，并设置段前间距为 10，行间距为 5，段后间距为 15，添加垂直滚动组件，允许复制文本。

```
import tkinter as tk        #导入 Tkinter 模块并命名为 tk
win = tk.Tk()
win.title('文本域示例')
win.geometry('300x300')    #设置窗口大小
```

```
v_scrollbar = tk.Scrollbar(win)   #创建垂直滚动条
v_scrollbar.pack(side=tk.RIGHT, fill=tk.Y)
                                  #将垂直滚动条放置在窗口右侧并填充 Y 方向
text = tk.Text(win, spacing1=10, spacing2=5, spacing3=15, exportselection=True, width=30, height=10, yscrollcommand=v_scrollbar.set)
                                  #创建多行文本域并设置属性，包括垂直滚动条
text.pack(side=tk.LEFT, fill=tk.BOTH, expand=True)
                                  #将文本域放置在窗口中，填充 BOTH 方向并随窗口大小调整
v_scrollbar.config(command=text.yview)
                                  #配置垂直滚动条与文本域滚动的联动
win.mainloop()                    #进入主事件循环
```

程序运行后，初始界面如图 11-15（a）所示，图 11-15（b）是粘贴了一段文本的效果。

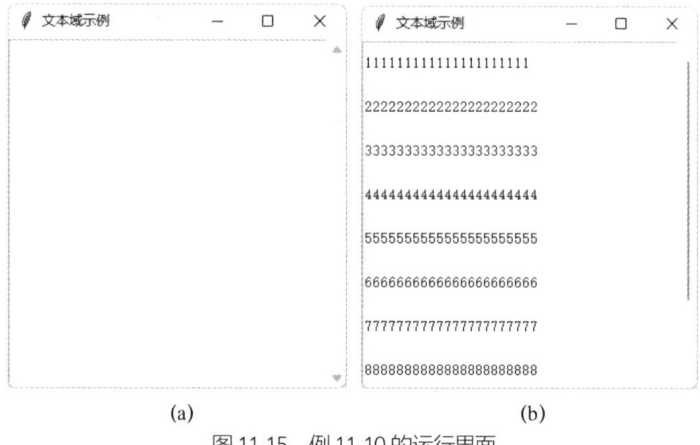

图 11-15　例 11-10 的运行界面

11.3.8 框架 Frame

Frame 组件是其他组件的容器，用于窗口组件复杂布局时将其他组件进行分组布局。创建 Frame 对象的基本语法格式如下。

```
Frame 对象=Frame(master=None, cnf={},**kw)
```

Frame 对象具有通用属性宽度 width、高度 height、背景颜色 background、前景颜色 foreground、字体 font、边框宽度 bd、边框样式 relieft 等。

向 Frame 组件中添加组件，只须将该组件的 master 属性设为 Frame 框架组件即可。例如：

```
import tkinter as tk
root = tk.Tk()
root.geometry('300x150')
f1 = tk.Frame(root)                          #创建框架 1
f1.pack(side='left', padx=10, pady=10)       #将框架 1 放置在窗口左侧
tk.Radiobutton(f1, text='Option 1').pack()
tk.Radiobutton(f1, text='Option 2').pack()
f2 = tk.Frame(root, relief=tk.SOLID, bd=1)   #创建框架 2，设置边框
f2.pack(side='right', padx=10, pady=10)      #将框架 2 放置在窗口右侧
tk.Button(f2, text='Submit').pack()
tk.Button(f2, text='Cancel').pack()
f3 = tk.Frame(root, relief=tk.SOLID, bd=1)   #添加用于输入文本的框架 3，设置边框
```

```
f3.pack(side='bottom', fill='x', padx=10, pady=10)
tk.Label(f3, text='Enter Text:').pack(side='left', padx=5)
tk.Entry(f3).pack(side='left', fill='x', expand=True, padx=5)
                                                #在框架 3 中添加文本输入框
root.mainloop()                                 #运行主循环
```

上述代码的运行结果如图 11-16 所示。

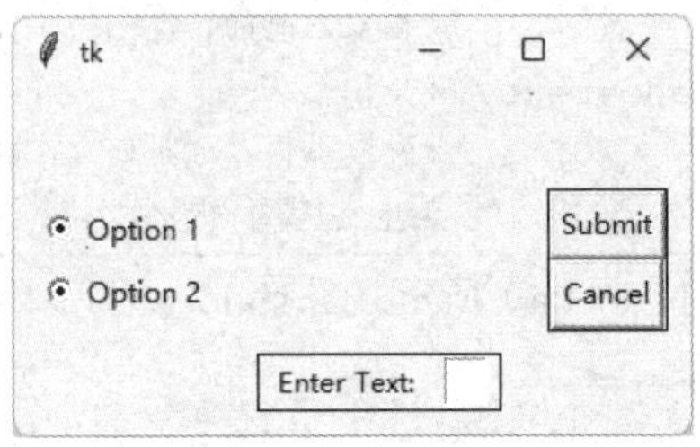

图 11-16　Frame 框架示例

Frame 框架无标题，而另一种框架组件 LabelFrame 可以带标题。例如：

```
LabelFrame(窗口,text=标题)
```

LabelFrame 组件的其他属性和方法，与 Frame 组件相似，这里不再详细叙述。

11.4 布局管理器

Tkinter 的布局管理器用于设置子组件（如文本框、按钮等）在父组件（窗口、容器等）中的位置和排列布局。Tkinter 共有 3 个布局管理器，分别是 pack、grid 和 place。pack 是按添加顺序排列组件。grid 是按行/列形式排列组件。place 允许程序员指定组件的大小和位置。

11.4.1 pack 布局管理器

pack 布局管理器采用块的方式组织组件，按照组件创建生成的顺序来排列组件，适合于父组件中子组件不多的情况下的简单布局。pack 布局的基本语法格式如下。

```
子组件名称.pack(参数)
```

其中，参数如表 11-11 所示。

表 11-11　pack()方法的参数

选项	描述	取值范围
side	子组件停靠在父组件位置，上、下、左、右	'left'（左）、'right'（右）、'top'（上，默认）和'bottom'（下），可用大写
anchor	子组件的停靠位置，对应于东、南、西、北中，以及 4 个角	'e'、's'、'w'、'n'、'center'、'sw'、'se'、'nw'、'ne'，默认为'center'，可用大写
expand	组件在容器中是否可以扩展	0（False 或'no'）、1（True 或'yes'）
fill	填充空间	'none'（默认值）、'x'、'y'和'both'
ipadx、ipady	组件内部在 *x*/*y* 方向上的间距	非负浮点数（默认值为 0.0）
padx、pady	组件外部在 *x*/*y* 方向上的间距	非负浮点数（默认值为 0.0）

【例 11-11】pack 布局示例。

代码如下：

```
1  import tkinter as tk  #创建主窗口
2  root = tk.Tk()
3  root.title("Pack Layout Example")
4  label1 = tk.Label(root, text="Label 1", bg="red", fg="white")  #创建标签
5  label2 = tk.Label(root, text="Label 2", bg="blue", fg="white")
6  label3 = tk.Label(root, text="Label 3", bg="green", fg="white")
7  label4 = tk.Label(root, text="Label 4", bg="yellow", fg="black")
8  label5 = tk.Label(root, text="Label 5", bg="purple", fg="white")
#使用 pack 布局管理器设置标签的位置和属性
9  label1.pack(side="left", anchor="n", expand=True, fill="both", padx=10, pady=10)
# 将标签 1 放置在左侧，顶部对齐，扩展填充，内部填充 10
10  label2.pack(side="top", anchor="e", expand=True, fill="x", ipadx=20, ipady=10,
padx=5, pady=5)
#将标签 2 放置在顶部，右对齐，扩展填充 x 方向，内部填充 20 和 10，外部填充 5
11  label3.pack(side="right", anchor="s", expand=True, fill="y", ipadx=10, ipady=20,
padx=15, pady=15)
#将标签 3 放置在右侧，底部对齐，扩展填充 y 方向，内部填充 10 和 20，外部填充 15
12  label4.pack(side="bottom", anchor="w", expand=True, fill="none", padx=25,
pady=25)  #将标签 4 放置在底部，左对齐，不扩展填充，外部填充 25
13  label5.pack(side="top", anchor="center", expand=True, fill="none", padx=35,
pady=35)  #将标签 5 放置在顶部，居中对齐，不扩展填充，外部填充 35
14  root.mainloop()  #进入主循环
```

程序的运行结果如图 11-17 所示。

注意：pack 中的 side 参数和 anchor 参数，可设为字符串，也可以设为常数。例如，程序的第 9 行 side="left"可改写成 side=LEFT，其他几个方位也可用常数表达。

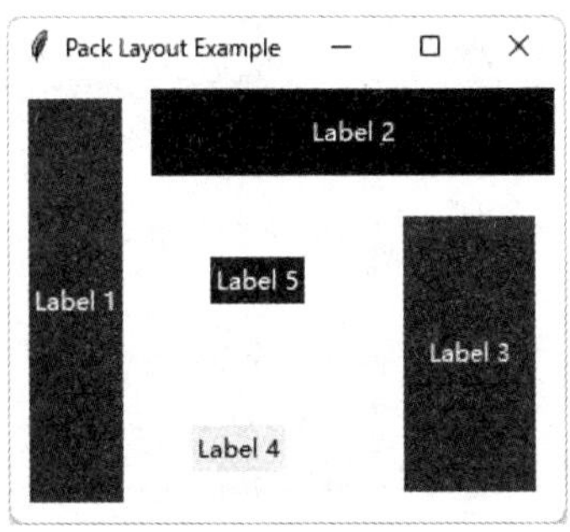

图 11-17　例 11-11 的运行结果

11.4.2　grid 布局管理器

grid 布局管理器采用表格结构组织组件。子组件的位置由行/列确定的单元格决定。每一列中，列宽由这一列中最宽的单元格确定。每一行中，行高由这一行中最高的单元格确定。子组件还可以跨越多行或多列，与 Excel 中单元格的合并类似。grid 布局的基本语法格式如下。

```
子组件名称.grid(参数)
```

其中，参数可以是表 11-12 中所列的参数。

表 11-12　grid( )方法的参数

参数	描述	取值范围
sticky	子组件停靠在单元格的位置，对应于东、南、西、北、中，以及 4 个角	'e'、's'、'w'、'n'、'center'、'sw'、'se'、'nw'、'ne'，默认为'center'
row	单元格的行号	整数
column	单元格的列号	整数，默认值为 0（首列）
rowspan	行跨度	整数
columnspac	列跨度	整数
ipadx、ipady	组件内部在 x/y 方向上的间距	非负浮点数（默认值为 0.0）
padx、pady	组件外部在 x/y 方向上的间距	非负浮点数（默认值为 0.0）

【例 11-12】grid 布局管理示例。制作一个密码修改界面，程序的运行结果如图 11-18 所示。

代码如下：

```
import tkinter as tk
root = tk.Tk()  #创建主窗口
root.title("Login Example")
#创建标签和输入框
label_username = tk.Label(root, text="Username", bg="lightgray")
label_password = tk.Label(root, text="Password", bg="lightgray")
entry_username = tk.Entry(root)
entry_password = tk.Entry(root, show="*")
button_login = tk.Button(root, text="Login")
#设置控件的位置和属性
label_username.grid(row=0, column=0, padx=10, pady=10, sticky="e")
#将用户名标签放置在第 0 行，第 0 列，右对齐，外部填充 10
entry_username.grid(row=0, column=1, padx=10, pady=10, ipadx=5, ipady=5,
sticky="w")
#将用户名输入框放置在第 0 行，第 1 列，左对齐，内部填充 5，外部填充 10
label_password.grid(row=1, column=0, padx=10, pady=10, sticky="e")
#将密码标签放置在第 1 行，第 0 列，右对齐，外部填充 10
entry_password.grid(row=1, column=1, padx=10, pady=10, ipadx=5, ipady=5,
sticky="w")
#将密码输入框放置在第 1 行，第 1 列，左对齐，内部填充 5，外部填充 10
button_login.grid(row=2, column=0, columnspan=2, padx=10, pady=10, ipadx=10,
ipady=5)  #将登录按钮放置在第 2 行，跨 2 列，居中对齐，内部填充 10，外部填充 10
root.mainloop()  #进入主循环
```

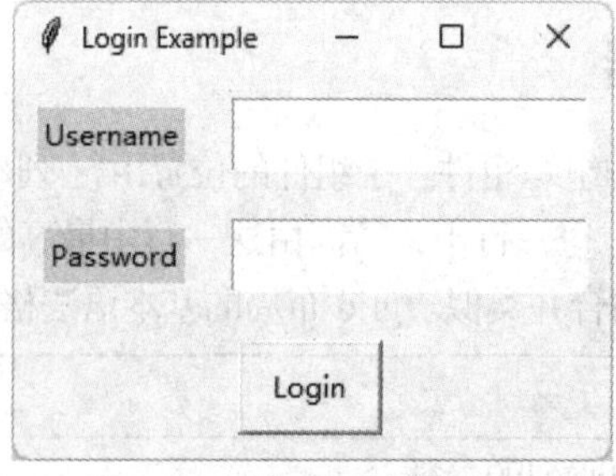

图 11-18　例 11-12 的运行结果

11.4.3 place 布局管理器

place 布局管理器可以指定子组件的绝对位置和相对位置。pack 布局的基本语法格式如下。

```
子组件名称.pack(参数)
```

其中，参数可以是表 11-13 中所列的参数。

表 11-13　place()方法的参数

参数	描述	取值范围
anchor	子组件停靠位置，对应于东、南、西、北、中，以及 4 个角	'e'、's'、'w'、'n'、'center'、'sw'、'se'、'nw'、'ne'，默认为'center'
x、y	组件的绝对坐标	整数
relx、rely	组件的相对坐标	0～1.0，0.5 表示中心位置
height	组件的高度	整数
width	组件的宽度	整数

注意：Python 窗口默认坐标系原点(0,0)位于左上角，水平向右是 x 轴正向，垂直向下是 y 轴正向。

【例 11-13】place 布局示例。

代码如下：

```
import tkinter as tk
root = tk.Tk()  #创建主窗口
root.title("Place Layout Example")
root.geometry("400x300")  #设置窗口大小为 400×300 像素
#创建标签与输入框
label_first_name = tk.Label(root, text="First Name", bg="lightgray")
label_last_name = tk.Label(root, text="Last Name", bg="lightgray")
entry_first_name = tk.Entry(root)
entry_last_name = tk.Entry(root)
checkbox_terms = tk.Checkbutton(root, text="I agree to the terms and conditions")
button_submit = tk.Button(root, text="Submit")
#设置控件的位置和属性
label_first_name.place(x=50, y=50, width=100, height=25, anchor="w")
#将"First Name"标签放置在(50, 50)的位置，宽 100，高 25，左对齐
entry_first_name.place(x=160, y=50, width=150, height=25)
#将输入框放置在(160,50)的位置，宽 150，高 25
label_last_name.place(x=50, y=100, width=100, height=25, anchor="w")
#将"Last Name"标签放置在(50, 100)位置，宽 100，高 25，左对齐
entry_last_name.place(x=160, y=100, width=150, height=25)
#将输入框放置在(160,100)的位置，宽 150，高 25
checkbox_terms.place(relx=0.1, rely=0.5, anchor="w")
#将复选框放置在相对位置(0.1,0.5)，左对齐
button_submit.place(relx=0.5, rely=0.8, anchor="center", width=80, height=30)
#将按钮放置在相对位置(0.5,0.8)，居中对齐，宽 80，高 30
root.mainloop()  #进入主循环
```

程序的运行结果如图 11-19 所示。

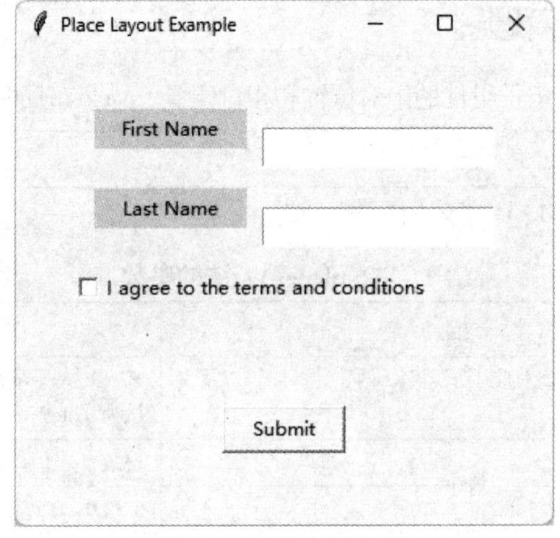

图 11-19　place 布局示例

11.5 事件处理

事件（event）就是程序运行过程中外界（系统、鼠标、键盘等）对组件对象的动作，如鼠标单击、鼠标移动、键盘上按下某一个键、关闭等。每个组件可识别不同的事件。事件处理就是当在组件上发生某个事件时程序做出的反应过程，一般调用函数或方法来实现。Tkinter 模块将事件与事件处理函数绑定的方式主要有两种：command 方式和 bind 方式。

11.5.1 command 事件处理方式

简单的事件处理可以将函数或方法与组件的 command 属性绑定。当事件发生时，command 属性绑定的函数或方法将会被触发。前面的例 11-4、例 11-5、例 11-7～例 11-9 都是通过绑定 command 属性来响应鼠标单击事件的。命令按钮、单选按钮、复选框、列表框都有 command 属性，都能响应鼠标单击事件。

【例 11-14】command 事件处理示例。

```
import tkinter as tk
from tkinter import messagebox
root = tk.Tk()
root.title("简单的 Python GUI")
def on_button_click():  #定义按钮单击事件的处理函数
    messagebox.showinfo("提示", "按钮被单击了!")  #显示消息框
button = tk.Button(root, text="单击我", command=on_button_click) #创建按钮并绑定事件处理函数
button.pack(pady=20)  #将按钮放置在窗口中
root.mainloop()  #运行主事件循环
```

程序运行后，初始界面为图 11-20（a）所示，单击“单击我”按钮后打开图 11-20（b）所示的“提示”对话框。

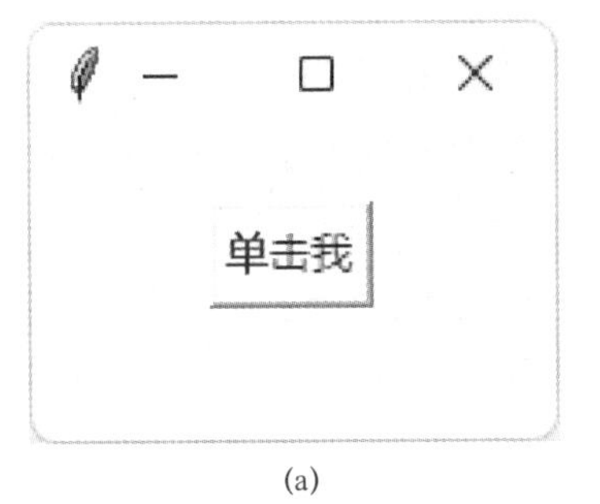

(a)

(b)

图 11-20 例 11-14 的运行结果

11.5.2 bind 事件处理方式

bind 事件处理的方式更灵活，能指定具体的事件。其语法格式如下。

```
组件名称.bind(sequence=None, func=None)
```

将组件的 sequence 事件与 func 函数绑定。当该组件发生了指定事件 sequence 时，调用 func 函数。

1．事件参数 sequence

参数 sequence 的基本语法格式如下。

```
modifier-type-detail
```

其中，type 是事件字符串的关键部分，用于描述事件的类型，如鼠标事件、键盘事件；detail 为可选参数，表示具体的按键，如 1 表示鼠标左键、3 表示鼠标右键等；modifter 为可选参数，表示组合键定义，如【Ctrl】键、【Alt】键等。

参数 type 和 detail 的常见取值如表 11-14 所示，参数 modifer 的常见取值如表 11-15 所示。

表 11-14 参数 type 与 detail 的常见取值

type 或 detail	说明
Activate	组件状态 state 从 DISABLED 转变成 ACTIVE 时触发
Deactivate	与 Activate 相反，组件状态 state 从 ACTIVE 转变成 DISABLED 时触发
Button 或 ButtonPress	单击鼠标触发的事件，detail 可取 1～5：1 表示鼠标左键，2 表示鼠标中键，3 表示鼠标右键，4 表示滚轮上滚，5 表示滚轮下滚
ButtonRelease	释放鼠标按键时触发，detail 可取 1～3：1 表示左键，2 表示中键，3 表示右键
Key 或 KeyPress	按下键盘某键时触发，可以在 detail 中指定哪个键，如 A 表示按下【A】键
KeyRelease	释放键盘某键时触发，可以在 detail 中指定哪个键，如 A 表示释放【A】键
Enter	当鼠标指针移进某组件时触发
Leave	当鼠标指针移出某组件时触发
Motion	单击组件的同时拖动组件移动时触发
MouseWheel	当鼠标滚轮滚动时触发
Configure	当组件大小发生改变时触发
Property	当组件的属性被删除或改变时触发

表 11-15　参数 modifer 的常见取值

modifier	意义
Alt	按下【Alt】键
Control	按下【Ctrl】键
Shift	按下【Shift】键
Lock	按下【CapsLock】键
Any	任何按键被按下
Double	两个事件在短时间内发生，如<Double-Button-1>表示双击鼠标左键
Triple	类似于 Double，3 个事件在短时间内发生

参数 sequence 常见的组合形式举例如下。

（1）<Button-1>：按下鼠标左键。

（2）<Control-Button-1>：同时按下【Ctrl】键+鼠标左键。

（3）<Shift-Button-3>：同时按下【Shift】键+鼠标右键。

（4）<Any-Key-Z>：同时按下任何一个按键+【Z】键。

（5）<Alt-Key-X>：同时按下【Alt+X】组合键。

将例 11-14 修改成为使用 bind 方法处理事件，并简化界面。代码如下：

```
1   import tkinter as tk
2   from tkinter import messagebox
3   root = tk.Tk()
4   root.title("简单的 Python GUI")          #设置窗口标题
5   def on_button_click(event):              #定义按钮单击事件的处理函数
6       messagebox.showinfo("提示", "按钮被单击了!")        #显示消息框
7   button = tk.Button(root, text="单击我")                 #创建按钮
8   button.bind("<Button-1>", on_button_click)              #绑定按钮单击事件
9   button.pack(pady=20)                     #将按钮放置在窗口中
10  root.mainloop()                          #运行主事件循环
```

程序的第 8 行用 bind 方法将 bnt1 按钮的鼠标左键单击事件与 changecomm 函数绑定；第 5 和 6 行为事件处理函数 on_button_click 的定义代码，一般事件处理函数会带一个 event 参数。上述代码的运行结果如图 11-21 所示。

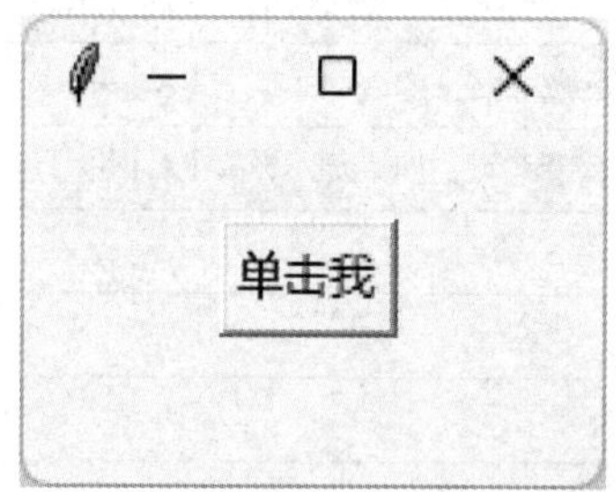

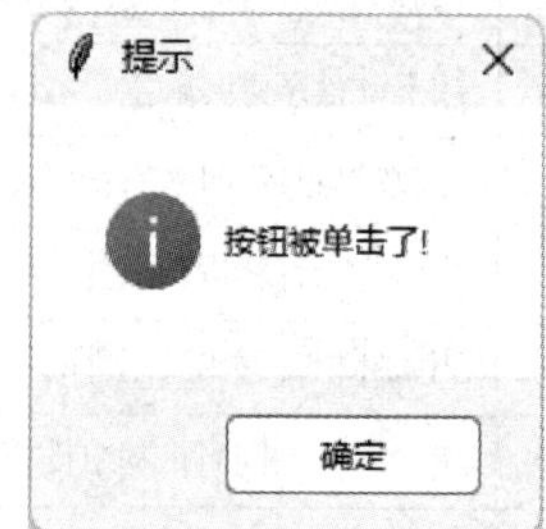

图 11-21　bind 事件处理示例

还可以用 bind_class( )方法将类的事件与函数绑定，这样类中所有实例都能触发该事件；而 bind_all( )方法能将组件所在的界面中的所有组件与函数绑定，无论哪个组件触发某事件，都能执行事件处理函数。

2. 事件处理函数

事件处理函数定义时会带一个 event 参数。参数 event 为事件对象，事件对象常见的参数如表 11-16 所示。

表 11-16 事件对象常见的参数

参数	说明
widget	触发事件的组件
x、y	当前鼠标指针的相对位置（在组件坐标系中），单位为像素
x_root、y_root	当前鼠标指针的绝对位置（在整个屏幕坐标系中），单位为像素
char	键盘事件中按键对应的字符
keysym	键盘事件中的按键名
keycode	键盘事件中的按键码
num	鼠标事件中的按钮数字
width、height	Configure 事件中组件的新尺寸
type	事件的类型
time	时间

事件对象中常见的按键名与按键码如表 11-17 所示。

表 11-17 事件对象中常见的按键名与按键码

按键名（keysym）	按键码（keycode）	代表的按键
Alt_L	64	键盘左边的【Alt】键
Alt_R	113	键盘右边的【Alt】键
Backspace	22	【Backspace】（退格）键
Cancel	110	【Break】键
Caps_Lock	66	【CapsLock】（大写字母锁定）键
Control_L	37	键盘左边的【Ctrl】键
Control_R	109	键盘右边的【Ctrl】键
Delete	107	【Delete】键
Down	104	【↓】键
End	103	【End】键
Insert	106	【Insert】键
F1～F11	67～77	功能键【F1】～【F11】
F12	96	功能键【F12】

【例 11-15】编程，单击窗口任何位置，可显示 x 坐标值和 y 坐标值，且统计单击次数并输出。程序的运行结果如图 11-22 所示。

代码如下：

```
from tkinter import *
click_count = 0          #初始化单击计数器
def click(event):        #事件处理函数click
global click_count
click_count += 1         #每次单击增加计数器
```

```
lbl2['text'] = f"X 坐标: {event.x}"          #x 坐标值赋给 lbl2 的 text 属性
lbl4['text'] = f"Y 坐标: {event.y}"          #y 坐标值赋给 lbl4 的 text 属性
lbl5['text'] = f"点击次数: {click_count}"    #显示单击次数
win = Tk()
win.geometry('300x200')
lbl1 = Label(win, text='当前 x 坐标: ')
lbl1.grid(row=0)
lbl2 = Label(win)
lbl2.grid(row=0, column=1)
lbl3 = Label(win, text='当前 y 坐标: ')
lbl3.grid(row=1)
 bl4 = Label(win)
lbl4.grid(row=1, column=1)
bl5 = Label(win, text='单击次数: 0')    #添加显示单击次数的标签
lbl5.grid(row=2, columnspan=2)
win.bind('<Button-1>', click)           #将窗口的单击事件绑定到 click 函数
win.mainloop()
```

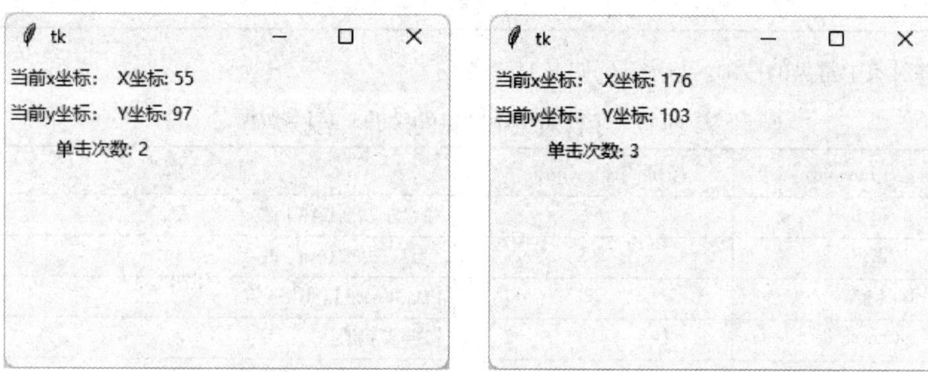

图 11-22　例 11-15 的运行结果

11.6 菜单

菜单是窗口的基础组件之一，是 GUI 程序中各项功能的快速入口。菜单的常见形式有 3 种，即顶级菜单、下拉菜单和弹出菜单。

11.6.1 顶级菜单

顶级菜单固定显示在窗口顶部，属于一级菜单组，一般单击顶级菜单可弹出相应的下拉菜单。创建菜单一般遵循 3 个步骤：创建菜单对象、添加菜单选项和显示菜单。

（1）创建菜单对象

可使用 Menu()函数创建菜单对象，其语法格式如下。

```
Menu 对象=Menu(master=None)
```

其中，参数 master 为主窗口的名称。

（2）添加菜单选项

使用菜单对象的 add_command( )方法可添加菜单选项，并设置菜单选项的相关属性，其语法格式如下。

Menu 对象.add_command(cnf={})

其中，参数 cnf 表示菜单属性，其常见属性有以下几个。

- label：菜单标题。
- command：被单击时调用的方法。
- acceletor：快捷键。
- underline：是否拥有下画线。

（3）显示菜单

最后，必须设置主窗口的 menu 属性为顶级菜单对象名，这样菜单才可见，其语法格式如下。

Windows 窗口对象[' menu ']=Menu 对象

【例 11-16】主菜单示例，运行界面如图 11-23 所示。

代码如下：

```
import tkinter as tk
#创建主窗口
root = tk.Tk()
root.title("简单 GUI 顶级菜单")
root.geometry("400x300")
menu_bar = tk.Menu(root)
#创建顶级菜单项
menu_bar.add_command(label="文件")
menu_bar.add_command(label="编辑")
menu_bar.add_command(label="视图")
menu_bar.add_command(label="工具")
menu_bar.add_command(label="帮助")
root.config(menu=menu_bar)  #将菜单栏添加到主窗口
root.mainloop()  #运行主循环
```

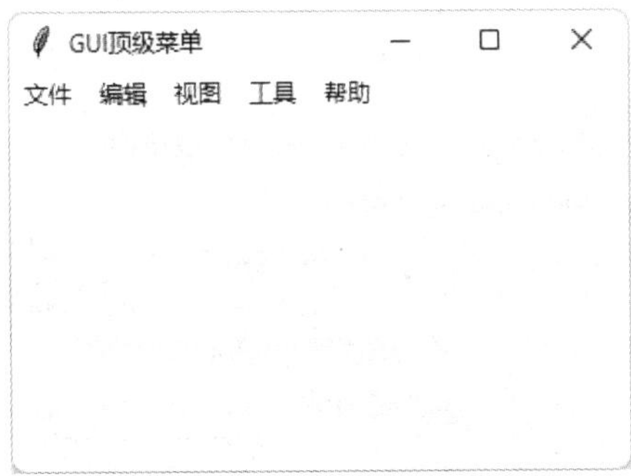

图 11-23　主菜单示例

11.6.2　下拉菜单

单击顶级菜单的菜单选项，在其下方显示的菜单被称为下拉菜单。创建有下拉菜单的顶级菜单的主要步骤如下。

（1）使用 Menu 函数创建顶级菜单对象和子菜单对象。

```
Menu 对象=Menu(master=None)
```

如果 Menu 对象为子菜单，则参数 master 为顶级菜单对象。

（2）使用 add_command( )方法为下拉菜单添加菜单选项。

子菜单对象.add_command(label=菜单选项文本, command=函数或方法)

（3）使用 add_cascade( )方法将某子菜单对象设置为顶级菜单某选项的下拉菜单，其基本语法格式如下。

顶级菜单对象.add_cascade(label=顶级菜单选项标题, menu=子菜单对象)

（4）设置顶级菜单的 menu 属性，让顶级菜单可见。

【例 11-17】给“文件”和“帮助”顶级菜单添加下拉菜单，运行效果如图 11-24 所示。

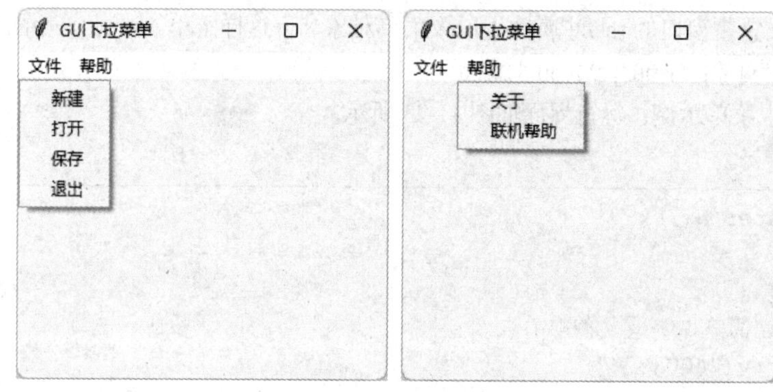

图 11-24　下拉菜单示例

代码如下：

```
1   import tkinter as tk
2   root = tk.Tk()
3   root.title("GUI 下拉菜单")
4   root.geometry("400x300")
5   menu_bar = tk.Menu(root)                          #创建菜单栏
6   file_menu = tk.Menu(menu_bar, tearoff=0)          #创建“文件”菜单
7   for item in ['新建', '打开', '保存', '退出']:     #添加“文件”菜单项
8       file_menu.add_command(label=item)
9   help_menu = tk.Menu(menu_bar, tearoff=0)          #创建“帮助”菜单
10  for item in ['关于', '联机帮助']: #添加“帮助”菜单项
11      help_menu.add_command(label=item)
12  menu_bar.add_cascade(label='文件', menu=file_menu) #将“文件”菜单添加到菜单栏
13  menu_bar.add_cascade(label='帮助', menu=help_menu) #将“帮助”菜单添加到菜单栏
14  root.config(menu=menu_bar)     #将菜单栏配置到主窗口
15  root.mainloop()                #运行主循环
```

注意：

① 创建下拉菜单时，不需要提前为顶级菜单添加菜单选项。在 add_cascade( )方法中直接指定顶级菜单选项的标题文本即可，如上述程序中的第 12 和 13 行。

② 菜单中添加复选框

利用 add_checkbutton( )方法可添加复选框菜单选项，如果在例 11-17 的第 10 行前面插入如下代码：

```
file_menu.add_checkbutton(label='另存为')
```

程序的运行结果如图 11-25 所示，“另存为”菜单选项为复选框菜单，单击时前面的√图标显示或隐藏。

③ 菜单中添加分隔线

下拉菜单中的分隔线的主要作用是分组。利用 add_separator( )方法可插入分隔线。如果在例 11-17 行的第 10 行前面插入如下代码：

```
file_menu.add_separator()
```

程序的运行结果如图 11-26 所示。

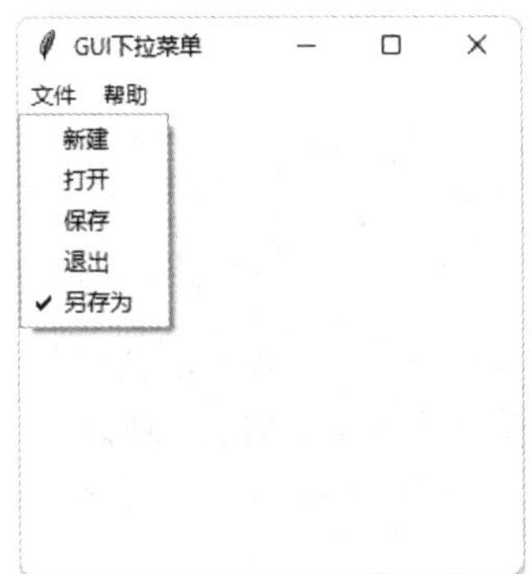

图 11-25　添加复选框菜单

图 11-26　添加菜单分隔线

11.6.3 弹出菜单

弹出菜单，又称快捷菜单，是指鼠标右击时弹出的菜单。创建弹出菜单的一般步骤如下。

（1）使用 Menu 函数创建菜单对象。

（2）使用菜单对象的 add_command( )方法添加菜单选项。

（3）编写弹出菜单事件处理函数，使用 post 方法指定在某个坐标位置弹出菜单。其语法格式如下。

```
菜单对象.post(x 坐标,y 坐标)
```

（4）使用窗口（或组件）的 bind 方法将鼠标右击事件与弹出菜单事件处理函数进行绑定。

【例 11-18】弹出菜单示例。右击窗口任意位置弹出菜单，运行结果如图 11-27 所示。

代码如下：

```
import tkinter as tk
from tkinter import Menu
def show_popup(event):  #定义显示弹出菜单的函数
    popup_menu.post(event.x_root, event.y_root)  #在右键单击位置显示弹出菜单
root = tk.Tk()  #创建主窗口
root.title("弹出菜单示例")
root.geometry("400x300")  #设置窗口的大小
popup_menu = Menu(root, tearoff=0)    #创建一个弹出菜单
popup_menu.add_command(label="新建")  #添加“新建”菜单项
popup_menu.add_command(label="打开")  #添加“打开”菜单项
popup_menu.add_command(label="保存")  #添加“保存”菜单项
popup_menu.add_command(label="退出")  #添加“退出”菜单项
root.bind("<Button-3>", show_popup)   #绑定右键单击事件
root.mainloop()                       #运行主循环
```

图 11-27　弹出菜单示例

11.7 消息对话框

消息对话框（messagebox）是 Tkinter 的一个子模块，分为消息框和对话框。消息框用来显示提示信息、警告信息或错误信息，只有一个“确定”按钮。对话框除了告诉用户信息，还需要用户进行下一步的选择，一般有 2～3 个按钮供选择。Tkinter 模块中共有以下 8 种 messagebox 类型。

（1）消息提示框：showinfo(title, message, options)。

（2）消息警告框：showwarning(title, message, options)。

（3）错误消息框：showerror(title, message, options)。

（4）询问确认对话框：askquestion(title, message, options)。

（5）确认/取消对话框：askokcancel(title, message, options)。

（6）是/否对话框：askyesno(title, message, options)。

（7）重试/取消对话框：askretrycancel(title, message, options)。

（8）是/否/取消对话框：askyesnocancel(title, message, options)。

上述方法中各参数的含义分别如下。

① title：string 类型，指定对话框的标题。

② message：对话框的文本消息。

③ options：可选项，可设置默认按钮、改变对话框的图标。

default：设置默认的按钮（按【Enter】键响应的按钮），默认是第一个按钮，可以设为 CANCEL（取消）、IGNORE（忽略）、OK（确认）、YES（是）、NO（否）或 RETRY（重试）。

icon：指定对话框显示的图标，可设为 ERROR、INFO、QUESTION 或 WARNING。

【例 11-19】消息对话框示例，运行结果如图 11-28 所示。

代码如下：

```
import tkinter as tk
from tkinter import messagebox
def show_info(): messagebox.showinfo("信息", "这是一个消息提示框")    #显示消息提示框
def show_warning(): messagebox.showwarning("警告", "这是一个消息警告框")    #显示消息警告框
def show_error(): messagebox.showerror("错误", "这是一个错误消息框")    #显示错误消息框
def ask_question(): response = messagebox.askquestion("询问", "这是一个询问对话框"); print(response)    #显示询问对话框
```

```
def ask_ok_cancel(): response = messagebox.askokcancel("确认/取消", "这是一个确认/取消对话框"); print(response)                    #显示确认/取消对话框
def ask_yes_no(): response = messagebox.askyesno("是/否", "这是一个是/否对话框"); print(response)                    #显示是/否对话框
def ask_retry_cancel(): response = messagebox.askretrycancel("重试/取消", "这是一个重试/取消对话框"); print(response)                    #显示重试/取消对话框
def ask_yes_no_cancel(): response = messagebox.askyesnocancel("是/否/取消", "这是一个是/否/取消对话框"); print(response)     #显示是/否/取消对话框
root = tk.Tk()
root.title("消息对话框示例")                    #设置窗口标题
tk.Button(root, text="显示消息提示框", command=show_info).pack(pady=5)
tk.Button(root, text="显示消息警告框", command=show_warning).pack(pady=5)
tk.Button(root, text="显示错误消息框", command=show_error).pack(pady=5)
tk.Button(root, text="询问确认对话框", command=ask_question).pack(pady=5)
tk.Button(root, text="确认/取消对话框", command=ask_ok_cancel).pack(pady=5)
tk.Button(root, text="是/否对话框", command=ask_yes_no).pack(pady=5)
tk.Button(root, text="重试/取消对话框", command=ask_retry_cancel).pack(pady=5)
tk.Button(root, text="是/否/取消对话框", command=ask_yes_no_cancel).pack(pady=5)
root.mainloop() #进入主循环
```

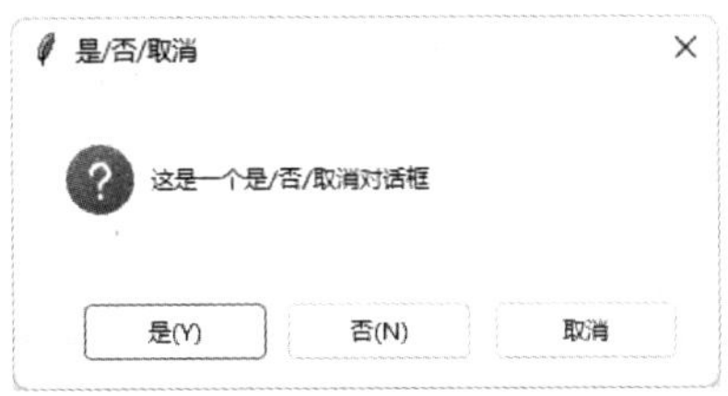

图 11-28　消息对话框运行效果

习题

一、选择题

1. 下列组件可以作为容器使用的是（　　）。

　A. Button　　B. Listbox　　C. Frame　　D. Radiobutton

2. 窗口的大小由（　　）方法设置。

A. width　B. height　C. geometry　D. resizable

3. 可以作为密码框的组件是（　　）。

A. Entry　B. Label　C. Button　D. Menu

4. 将组件放在行/列确定的单元格中进行布局的布局管理器是（　　）。

A. pack　B. grid　C. place　D. show

5. 下列关于 Tkinter 事件字符串描述不正确的是（　　）。

A. <Button-5>　B. <Alt-Button-1>　C. <Ctr-KeyPress-X>　D. <Double-Button-1>

二、填空题

1. Tkinter 库中的（　　　）模块可提供显示错误信息框或警告信息框。
2. Tkinter 库中的（　　　）函数用于创建文本域组件对象。
3. GUI 程序中常见的菜单形式有（　　　）、（　　　）和（　　　）。
4. Tkinter 模块中常用的事件绑定方法有（　　　）和（　　　）。
5. 使用（　　　）方法可获得 Entry 文本框中输入的内容。

第12章 数据库程序设计

本章将深入探讨数据库程序设计的基础知识，包括数据库的基本概念、关系运算，以及 SQLite 和 MySQL 这两种数据库技术。通过学习本章内容，读者将掌握数据库的基本组成和运算，了解 SQLite 的特征与操作，学会 MySQL 的安装配置及通过 pymysql 进行数据库操作的方法，为实际项目开发中的数据库应用打下坚实基础。

12.1 数据库基本概念

数据库可视为电子化文件存储仓库，用户可以对数据库中的数据进行增加、修改、截取、查询、统计、删除等操作。Python 支持非常多的流行数据库，Python 还自带了一个轻量级的关系型数据库 SQLite。本章主要介绍 SQLite 和 MySQL 数据库的基本操作方法。在介绍数据库的组成之前，我们先来了解数据库的基本概念，这将有助于我们更好地理解数据库的结构和工作机制。接下来，我们将深入探讨构成数据库的各个关键部分。

12.1.1 数据库的组成

1．数据库简介

数据库是计算机应用较广泛的技术之一。工作中常常需要将某些数据放进报表，并根据需要进行相应的处理。例如，企业人事部门常常要把本单位职工的基本情况（职工编号、姓名、工资、简历等）存放在表中，这张表就是一个数据库。有了“数据仓库”，就可以根据需要随时查询某职工的基本情况了，或者计算和统计职工工资等数据。例如，阿里巴巴采用开源的 MySQL 数据库，在 11 月 11 日的网络促销中，核心数据库集群处理了 41 亿个事务，执行了 285 亿次 SQL（Structure Query Language，结构化查询语言）查询，访问了 1931 亿次内存块，生成了 15TB 日志。

如图 12-1 所示，数据库系统（Database System，DBS）主要由数据库（Database，DB），数据库管理系统（Database Management System，DBMS）和应用程序组成。数据库是按照数据结构来组织、存储和管理数据的仓库。数据库中的数据为众多用户共享信息而建立，它摆脱了具体程序的限制和制约，不同用户可以按照各自的方法使用数据库中的数据，多个用户可以同时共享数据库中的数据资源。数据库管理系统是对数据库进行有效管理和操作的软件，是用户与数据库之间的接口。

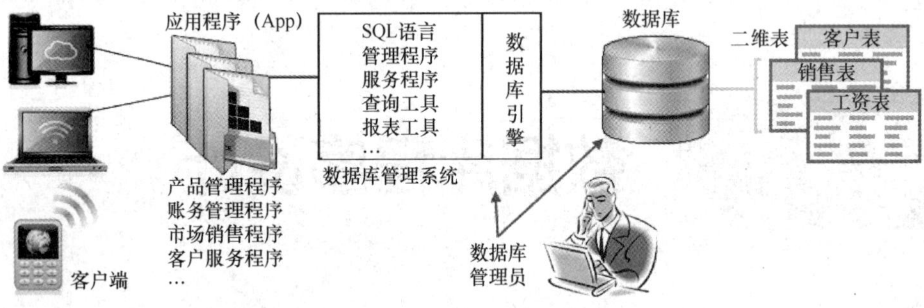

图 12-1　数据库系统

2．数据库的类型

数据库分为层次数据库（见图 12-2）、网状数据库（见图 12-3）和关系数据库（见图 12-4）。在这 3 种类型的数据库中，层次数据库的查询速度最快；网状数据库建库最灵活；关系数据库最简单，也是使用最广泛的数据库类型。层次数据库和网状数据库很容易与实际问题建立关联，可以很好地解决数据的集中和共享问题，但是用户对这两种数据库进行数据存取时，需要指出数据的存储结构和存取路径，而关系数据库则较好地解决了这些问题。

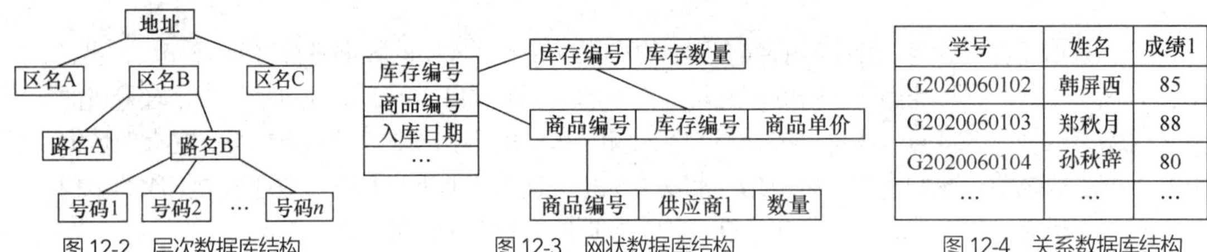

学号	姓名	成绩1
G2020060102	韩屏西	85
G2020060103	郑秋月	88
G2020060104	孙秋辞	80
…	…	…

图 12-2　层次数据库结构　　图 12-3　网状数据库结构　　图 12-4　关系数据库结构

常用商业关系数据库系统有 Oracle、MS-SQL Server、DB2 等；开源关系数据库有 MySQL、PostgreSQL、SQLite 等。

3．关系数据库的组成

关系数据库建立在数学关系模型基础之上，它借助集合代数的概念和方法来处理数据。在数学中，D_1、$D_2 \cdots D_n$ 的集合记作 $R(D_1, D_2, \cdots, D_n)$，其中 R 为关系名。现实世界中各种实体及实体之间的各种联系均可以用关系模型来表示。在关系数据库中，用二维表（横向维和纵向维）来描述实体及实体之间的联系。如图 12-5 所示，关系数据库主要由二维表、记录（行）、字段（列）、值域等部分组成。

学生成绩表（表名，关系名）

	id	学号	姓名	专业	成绩1	成绩2
（指针）游标	1	G2022060102	韩屏西	公路1	85	88
	2	G2022060103	郑秋月	公路1	88	75
（元组/行）记录	3	G2022060104	孙秋辞	公路1	80	75
	4	G2022060105	赵如影	公路1	90	88
	5	T2022060106	王星帆	土木2	86	80
	6	T2022060107	孙小天	土木2	88	90
	7	T2022060110	朱星长	土木2	82	78

（列名）字段名（指表头行）

关键字/主键（key）　　字段（列/属性/Value）　　值域

图 12-5　二维表与关系数据库的关系

在关系数据库中，一张二维表对应一个关系，表的名称即关系名；二维表中的一行被称为一条记录（元组）；一列被称为一个字段（属性），字段的取值范围被称为值域，将某一个字段名作为操作对象时，这个字段名称就为关键字（key）。一般来说，关系中的一条记录描述了现实世界中的一个具体对象，字段值描述了这个对象的属性。一个数据库可以由一个或多个表构成，一个表由多条记录（行）构成，一条记录有多个字段（列）。

12.1.2 数据库关系运算

关系数据库的运算类型分为基本运算、关系运算和控制运算。基本运算有插入、删除、查询、更新等；关系运算有选择、投影、连接等控制运算有：权力授予、权力收回、回滚（撤销）、重做等。

1．关系运算简介

（1）选择运算。选择运算是指从二维表中选出符合条件的记录，它是从水平方向（行）对二维表进行的运算。选择条件可以用逻辑表达式给出，逻辑表达式值为真的记录被选择。

【例 12-1】在“学生成绩表”中（见表 12-1），选择成绩在 85 分以上，学号="T2022"的学生。其中条件为“学号="T2022" and 成绩 1>85”，运行结果如表 12-2 所示。

表 12-1 学生成绩表

学号	姓名	成绩 1
G2022060104	孙秋辞	80
G2022060105	赵如影	90
T2022060106	王星帆	86
T2022060107	孙小天	88
T2022060110	朱星长	82

表 12-2 选择运算的结果

学号	姓名	成绩 1
T2022060106	王星帆	86
T2022060107	孙小天	88

（2）投影运算。投影运算是指从二维表中指定若干个字段（列）组成一个新的二维表（关系）。投影后如果有重复的记录，则保留第一条记录。投影是从列方向对二维表进行的运算。

【例 12-2】在“学生基本情况表”中（见表 12-3），在“姓名”和“成绩 1”两个属性上进行投影运算，并将得到的新关系命名为“成绩单”，如表 12-4 所示。

表 12-3 学生基本情况表

学号	姓名	成绩 1
G2022060102	韩屏西	85
G2022060103	郑秋月	88
T2022060107	孙小天	88
T2022060110	朱星长	82

表 12-4　投影运算的结果

姓名	成绩 1
韩屏西	85
郑秋月	88
孙小天	88
朱星长	82

（3）连接运算。连接是指从两个关系中，选择属性值满足一定条件的记录（元组），连接成一个新关系。

【例 12-3】将表 12-5 与表 12-6 进行连接，结果如表 12-7 所示。

表 12-5　成绩 1

姓名	成绩 1
韩屏西	85
郑秋月	88
孙小天	88
朱星长	82

表 12-6　成绩 2

姓名	成绩 2
韩屏西	88
郑秋月	75
孙小天	90
朱星长	78

表 12-7　连接运算的结果

姓名	成绩 1	成绩 2
韩屏西	85	88
郑秋月	88	75
孙小天	88	90
朱星长	82	78

2．系统故障问题

在数据库操作过程中，如果系统发生故障，则将对数据造成破坏，这时应当如何处理呢?

【例 12-4】银行转账问题。如图 12-6 所示，假设银行从账号 A 中拨一笔款项 X 到账号 B，正常的执行过程是，检查账号 A 上是否有足够的余额 X，如果余额 $<X$，则给出提示信息，中止执行；如果账号余额 $\geqslant X$，则执行下列步骤。

步骤 1：在账号 A 中记上一笔支出，从账号余额中减去 X。

步骤 2：把值 X 传到账号 B 上。

步骤 3：在账号 B 中记上一笔收入，即余额上加 X，结束转账。

如果执行完步骤 2 后，系统突然发生故障，就会导致数据错误，如图 12-7 所示。

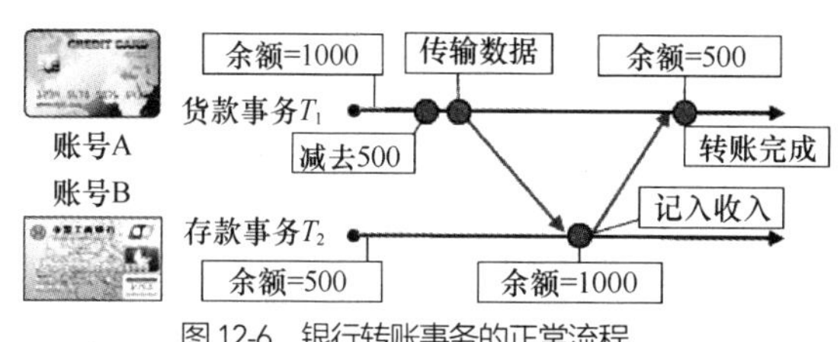

图 12-6 银行转账事务的正常流程

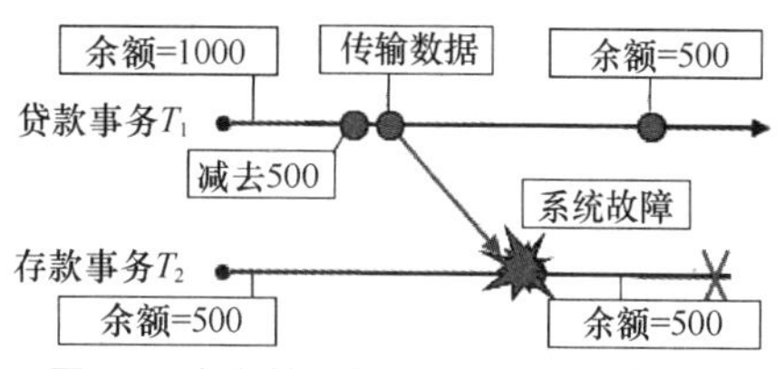

图 12-7 银行转账事务发生故障时的数据丢失

3．事务的性质

事务是用户定义的数据库操作序列，每个数据库操作语句都是一个事务。为了避免发生操作错误，事务处理应当具有 ACID 特性（原子性、一致性、隔离性、持久性）。

（1）原子性（A）。一个事务是一个不可分割的工作单位，即事务包含的活动要么都做，要么都不做。如果事务因故障而中止，则要消除该事务产生的影响，使数据库恢复到事务执行前的状态。

（2）一致性（C）。事务对数据库的作用应使数据库从一个一致状态到另一个一致状态。例如，在飞机订票系统中，事务执行前后，实际座位与“订票座位+空位”数据必须一致。

（3）隔离性（I）。多个事务并发执行时，各个事务应独立执行，不能相互干扰。一个正在执行事务的中间结果（临时数据）不能被其他事务访问。

（4）持久性（D）。持久性指事务一旦提交，它对数据库中数据的改变就是永久性的。接下来的其他操作或故障不应该对它有任何影响。例如，一旦开始了误删除操作，就必须将操作彻底完成，不要强行中止。

4．数据库恢复的基本原理

系统发生故障时，可能使数据库处于不一致状态：一方面，有些非正常终止的事务，可能结果已经写入数据库，在系统下次启动时，恢复程序必须回滚（ROLLBACK，也称撤销）这些非正常终止的事务，撤销这些事务对数据库的影响；另一方面，有些已完成的事务，结果可能部分或全部留在缓冲区，尚未写回到磁盘中的数据库中，在系统下次启动时，恢复程序必须重做（REDO）所有已提交的事务，将数据库恢复到一致状态。数据库中的任何一部分数据被破坏或数据不正确时，可根据存储在系统其他地方的数据来重建。数据库的回滚恢复机制分为两步：第一步是转储（建立冗余数据）；第二步是恢复（利用冗余数据进行恢复）。

一个事务的回滚可能会影响其他事务的数据项，这意味着其他事务也必须回滚，这又会影响到另外一些相关事务，这种连锁反应会引发级联回滚的问题。

5．并发控制

（1）由并发引起的数据不一致。在数据库系统中，当多个用户并发存取数据库时，会产生多个事务同时存取同一数据的情形。如果不加以控制，则可能会读取或存储不正确的数据，造成数据的不一致。

【例 12-5】甲售票点读出某航班的剩余机票 A（设 A=16），假设与此同时乙售票点也读出同一航班的剩余机票 A（也为 16）。甲售票点卖出一张机票，修改剩余机 A=A−1（A 变为 15），并把 A 写回数据库；乙售票点同时也卖出一张机票，修改剩余机 A=A−1（A 也为 15），并把 A 写回数据库。这样 2 个售票点同时卖出了 2 张机票，而剩余机只减了 1，造成数据错误。

（2）解决方法。要避免发生上述问题，最简单的方法是将事务作为一个整体进行处理，即每个新事务都排队等待，直到前一个事务全部完成后才能执行新事务。这样事务常常要花费很多时间来排队等待，这对大量读写操作的数据库而言，运行效率会非常低。

并发控制就是使某个事务的执行不受其他事务的干扰。并发控制采用封锁技术，即事务在修改某个对象前，先锁住该对象，不允许其他事务读取或修改该对象，操作完成或本事务完成后再将锁打开。锁的类型有排他锁和共享锁。

① 排他锁（简称 X 锁）。排他锁的算法思想是，如果事务 *T* 对数据对象 *R* 加 X 锁，则只允许事务 *T* 读写 *R*，禁止其他事务对 *R* 加任何锁，相应地其他事务也无法读写对象 *R*。

② 共享锁（简称 S 锁）。共享锁的算法思想是，如果事务 *T* 对数据对象 *R* 加 S 锁，则事务 *T* 可以读 *R*，但不可以写 *R*，而且其他事务也可以对 *R* 加 S 锁，但禁止加 X 锁。这保证了事务 *T* 在释放对象 *R* 的 S 锁之前，其他事务只可以读 *R*，但不可以修改 *R*。

12.2 SQLite 数据库技术

SQLite 是目前最流行的开源嵌入式数据库，它可以很好地支持关系型数据库所具备的基本特征，如标准 SQL 语法、ACID 特性、事务处理、数据表、索引等。

12.2.1 SQLite 数据库的特征

SQLite 占用的资源少，处理速度快。它支持 Windows、Linux、Android 等主流操作系统，同时能够与 Python、Java、PHP、C 等程序语言结合使用。由于 SQLite 的体积较小，所以经常被集成到各种应用程序中。例如，Python 2.5 之后的版本中，就内置了 SQLite 3 模块，这省去了数据库安装配置过程。在智能手机的 Android 系统中，也内置了 SQLite 数据库。

1．SQLite 数据库的优点

（1）操作简单

SQLite 本身不需要任何初始化配置文件，也没有安装和卸载的过程，这减少了大量的系统部署时间。SQLite 不存在服务器的启动和停止，在使用过程中，无须创建用户和划分权限。在系统出现灾难时（如宕机），无须对 SQLite 进行任何操作。

（2）运行效率高

SQLite 运行时占用的资源很少（只需要数百 K 内存），而且无须任何管理开销，因此对 PDA、智能手机等移动设备来说，SQLite 的优势毋庸置疑。

为了达到快速和高可靠性这一目标，SQLite 取消了一些数据库的功能，如高并发、记录行级锁、丰富的内置函数、复杂的 SQL 语句等。正是这些功能的牺牲才换来了 SQLite 的简单性，而简单又带来了高效性和高可靠性。

（3）直接备份

SQLite 的数据库就是一个文件，只要权限允许便可随意访问和复制，这样做的优点是便于备份、携带和共享，且数据库备份更方便。

其他数据库的数据由一组文件和目录构成，尽管我们可以直接访问这些文件，但是却无法直接操作它们。很多数据库都不能直接备份，只能通过数据库系统提供的各种 dump（导出）和 restore（恢复）工具，将数据库中的数据先导出到本地文件中，再 load（装载）到目标数据库中。这种备份方式显然效率不高，如果数据量较大，则导出的过程将会非常耗时。然而这只是操作的一小部分，因为数据的导入往往需要更多的时间。因此，和直接复制数据库文件相比，导出/恢复操作的性能非常拙劣。导出/恢复操作的优点是带来了更高的安全性和更优化的性能，但是也付出了安装和维护复杂的代价。

2. SQLite 数据库的缺点

如果有多个客户端需要同时访问数据库中的数据，特别是当他们之间的数据操作需要通过网络传输来完成时，就不应该选择 SQLite。因为 SQLite 的数据管理机制更多依赖于操作系统的文件系统，所以在 C/S（Client/Server 客户/服务器）应用中的操作效率较低。

受限于操作系统的文件系统，在处理大数据量时，SQLite 的效率较低。对于超大数据量的存储甚至不提供支持。

由于 SQLite 仅仅提供了粒度很粗的数据锁（如读写锁），所以在每次加锁操作中都会有大量的数据被锁住。简单地说，SQLite 只是提供了表级锁，没有提供记录行级锁。这种机制使 SQLite 的并发性能很难提高。

12.2.2 SQLite 数据库操作

1. 插入记录（INSERT）

【例 12-6】在 SQLite 数据库中插入记录。

代码如下：

```
>>>from sqlite3 import dbapi2                          #导入内置 SQLite3 模块
>>>conn = dbapi2.connect('d:/test/mytest.db')          #建立或打开 mytest.db 数据库
>>>cur = conn.cursor()                                 #定义一个游标对象
>>>sql_create = 'CREATE TABLE IF NOT EXISTS mytb( xm char, cj real, kc text )'
                                                       #定义 SQL 语句
>>>conn.execute(sql_create)                            #执行 SQL 语句，创建数据表
>>>sql_insert = 'INSERT INTO mytb (xm, cj, kc) values(?, ?, ?)' #定义 SQL 语句，? 为占位符
>>>cur.execute(sql_insert)                             #执行 SQL 语句，创建 mytb 数据表
>>>cur.execute(sql_insert, ('宝玉', 85, '计算机')) #插入记录
>>>cur.execute(sql_insert, ('黛玉', 92, '计算机'))
>>>cur.execute(sql_insert, ('宝钗', 80, '数据库'))
>>>cur.rowcount                                    #通过 rowcount 获得插入的行数
>>>conn.commit()                                   #提交事务，将数据写入文件，并保存到磁盘中
```

2. 查询记录（SELECT）

如果数据库操作不需要返回结果，则可以直接使用 conn.execute 进行查询；如果需要返回查询结果，则要使用 conn.cursor 创建游标对象 cur，然后通过 cur.execute 来查询数据库。

【例 12-7】在 SQLite 数据库中查询记录。

代码如下：

```
>>>cur.execute('SELECT * FROM mytb')        #取出所有记录
>>>recs = cur.fetchall()                    #将所有元素赋值给 recs 列表，每个元素代表一条记录
>>>print('共', len(recs), '条记录' )        #显示记录数
共 3 条记录                                 #输出
>>>print(recs)                              #显示所有记录内容
[('宝玉', 86.0, '计算机'), ('黛玉', 92.0, '计算机'), ('宝钗', 70.0, '数据库')] #输出
>>>cur.execute('SELECT name, sql FROM sqlite_master WHERE type='table' ') #查询事务
>>>recs = cur.fetchall()                    #将所有数据赋值给 recs 列表
```

```
>>>print(recs)                                          #显示数据表名称，字段名称和数据类型
[('mytb', 'CREATE TABLE mytb (xm char, cj real, kc text)')]  # 输出
```

3．更新/删除记录（UPDATE/DELETE）

【例 12-8】在 SQLite 数据库中更新和删除记录。

```
>>>from sqlite3 import dbapi2                                  #导入内置 SQLite3 模块
>>>conn = dbapi2.connect('d:/test/mytest.db')                   #打开数据库
>>>cur.execute('UPDATE mytb SET xm=? WHERE cj=?', ('宝玉', 0))  #更新记录
>>>cur.execute('DELETE FROM mytb WHERE cj>90')           #删除记录
>>>cur.execute('DELETE FROM mytb')                       #删除 mytb 表中的所有记录
>>>cur.execute('DROP TABLE mytb')                        #删除数据表和整个数据库
>>>conn.commit()                                         #提交事务
>>>cur.close()                                           #关闭游标
>>>conn.close()                                          #关闭数据库连接
```

12.3 MySQL 数据库技术

MySQL 8.0 是开源数据库的一个新版本，进行了全面的优化与增强。其关键增强功能包括：SQL 窗口函数、公用表表达式、NOWAIT 和 SKIP LOCKED、降序索引、分组功能增强、正则表达式支持、字符集改进、成本模型优化以及直方图统计等。

12.3.1 MySQL 数据库的下载安装

MySQL 是一个关系型数据库管理系统，它是 Oracle 支持的开源软件。关系数据库将数据保存在不同的数据表中，而不是将所有数据都放在一个大仓库内，这增加了数据库的读写速度并提高了数据库的灵活性。

1．MySQL 数据库安装步骤

MySQL 软件采用双授权政策，分为社区版和商业版，由于 MySQL 的体积小、速度快、总体拥有成本低，尤其是开放源码等特点，一般中小型网站的开发选择 MySQL 作为网站数据库。使用 MySQL 存储和操作数据时，需要进行以下操作。

步骤 1：安装 MySQL 服务器。

步骤 2：安装 MySQL 客户端。

步骤 3：客户端连接 MySQL 服务器的数据库。

步骤 4：客户端发送命令给服务器，服务器接收命令并执行的相应的操作（增、删、改、查等）。

2．MySQL 的安装环境

操作系统：Windows 8-64bit。

Python 版本：Python 3.7.14-32bit。

MySQL 版本：MySQL 8.0.30 for Windows 32bit。

MySQL 驱动：Python Driver for MySQL (Connector/Python)。

MySQL 连接库：PyMySQL。

3．下载 MySQL 的安装包

步骤 1：打开在浏览器，登录 MySQL 的官网地址，如图 12-8 所示。页面第一部分是选择操作系统，默认为“Microsoft Windows”。第二部分是网络在线安装，如果是 MySQL 新手，则可以单击这里，因为这个版本的 MySQL 无须自己配置，安装时一直单击“Next”按钮即可安装好。第三部分“Go to Download Page”表示选择 32 位的 MySQL 安装包。第四部分是 MySQL for Windows 64 位正式版安装包，如果希望深入学习 MySQL 的安装配置过程，则可以单击右侧“下载”按钮。MySQL 下载的是.zip 文件，解压缩后需要进行配置，配置过程相对复杂。第五部分是 64 位测试版安装包。下面介绍 32 位的 MySQL 安装，单击“Go to Download Page”按钮。

图 12-8 MySQL 的官方网站下载页面

步骤 2：在打开的页面中，MySQL 有两种安装方式，一种是网络在线安装；另一种是下载到本地进行安装。下面介绍在本地安装 MySQL 的方法，单击右侧的“下载”按钮，如图 12-9 所示。

图 12-9 32 位 MySQL 的下载页面

步骤 3：在打开的窗口中单击“不，谢谢，开始我的下载”超链接（见图 12-10），这时浏览器开始自动下载。如果用户安装了迅雷或其他下载软件，则可以在相应的下载软件中单击“下载”按钮，将文件下载到 MySQL 到本地硬盘中。

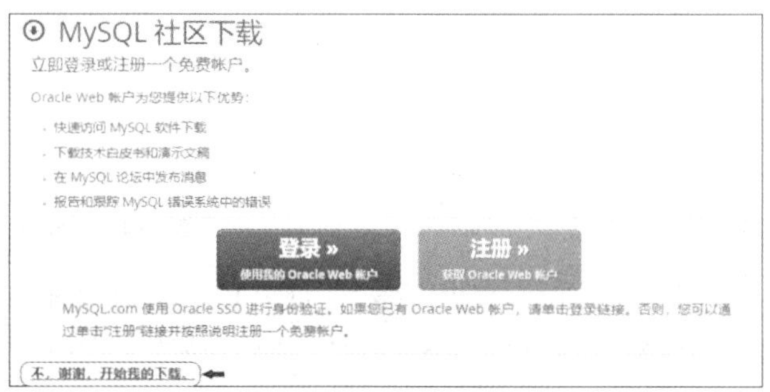

图 12-10 MySQL 下载页面

说明：如果是个人用户使用MySQL，则不要单击“登录”和“注册”按钮。

4．下载 MySQL 的 Python 驱动程序

步骤 1：登录 MySQL 官网，如图 12-11 所示。

MySQL 连接器

MySQL 为 JDBC、ODBC 和 .Net 提供基于标准的驱动程序，使开发人员能够以
中。

由 MySQL 开发	
MySQL 的 ADO.NET 驱动程序（连接器/NET）	下载
MySQL 的 ODBC 驱动程序（连接器/ODBC）	下载
MySQL 的 JDBC 驱动程序（连接器/J）	下载
MySQL 的 Node.js 驱动程序（连接器/Node.js）	下载
MySQL 的 Python 驱动程序（连接器/Python）	下载
MySQL 的 C++ 驱动程序（连接器/C++）	下载
MySQL 的 C 驱动程序（连接器/C）	下载
MySQL 的 C API (mysqlclient)	下载

图 12-11　MySQL 的驱动程序下载页面

步骤 2：单击“Python Driver for MySQL (Connector/Python)”右侧的“下载”按钮。
步骤 3：单击“No thanks，just start my download)”超链接开始下载。
步骤 4：下载“Python Driver for MySQL”驱动程序。

5．在 Windows 操作系统中安装 MySQL

步骤 1：在本地硬盘的下载目录中找到“mysql-installer-community-8.0.30.msi”文件，双击文件图标开始安装，在打开的对话框中单击“运行”按钮（见图 12-12），打开安装过程对话框（见图 12-13）。

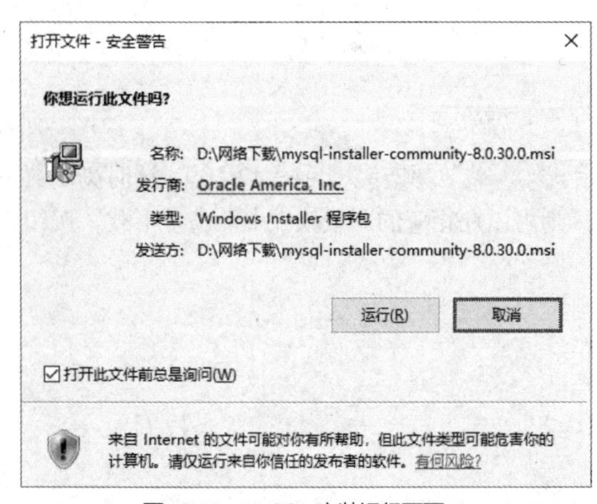

图 12-12　MySQL 安装运行页面

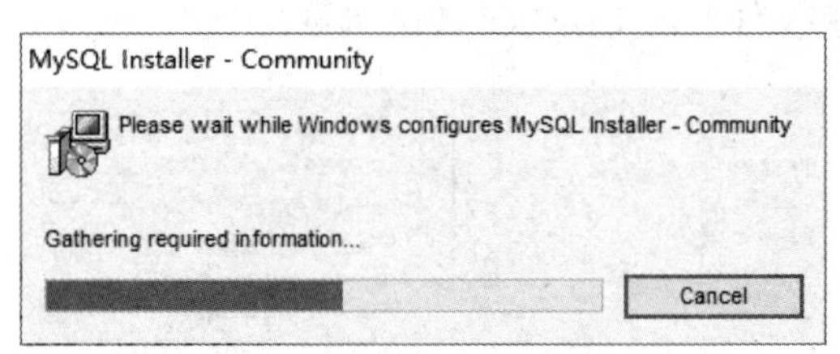

图 12-13　MySQL 安装开始

步骤 2：接下来选择安装方式，选择“默认安装”（见图 12-14），然后单击“Next”按钮。
步骤 3：在打开的界面中检查安装条件，然后单击“Next”按钮（见图 12-15）。

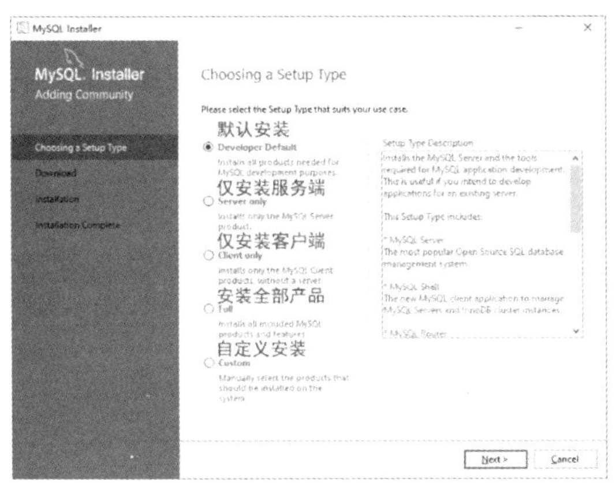

图 12-14 选择 MySQL 默认安装方式

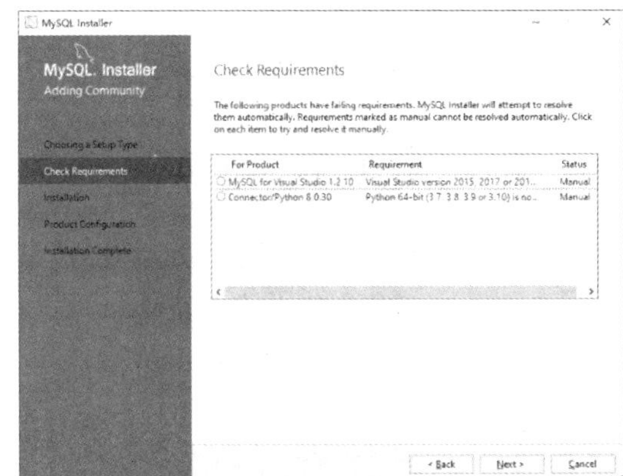

图 12-15 选择安装条件

步骤 4：在打开的对话框中单击“Yes”按钮继续安装（见图 12-16）。

步骤 5：打开安装软件界面，单击“Execute”按钮（执行）即可（见图 12-17）。

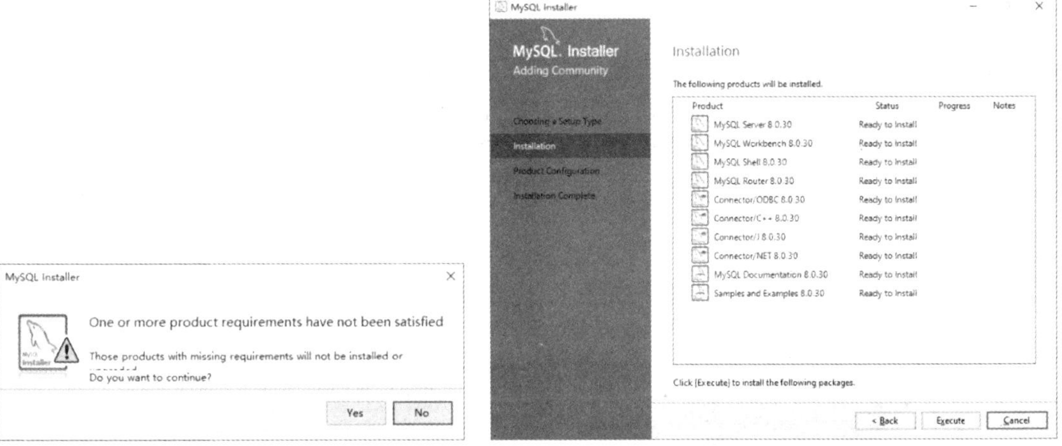

图 12-16 继续安装

图 12-17 执行安装

步骤 6：安装开始（见图 12-18），然后单击“Next”按钮继续安装（见图 12-19）。

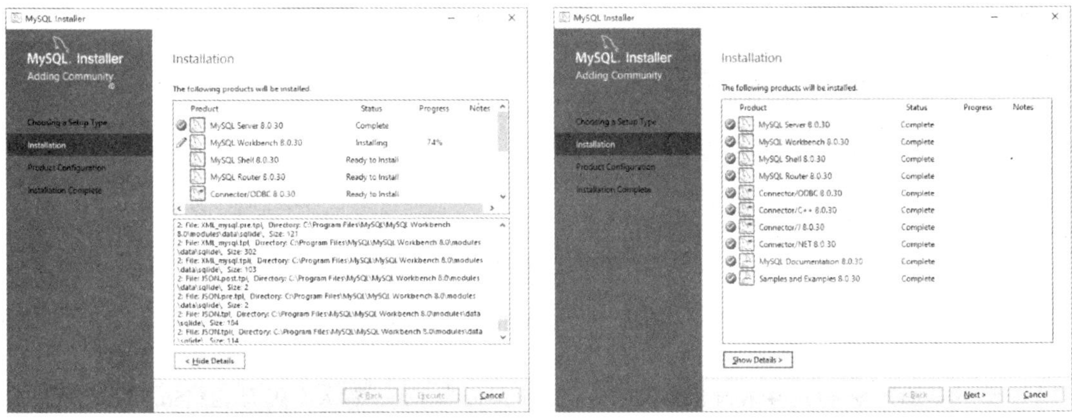

图 12-18 MySQL 安装开始

图 12-19 继续安装

步骤 7：打开产品配置页面，单击“Next”按钮继续安装配置（见图 12-20）。

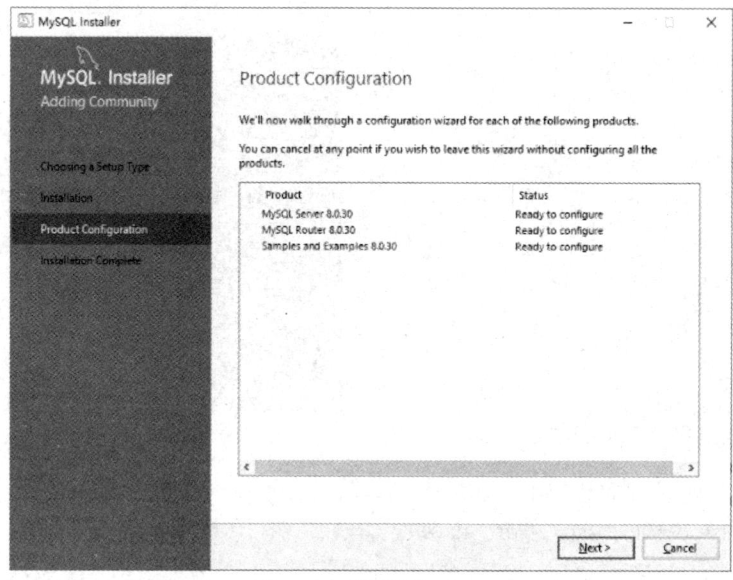

图 12-20　产品配置和服务

步骤 8：单击 “Next” 按钮后开始配置，如图 12-21 所示，第一部分是配置 MySQL 的运行模式和网络，其中 “Config Type” 表示运行模式，如果安装的 MySQL 用于开发，就选择这种默认模式；“Server Machine” 表示服务器运行模式，模式不同，MySQL 占用的系统资源也不同。第二部分是网络配置，表示链接 MySQL 时使用 TCP/IP，并指定端口号为 3306，这些配置如果没有特殊要求就不要进行修改。

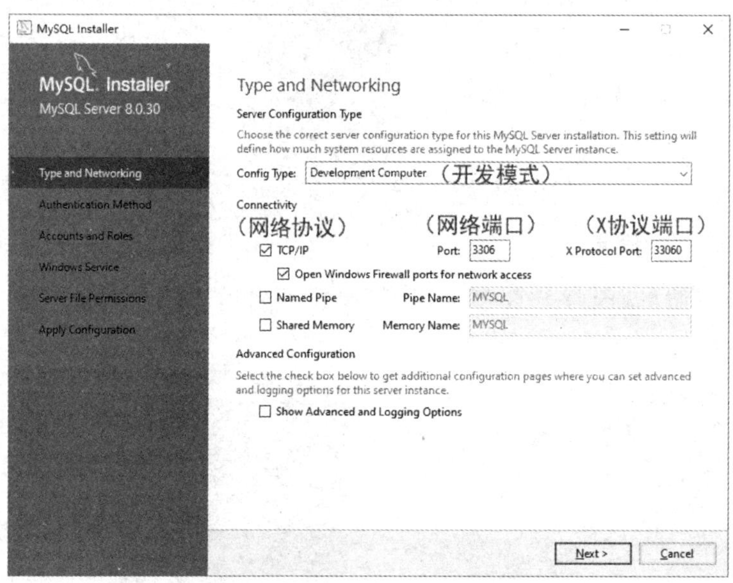

图 12-21　MySQL 的运行模式和网络配置

步骤 9：配置完成后单击 “Next” 按钮，打开密码说明界面（见图 12-22），然后单击 “Next” 按钮进行密码配置。

步骤 10：输入 MySQL 中 root 用户的密码，长度最低为 4 位，输入密码为 123456。输入密码时，密码用黑色圆点显示（见图 12-23）；第 2 行再输入一次上述密码进行确认。在 “Add user” 中可以继续添加普通用户，当数据库用于开发时，无须再建立用户，直接使用 root 即可。因此，输入密码后单击 “Next” 按钮即可。

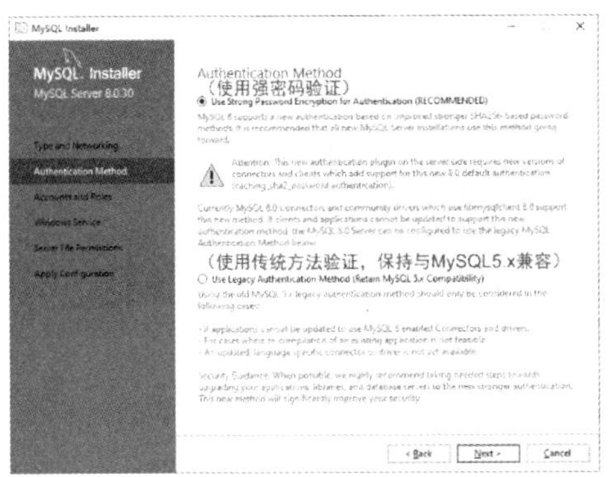

图 12-22 密码配置说明

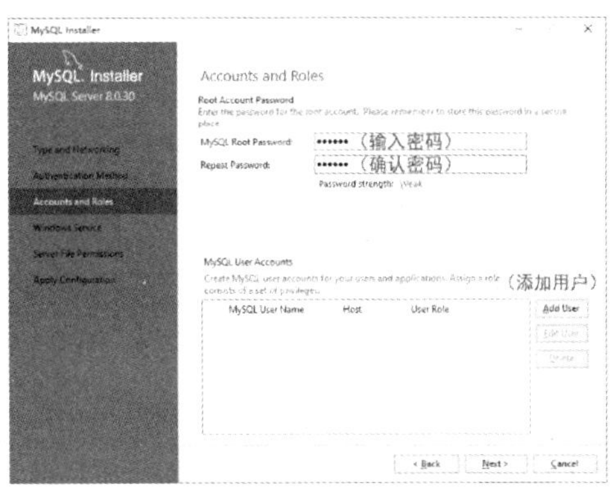

图 12-23 密码配置

步骤 11：在打开的界面中配置 MySQL 运行方式，如图 12-24 所示，第 1 个单选按钮表示是否将 MySQL 服务作为一个 Windows 服务来运行，“Windows Server Name”表示 MySQL 服务在 Windows Server 中的名称；第 2 个单选按钮表示是否在系统启动时自动启动 MySQL，这里取消了默认的选中；第 3 个单选按钮表示 MySQL 服务以哪个账户运行，本界面中的选项建议保持默认设置；然后单击“Next”按钮。

步骤 12：在打开的界面中，默认为 MySQL 服务器安装目录（见图 12-25），然后单击“Next”按钮。

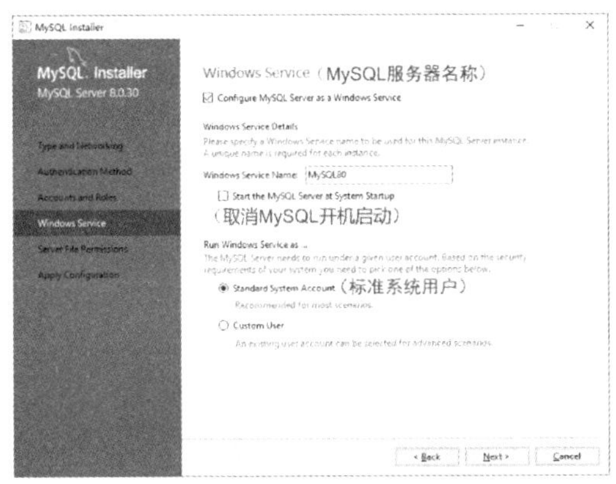

图 12-24 服务器名称和开机启动

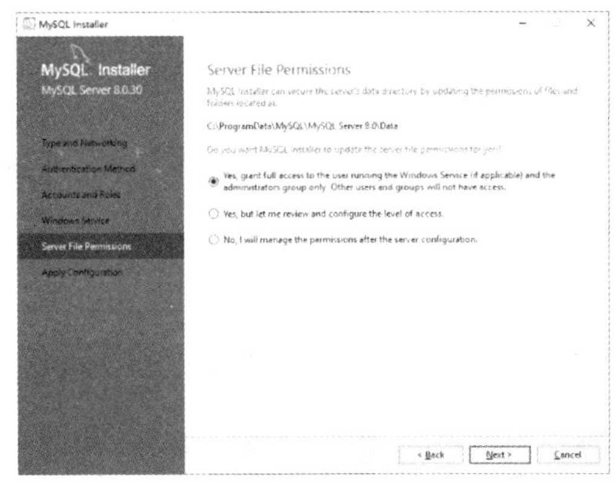

图 12-25 服务器安装目录

步骤 13：在打开的界面中，可看到配置安装完成，单击“Finish”按钮（见图 12-26）。

步骤 14：打开图 12-27 所示的界面，表示 MySQL 8.0 的安装配置结束。

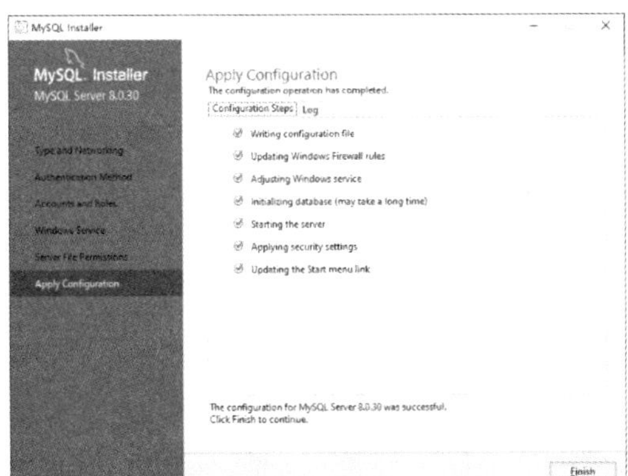

图 12-26 配置安装完成

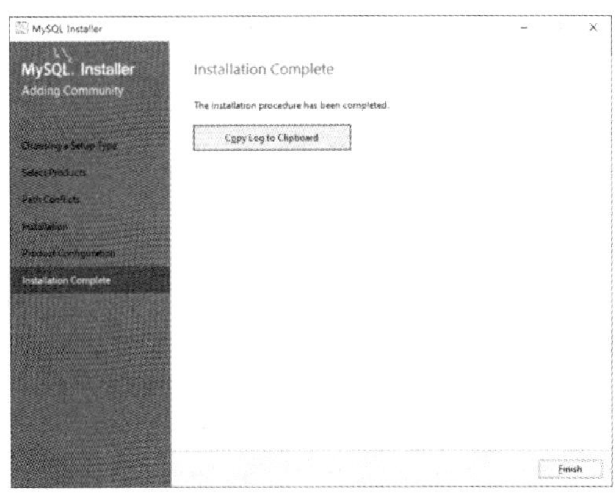

图 12-27 MySQL 安装完成

6．环境配置

（1）找到 MySQL 的安装路径，如图 12-28 所示，本例安装在“C:\Program Files\MySQL\MySQL Server 8.0\bin”中（注意是 bin 目录），复制这个路径。

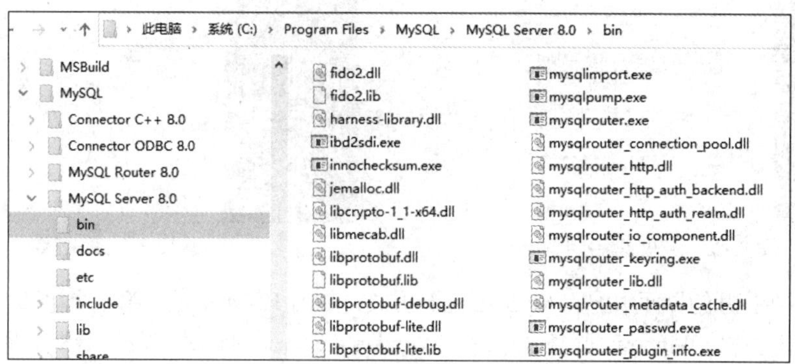

图 12-28　MySQL 安装路径

（2）选择环境变量。选择“开始”→“Windows 系统”→“此电脑”（或“我的电脑”）选项，在打开的窗口中单击鼠标右键，在弹出的快捷菜单中选择“更多”→“属性”→“高级系统设置”→“环境变量”选项，在打开的“环境变量”对话框中找到 Path 系统变量（见图 12-29）。

（3）创建系统变量。如图 12-29 所示，选择“Path”→“编辑”（见图 12-30）→“新建”，将步骤（1）中的路径复制到新建系统变量中，如复制“C:\Program Files\MySQL\MySQL Server 8.0\bin”（见图 12-31）并单击“确定”按钮。

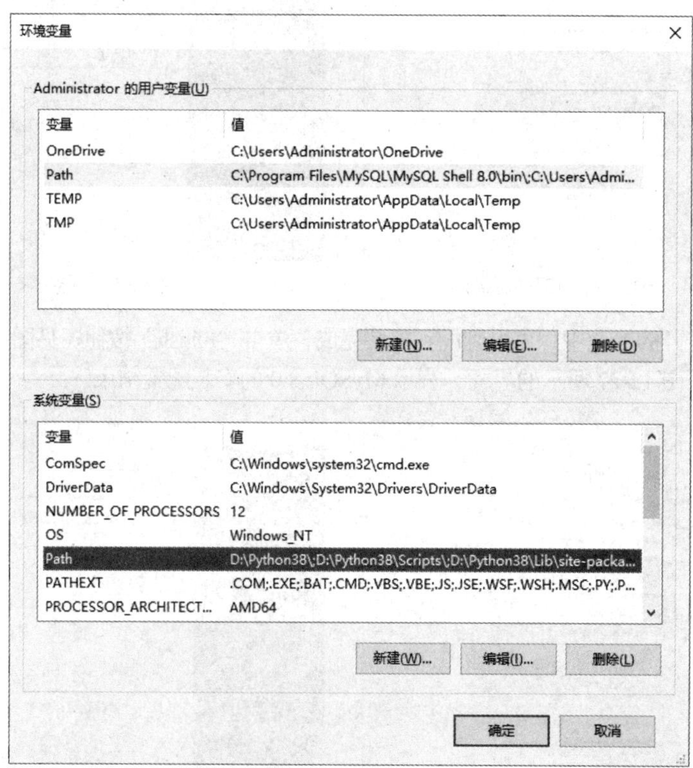

图 12-29　选择系统变量

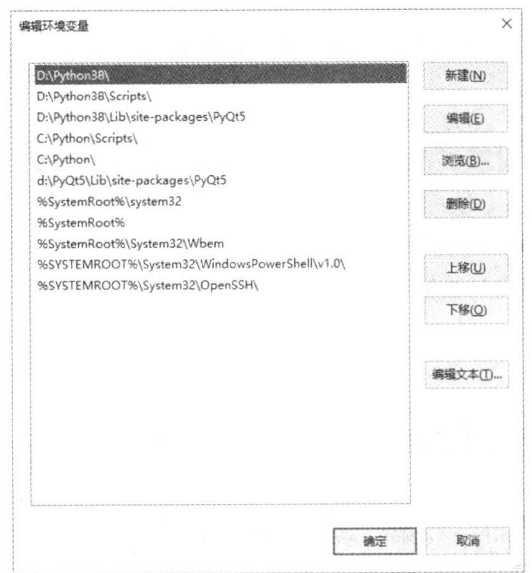

图 12-30　编辑系统变量

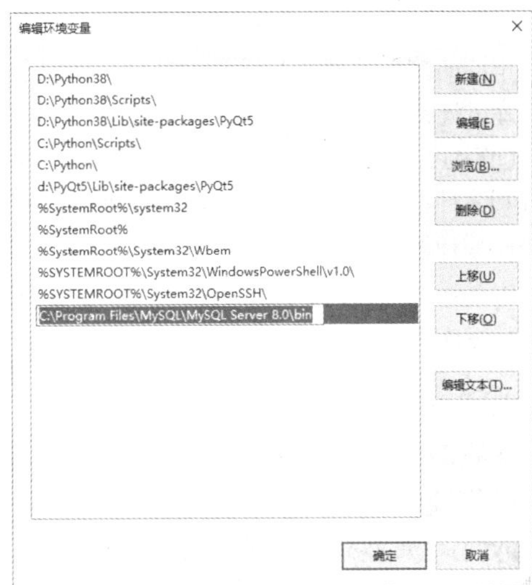

图 12-31　新建系统变量

（4）验证环境变量。在 Windwos 操作系统的桌面中，按【Win+R】组合键，打开“运行”文本框，输入“cmd”，然后按【Enter】键，打开 Windows 命令行，输入“mysql -u root -p”后按【Enter】键；再输入 MySQL 的账号和密码，按【Enter】键，若出现如图 12-32 所示的界面，则表示环境变量配置成功。

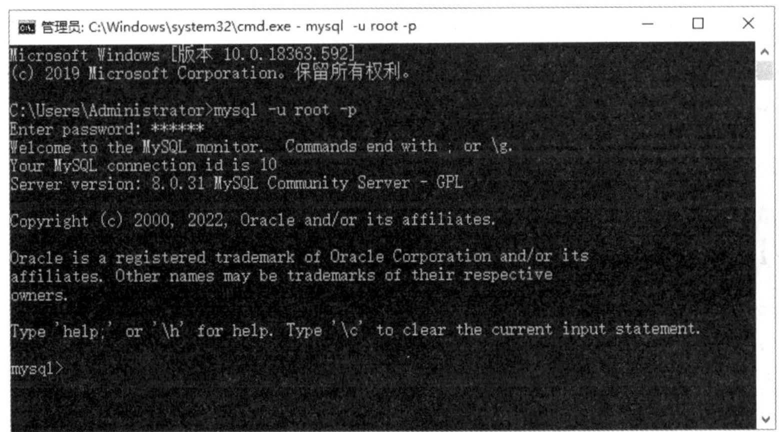

图 12-32　验证环境变量配置

12.3.2 安装 pymysql

1．安装 MySQL 的 Python 驱动程序

在下载目录中找到驱动程序，双击“mysql-connector-python-8.0.30-py3.8-windows-x86-32bit.msi”进行驱动程序的安装。

MySQL 自带的 Python 驱动程序使用中有些问题，也可以不安装这个驱动程序，直接使用第三方连接模块 pymysql。

2．Python 数据库接口

Python 的标准数据库接口为 Python DB-API，它为开发人员提供了数据库应用编程接口。Python DB-API 数据库接口支持目前市场上的主流数据库，如 MySQL、PostgreSQL、Microsoft SQL Server、

Oracle 等，以及常见的 NoSQL 数据库，如 MongoDB、Redis 等。

不同的数据库需要下载不同的 DB API 模块，如需要访问 MySQL 数据库时，就需要下载 MySQL 数据库的连接模块（如 pymysql 等）。

DB-API 是一个接口规范，它定义了一系列必须的对象和数据库存取方式，以便为各种底层数据库系统和多种多样的数据库接口程序提供一致的访问接口。使用它连接数据库后，就可以使用相同的方式操作各种数据库。

Python DB-API 的使用流程为，引入 API 模块；获取与数据库的连接；执行 SQL 语句和存储过程；关闭数据库连接。

3．Python 与 MySQL 连接模块

在 Python 3 下使用 MySQL 时，需要一个连接模块。常用的第三方连接模块有 pymysql、mysqlclient 等，以及 MySQL 官方接口程序 Python Driver for MySQL。

pymysql 是 Python 3.x 版中用于连接 MySQL 服务器的一个第三方库。pymysql 遵循 Python 数据库 API 2.0 接口规范，并包含了 pure-Python MySQL 客户端库。Python 与 MySQL 数据库连接时，大部分程序员采用第三方连接模块 pymysql。

使用 Python 的 Web 开发框架 django 时，django 的官方文档中的 MySQL 客户端接口模块推荐 mysqlclient。mysqlclient 和 pymysql 两个第三方库的作者是同一个人，mysqlclient 的读写性能优于 pymysql。

【例 12-9】mysqlclient 的安装方法如下。

```
>pip intalll mysqlclient          #在提示符窗口运行，适用 Python 3 以上版本的安装
```

MySQL 官方自带了接口程序 Python Driver for MySQL（文件名为 mysql-connector-python-8.0.13-py3.7-windows-x86-32bit.msi），这个连接模块在应用中存在一些小问题。

4．安装第三方数据库连接模块 pymysql

在安装 pymysql 模块之前，首先检查 Python 中是否已经安装了 pymysql。

【例 12-10】启动 Python，在 Python 提示符窗口中输入以下命令。

```
>>>import pymysql                                       #导入 pymysql 模块
Traceback (most recent call last):
  File "<stdin>", line 1, in <module>
ModuleNotFoundError: No module named import pymysql     #没有找到 pymysql 模块
```

【例 12-11】如果没有安装 pymysql 模块，则在提示符窗口输入以下命令。

```
>pip install pymysql                                    #安装 pymysql 模块
```

5．检查 pymysql 模块

pymysql 第三方库安装完成后，启动 Python，导入 pymysql 模块，如果导入时没有出现报错信息，则说明已经安装好了 pymysql 模块。如果在计算机上已经安装和配置好了 MySQL，就可以使用 pymysql 连接 MySQL 服务器了。

【例 12-12】检查 Python 与 MySQL 是否已经连接，程序如下。

```
#E1224【数据库连接测试】.py
import pymysql                                    #导入 MySQL 第三方连接模块 pymysql

conn= pymysql.connect(                            #连接 MySQL 数据库
```

```
    host = 'localhost',             #主机地址（远程主机使用 IP 地址）
    port = 3306,                    #数据库服务器端口
    user = 'root',                  #用户名
    passwd = '123456',              #登录密码
    db = 'mysql',                   #连接数据库名
    charset = 'utf8'                #使用字符集（注意：不是 utf-8）
    )
cursor = conn.cursor()              #使用 cursor()方法创建一个游标对象
cursor.execute ("SELECT VERSION()") #使用 execute()方法执行 SQL 指令
row = cursor.fetchone()             #使用 fetchone()方法获取单条数据
print("MySQL 服务器版本：", row[0]) #输出 MySQL 版本
cursor.close()                      #关闭游标对象
conn.close()                        #关闭所有连接
>>>                                 #程序的运行结果
MySQL 服务器版本： 8.0.13
```

12.3.3 pymysql 常用对象

1．Connection 对象

功能：用于与 MySQL 数据库建立连接和管理连接。

常用方法如下。

（1）cursor( )：创建并返回游标对象，用于执行 SQL 语句。

（2）commit( )：提交事务，保存对数据库的修改。

（3）rollback( )：回滚事务，撤销未提交的修改。

（4）close( )：关闭数据库连接。

例如：

```
import pymysql
#创建数据库连接
connection = pymysql.connect(
    host='localhost',
    user='root',
    password='yourpassword',
    database='testdb'
)
#使用连接
connection.commit()        #提交事务
connection.close()         #关闭连接
```

2．Cursor 对象

功能：用于执行 SQL 语句并获取结果集。

常用方法如下。

（1）execute(sql, params=None)：执行 SQL 语句，可以包含参数。

（2）fetchone( )：获取结果集中的下一行数据，返回单个记录。

（3）fetchall( )：获取结果集中的所有行数据，返回列表。

（4）fetchmany(size)：获取指定数量的行。

（5）close( )：关闭游标对象。

例如：

```
#创建游标对象
cursor = connection.cursor()
#执行查询
cursor.execute("SELECT * FROM users")
#获取结果
rows = cursor.fetchall()
#遍历结果
for row in rows:
    print(row)
#关闭游标
cursor.close()
```

3．Error 对象

功能：用于处理数据库操作中可能发生的异常。

常见异常如下。

（1）pymysql.MySQLError：所有数据库异常的基类。

（2）pymysql.OperationalError：连接或操作失败等操作系统错误。

（3）pymysql.ProgrammingError：SQL 语法错误或参数错误。

（4）pymysql.IntegrityError：违反数据完整性约束（如唯一键冲突）。

例如：

```
try:
    cursor.execute("SELECT * FROM non_existing_table")
except pymysql.ProgrammingError as e:
    print("SQL 错误：", e)
```

4．事务控制

功能：通过 Connection 对象的 commit( )和 rollback( )方法来控制事务。

常用操作如下。

（1）commit( )：提交当前事务。

（2）rollback( )：回滚当前事务。

例如：

```
try:
    cursor.execute("INSERT INTO users (name, age) VALUES (%s, %s)", ('Alice', 30))
    connection.commit()   #提交事务
except:
    connection.rollback() #出错时回滚事务
```

12.3.4 pymysql 数据库操作

1．建立数据表

【例 12-13】创建数据表 test1，表中字段为 userid（用户编号）和 name（姓名）。

代码如下：

```
#E8_40【建立数据表】.py
import pymysql                                 #导入第三方连接库

conn = pymysql.connect("localhost", "root",    #连接数据库，localhost=本机，root=用户名
   "123456", "testdb")                         #123456=登录密码，testdb=数据库名
cur = conn.cursor( )                           #创建游标对象
cur.execute("""                                #执行 MySQL 语句
   CREATE TABLE IF NOT EXISTS test1(           #创建数据表 SQL 命令，表名= test1
   userid int(5) PRIMARY KEY,                  #userid=编号，整数，长度 5，主键
   name char(15))                              #name=姓名，字符串，长度 15
""")
cur.execute("INSERT INTO test1(userid, name)\          #执行 SQL 语句，插入 1 行数据
   VALUES(1, '宋江')")
cur.execute("INSERT INTO test1(userid, name)\          #执行 SQL 语句，插入 1 行数据
   VALUES(2, '吴用')")
cur.execute("INSERT INTO test1(userid, name)\          #执行 SQL 语句，插入 1 行数据
   VALUES(3, '林冲')")
conn.commit()                                  #提交当前事务
cur.close()                                    #关闭游标
conn.close()                                   #关闭连接
>>>                                            #程序的运行结果
```

如图 12-33 所示，在 MySQL 提示符窗口中输入“DESCRIBE test1;”命令，查看数据表结构。

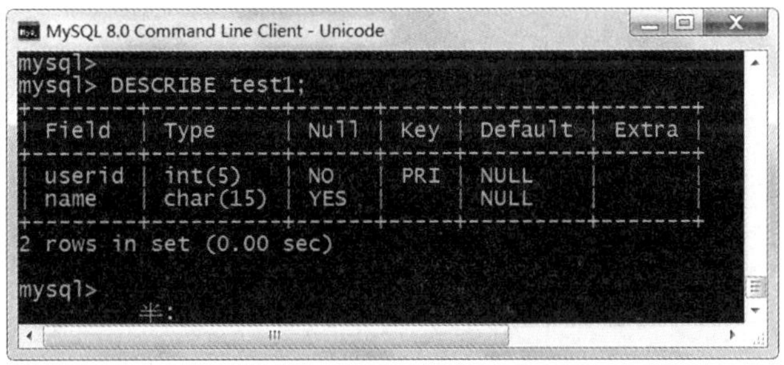

图 12-33 查看 test1 数据表结构

注意：创建 MySQL 数据表时，表名和字段名外面的符号（`）不是单引号，而是英文输入法状态下的反单引号（键盘左上角【Esc】键下面的【`】键）。反引号是为了区分 MySQL 关键字与普通字符而引入的符号，一般表名与字段名引用时都使用反引号（`）。

2．插入数据

【例 12-14】使用 execute( )方法插入多条数据。

代码如下：

```
#E8_41【插入数据】.py
import pymysql                                                    #导入连接库

conn = pymysql.connect("localhost","root","123456","testdb")   #创建数据库连接
cur = conn.cursor()                                               #创建游标对象
```

```
sql = "CREATE TABLE test2(userid int, name varchar(10), age int)"      #定义 SQL 语句，
创建数据表
cur.execute(sql)                                                  #执行 SQL 语句
sql2 = """INSERT INTO test2 values\                               #定义 SQL 语句，插入记录
    (1,"宋江",48), (2,"林冲",36), (3,"李逵",30)"""                  #插入多条记录
cur.execute(sql2)                                                 #执行 SQL 语句
conn.commit()                                                     #提交事务
cur.close()                                                       #关闭游标
conn.close()                                                      #关闭连接
>>>                                                               #程序的运行结果
```

也可以使用 executemany( )方法，一次向数据表中插入多条数据。

3．查询数据

【例 12-15】使用 SELECT 语句查询 MySQL 数据表 test1，遍历并输出数据表。

代码如下：

```
#E8_42【查询数据表】.py
import pymysql                                                          #导入第三方连接库
conn = pymysql.connect("localhost","root","123456","testdb")            #创建数据库连接
cur = conn.cursor()                                                     #创建游标对象
cur.execute("SELECT * FROM test1")                                      #执行 SQL 查询语句
rows = cur.fetchall()                        #fetchall 函数用于将查询结果集存入 rows 中
for row in rows:                             #依次遍历查询结果集
    print(row)                               #输出结果集中的每一条记录
>>>                                          #程序的运行结果
(2, '吴用', 36)
(3, '李逵', 30)
```

习题

1. 简要说明数据库的定义。
2. 简要说明数据库的类型和特征
3. 简要说明关系数据库的基本组成
4. 在 d:\test 目录下，创建和连接 mytest.db 数据库，并写出 SQLite 指令。
5. 在 MySQL 命令行下创建一个名称为“mydb”的数据库，并显示数据库。
6. 编程实现 Python 与 MySQL 的连接。
7. 在命令行下创建 MySQL 数据库。
8. 编程创建一个 Python 与 MySQL 的连接程序。
9. 编程实现 MySQL 数据表的创建。
10. 编程通过 execute( )方法，在 MySQL 数据表中插入多条数据。
11. 编程使用 SELECT 语句查询 MySQL 数据表，遍历并输出数据表。